徐
复
观
全
集

徐复观全集

中国经学史的基础

周官成立之时代及其思想性格

九州出版社

图书在版编目（CIP）数据

中国经学史的基础·《周官》成立之时代及其思想性格 / 徐复观著. -- 北京 : 九州出版社，2013.12（2018.9重印）
（徐复观全集）
ISBN 978-7-5108-2556-9

Ⅰ．①中… Ⅱ．①徐… Ⅲ．①经学－历史－研究－中国②礼仪－中国－周代③官制－中国－周代④《周官》－研究 Ⅳ．①Z126.27②D691.42③K892.9

中国版本图书馆CIP数据核字(2013)第304321号

中国经学史的基础·《周官》成立之时代及其思想性格

作　　者	徐复观　著
出版发行	九州出版社
地　　址	北京市西城区阜外大街甲 35 号（100037）
发行电话	(010)68992190/3/5/6
网　　址	www.jiuzhoupress.com
电子信箱	jiuzhou@jiuzhoupress.com
印　　刷	三河市九洲财鑫印刷有限公司
开　　本	650 毫米 ×950 毫米　16 开
插页印张	0.5
印　　张	26.25
字　　数	294 千字
版　　次	2014 年 6 月第 1 版
印　　次	2018 年 9 月第 3 次印刷
书　　号	ISBN 978-7-5108-2556-9
定　　价	59.00 元

中國經學史的基礎

台静农先生题写书名

周官成立之時代及其思想性格

静農題

台静农先生题写书名

出版前言

徐复观先生的著作散见于海内外多家出版社，选录文章、编辑体例不尽相同。现将他的著作重新编辑校订整理，名为《徐复观全集》出版。

《全集》共二十六册，书目如下：

一至十二册为徐复观先生译著、专著，过去已出版单行本，《全集》基本按原定稿成书时间顺序排列如下：

一、《中国人之思维方法》与《诗的原理》

二、《学术与政治之间》

三、《中国思想史论集》

四、《中国人性论史·先秦篇》

五、《中国艺术精神》与《石涛之一研究》

六、《中国文学论集》

七、《两汉思想史》（一）

八、《两汉思想史》（二）

九、《两汉思想史》（三）

十、《中国文学论集续篇》

十一、《中国经学史的基础》与《周官成立之时代及其思想性格》

十二、《中国思想史论集续篇》。编辑《全集》时，编者补入若干文章，并将原单行本《公孙龙子讲疏》一书收入其中。

十三至二十五册，将徐复观先生散篇文章分类拟题编辑成书：

十三、《儒家思想与现代社会》

十四、《论智识分子》

（二十一至二十三册是按《学术与政治之间》的题意，将作者关于中外时政的文论汇编成册，拟名为《学术与政治之间续篇》。）

徐复观先生的著作，以前有各种编辑版本，其中原编者加入的注释，在《全集》中依然保留的，以"原编者注"标明；编辑《全集》时，编者另外加入注释的，以"编者注"标明。

为更完整体现徐复观先生的思想脉络，编者将个别文章，在不同分类的卷中，酌情少量选取重复收入。

《全集》的编辑由徐复观先生哲嗣、台湾东海大学徐武军教授，台湾大学王晓波教授，武汉大学郭齐勇教授，台湾东海大学薛顺雄教授协力完成。

九州出版社

二〇一三年十二月

编者前言

徐复观教授，始名秉常，字佛观，于一九〇三年元月卅一日出生于湖北省浠水县徐家坳凤形塆。八岁从父执中公启蒙，续在武昌高等师范及国学馆接受中国传统经典训练。一九二八年赴日，大量接触社会主义思潮，后入日本士官学校，因九一八事件返国。授身军职，参与娘子关战役及武汉保卫战。一九四三年任军令部派驻延安联络参谋，与共产党高层多次直接接触。返重庆后，参与决策内层，同时拜入熊十力先生门下。在熊先生的开导下，重启对中国传统文化的信心，并从自身的实际经验中，体会出结合中国儒家思想及民主政治以救中国的理念。年近五十而志不遂，一九五一年转而致力于教育，择菁去芜地阐扬中国文化，并秉持理念评论时事。一九七〇年后迁居香港，诲人笔耕不辍。徐教授于一九八二年四月一日辞世。他是新儒学的大家之一，亦是台、港最具社会影响力的政论家，是二十世纪中国智识分子的典范。

我们参与《徐复观全集》的选编工作，是以诚敬的态度，完整地呈现徐复观教授对中华民族的热爱和执著，对理念的坚持，以及独特的人生轨迹。

九州出版社出版《徐复观全集》，使得徐复观教授累积的智慧，能完整地呈现给世人，我们相信徐复观教授是会感到非常欣慰的。

王晓波　郭齐勇
薛顺雄　徐武军　谨志

《中国经学史的基础》由台北学生书局一九八二年五月初版。

《〈周官〉成立之时代及其思想性格》由台北学生书局一九八〇年五月初版。

目 录

中国经学史的基础

《周官》成立之时代及其思想性格

中国经学史的基础

自　序

　　经学奠定中国文化的基型，因而也成为中国文化发展的基线。中国文化的反省，应当追溯到中国经学的反省，第一步，便须有一部可资凭信的经学史。

　　经学史应由两部分构成：一是经学的传承，一是经学在各不同时代中所发现、所承认的意义。已有的经学史著作，有传承而无思想，等于有形骸而无血肉，已不足以窥见经学在历史中的意义。即以传承而论，因西汉已有门户之争，遂孳演而为传承之误。东汉门户之争愈烈，传承之谬愈增。《后汉书·儒林传》成篇于典籍散乱、学绝道丧之余，其中颇有以影响之谈，写成历史事实。《经典释文·叙录》、《隋书·经籍志》踵谬承讹，益增附会。及清代今文学家出，他们因除《公羊传》外，更无完整之典籍可承，为伸张门户，争取学术上之独占地位，遂对传统中之所谓"古文"及"古学"，诋诬剽剥，必欲置之死地而后已，使后学有除今文学家的偏辞孤义外，更无可读之古典的感觉。皮锡瑞承此末流，写成《经学通论》及《经学历史》两书，逞矫诬臆断之能，立索隐逆理之术，廖平、康有为更从而诪张羽翼之，遂使此文化大统纠葛纷扰，引发全面加以否定之局，我常引以为恨。年来在写《两汉思想史》的历程中，随时留意此一问题。在《董仲舒〈春秋繁露〉的研究》一文中，对《春秋公羊传》成立的情形及其本来面目作了深入的剖析。在《原史》一文中，对《春秋左氏传》及《穀梁传》也作了同样的工作，尤以对《左氏传》部分说得相当详尽。一九七九年，写成《〈周官〉成立之时代及其思想性格》一书，将此争论两千年之久的问题，作了彻底的清理，为治中国古代官制史、思想史及研究古典的人，尽了一番摧陷廓清之劳。凡此也可以说是我为了写《汉代经学史》所作的准备工作。

一九八〇年五月初，发现胃部不适，饭食时常患哽噎，精神疲困，但还未检查出是胃癌，我赶忙写成《先汉经学之形成》一文，以先秦的资料证明经学非出于一人一时，而系周初以来，由周室之史，经孔子及孔子后学，作了长期选择、编纂、阐述的努力，以作政治、人生教育之用的。这样便把清代经学家们经学成于周公或成于孔子的谬执之见，加以澄清了。这篇文章，曾在同年八月台北中央研究院召开的国际汉学会议中提出。适在此时，因精神更感不支，进台大医院检查，才知道所得的是胃癌恶症。八月二十二日动了切除手术后，躺在病床上，十分痛苦，自知已经走到了人生的尽头。老朋友们来看望时，我说："已活了这么大的年龄，应当死了，可惜我想写的《汉代经学史》，竟没有动笔的机会。"因为这种冷门题目，我不动笔，当代更无人肯动笔的。老友胡秋原先生说："你可以口述大纲，用录音带录下，由你的学生整理。"实际，不仅动手术后，讲话和动笔是同样的困难，而且写这类的文章，必须扣紧资料，资料不是能凭脑筋记得完全的。

今年三月底到美国休士敦小儿帅军处住了两个多月，一面在安德逊癌症中心进行检查，同时每天勉强工作三、四小时，写成《西汉经学史》的初稿。但初稿写成后，发现写得很乱，便于住在新泽西女儿均琴家中，重写第二次，经过两个月才写成。一篇文章写两次，这是过去所没有的事。二次稿成后，寄给私立东海大学薛顺雄教授，烦他的夫人为我清缮，并托薛君为我重看一遍。这次把《先汉经学的形成》略加修改，和此文汇印在一起，僭称为《中国经学史的基础》，由学生书局印行。我是无法写成一部完整的经学史，假定我这里的两篇文章再加上《春秋》三传的考查，能为今后写经学史的人提供一个新的出发点，便稍可减轻我在这一方面的责任感了。或者还要补写一篇《东汉经学史》，假定没有时间，则《周官》在东汉所引起的困扰，及《后汉书·儒林传》中所犯若干重大错误，我已在《〈周官〉成立之时代及其思想性格》和本文中加以澄清了，也无碍其为"基础"的意味。

为了避免不必要的争论，我把《汉书·儒林传》及《艺文志》中的《六艺略》和刘歆《让太常博士书》的重要部分完全录入，再加以疏通辩析。我知道这是很笨的方法，但也是流弊较少的方法。

这里的两篇文章，前一篇写成于胃癌已经发作之际，后一篇写成于胃癌手术后的疗养之中，文字拙劣、论证谬误的地方，更为难免，我恳切希望能得到关心此一问题的学者们的教正。

一九八一年十二月十二日自序于九龙寓所

校者按：徐复观教授撰写此序文时，癌细胞已扩散到背部而痛苦不堪，草草成章，思于台大医院治疗后再行重写，但入院后，病况更为恶化，无精神再写文章，乃以此文为序言之定稿。

先汉经学之形成

　　经学是由《诗》、《书》、《礼》、《乐》、《易》、《春秋》所构成的。它的基本性格，是古代长期政治、社会、人生的经验积累，并经过整理、选择、解释，用作政治、社会、人生教育的基本教材的。因而自汉以后，两千年来，成为中国学术的骨干。它自身是在历史中逐渐形成的。在形成的历程中，孔子当然处于关键性的地位。但孔子并非形成的开始，也非形成的终结。"经学开辟时代，断自孔子删定六经为始"之说，[①] 在历史中很难成立。至于说"周公成文、武之德，适当帝全王备，殷因夏监，至于无可复加之际……斯乃所谓集大成者也。孔子有德无位，即无从得制作之权，不得列于一成，安有大成可集乎"之说，[②] 尤为鄙陋。以下试就经学由发端以至完成，作概略性的陈述。

[①] 见皮锡瑞《经学历史》"一、经学开辟时代"，此为清代今文学家的通说。

[②] 见章学诚《文史通义》卷二《原道上》。章氏鄙陋的根源之一，系将文化学术的创发与传承，完全安放在统治阶层之上。至清代古文学家言经学，以周公为主，乃由刘歆、王莽曾提倡古学，而又缘饰周公以为夺取政权的手段，将两者傅合而成。实则刘歆们并未排斥博士们的今文学，更未曾将经学中的孔子地位转移到周公。此观于班固本刘歆《七略》以为《汉书·艺文志》而可见。

一、周公及周室之史——经学的发端

周公是由"殷人尊神，率民以事神，先鬼而后礼"的宗教性很浓厚的文化，转向"周人尊礼尚施，事鬼敬神而远之，近人而忠焉"①的人文性很浓厚的文化的关键性人物，我在《原史》一文中，说明他特别重视历史的教训。②《左传·昭公二年》，晋韩宣子聘于鲁，"观书于太史氏，见《易》、《象》与鲁《春秋》，曰，周礼尽在鲁矣，吾乃今知周公之德与周之所以王也"。是《易》与鲁《春秋》与周公有关系，而"周公制周礼"③几乎成为一种常识。周公曾自己作诗、作书，④作《七月》以陈王业之艰难，作《鸱鸮》以救乱。据《国语·周语》，《时迈》、《棠棣》两诗亦周公所作以明教戒。推而广之，由周室之史所编的诗，都含有教戒的意义。周公作《大诰》是教诰"多邦""御事"的，作《康诰》、《酒诰》、《梓材》是教诰康叔的，作《洛诰》、《无逸》、《立政》是教诰成王的，作《多士》、《多方》是教诰"商王士"及"四国多方"的，《君奭》是教勉召公奭共笃辅成王的。《召诰》是召公教诰成王的。

---

① 见《礼记·表记》。
② 此文收入《两汉思想史》卷三，见页二四〇至二四二。（编者注：现为页二一九至页二二一。）
③《左传·文公十八年》鲁太史克谓"先君周公制周礼"。
④《书》的《大诰》、《康诰》、《酒诰》、《梓材》、《洛诰》、《多士》、《无逸》、《君奭》、《多方》、《立政》，皆出自周公。而据《诗序》，《七月》《鸱鸮》为周公所作。据《国语·周语》，祭公谋父谏穆王将征犬戎时，谓"是故周文公之颂曰，载戢干戈……"是《时迈》之诗为周公所作。富辰谏襄王将以狄伐郑，引"周文公之诗曰，兄弟阋于墙，外御其侮"，是《棠棣》之诗为周公所作。又芮良夫因厉王说（悦）荣夷公，而叹"王室其将卑乎"的话中，说《周颂》的《思文》及《大雅》的《文王》皆周公所作。

推而广之，周室之史，编成虞、夏、商诸篇，亦皆所以为教戒之用。《墨子·天志》篇中，"书于竹帛，镂之金石，琢之槃盂，传遗后世子孙曰，将何以为？将以识夫爱人利人，顺天之意，得天之赏者也"这段话，是顺着他自己的思想来说的，但由此可以了解，《诗》、《书》的成立，其目的在由义理而来的教戒，并不在后世之所谓史。《荀子·天论》篇："传曰，万物之怪，书不说。"周初犹是神话盛行的时代，但将《书》与《周书》及《穆天子传》相较，即可发现在书中所保存的神话最少。这即可证明，为了教戒的目的，在编纂时作了很大的选择。当然，这些被选择、编纂而遗留下来的教材，同时即是历史中的重要资料，并能给历史以照明的作用；但就选择、编纂的动机与目的言，这只能算是副次作用。所以章实斋"六经皆史"之说，歪曲了经之所以为经的基本意义，把经的副次作用，代替了主要作用。

由上所述，可以把经学的历史，追溯到周公，也可以把儒家的历史，上推到周公。所以《荀子·儒效》篇，便以周公和孔子为"大儒之效"作证。但经学的成立，是由《诗》、《书》、《礼》、《易》、《春秋》五种古典再加上乐①为其基本条件。《诗》、《书》、《礼》皆由史官所纂辑、保管。周公时代，距纂辑成书的时代尚早，《易》尚停留在纯占筮的阶段，且当时似乎尚未流行；《春秋》指的是孔子所修的，不是就"周春秋"、"鲁春秋"而言。所以就整个经学史说，周公尤其是周室之史，可以说是发端的"先河"，距"后海"的时间尚远，何以能说是集大成？

---

① 乐的纪录，应如今日乐谱的性质，乐亡，乃其曲谱之亡。故乐不可能有文字记录的典籍。《乐记》之类，乃言乐的理论与效果，不可称为"乐经"。乐本无经。

　　　　　　　　　　　中国经学史的基础

二、春秋时代经学的发展

通过《左传》、《国语》看春秋时代，可以说是经学进入到成长的阶段。《左氏传》鲁僖公二十七年，晋"作三军，谋元帅。赵衰曰，郤縠可，臣亟闻其言矣，说（悦）《礼》、《乐》而敦《诗》、《书》。《诗》、《书》，义之府也；《礼》、《乐》，德之则也。德、义，利之本也。《夏书》曰，赋纳以言，明试以功，车服以庸。君其试之"。由此一故事，可以了解：（一）《诗》、《书》、《礼》、《乐》，此时已连结成为一组的名称。（二）说《诗》、《书》是义之府，《礼》、《乐》是德（按指行为而言）之则，《诗》、《书》、《礼》、《乐》已与现实生活连结在一起，发挥着教戒的作用。（三）赵衰数闻郤縠之言，而所言者乃《诗》、《书》、《礼》、《乐》，是此时的《诗》、《书》、《礼》、《乐》，已成为贵族间的基本教材。这三点，都是经学得以成立的基本条件。把《诗》、《书》、《礼》、《乐》连成一组，正反映出这是出于在古代史料中所作的一种选择。这种选择，只能推测是出于周室史官之手。《诗》、《书》的内容，尔后还有增加，也只能推测这是周室之史继续他们的编纂工作。

我在《中国人性论史·先秦篇》中，曾为春秋时代，特设一章，而称之为"以礼为中心的人文世纪之出现"。礼、乐、诗三者，常作关连性的活动。所以通过《左氏传》以观察春秋时代的文化活动，可以总结为是诗、礼、乐三者互相关连的活动。对于《诗》，除赋诗以外，引"《诗》云"的最少二十次，①

---

① 见开明书局出版《十三经索引》，页一四六。

引"《诗》曰"的最少七十七次，^① 引"《诗》所谓"者最少五次，^②
引"故《诗》曰"的最少八次。^③ 当时的乐，主要是以诗为主题，
此观于《左传·襄公二十九年》，吴公子季札"请观于周乐"，而
乐工所歌者皆为《周南》以下之诗，《国语·鲁语下》鲁叔孙穆
聘晋时，述歌诗之所宜，亦皆与乐合在一起，即可证明。对于
《书》，引"《书》曰"的最少十次，^④ 引"故《书》曰"的最少四
次，^⑤ 引"《夏书》曰"的最少十一次，^⑥ 引"故《夏书》曰"的最少
三次，^⑦ 引"《商书》曰"的最少四次，^⑧ 引"《商书》所谓恶之易也"
一次，^⑨ 引"《仲虺之志》"者一次，^⑩ 引《太誓》者两次，^⑪ 言及《康
诰》及蔡仲"命书"者各一次。^⑫ 有些是先引《诗》而接着引
《书》，有些是先引《书》而接着引《诗》，即是《诗》、《书》同
时并引。^⑬ 这种引用，常在两相对答之间，由此可知当时贵族对
《诗》、《书》的熟练。我所根据的索引，非常疏略，只有漏列而
无溢出。我只想借此反映出当时《诗》、《书》所发生作用的概略

---

① 开明书局出版《十三经索引》，页一四六〇至一四六一。
② 同上，页一四六一。
③ 同上，页一〇二八。
④ 同上，页一一三九至一一四〇。
⑤ 同上，页一〇二四。
⑥ 同上，页一一一二。
⑦ 同上，页一〇二四。
⑧ 同上，页一一九。
⑨《左传·庄公十四年》。
⑩《左传·襄公三十年》。
⑪《左传·襄公三十一年》及《左传·昭公二十四年》。
⑫《左传·定公四年》。
⑬ 例如，《左传·襄公二十五年》卫太叔文子"《书》曰……《诗》曰……"，《左传》
　　昭公六年晋叔向"《诗》曰……《书》曰……"。

面影，较汉代实有过之而无不及。

西周当然已有占筮，并且已将卦辞、爻辞编纂在一起。但除《洪范》中曾卜、筮并提外，在文物中并不多见，甚至还没有发现。据《左氏传》，春秋时代，由鲁庄公十二年追记陈敬仲出生时，"周史有以《周易》见陈侯者，陈侯使筮之"起，大约一共记载十九次有关《周易》的事情。[①] 以《周易》为筮，除僖公十五年秦系由卜徒父执行外，余皆属于史的职守。因史的文化水准较卜人为高，故史对卦辞的解释，已较卜人对卜兆的解释，含有较多的合理性。其中特别值得注意的是，《周易》不仅由史所主管，而且也成为贤士大夫教养之资。《左传·昭公十二年》，卫"南蒯枚筮之，遇坤之比（按指爻的六五），曰黄裳元吉，以为大吉也，示子服惠伯曰，即欲有事，何如？惠伯曰，吾尝学此矣。忠信之事则可，不然必败。……"子服惠伯非史职而曾学《易》，因而对《易》作了合理的解释，则其他士大夫中亦必有学《易》的，因而推进了《易》的理论水准。所以《左传·宣公十二年》，晋知庄子引《周易·师卦》的"师出以律，否臧凶"，而断"此师（晋师）殆哉"，这种判断是根据《周易》中的合理性所作的判断。而《左传·襄公九年》记鲁穆姜对《随卦》"元亨利贞，无咎"的解释，被后来《乾·文言》作者所采用，由此可知穆姜亦深于《易》。《左传·襄公二十八年》记郑子展引《周易》"在复之颐，迷复凶"，以论"楚子将死"；《左传·昭公元年》记秦医和引"在《周易》，女惑男，风落山，谓之蛊"，以论晋侯之

---

① 《左传》庄公十二年、闵公元年二年、僖公十五年秦、晋各有筮事。僖公十五年、二十五年，宣公六年，成公十六年，襄公九年、二十五年、二十八年，昭公元年、五年、七年、十二年、二十九年、三十二年，哀公九年。

疾，这都可反映出《易》在当时教养上所发生的作用，是相当广泛的。

《国语》中所反映出的以《礼》、《乐》、《诗》互相关连的活动，正与《左氏传》相呼应。其中引用《诗》的很多，此处未作统计。其中最值得注意的，是《周语》"穆王将伐犬戎"，在祭公谋父的谏辞中，引有被认为周文公（周公）所作的《周颂·时迈》。厉王说（悦）荣夷公，在芮良夫叹"王室其将卑乎"里面，引有被认为周文公所作的《周颂·思文》及《大雅》的《文王》，这证明西周已开始以《诗》为教。《鲁语下》鲁大夫闵马父戒子服伯之慢曰"昔正考父校商之名颂十二篇于周太师，以《那》为首"的一段话，证明《商颂》之出于殷，可以改正《史记·宋世家》之误。《鲁语下》鲁"叔孙穆子聘于晋"，论乐与歌，各有所宜，可以窥见《诗》与《乐》在朝聘中的分际。《晋语四》载齐姜劝晋公子重耳不可安于齐的一段话中，引有《大雅·大明》之七章，《小雅·皇皇者华》的首章，及"西方之书"（韦注："西方谓周，《诗》云，谁将西归……"），《郑风·将仲子》之卒章，和管敬仲之言，与"瞽史之记"（董因答公子重耳"吾其济乎"之问，亦引有"瞽史记"），由此可以反映出当时贵族妇女所受教养之高。《楚语上》申叔时答士亹傅太子之方，历举出《春秋》（按此殆指楚之《梼杌》而言）、《世》（韦注："先王之世系"）、《诗》、《礼》、《乐》、《令》、《语》、《故志》、《训典》九种教材，并简切指出各教材在教育上之意义，由此可以反映出当时楚文化已可媲美于上国。《国语》中引《书》及与《书》之性格相类者凡十有二。①引《诗》与《书》之形式，与《左氏传》完全相同。言及《周易》占筮的凡三见：一为《周语》单襄公的"遇乾之否"，二为《晋语》晋公子重耳亲筮之得"贞屯悔豫"，三为《晋语》董因（史角之后）的"得泰之八"。解释的方法与《左氏传》中所用的完全相同。《齐语》主要述齐桓、管仲之事，言及礼义及其他德目，而未及《诗》、《书》；《吴语》、《越语》中，未尝涉及《诗》、《书》，这说明此两国通上国之日浅，尚未渐渍于《诗》、《书》之教。由此亦可反映出其他有关记录是可以信任的。

总结上面所述，由《左氏传》、《国语》所表现的春秋时代，《诗》、《书》、《礼》、《乐》及《易》，成为贵族阶层的重要教材，且在解释上，亦开始由特殊的意义进而开辟向一般的意义，由神秘的气氛进而开辟向合理的气氛，这是经学之所以为经学的重大发展。但《诗》、《书》的编纂，要到春秋中叶始告完成；而孔子

---

① 《周语上》（一）内史过引"《夏书》有之曰，众非元后，何戴？后非众，无与守邦"。韦注："逸《书》也。"（二）又引《汤誓》曰，余一人有罪，无以万夫。万夫有罪，在余一人"，韦注："今《汤誓》无此言，则散亡矣。"（三）又引"在《盘庚》曰……"。（四）《周语中》单襄公论"陈侯不有大咎，国必亡"中引有"先王之教"，"夏令"，"周制"，"先王之令有之曰，天道赏善而罚淫……"。（五）单襄公论郤至之未能违乱，引《书》曰，民可近也，而不可上也"。韦注："逸《书》。"（六）又引《太誓》曰，民之所欲，天必从之"，韦注："今《周书·太誓》无此言，其散亡乎。"（七）《周语下》"单襄公论晋周子之将为晋君"中引"吾闻之《太誓》故曰，朕梦协朕卜，袭于休祥，戎商必克"。（八）"单穆公谏景王将铸大钱"引"夏书有之曰，关石和钧，王府则有"，韦注："逸《书》也。"（九）《郑语》周史伯答郑桓公之问引《泰誓》曰，民之所欲，天必从之"。（十）《楚语上》左史倚相责申公子亹之言中引《周书》曰，文王至于日中昃，不皇暇食"。（十一）白公子张谏灵王中引有"武丁于是作《书》"凡四十五字，韦注："贾、唐云，书，《说命》也。昭曰非也，其时未得傅说。"（十二）《楚语下》"昭王问于观射父曰，《周书》所谓重、黎实使天地不通者何也"，韦注："《周书》，周穆王之相甫侯所作《吕刑》也。"

所修的《春秋》，乃成于春秋之末；《易》的十翼，更迟在孔子以后。所以这依然是经学形成中的一个重要历程。

三、孔子及孔门——经学基础的奠定

孔子生当春秋末期（前五五一至前四七九），对古代文化，包括春秋时代贵族间的文化，作了总结、阐述、提高的工作。就经学而论，孔子删《诗》、删《书》的说法是难于置信的，但他在下述三点上，给了经学以决定性的基础。

第一，他把贵族手上的文化及文化资料，通过他的"学不厌，教不倦"的精神，既修之于己，且扩大之于来自社会各阶层的三千弟子，成为真正的文化摇篮，以宏扬于天下，成为尔后两千多年中国学统的骨干。《论语》载"子所雅言，《诗》《书》执礼"，①乐附丽于《诗》、礼，所以《史记·孔子世家》便说孔子"以《诗》《书》礼乐教"。能使贵族的物质生活普及于平民，这是平民物质生活的大进步；同样的，能把贵族的文化教养普及于平民，这是平民精神生活的大进步。第二，孔子说"兴于《诗》，立于礼，成于乐"②把《诗》、礼、乐当作人生教养进升中的历程，这是来自实践成熟后的深刻反省，所达到的有机体的、有秩序的统一。此时的《诗》、礼、乐，成为一个人格升进的精神层级的复合体。即此一端，便远远超越了春秋时代一般贤士大夫所能达到的水准。第三，从《论语》看，他对《诗》、《书》、礼、乐及

---

① 《论语·述而》。
② 《论语·泰伯》。

《易》，作了整理和价值转换的工作，因而注入了新的内容，使春秋时代所开辟出的价值得到提高、升华，因而也形成了比较确定的内容与形式。孔子说"吾自卫反鲁，然后乐正，《雅》、《颂》各得其所"，①恢复以乐配《诗》的原有的合理状态，这即反映出他对《诗》所作的重要整理工作。由《诗》在春秋时代的盛行，《诗》对人生所发生的功用，当然当时的贤士大夫已经感受到。但一直到孔子"《诗》可以兴，可以观，可以群，可以怨，迩之事父，远之事君，多识于鸟兽草木之名"的提出，②《诗》对人生社会政治的功用，才完全显现出来。《诗》的所以有此功用，乃来自《诗》得以成立的由个体感情通向群体感情的激动。兴、观、群、怨的功能的陈述，即是《诗》的本质的陈述，这是一针到底的对《诗》的把握，用现代语来表达，这是对《诗》的深纯彻底的批评。《诗》的本质是永恒的，孔子对《诗》的批评也是永恒的。

《论语》上只有两处直接提到《书》，③在今天看来，这两处所提的都不算重要。惟或人"子奚不为政"之问，实难以对答之问，而孔子随口援《书》以为自己作解释，由此可知他对《书》的熟练。最重要的是，孔子把整部《书》中的人与事加以消化，吸其

---

① 《论语·子罕》。
② 《论语·阳货》。
③ 《论语·为政》："或谓孔子曰，子奚不为政？子曰，《书》云，孝乎（一作于）惟孝，友于兄弟，施于有政。是亦为政，奚其为为政。"朱元晦《集注》以此处所引之《书》为《周书·君陈》篇。按今《君陈》篇为伪古文，则此处的"《书》云"，可视为逸《书》。又《宪问》："子张曰，《书》云，高宗谅阴，三年不言，何谓也？子曰，何必高宗，古之人皆然……"按此处之《书》，见于《说命》。惟今《说命》为伪古文，《无逸》有"其在高宗……乃或亮阴，三年不言。其惟不言，言乃雍。"则此处之所谓《书》，可视为《无逸》。

精英，明其义蕴，由此以抽出政治上最高的若干原则及最大的鉴戒，并由此而指出历史演变的规律，形成他晚年作《春秋》的动机与是非褒贬的准据，这便超越了春秋时代贤士大夫一枝一节地援引、论述的层次，把《书》的价值升华到新的水准。下面孔子的话，只能解释为从《书》中得出来的：

（1）子曰："巍巍乎，舜、禹之有天下也而不与焉。"（《泰伯》）

（2）子曰："大哉尧之为君也。巍巍乎，唯天为大，唯尧则之。荡荡乎，民无能名焉。巍巍乎其成功也，焕乎其有文章。"（同上）

（3）舜有臣五人而天下治。武王曰："予有乱臣十人。"孔子曰："才难，不其然乎？唐虞之际，于斯为盛，有妇人焉，九人而已。三分天下有其二，以服事殷。周之德，其可谓至德也已矣。"（同上）

（4）子曰："禹，吾无间然矣。菲饮食，而致孝乎鬼神，恶衣服，而致美乎黻冕，卑宫室，而尽力乎沟洫。禹，吾无间然矣。"（同上）

（5）子曰："无为而治者，其舜也与！夫何为哉？恭己正南面而已矣。"（《卫灵公》）

上面"予有乱臣十人"，见于《左传·昭公二十五年》苌弘所引的《大誓》，其他的话，离开了《书》，更找不出来源。孔子从《书》所得的政治原则，是（1）与（2）的天下为公。（1）的"而不与焉"，说的是不以天下为己有；（2）的"唯尧则之"，是说尧法天生万物而无私。这些话，是从《尧典》、《舜典》、《大禹谟》①中的用人行政及政权移转的情形所得出来的。用人能否得当，对治乱有决定性的意义，所以（3）便特别提出唐虞及武王得人的情形。（4）则称赞禹个人生活的刻苦，但对鬼神、黻冕、沟洫等政治上的大事，无不竭心尽力。（5）与（3）应关连在一起来了解，因为舜以天下为公，又有臣五人，所以他可以无为而治。总结上述三点，可以说是孔子从《书》中所抽出的政治上的最高原则。"微子去之，箕子为之奴，比干谏而死，子曰，殷有三仁焉"，此亦根据《商书》而发明三人之行迹不同，但其忧宗国、爱人民之心并无不同，所以皆许之以仁。盖当淫昏之主陷国家于危亡之际，人臣所执之节，非可拘以一端，以见在权变中各有所当。这种论人的态度，与宋代理学家大有出入，更与后来以忠于一人的"忠君"思想大相径庭。尤其重要的是，《论语》最后的《尧曰》章，历二千年无人能了解这是孔子从《书》中所得出的在历史演变中世运兴亡的大规律，平日曾不断把表现这种大规律的故事提出来告诉门弟子，门弟子所以特别记录下来，以作《论语》所指向的归结。兹将原文分录于后，并加以简单解释。

尧曰：咨尔舜，天之历数在尔躬。允执其中。四海困穷，天禄永终。舜亦以命禹。

①《尧典》现存。自阎若璩以来，皆认《舜典》亡，伪古文分在《尧典》"帝曰钦哉"
下增二十八字为《舜典》。惟赵翼《陔馀丛考》卷一"《舜典》当从'月正元日'分起"条，
以"月正元日"以下系《舜典》原文。陈澧谓赵"所驳最精审"（见《东塾读书记》
卷五）。是《舜典》未亡，"汉时在《尧典》之内"。此说亦可供参考。现《大禹谟》
系伪古文，但孔子当能看到真《大禹谟》。

简朝亮《论语集注补正述疏》①"或曰，此其为《书·舜典》之文欤？今《舜典》亡，无由稽也，然其为《书》辞则无疑矣"。此为尧传天下于舜而加以戒勉之辞。简氏谓"历即《尧典》历象之历。盖历象以纪天，而天之历数，以天子即位之年纪之。今传位而纪年，则天之历数在递传者之身矣"。《中庸》"子曰，舜其大知也与！舜好问，而好察迩言，隐恶而扬善，执其两端，用其中于民，其斯以为舜乎"这段话，即是发明此处"允执其中"的意义，也可以说，这是孔子中庸思想之所自出。由今日中国现实上，人民在左与右中颠倒而无所托命的情形看，便应当承认"允执其中"，亦即是"执其两端（社会上本有利害是非、互相对立之两端）用其中于民"（"中"由"两端"而见，不能执其"两端"，即不知何者为"中"）的政治方向，是永恒的真理。②"四海"即是"天下"，即是天下的人民。统治者是对人民生活负责的，假定人民生活陷于困穷之中，则统治者成为人民的敌人，所以"四海之人困穷，则君禄亦永绝矣"。③这即是很明显地指出，人民的生活是政治得失的真实考验，当然即是统治者运命的决定点。因为尧所说的是政治方向的永恒真理，所以"舜亦以命禹"。

　　曰：予小子履，敢用玄牡，敢昭告于皇皇后帝，有罪不

---

① 按简氏此书远胜刘宝楠《论语正义》，而时人不知重视，殊为可惜。
② 我于一九四九年七月一日《民主评论》一卷二期，刊出《论政治的主流——从中的政治路线看历史的发展》一文，援引中西政治思想，对此有所发挥。在今天看来，颇有意义。此文收入《学术与政治之间》。
③ 朱元晦《论语集注》。

敢赦。帝臣不蔽，简在帝心。朕躬有罪，无以万方；万方有罪，罪在朕躬。

按上面一段话，为伪古文《汤诰》所采入，遂以此为"汤既放桀而告诸侯"[①]之辞。幸《墨子·兼爱》篇所引《汤说》，文字稍有出入，内容完全相同，则知此处所引者乃出于《书》的《汤说》。《汤说》"惟予小子履，敢用玄牡，告于上天后曰，今天大旱，即当朕身履……"是此为汤祷雨告天之辞。这段话的意义是在国家遇有重大灾难时，统治者应将招致灾难的原因（罪）求之于一己，以一己的牺牲来加以承当，而不可把灾难的责任推到人民身上。这是能渡过灾难、克服灾难的基本条件。此与今日落后地区的大小独裁者，经常是"朕躬神圣，罪在万方"的情形，恰成一显明的对照。

周有大赉，善人是富。虽有周亲，不如仁人。百姓有过，在予一人。

简朝亮《论语集注补正述疏》谓"谨案此《书》辞也……此于《书》今亡矣。《墨子》、《说苑》、《列女传》犹有考焉。……此言武王所以克商有天下也"，"《说苑·君道》篇云，《书》曰，百姓有过，在予一人。……与《韩诗外传》同。《列女传》言《辩通》者亦有此文，则称昔者周武王有言曰而引之。盖逸古文十六篇，刘向校焉，其所见《书》不惟今文二十九篇也。《墨子·兼爱》篇

---

① 朱元晦《论语集注》。

云，昔者武王将事泰山隧，传曰……虽有周亲，不若仁人。万方有罪，维予一人。……由三者而参观之，则此为《书》辞。古者《书》亦称'传'焉"。此段与前引各文相参，意义明显，不须另外解释。

综上所述，即孔子的深于《书》教，更无可疑。

礼是规范贵族各种行为的合理形式，即是所谓"仪"。这本是适应以宗法为骨干的封建政治的要求而建立而发展、积累起来，并由周室之史所掌管，随周室势力的扩大而得到共同承认的。流传到今天的《仪礼》十七篇，还有出于孔壁，多出的三十九篇，即是这种性质。这一套行为的形式，需要士以上的身份及与身份相称的财富，始能实行。《礼记·曲礼》说"礼不下（及于）庶人"，是因为庶人不能具备行礼的条件。孔子说："夏礼吾能言之（能言其义），杞（夏之后）不足征也。殷礼吾能言之，宋（殷之后）不足征也。文（典籍）献（贤人）不足故也，足则吾能征之矣。"[①] 由此可知孔子重视礼，并重视礼要由文献得到证明（征），则他也必重视具体的行为形式的仪，所以有"子入太庙，每事问"的记载。[②] 又说"周监于二代，郁郁乎文哉，吾从周"，[③] 可见他的"执礼"，是执周代之礼。由孔子奠基的儒者，在先秦常给人以特殊的形相，正是由"执礼"、"立于礼"而来。[④]《礼记·杂记》"恤由之丧，哀公使孺悲之孔子学士丧礼，《士丧礼》于是乎书"。可

①《论语·八佾》。
② 同上。
③ 同上。
④《礼记·儒行》篇。哀公问"夫子之服，其儒服与"，即其反映。而《荀子·非相》篇特提出"士君子之容"，更是由此而来。

知今日《仪礼》中的《士丧礼》，是因孔子而重著于竹帛的。由此也可以推测，《仪礼》、逸《礼》是经过孔子而传承下来的。

但孔子与礼的关系，主要在透过形式以发现形式中所含的价值，再反过来以价值评定其形式的得失，由此以作礼的精神转换，由此转换而使"不下庶人"的礼，成为万人万世行为规范之礼。

周礼的基本构造，是在"尊尊"与"亲亲"的两个含有矛盾性的基本要求下取得谐和，使上下之间，除了尊尊的权势支配关系外，还有由亲亲而来的互相亲爱的感情，给权势以制约，这便使封建政治内含有一部分合理性。此一部分的合理性，在春秋时代得到发展，把礼的合理面不断显发出来，以突破封建的限制，并因而突破胶固化的形式的限制。兹将有关材料简录于下：

（1）《左传·桓公二年》晋师服谓"夫名以制义，义以出礼"。

（2）《左传·僖公十一年》周内史过谓"礼，国之干也；敬，礼之舆也。不敬则礼不行"。

（3）《左传·僖公三十三年》晋臼季谓"敬，德之聚也。能敬必有德……出门如宾，承事如敬，仁之则也"。

（4）《左传·成公十三年》鲁孟献子谓"礼，身之干也；敬，身之基也"。

（5）《左传·成公二年》晋叔向谓"忠信，礼之器也；卑让，礼之宗也"。

（6）《左传·成公十五年》楚申叔时谓"信以守礼，礼以庇身"（《左传·僖公二十八年》曹伯之竖侯獳亦有此言）。

（7）《左传·昭公五年》，晋女叔齐答晋侯"鲁侯不亦善于礼乎"之问谓"是仪也,不可谓礼。礼所以守其国,行其政令,无失其民者也。今政令在家,不能取也。有子家羁,弗能用也。……"

（8）《左传·昭公二十五年》鲁叔孙婼谓"君子贵其身而后能及人,是以有礼"。

（9）《左传·昭公二十五年》郑子大叔答晋赵简子"问揖让周旋之礼"谓"是仪也,非礼也。……夫礼,天之经也,地之义也,民之行也。……"

（10）《左传·昭公二十六年》齐晏子答齐侯谓"礼之可以为国也久矣,与天地并。君令臣共,父慈子孝,兄爱弟敬,夫和妻柔,姑慈妇听,礼也……先王所禀于天地以为其民也"。

上面（1）的"义以出礼",这是孔子"义以为质,礼以行之"[1]之所自出。义者事之宜,利之和,其基本意义可通于封建政治之内,亦可通于封建政治之外。以义为礼之所自出,以礼为实现义的形式,由此而把礼义连结在一起,便使由礼之形式而来的凝固性得到开放,而出现"礼时为大"[2]的观念,使礼可适应时代的需要而发展。周初特由周公提出"敬"、"敬德"的要求,[3]但尚未与礼连结在一起。（2）"敬,礼之舆也",把礼中所含的敬的意义特

---

[1]《论语·卫灵公》。又《左传·襄公十一年》晋魏绛对诸侯谓"夫乐以安德,义以处之,礼以行之,信以守之,仁以厉之,而后又以殿邦国……"此系平列分述,其意稍别。

[2]《礼记·礼器》。

[3] 请参阅拙著《中国人性论史·先秦篇》,第二章"三、敬的观念之出现",页二〇至二四。（编者注：现为页十九至二三。）

别显了出来，（3）、（4）中所言的敬，较（2）所言的，其应用范围较广。这到了孔子特别得到发展。孔子反对"为礼不敬"，[①] 这是切就行礼时说的。但他强调"执事敬"，[②]"修己以敬"，[③]"行笃敬"，[④] 这便把礼中所含的敬的精神，普及于一般生活行为之上。（3）的"出门如宾，承事如敬，仁之则也"，把敬与仁连结在一起，这要到孔子答仲弓问仁，谓"出门如见大宾，使民如承大祭。己所不欲，勿施于人。在邦无怨，在家无怨"，[⑤] 才把意义说得比较完全。（5）、（6）把忠信与礼连结在一起，到了孔子，把它作为一般立身的原则，而三次强调"主忠信"，[⑥]"忠信"连辞而加以主张者三。[⑦] 单独强调信的更多，以"人而无信，不知其可也"[⑧] 及"民无（不）信不立"，[⑨] 在人生与政治上最有概括性。（6）所提出礼的卑让精神，这是使政治、社会得到安定的重大因素，所以孔子特称泰伯"三以天下让"为"至德"，[⑩] 又称"三分天下有其二，以服事殷"为周的"至德"。[⑪]

"制礼"，是根据某种义来制定行为的仪，礼与仪本是不可分的，但仪一经制定后便固定化。于是仪可以与义相应，也可以不

---

① 《论语·八佾》。

② 《论语·子路》。

③ 《论语·宪问》。

④ 《论语·卫灵公》。

⑤ 《论语·颜渊》。

⑥ 《论语》之《学而》、《子罕》、《颜渊》。

⑦ 《论语·公冶长》"必有忠信如丘者焉"，《述而》"子以四教，文、行、忠、信"，《卫灵公》"言忠信"。

⑧ 《论语·为政》。

⑨ 《论语·颜渊》。

⑩ 《论语·泰伯》。

⑪ 同上。

与义相应；而行礼的人，有的了解仪后面的义，有的则并不了解。春秋时代正是封建贵族间礼仪盛行的时代，但经过若干贤士大夫，特别把礼中包含的敬、忠信、卑让乃至（7）中的用贤等等，即是可用一个"义"字加以概括的等等，特别加以发挥，使隐而不彰之义得以彰，甚至使本为制礼时所没有的义得因创发而使其有，这样便有三种新的发展。一为（7）与（9）的礼与仪的分别，认定仪并不足以代表礼；二为（9）的"民之行也"，使礼不受仪的拘限而下逮于庶人；三为礼由适应人君的要求而转过来为适应于人民的要求，出现（10）的礼"以为其民"的思想。总结一句，春秋时代是封建政治由盛而衰而解体的时代，礼在春秋时代的发展，是由封建性格向一般的人生规范发展的性格，也即是（8）的"贵其身"并"能及人"，使人我能完成人格尊严的性格。这是由封建脱胎换骨出来的性格，孔子正是继承此种性格而更向前发展的。

首先应指出，孔子也是把礼与仪加以区别，并对由封建贵族间所发展出的仪要加以素朴化，由此以显其精神，并赋与以广大的社会性。他说"礼云礼云，玉帛云乎哉。乐云乐云，钟鼓云乎哉"，[1] 这即认定礼乐不仅是由形式（仪）可以表现，一定要追求仪后面的精神。当林放向他问"礼之本"时，他称赞说"大哉问！礼，与其奢也，宁俭；丧，与其易（礼仪很完备之意）也，宁戚"。[2] 他说"先进于礼乐，野人也，后进于礼乐，君子也。如用之，则吾从先进"。[3] 丧礼最为繁复，但孔子主张"称家之有无"，[4]

---

① 《论语·阳货》。
② 《论语·八佾》。
③ 《论语·先进》。
④ 《礼记·檀弓上》："子游问丧具，夫子曰，称家之有无。"

所以子思说"吾闻之，有其礼，无其财，君子弗行也"。① 这即是重礼之本而不为仪所拘的一例。

其次，孔子由对礼的恭敬的精神的把握，把礼与仁融合在一起，并以礼为实现仁的工夫。《论语》上的"仁"，就我的研究，是"道德的自觉向上的精神"。② "爱人"是此种精神所发的作用。他说"人而不仁，如礼何？人而不仁，如乐何"，③ 这是指当时统治者鱼肉人民，却以仅具形式的礼乐作文饰者而言，以见决定人的价值是仁而不是礼。但从礼中掌握住敬的精神，即是掌握住收敛一般欲望，以严肃而集中的态度对应生活与行为时，则礼又成为实现仁的工夫，并成为仁在生命、生活、行为中的表现。此时的礼，自然摆脱它得以成立的历史条件的拘限，而成为人类普遍理性表现的形式。"颜渊问仁，子曰，克己复礼为仁"，④ "复"是"反复不已"，"复礼"即是反复持守礼的敬的精神，这与"克己"是有内在关连的。此处的"复礼"，与孔子答"樊迟问仁"时所说的"居处恭，执事敬，与人忠，虽之夷狄，不可废也"⑤ 的意思是一样的，此时连礼的具体形式，亦即所谓仪，也摆脱了。由此而"达于礼乐之原"，行"无声之乐，无体之礼，无服之丧"，"日就月将"以成己，"施及四海"，以成物，⑥ 此时的礼，乃"生命的理性化"，

---

① 《礼记·檀弓上》。
② 见拙文《释〈论语〉的仁》，收入《学术与政治之间》新版页三〇三至三二五。（编者注：现为页二八二至三〇四。）
③ 《论语·八佾》。
④ 《论语·颜渊》。
⑤ 《论语·子路》。
⑥ 见《礼记·孔子闲居》。此篇所记者虽未必直接出于孔子，要为孔子思想中所涵摄，而为其弟子所发挥。

"理性的生命化"，与西方抽象的理性，恰成一实一虚的对照。而今人一言及孔门的礼，立刻胶固到封建上去，抑何可笑。

对现实政治，孔子所言的礼，也直接突破了封建政治的枷锁。封建政治的最基本特色，是"身份"制度、"血缘"制度，贵族的子孙生而即贵，平民的子孙终生皆贱，这是不能以人力加以变更的。《仪礼·士冠礼》后面，录孔子解释之言[①]中有谓"天子之元子犹士也，天下无生而贵者也"，这即把封建的身份制度完全否定了。《春秋》隐公三年《公羊传》"世卿，非礼也"，以世卿为非礼，即是否定封建政治中由身份制度而来的世卿之礼。"君子"、"小人"本是封建社会中贵贱之称，《论语》中也有沿用的，但最大部分则摒弃政治上的贵贱观念，以有德、无德为基准，这便把封建中的身份制度都翻转过来了。[②]应了解孔子对礼在历史演进与保存的具体条件下，他不能不"从周"，[③]这是一个起点，否则徒为挂空之论。但他在"从周"的起点上，层层深入，而把"郁郁乎文哉"的"文"，作了价值的大转换，作了价值的大升华，以达到前面所说的"无体之礼"。今人却一口咬定孔子的"从周"即是孔子的封建，这不是出自对中国文化的恶毒动机，即是出自对中国文化的了解过于浅薄。

从大、小《戴记》看，孔门对礼的传承、研究，较其他经为

①《仪礼》贾公彦疏谓此为"记者"之言，我以为自"孔子曰"至"古者生无爵，死无谥"皆孔子之言。即使非亲出于孔子之口，亦为传礼者所录孔子之教。

② 我曾写《中国自由社会的创发》一文，以阐发此义。此文收入新版《学术与政治之间》，页二八九至二九四。（编者注：现为页二六八至二七三。）

③ 古代历史，由殷到周，在文化上有重大进步，是铁的事实。因而周礼亦当较以前者进步。且礼的保存，亦必较夏、殷两代为完整。孔子的"从周"，乃由此两条件所决定。

特盛，时间亦最长。大、小《戴记》中有的是出于汉初儒者之手，但也是有所传承。两《记》，尤其是小戴的《礼记》，内容的丰富，可以说直到现在还是一座未被开发的宝藏。

在我著的《中国艺术精神》的第一章，写的即是"由音乐探索孔子的艺术精神"。在这一章的第二节中首先就《史记·孔子世家》所述"孔子学琴于师襄"的故事，指出他对音乐的学习，"是要由技术以深入于技术后面的精神，更进而要把握到此精神具有者的具体人格"。由《论语·宪问》篇"子击磬于卫"的故事，可以推知他的人格是与磬声融为一体的。更就《论语》上的材料，可以反映出他对乐是"随地得师，终身学习不倦"，并与当时的乐人，"不断有交往"，寄与以莫大的关心。而对音乐的欣赏，实高出于当时乐人之上。[1]"且对音乐曾作了一番重要的整理工作"，此由"吾自卫反鲁，然后乐正，《雅》、《颂》各得其所"[2]的话而可见。所以《礼记》中的《乐记》，《荀子》中的《乐论》，都系传承孔子的乐教。第四节说明孔子对乐所追求的是"美与善的统一"，"中与和，是孔门对乐所要求的美的标准。在中与和后面，便蕴有善的意味，便足以感动人之善心"，而其最高境界便是"仁与乐的统一"，所以第五节便专论证这一点。这里只补充说明，孔子除排斥当时的郑声外，乐以音律而见，其本身不似礼由仪文而见的夹杂有许多历史渣滓，所以孔子对于礼，不能不作理智的检别，而对于乐，常表现为全生命的投入。乐之最高境界，是由孔子的最高人格而见，乐在最高人格形成中有陶养之功，同时即成为与仁

---

① 此由《论语·八佾》"子语鲁太师乐，曰，乐其可知也。始作，翕如也。从之，纯如也，皦如也，绎如也，以成"的话而可见。
②《论语·子罕》。

融和为一体，成为最高人格的具体存在。乐的自身只是铿锵之节，但即使汉初制氏所纪的"铿锵鼓舞"真为先王的雅乐，却未经过人格精神的凝注、融和，便根本无所谓义，当然"不能言其义"。[1] 乐在铿锵鼓舞以外，无所谓经，而仅有铿锵鼓舞，又何足以称经。所以经学中的乐，在孔子后即无实践上的意义，不是因为《乐经》之亡，且不应在文献上论《乐经》的存亡，而是因为《诗》与乐的分离，更因为没有人像孔子那样作生命的投入，在乐中透不出人格的存在，这便只有由俗乐、外乐取而代之了。

孔子晚而喜《易》，[2] 十翼虽非孔子所亲作，但它是出于孔子的《易》教，是无可置疑的。春秋时代，《易》流行于各国，大概只有卦辞、爻辞，尚未以九、六、初、上等标明爻的性质及各爻的位置。以《易》为筮，由各国史官所主管。秦无史官，最低限度，没有出现过贤史，[3] 所以他以卜人主筮，而其辞亦非今日所见的卦辞、爻辞。[4] 卦辞、爻辞非一人所作，[5] 乃出于占筮者之手。积累既多，乃由今日不能知道的史官加以选择编纂，使其成为定式，这大概是西周时代所完成的。其未被选择的，春秋时代尚偶

---

① 《汉书》卷二十二《礼乐志》"汉兴，乐家有制氏，以雅乐声律，世世在大乐官。但能纪其铿锵鼓舞，而不能言其义"。

② 《论语·述而》："子曰，加我数年，五十以学《易》，可以无大过矣。"《史记·孔子世家》本此而稍变，其辞谓"假我数年，若是，我于《易》则彬彬之矣"。《论语·子路》："子曰，南人有言曰，人而无恒，不可以作巫医。善夫！不恒其德，或承之羞。子曰，不占而已矣。"这里所引的是《恒卦》九三的爻辞。

③ 这是我的推测。秦进入春秋时代，即扮演重要的角色，但《国语》中无"秦语"。而战国时代的秦纪尚不记月日，则此推测当为可信。

④ 《左传·僖公十五年》："故秦伯伐晋，卜徒父筮之，吉……其卦遇蛊。曰，千乘三去。三去之余，获其雄狐。……"杜注："于《周易》利涉大川……今此所言，盖卜筮书杂辞。"

⑤ 据《周易正义》卷之一"第四论卦辞、爻辞谁作"，郑康成一派主张皆文王作，马融、陆绩皆"以为卦辞文王，爻辞周公"，皆不可信。

有遗存，有如当时的逸《诗》。卜徒父所举的是一例。《左传·成公十六年》晋"公筮之，史曰吉。其卦遇复，曰，南国蹙，射其元王，中厥目"。此亦为复卦的卦辞、爻辞所未有，又是一例。注释家有的以为这是夏、商的《易》，盖为《周官》三《易》之说所欺的原故。这里值得注意的是，《左氏传》中的筮，极少数用的是卦辞，绝对多数用的是爻辞，而上引两例，似乎皆就一卦之象而言，可能尚未发展出爻辞，则这种逸辞可能时代很早。

其次是晋多良史，其用筮亦较多，他们对繇辞的解释，多与十翼中的《卦象》、《爻象》及其他有关的解释不合，甚至各国史官的解释也互相歧异。按《晋书》卷五十一《束皙传》："初，太康二年，汲郡人不准盗发魏襄王墓，① 或言安釐王冢，得竹书数十车……其《易经》二篇，与《周易》上下经同。《易繇阴阳卦》二篇，与《周易》略同，繇辞则异。《卦下易经》一篇，似《说卦》而异。《公孙段》二篇，公孙段与邵陟论《易》。《国语》三篇，言楚、晋事。《名》三篇，似《礼记》，又似《尔雅》、《论语》。《师春》一篇，书《左传》诸卜筮，师春似是造书者姓名也。"《左氏传》中除上引秦卜徒父及晋成十六年晋史"其卦遇复"两例外，其他繇辞并与今日通行之《易》相同，则所谓"繇辞则异"者，殆指释卦、爻辞之象而言。又杜预《春秋左氏经传集解》后序，言及汲冢书情形中有谓"《周易》上下篇，与今正同，别有《阴阳

---

① 按《晋书》卷三《武帝纪》咸宁五年"冬十月戊寅……汲郡人不准掘魏襄王冢，得竹简古书十余万言，藏于秘府"。《卫恒传》、孔颖达在《春秋左氏经传集解》后序的《正义》中引王隐《晋书·束皙传》作"太康元年"，即咸宁五年之次年。此处及荀勖《穆天子传》序作"太康二年"。雷学淇《竹书纪年考证》谓"帝纪之说，录其实也。就官收以后，上于帝京时言，故曰太康元年。《束皙传》云二年，或命官校理年也"。又王隐《晋书·束皙传》魏襄王作"魏釐王"。

说》而无《彖》、《象》、《文言》、《系辞》。疑于时,仲尼造之于鲁,尚未播之于远国也"。由此可知,《易》的卦辞、爻辞虽各国所同,但对卦爻的解释则多各自为说。《易》得入于经学,与十翼 [①] 有不可分的关系。若无十翼中的《彖传》、《象传》,而仅有卦辞、爻辞,则仍停顿于占筮者各自为说的混乱状态,没有构成系统的理据可言。因此,《周易》虽盛行于春秋时代,而《易》得成为经学的意义,实出于孔子。

十翼成立的先后,众说纷纭。《彖传》、《卦象》(亦称"大象")、《爻象》(亦称"小象")与卦及卦辞、爻辞,关连密切,是最先成立的,可能是出于孔子的及门弟子或再传弟子之手。若以实象、[②] 刚柔、阴阳三者在解释上的应用,为解释发展的三个阶段,则卦象、爻象皆为实象,其应用为最早,其次为刚柔,再其次才应用到阴阳的观念。春秋时代对占筮的解释,多由卦辞、爻辞的推演,或由卦爻的性格 [③] 所构成。用到卦象、爻象时,则皆用实象。如《左传·昭公元年》秦医和谓"在《周易》,女惑男,风落山,谓之蛊",男、女、风、山皆是实象。此时绝对未用到刚柔的观念,更未用到阴阳的观念。《易》的基本构成因素是"▬"与"▬▬"。刚柔是概括实物的两种不同属性的,以刚为▬,以柔为▬▬,便可以把卦爻的变动与万物的活动,更密切地结合在一起,对占筮所提出的问题,可作较为贴切而又有概括性的解答。所以刚柔的应

---

① 《周易正义》卷第一"第六论夫子十翼":"其《彖》《象》等十翼之辞,以为孔子所作,先儒更无异论。但数十翼,亦有多家。……故一家数十翼云《上彖》一、《下彖》二、《上象》三、《下象》四、《上系》五、《下系》六、《文言》七、《说卦》八、《序卦》九、《杂卦》十。郑学之徒并同此说,故郑亦依之。"

② 所谓"实象",是以实物作象征,如乾为天、坤为地之类。

③ 如闵公元年"屯固比入"之类。"固"为屯的性格,"入"为比的性格。

用，在对易的把握、解释上是一个大进步。战国中期前后的阴阳观念，已演变为构成天地万物的两种性格不同的元素，这在当时称之为"气"。阴阳的总体即是天地，阴阳由交互作用（即所谓消息盈虚）以生万物，即是天地之道。《系辞上》"一阴一阳之谓道"，就是这种意思。这样一来，天地万物，由阴阳而构成为有机的大体系。把阴阳应用到《易》上面，以━为阳，以╍为阴，便使━与╍也取得成为构成天地万物的两种性格不同的元素的资格，把《易》与天地万物直接结合在一起，而可以说"《易》与天地准"，[①]可以说"《易》有天道焉，有地道焉，有人道焉"。这较之应用刚柔的观念，又更前进了一大步。后人讲《易》的哲学，更以《易》的哲学为中国文化中的哲学，大体是从这种地方讲起，这大概是战国中期前后之事。

若承认实象、刚柔、阴阳是《易》在解释上的三个阶段，则十翼中最先出现的应当是卦象。因为卦象只言实象而绝未涉及刚柔，并且卦象中的实象，多与卦辞、爻辞中的实象略无关涉。例如乾卦的卦辞、爻辞中，并未言及天的运行（即四时的运行），而卦象则言"天行健"。坤卦的卦辞、爻辞中并未言及"地势"，而卦象则言"地势坤"。由此可知，作卦象的人实摆脱了卦辞、爻辞中极有拘限性的实象的束缚，代以涵盖性较大的实象，把《易》象的层次大大地提高，而为作象传及爻象的人所资取。卦象的重大意义，在以简洁的语言表明实象后，立即转入人事行为的合理要求之上。六十四卦中，除《比》、《豫》、《观》、《噬嗑》、《复》、《无妄》、《涣》七卦称述"先王"的作为，《泰》、《姤》两卦称述

---

① 《易·系辞上》。

"后"的作为，《剥》称述"上"的作为，《离》称述"大人"的作为外，其余五十三卦，都是对"君子"所提出的要求，或君子自己的要求，亦即是对知识分子所提出的要求，或知识分子自己的要求，形成一般的或特殊环境下的君子之所以成为君子，知识分子之所以成为知识分子的基本条件。而这些基本条件，在今天乃至到永远，都有其重大价值。例如《乾》"象曰，天行健，君子以自强不息"，《坤》"象曰，地势坤，君子以厚德载物"，《屯》"象曰，云雷屯，君子以经纶"，《蒙》"象曰，山下出泉，君子以果行育德"。这真正是孔子《易》学精神的显现。

但卦象仅对卦作实象的解释，未尝涉及卦辞、爻辞，甚至是把卦辞、爻辞加以扬弃了的，这便抹煞了传统所积累的经验，并且在占筮时不能作委曲而具体的解答。于是继之而起的是象辞及爻象。象辞及爻象是一个系统，除实象外，更以刚柔、时位的观念对卦辞、爻辞作了委曲的解释，而以九、六别爻的性质，以初、二、三、四、五、六别爻的位置，可能是与爻象同时出现的。于是孔门对《易》的解释始得完成，孔门的《易》，至此而具备了由宗教落实于人文道德之上的结构。由此可以了解，象辞、爻象不仅出现得较迟，而且也可能出于孔门另一集团之手。

象辞中，仅《泰卦》有"内阳而外阴"，《否卦》有"内阴而外阳"，用到阴阳的观念。《否·象》已有"内柔而外刚，内小人而外君子"两句，照全般象辞的格局看，不应再有"内阴而外阳"的复语。依《否卦》的语例，《泰卦》的"内阳而外阴"，应为"内刚而外柔"。两象辞用到阴阳观念，可能因后人以阴阳注这两句中的刚柔而羼入进正文的。六十四卦中，仅《乾卦》初九的爻象有"阳在下也"，《坤卦》的初六有"阴始凝也"，此外皆未用到阴阳观念。由此可以推断，爻象本未用到阴阳观念，此两处用的阴阳观念，可能是战国中期以后的某位传《易》的人所增入，以加强其解释力的。若作象辞、爻辞的人已用到阴阳观念，则六十四卦、三百八十四爻皆用阴阳观念作解释，岂非更能表现出完整性和系统性，为什么只用到两卦、两爻？

　　《易》是由久远的传统而来，发展到应用刚柔观念以后，并未放弃传统的实象。发展到应用阴阳观念时，因卦辞、爻辞的解释已经完成，遂使阴阳观念在卦辞、爻辞的解释中无直接用武之地，于是只好在十翼的其他部分发生作用，但依然是与实象、刚柔等混糅在一起。十翼中有的部分显得杂乱，原因在此。在卦象、象辞、爻象出现之后，接着出现的应当是《乾·文言》，因为《乾·文言》中无阴阳观念。《坤·文言》中有阴阳观念，但只有"阴虽有美"及"阴疑于阳必战"两处，其分量不及"坤至柔而动也刚"的重要，所以应当成立于《系辞》之前。《系辞》、《说卦》，应当是由集结战国中期前后的说《易》者而成。但《乾·文言》中的六个"子曰"，《系辞》中的二十三个"子曰"，是引述孔子之言，或他们相信是孔子之言。二十九个"子曰"的共同特点是将《易》的神秘性落实于人文之上，由行为决定人的吉凶悔吝。《序卦》只有实象，且《系辞上》有"是故君子所居而安者，《易》之序也"一语，是《序卦》承卦象之统所发展出来的，时间应在《系辞》之前。《杂卦》加入刚柔观念而有韵，这是承象辞、爻象之说，由学《易》者所编的便于记忆的歌诀，其成立亦当在《系辞》之前。今人把《序卦》、《杂卦》的时间说得很迟，甚至说是出于汉儒之手，岂有汉儒言《易》而不沾上阴阳之理。

　　由上所述，可以想到《易》由十翼而后列入经学，但十翼既非成于一人，亦非成于一时，是由孔门研究《易》的一个以上的集团，作了长期的努力所形成的。

孔子晚年因鲁史记而作《春秋》，《春秋》之事及义，由《左氏》、《公羊》、《穀梁》三传始明。从《公羊》、《穀梁》及《春秋繁露》有关材料看，传习《春秋》可以考见姓名的在十人以上，《公羊》、《穀梁》是集结一个以上的研究集团的成果而成。而《左氏传》对战国诸子百家影响之大，《史记·十二诸侯年表》序，言之颇详。其有关问题，我在《原史》一文中已有阐述。① 此处仅指出孟子说孔子之作《春秋》是"其事则齐桓、晋文，其文则史，孔子曰，其义则丘窃取之矣"，②《春秋》之所以入于六经，是因孔子从鲁史中取其"义"。离开孔子所取之义，则只能算是历史中的材料而不能算是经。乃有人要越过孔子以求周公的史法，③ 真可谓昧于经之所以为经的本源。

总括地说，经学的基础，实奠定于孔子及其后学，无孔子即无所谓"经学"。但此时不仅经之名未立，且《易》与《春秋》尚未与《诗》、《书》、礼、乐组合在一起。因此，可以说，孔子及其后学所奠定的是经学之实，但尚未具备经学之形。

---

① 拙文收入拙著《两汉思想史》卷三。
② 见《孟子·离娄下》。
③ 杜预《春秋左氏传》序"仲尼因鲁史策书成文，考其真伪而志其典礼。上以遵周公之遗制，下以明将来之法。……盖周公之志，仲尼从而明之也"，如此则孔子所取之义毫无着落。

四、孟子与经学

孔子之学，从文献上说，概括了后来之所谓"六经"，所以他才真正可以说集古代文化的大成。同时，他并转换了传统的价值观念，创发了新的价值观念，所以他才真正可以说是后来文化的源泉。他死后，他的弟子、后学分为若干学团，各传承他学问的一部分，有所述作，形成儒家的大统，其中最特出而其著作又能较完整地传到今日的当推孟子、荀子。

孟子在思想上的最大贡献，可概举以三：第一，承孔子"性相近"、"性与天道"及《中庸》"天命之谓性"，而进一步发展出性善之说，使人生价值能当下在各人生命之内生根，由此而人格尊严、人类互信互助、自由平等，都有了不可动摇的基础。第二，将古代"天视自我民视，天听自我民听"①的思想，及孔子由《书》教中所导出的天下为公的思想，作进一步的发展，而提出了不仅政治的一切是为人民，并且人民可以决定政治的一切的王道政治，在思想上开辟出中国进入民主的大道。②第三，他特别重视人民的物质生活，认为解决人民的物质生活，才是政治上一切施为的根本，因而提出井田制，实际即是提出了土地问题及其解决问题的大方向；并提出了明确的"学校"观念，奠定尔后教育制度的基础。这些贡献，都和他所受的《诗》、《书》、礼、《春秋》之教有密切关系。他在后来之所谓经学中，缺乏对乐的具体陈述。他在

---

① 《孟子·万章下》引《泰誓》语。但对周初的民本思想有概括性。
② 我在《孟子政治思想的基本结构及人治与法治问题》的拙文中有较详细的叙述。此文收入《中国思想史论集》，页一三三至一四一。（编者注：现为页一五五至一六五。）

政治上，认为乐的意义是决定于"独乐"还是"与民同乐"，不决定于乐的今古。① 在个人修养上，他很重视乐（音洛），他说了"乐（音洛）则生矣"②的意味非常深长的一句话。但乐（洛）主要是来自四端的扩充，而不一定来自音乐。同时这也反映出乐本无所谓经，即孔子所提倡的乐已经衰微，传习不易。《孟子》一书，更没有谈到《易》，这说明他不曾学《易》。

　　《孟子》书中引《诗》者大约有三十四次，其中有三次出于他人，其余皆出于孟子。所引的《诗》，绝对多数出于政治性很浓厚的《大雅》、《小雅》，引《国风》者仅四次，其中两次出自他的学生。③ 孟子引《诗》，一是作自己立说的证明，④ 一是陈述历史事实，也是为了补足自己的某种观点。此种运用《诗》的方式，以后不断发展，到汉初《韩诗传》而达到高峰。他这样深于《诗》教而未尝深入于乐，这反映出当时《诗》与乐已经分离。他说《诗》与作诗的态度，具见于他答咸丘蒙及公孙丑之问两章。兹简录于下：

---

① 见《孟子·梁惠王下》"庄暴见孟子曰"章。
② 《孟子·离娄上》"仁之实，事亲是也"章。
③ 此处所列数字，恐稍有遗漏。引《国风》者，《公孙丑上》"仁则荣"章引《邶风·鸱鸮》"迨天之未阴雨……"，《万章上》"万章问曰"章引《齐风·南山》"娶妻如之何……"。《告子下》评高子论《诗》章，公孙丑问《凯风》何以不怨，《凯风》原《邶风》。《尽心下》"貉稽曰"章引《邶风·柏舟》"忧心悄悄……"。
④ 例如《梁惠王上》引《诗·大雅·思齐》"刑于寡妻"三句，以为"推恩"之证，此例最多。尤以两引"孔子曰"之例，最为显著。《公孙丑上》"仁则荣"章，引《邶风·鸱鸮》"迨天之未阴雨"五句，接着引"孔子曰，为此诗者，其知道乎！能治其国家，谁敢侮之"，以证其"仁则荣"的论点。《告子上》"公都子问性"章引《大雅·烝民》四句，接着引"孔子曰，为此诗者其知道乎！故有物必有则，民之秉彝也，故好是懿德"以证明其性善说的论点。《梁惠王上》孟子答梁惠王"贤者亦乐此乎"之问，引《大雅·灵台》"经始灵台"十二句，即在陈述历史事实，其例亦甚多。

（1）咸丘蒙问曰：《诗》云，普天之下，莫非王土；率土之滨，莫非王臣。而舜既为天子矣，敢问瞽瞍之非臣如何？曰：是诗也，非是之谓也。劳于王事而不得养父母也，曰：此莫非王事，我独贤劳也。故说《诗》者，不以文害辞，不以辞害志，以意逆志，是为得之。如以辞而已矣，《云汉》之诗曰，周余黎民，靡有孑遗。信斯言也，是周无遗民也。……（《万章上》）

（2）公孙丑问曰：高子曰，《小弁》，小人之诗也。孟子曰：何以言之？曰：怨。曰：固哉高叟之为《诗》也。有人于此，越人关弓而射之，则己谈笑而道之，无他，疏之也；其兄关弓而射之，则己垂涕泣而道之，无他，戚之也。《小弁》之怨，亲亲也。亲亲，仁也。……曰：《凯风》何以不怨？曰：《凯风》，亲之过小者也；《小弁》，亲之过大者也。亲之过大而不怨，是愈疏也……（《告子下》）

由上面两个故事，首先可以反映出当时《诗》的流布之广，及孟子对《诗》的熟练。《诗》是感情的语言，用字结句，有自然的夸饰性。（1）的所谓"文"指的是用字，"辞"指的是由字所结成的句，"志"指的是作诗者的动机及其指向，"意"是读者通过文辞的玩味，摆脱局部文句文字的拘限性，所把握到的由整体所酿出的气氛、感动、了解。由所得到的这种气氛、感动，以迎接出（逆）诗人作此诗之动机与指向，使读者由读诗所得之意，"追体认"到作者作诗时的志，这才真正读懂了，才可以说《诗》。孟子所提出的方法，是含有普遍妥当性的，由此可以了解他对《诗》所下的工力之深。

（2）所说的是作诗的态度问题。此处的所谓"怨"，是指挟带着感情的批评。孟子的意思是：对亲长的小过，为子者可以隐忍，但大过则应当批评。孟子之所谓"小过"，是关系于个人的，所以《凯风》诗中七子之母尚欲改嫁，依然是小过。七子自责而不怨其母，孟子认为是对的。所谓"大过"，是关涉到政治的，幽王听褒姒的话放逐太子宜咎，这便牵涉到政治问题，宜咎赋《小弁》之诗，①发于感情之所不容已的批评，实际是亲爱其亲，与仁相合。涉及政治的大过而不怨，在孟子看来，父子君臣之间更增加了距离，不合于父子之亲及君臣之义。孟子的话，不是悬空的理论，而系体认到人情的自然。我年来感到，对自己国家的问题，与对其他国家的问题，在感受上，因而在感情上，自然有不同的反应。于是对自己国家的问题，常不能自已地自己的作出"怨"的批评，而对其他国家的同样问题，或因事不关己，置之不议不论，即有所批评，在批评中不可能有"怨"。所以全中国盛行的"歌德"派作家，实际是发自疏离于自己国家人民的心理状态，实际也是出于把他所歌颂的人，不当人来看待的心理状态。但所有统治者都不能了解孟子从人情、人性深处所说出的这段话的意义。孟子的话，可以针贬小儒对"温柔敦厚"②的曲解。

孟子对《书》下了与《诗》同样深厚的功夫。全书引"《书》曰"或径举《书》的篇名者，大约有十六次。他读《书》的方法，有一种是：

---

① 按孟子的口气，是以《小弁》为幽王之太子宜咎所自作。《诗序》则以为"太子之傅作"。由诗之内容，以孟子之说为正。
② 见《礼记·经解》。我曾有《释诗的"温柔敦厚"》一文，收入《中国文学论集》。

中国经学史的基础

孟子曰：尽信《书》，则不如无《书》。吾于《武成》，取二三策而已矣。仁人无敌于天下，以至仁伐至不仁，而何其血之流杵也。（《尽心下》）

这种把价值判断转为真伪判断，是不足取法的。但由此可以启发出：孟子认为《书》不合理的仅此一处，其余则认为是合理的。再推而上之，不难了解，周室之史，当编辑成书时，是经过了一番选择，用作贵族的教材，其目的不在后世之所谓"史"。以史为目的所编集的则为鲁之《春秋》，及汲冢中所发现的《竹书纪年》这类的形式。孟子读书的另一方法是：

　　孟子谓万章曰……以友天下善士为未足，又尚论古之人。颂其诗，读其书，不知其人可乎？是以论其世也。是尚友也。（《万章下》）

上面的话，本是为尚友而发，但带出了读书的主要方法。"世"等于今日之所谓"时代"或"社会"。"颂其诗，读其书"，要深入进去以把握诗、书中的人，人是活的，是有精神血脉的。把握到诗、书中的人，不仅诗、书也是活的，也成为有精神血脉的，而且此时所见的不是文字的世界，而是人的世界。但每一个人，皆生于时代（世）之中，人的价值乃在时代中形成，亦须在时代中论定，否则人不是具体而成为抽象的"非历史的存在"。孟子就更进一步提出由"论其世"以达到"知其人"的目的，把人与世紧密地连结在一起，由历史以确定人的地位，由人以照明历史的运行，这样一来，他所进入的人的世界，即是进入到有精神血脉的历史世界。所以《孟子》一书中,不但反复称道尧、舜、禹、稷、益、皋陶、汤、傅说、太王、文王、武王、周公,及伊尹、伯夷、柳下惠、孔子、颜渊、曾子等,且将伊尹、伯夷、柳下惠、孔子作为四种人格的典型,以较论其长短得失。在答公孙丑"文王不足法与"之问中,具述由汤到武丁以及纣之形势,以见文王王天下之所以难(《公孙丑上》)。在答滕文公问为国中,述三代之赋与学,因而提出井田制(《滕文公上》)。在答公都子问"外人皆称夫子好辩"中,历述由尧、舜、禹以迄周公、孔子,历史中一治一乱的情形,及圣人救乱的努力(《滕文公上》)。在对应陈相"道许行之言"中,述尧、舜、益、禹、稷当时所遇之严重危机及他们的功绩(同上)。在言"人之所以异于禽兽者几希"时,历述舜、禹、汤、文王、武王、周公在政治上的基本德行(《离娄下》)。在答万章问"尧以天下与舜"中,历述尧、舜、禹传位的情形,及益、伊尹、周公所以"不有天下"的原因(《万章上》)。在答北宫锜问"周室班爵禄也,如之何"中,历述自天子以至"庶人在官者"的爵与禄的情形(《万章下》)。在他作"三代之得天下也以仁,其失天下也以不仁"(《离娄上》)的大判断时,可以称为"仁的历史哲学"。他一则说"五百年必有王者兴,其间必有名世者。由周以来七百有余岁矣,以其数则过矣,以其时考之则可矣",而感到有"当今之世,舍我其谁也"的信心(《公孙丑下》)。再则曰"由尧、舜至于汤,五百有余岁,若禹、皋陶则见而知之,若汤则闻而知之。由汤至于文王,五百有余岁,若伊尹、莱朱则见而知之,若文王则闻而知之。由文王至于孔子,五百有余岁,若太公望、散宜生则见而知之,若孔子则闻而知之。由孔子以来,至于今百有余岁,去圣人之世,若此其未远也,近圣人之居,若此其甚也,然而无有乎尔，则亦无有乎尔"（《尽心下》）。通贯历史之流，以把握人道、治道传承的大统，由此以自勉，并以此勉世人。虽"五百"之数，没有真正理论的根据，但由此可以了解由尧、舜到孟子的历史，实洞彻于他的胸中，成为有精神、有血脉的活的存在，因而开辟了他在人生政治上的学术思想，支持并充实了他的伟大人格，这只能说他是有得于《诗》、《书》之教，尤其有得于《书》教。《孟子》一书，即以"由尧舜至于汤"一段为收束，可能与《论语》一样，有种特殊意义。我在《原史》一文中，曾特别指出孔子的学问与史的关系，在这里也应指出，孟子的学问与史的关系。这与古希哲人的以冥想、辩论为学的，自然形成一种分水岭。

孔子说"义以为质，礼以行之"。孟子则常以"礼义"连辞，[①]并与仁、义、知组合在一起而称为"仁义礼智"，成为人的四种基本德性。此四种基本德性，皆发于人心所固有。所以说"仁义礼智非由外铄我也，我固有之也"，[②]又说"仁义礼智根于心"，[③]从"辞让之心，礼之端也"，及"恭敬之心，礼也"的话看，他是以辞让、恭敬为礼的基本精神，或礼的基本性格，而将其内在化，使其在生命之内的心上生根，并进一步认为是由心所固有。所以他便可以说"夫义，路也；礼，门也"，[④]与人的现实生活不可离，这是礼

---

① 如"奚暇治礼义哉"（《梁惠王上》），"礼义由贤者出"（《公孙丑上》），"言非礼义谓之自暴也"（《离娄上》），"无礼义则上下乱"（《尽心下》）。

② "孟子曰，人皆有不忍人之心……恻隐之心，仁之端也；羞恶之心，义之端也；辞让之心，礼之端也，是非之心，智之端也。人之有是四端者，犹其有四体也"（《公孙丑上》）。此意又见于《告子上》与公都子论性而谓"恻隐之心，仁也；羞恶之心，义也，恭敬之心，礼也，是非之心，智也。仁义礼智，非由外铄我也，我固有之也"。

③ 《尽心上》"孟子曰广土众民"章。

④ 《万章下》"万章曰不见诸侯何义也"章。

的精神的一大发展。礼必以践履而见，但孟子时代，因封建政治已解体，本由适应封建政治的要求所建立的礼，在政治上的效用已经很稀薄，孟子说"诸侯之礼，吾未之学也"，[①] 殆亦时势使然。所以孟子所言的礼，除恭敬、辞让的精神，应随事而见外，多表现在出处、辞受、取予之间，他在政治上，以言仁义为主。

站在经学发展史的立场看，孟子除发展了《诗》、《书》、礼的意义外，他特别提出了孔子作《春秋》的意义。他把孔子作《春秋》，认为是继尧使禹治水、周公相成王诛纣伐奄，为历史拨乱反正的一大关键，所以他说"《春秋》，天子之事也"，[②] 他说"王者之迹熄而《诗》亡，《诗》亡然后《春秋》作"，[③] 除说了孔子作《春秋》的意义外，也可以视为《春秋》在经学史上，乃继《诗》而成立。大约孔子《春秋》之学的传承，到了战国中期而影响已经扩大。

五、荀子——经学形式的发展

孟子发展了《诗》、《书》之教，而荀子则发展了礼、乐之教。若就经学而论，经学的精神、意义、规模，虽至孔子已奠其基，但经学之所以为经学，亦必具备一种由组织而具体化之形式。此形式，至荀子而始挈其要。

荀子学问的宗旨与方法，可由《劝学》篇"学恶乎始，恶乎终？曰，其数则始乎诵经，终乎读礼；其义则始乎为士，终乎为

---

① 《滕文公上》"滕定公薨"章。
② 《滕文公下》"公都子曰，外人皆称夫子好辩，何也"章。对此处的解释，具见于拙文《原史》，收入《两汉思想史》卷三。
③ 《离娄下》"孟子曰，王者之迹息而《诗》亡"章。其解释亦具见于《原史》。

圣人"。这里特别值得一个附带注意的是，他已以《诗》、《书》为经，①而不以礼（包括乐）为经。因为他特别重视礼，礼与乐相成，因而也特别重视乐。他对礼有三大贡献：一是总结了传统的礼、乐精神，赋与礼、乐以理论的根据，并以礼为《诗》、《书》的总持。此即《礼论》、《乐论》之所以作。二是把礼的起源推到经济生活的合理分配之上，使礼与经济发生密切联系。三为把礼的"定分"推广到政治、社会上，使其成为"各尽所能"、"各取所值"的组织原则，这种组织原则，他称为"统类"。②他说："将原先王，本仁义，则礼正其经纬蹊径也。……不道礼宪，以《诗》、《书》为之，譬之犹以指测河也，以戈舂黍也，以锥餐壶也，不可以得之矣。"③这里正说的是《诗》、《书》缺乏组织的统类性。

但他虽然特别重视礼，不仅更凸出了《诗》、《书》、礼、乐的组成意义，并且《春秋》开始与《诗》、《书》、礼、乐组成在一起，各赋予以独立而又互相关连的意义，由此而使经学形式有了进一步的发展。他说：

> 故《书》者政事之纪也，《诗》者中声之所止也，礼者法之大分，类之纲纪也……礼之敬文也，乐之中和也，《诗》、《书》之博也，《春秋》之微也，在天地之间者备矣。（《劝学》篇）

---

①《荀子》杨注"经谓《诗》、《书》"，就下文"故《书》者政事之纪也，《诗》者中声之所止也，《礼》者法之大分，类之纲纪也"数语观之，杨注甚确。
② 二、三两点，我在《荀子政治思想的解析》一文中，有较详细的陈述。此文收入《学术与政治之间》。
③《荀子·劝学》篇。

礼、乐法而不说，《诗》、《书》故而不切，《春秋》约而不速。（同上）

《诗》言是其志也，《书》言是其事也，礼言是其行也，乐言是其和也，《春秋》言是其微也。（《儒效》篇）

站在经学史的立场，把《春秋》与《诗》、《书》、礼、乐组在一起，是一件大事。荀子应用到《易》，如"故《易》曰，'括囊无咎无誉'，腐儒之谓也"，[1]"《易》之咸，见夫妇。夫妇之道，不可不正也，君臣父子之本也。咸，感也。以高下下，以男下女，柔上而刚下"，[2]又"《易》曰复自道，何其咎"（同上）。但他还未将《易》入到《诗》、《书》、礼、乐、《春秋》中去。不过，他说"善为《诗》者不说，善为《易》者不占，善为礼者不相，其心同也"。[3]他在这里，把《易》与《诗》、礼说在一起，由此稍向前一步，《诗》、《书》、《礼》、《乐》、《易》、《春秋》的六经，便整备齐全了。

为了解荀子对汉代经学的影响，由下引材料，可略窥见一斑：

小戴所传《三年问》全出《礼论》篇，《乐记》、《乡饮酒义》所引俱出《乐论》篇，《聘义》子贡问贵玉贱珉，亦与《法行》篇大同；大戴所传《礼三本》篇亦出《礼论》篇，《劝学》篇即《荀子》首篇，而以《宥坐》篇末"见大水"一则附之，《哀公问五义》出《哀公》篇之首，则知荀

---

① 《荀子·非相》篇。
② 《荀子·大略》篇。
③ 同上。

子所著，载在二《戴记》者尚多。（谢墉《荀子笺释》序）

　　荀卿之学，出于孔氏，而尤有功于诸经。《经典叙录》，《毛诗》……一云子夏传曾申，申传魏人李克，克传鲁人孟仲子，孟仲子传根牟子，根牟子传赵人孙卿子，孙卿子传鲁人大毛公。由是言之，《毛诗》，荀卿子之传也。《汉书·楚元王交传》，少时尝与鲁穆生、白生、申公同受《诗》于浮丘伯，伯者孙卿门人也……由是言之，《鲁诗》，荀卿子之传也。《韩诗》之存者《外传》而已，其引《荀卿子》以说《诗》者四十有四。由是言之，《韩诗》荀卿子之别子也。……由是言之，左氏《春秋》，荀卿之传也。……由是言之，《穀梁春秋》，荀卿子之传也。荀卿所学，本长于礼……由是言之，曲台之礼，荀卿之支与余裔也。（汪中《荀子通论》）

按汪氏之论，除《鲁诗》出自荀卿，确有根据；《韩诗外传》，不仅引《荀子》者四十四，其引《诗》之例，亦出自《荀子》。余多为牵附之谈，不可尽信。而《荀子》书中，涉及《春秋》者仅为《公羊传》，[①]不能谓荀卿曾传授《穀梁》与《左氏传》。但西汉在武帝以前，荀子的影响甚大，则确系事实，西汉经学与荀子有各种关连，则是可以推论而得的。

---

① 《大略》篇"《春秋》贤穆公，以为能变也"，见《公羊》文公十二年传，又"故《春秋》善胥命"，见《公羊》桓公三年传。

六、《墨子》中的经学影响

考查经学典籍在儒家以外各家的情况，可以了解经学所代表的原是古代文化，虽由儒家长期努力，使其能成为经学，但并非儒家一家之学，故能给儒家以外的各家以影响。首先应注意到墨子。《吕氏春秋·当染》篇"鲁惠公使宰让请郊庙之礼于天子，桓王使史角往，惠公止之。其后（高诱注'史角之后也'）在于鲁，墨子学焉"。我曾认为孔子之学出于史，墨子之学亦出于史。因为以教诫为目的的经学典籍皆出于周室之史所选择、编定、传承的，这与章实斋"六经皆史"的史书之"史"，意义不同。《韩非子·显学》篇谓"孔子、墨子俱道尧、舜"。通过今日的《墨子》一书，他立论的根据还是"圣王"、"先王"，所谓"圣王"、"先王"，正指的是尧、舜、禹、汤、文、武。而反面人物，则指的是桀、纣、厉、幽。《所染》第三，正面地引了"舜染于许由、伯阳，禹染于皋陶、伯益，汤染于伊尹、仲虺，武王染于太公、周公"，反面地又引了桀、纣、幽。诸侯方面，正面地引了齐桓、晋文、楚庄、吴阖闾、越勾践，反面地引了中行寅、吴夫差、知伯、中山尚、宋康。在全书中引用了许多古代、当代地故实，可作治古史者的参考，尤其言吴、越之事较详。他在《法仪》第四，开始以禹、汤、文、武连缀为一组，以桀、纣、幽、厉连缀为一组，此后在全书中多次出现。《节葬下》历引尧、舜死葬的情形，把尧、舜与禹、汤、文、武连缀在一起而称为"尧、舜、禹、汤、文、武之道"。他在《非命上》谓"故言必有三表。何谓三表？子墨子言曰，有本之者，有原之者，有用之者。于何本之？上本之于古者圣王之事。于何原之？下原察百姓耳目之实。于何用之？废（发）以为刑政"。而他和以后诸子百家最大不同点之一，他所"本之于古者圣王之事"，上自尧、舜，下迄吴王夫差、越王勾践，与早期儒家所述之"古"的范围略同，未尝出之以浮夸臆造。然则《淮南子·要略》谓"墨子学儒者之业，受孔子之术，以为其礼烦扰而不悦（说），厚葬靡财而贫民，（久）服（丧服）伤生而害事，故背周道而用夏政"。此一说法，与墨子学于史角之后并不矛盾。《主术训》谓"孔、墨皆修先圣之术，通六艺之论"。墨子鲁人，约生当于子思之时，①其受有孔子影响而不满意于孔子所传承的礼乐，因而"原察百姓耳目之实"，另成一派，此乃情理之常。惟所谓"背周道"三字，易生误解。文王、武王、周公，为他立说的重要根据之一，则所谓"背周道"，乃矫周"文"之弊而已。因此，他除非乐、节葬以外，儒家典籍中的《诗》、《书》，对他发生了很大的作用，尤其是《书》。他说"吾尝见百国春秋"，此虽非孔子所修《春秋》，要亦可谓深于广义的《春秋》之教。

　　《墨子》引用的古典凡四十余条，引《诗》者约十一，②其中

① 此依孙诒让的《墨子传略》及《墨子年表》。
②（一）《所染》篇《诗》曰，必择所堪"，逸《诗》。（二）《尚贤中》《诗》曰，告汝忧恤"，《大雅·桑柔》。（三）《尚贤中》"《周颂》道之曰，若地之固……"不知所出。（四）《尚同中》"是以先王之书《周颂》之道之曰"引《周颂·载见》。（五）又《诗》曰，我马维骆"引《小雅·皇皇者华》。（六）"又曰……"同上。（七）《兼爱下》"周诗曰……其直若矢……"引《小雅·大东》。（八）《兼爱下》"《大雅》之所道曰"，引《大雅·抑》篇。（九）《天志中》"《皇矣》道之曰"引《大雅·皇矣》。（十）《天志下》"于先王之书大夏之道之然"引《大雅·皇矣》。（十一）《明鬼下》"子墨子曰，《周书》《大雅》有之"引《大雅·文王》。（十二）《公孟》"或以不丧之闲，诵《诗》三百，弦《诗》三百，歌《诗》三百，舞《诗》三百"，按此处所谓"诵《诗》三百"一连四句，盖言《诗》三百篇有时而诵，有时而弦，有时而歌，有时而舞，非谓各有三百。

《所染》篇所引的"《诗》曰，必择所堪"为逸《诗》。《兼爱下》"周诗曰"，开始的"王道荡荡"四句出于《洪范》，后面"其直若矢"四句出于《小雅·大东》。在墨子，《诗》与《书》的界线不大明确，所以《明鬼下》"子墨子曰，《周书》《大雅》有之"，他以《大雅》为《周书》，他又将《大雅》称为"大夏"，《天志下》"非独子墨子以天之志为法也，于先王之书《大夏》之道亦然"，俞樾以"大夏"即《大雅》，而所引之"帝谓文王"等六句，正《大雅·文王》篇文，与儒家系统所传的略有文字异同，我以为儒家所传经过了若干润色。

　　《墨子》上所引的《书》，有的今日无从查考。例如《尚同中》"是以先王之书《相年》之道曰……"；《兼爱下》"古者禹治天下"，言禹治水情形，必有所本，而为《禹贡》所无；《天志中》"又以先王之书《驯天明不解》之道也知之"；《明鬼下》"且《禽艾》之道之曰"，《墨子间诂》引"苏云，禽艾，盖逸《书》篇名"等。先秦儒家似乎没有引用《周书》（一称《逸周书》）的，墨子似乎引用了三次，①引《尧典》者一，②引《夏书》者五，③其中《明鬼下》"《夏书·禹誓》曰"所引的是《书·甘誓》的全文，仅文字稍有

────────────

① （一）《七患》"故曰，以其极赏"，似出于《周书·命训》。（二）《七患》"《周书》曰，国无三年之食者，非其国也……"，似出自《周书·文传》篇引《夏箴》。（三）《尚贤下》"于先王之书竖年之言……"，似出于《周书·皇门》篇。
② 《节用下》："古者尧治天下，南抚交阯……莫不宾服。"
③ （一）《七患》"《夏书》曰，禹七年水"。（二）《兼爱下》"虽《禹誓》即亦犹是也……"，此为伪《大禹谟》所引。（三）《明鬼下》"《夏书·禹誓》曰……"，即《书·甘誓》全文。（四）《非乐上》"于《武观》曰……"，惠栋谓"此逸《书》叙武观之事，即《书》叙之五子也"。（五）《非命中》"禹之《总德》有之曰……"，《间诂》引"苏云，《总德》盖逸《书》篇名"。

出入，特值得注意；引《商书》者九，① 引《周书》者十七，② 称"春秋"者五。③ 上面的数字可能还有遗漏，其中特值得注意的是，他

---

① （一）《七患》"《殷书》曰，汤五年旱"。（二）《尚贤中》"《汤誓》曰，聿求元圣，与之戮力同心，以治天下"，《间诂》"今《汤誓》无此文，伪古文撅此为《汤诰》，谬"。（三）《尚同中》"是以先王之书《术令》之道曰，唯口出好兴戎"，"诒让按'术令'，当是'说命'之假字。《礼记·缁衣》云：'《兑命》曰，惟口起羞……'郑注云：'兑当为说，谓殷高宗之臣傅说也。'……晋人作伪古文《书》不悟，乃以窜入《大禹谟》，疏谬殊甚。"按《国语·楚语》记申叔时告士亹以傅太子之方中有"令"，与《诗》、礼等并举，或即此处之所谓"术令"。（四）《兼爱下》"虽《汤说》即亦犹是也。汤曰"，为伪《汤诰》所袭用。《国语·周语》内史过引《汤誓》，与此略同。（五）《明鬼下》"《商书》曰，呜呼，古者有夏……"。（六）《非乐上》"先王之书，汤之《官刑》有之……"，其中多为伪古文《伊训》所袭用。（七）《非命上》"先王之宪，亦尝有曰，有福不可请，有祸不可讳（违）"，《间诂》"《礼记·缁衣》，《太甲》曰，天作孽，犹可违也"。（八）《非命上》"于《仲虺之诰》曰……"。（九）《非命中》"《仲虺之诰》曰……"，又见《非命下》。

② （一）《尚贤中》"先王之书《吕刑》道之曰……"。（二）《尚贤中》"于先王之书《吕刑》之书然……"。（三）《尚同中》"是以先王之书《吕刑》之道曰……"。（四）《尚同下》"于先王之书也《大誓》之言然，曰小人见奸巧，乃闻不言也，发罪钧"，《间诂》引"毕云，孔书无此文"。（五）《兼爱中》"昔者文王之治西土……"《间诂》"诒让按，今伪古文《泰誓》即采此"。（六）《兼爱中》"传曰，泰山有道，曾孙周王有事"，《间诂》"伪古文《武成》袭此文云……"。（七）《兼爱下》"《泰誓》曰，文王若曰，若月乍照，光于四方于西土"，伪《泰誓》袭此而文字略有不同。（八）《兼爱下》"周诗即亦犹是也。周诗曰，王道荡荡……"此四句为《洪范》文。（九）《非攻中》"是故子墨子言曰，古者有语曰，君子不镜于水，而镜于人……"《间诂》引"苏云，《酒诰》篇云，古人有言曰，人无于水监，当于民监"。（十）《天志中》"《太誓》之道之曰……"。（十一）《明鬼下》"于古曰，吉日丁卯，周代祝社方……"。（十二）《非命上》"于《太誓》曰，纣夷处，不肯事上帝鬼神……"，伪《泰誓》袭此而文字略有不同。（十三）《非命中》"先王之书，《太誓》之言然曰……"。（十四）《非命中》"武王以《太誓》非之"。（十五）《非命中》"于召公之执令于然……"，《间诂》"亦《周书》佚篇之文"。（十六）《非命下》"《太誓》之言也，于去发……"，伪《泰誓》袭此文而文字略有不同。（十七）《公孟》"故先王之书，《子亦》有之曰……"，《间诂》引戴云"'子亦'疑当作'亓子'，'亓'古'其'字。其子即箕子，《周书》有《箕子》篇，今亡"。

③ 《明鬼下》"著在周之春秋"、"著在宋之春秋"、"著在齐之春秋"。《非命上》"有（又）于三代不（百）国有之曰……"，"诒让案，三代百国，或皆古史记之名。《隋书·李德林传》及《史通·六家》篇'吾见百国春秋'"。

既引用了《汤刑》，使我们了解《荀子·正名》篇"刑名从商"的话确有根据，并以很郑重的语气三引《吕刑》，这与兼爱的思想如何可以融和在一起，其中曲折所在是值得研究的。

在《墨子》所引的古典中，或者可以比较多浮出秦火未残的《书》的面影，而在秦毁灭各国史记①以前的各国史官著作之盛，也留下了若干痕迹。以"经"字名其著作，似以墨子中的《经上》、《经下》、《经说上》、《经说下》为最早。此四篇出于墨子后学，但由《庄子·天下》篇"相里勤之弟子五侯之徒，南方之墨者苦获、已齿、邓陵子之属，俱诵墨经，而倚谲不同，相谓别墨……"之言观之，则四篇的成立，亦当在战国中期或以前。儒家经与传的区分，似乎受到墨家经与经说的影响。

七、《庄子》中的经学影响

除了《墨子》外，应注意到《庄子》一书有无五经或六经的痕迹。庄子虽对孔子常采取调侃的态度，但"心斋"是他所提出的基本功夫，"坐忘"是他所要求的最高境界，而皆托于孔子、颜渊之口。②他说孔子"医门多疾"，谓孔子自称"丘，天之戮民也"，不能不说他不了解孔子、不尊敬孔子，因此，他也不能不受到孔门经学实即古代文化的影响。最后的《天下》篇，可以看作他的自序，也可以看作他以严肃的正面态度，对包括自己在内的当时学派，作了有条理的评论。他在叙述"百家往而不反"之前，先

---

① 《史记·六国年表》序"秦既得志，烧天下《诗》、《书》，诸侯史记尤甚……而史记独藏周室，以故灭"。
② "心斋"见《庄子·人间世》，"坐忘"见《庄子·大宗师》。

有如下的一段：

> 古之人其备乎！配（合）神明，醇天地，育万物，和
> 天下，泽及百姓，明于本数（按指仁义），系于末度，六通
> 四辟，小大精粗，其运无乎不在。其明而在数度者，旧法
> 世传之史，尚多有之。其在于《诗》、《书》、礼、乐者，邹
> 鲁之士、搢绅先生多能明之。《诗》以道志，《书》以道事，
> 礼以道行，乐以道和，《易》以道阴阳，《春秋》以道名分。
> 其数散于天下而设于中国者，百家之学时或称而道之。

上面这段话，除了"《诗》以道志"六句，疑系由读者旁注
插入①外，他实以《诗》、《书》、礼、乐为古代文化的总结，且为
诸子百家所自出，最低限度，此为诸子百家所不能完全离弃。庄
子的看法，是合于思想发展史实，而深有得于儒家之教的。《齐物
论》"六合之外，圣人存而不论。六合之内，圣人论而不议。《春
秋》经世，先王之志，圣人议而不辩"，《庄子》一书中的"圣人"
一词，多指儒家系统中的人物而言，此在《天下》篇中尤为显著。
他生与孟子约略同时，孟子深于《春秋》，也说明《春秋》在专门
传承者之外，对一般学术界已发生影响，所以上面所说的《春秋》，
乃指孔子所作的《春秋》而言，而以"经世"及"先王之志"言
《春秋》，深合孔子作《春秋》之旨。

《徐无鬼》"女商曰，先生独何以说吾君乎？吾所说吾君者，

---

① 我在《中国人性论史·先秦篇》页三五九至三六〇有较详细的讨论。（编者注：
现为页三二六至三二七。）

横说之则以《诗》、《书》、礼、乐，从说之则以金版、六弢"。此篇虽出于庄子后学，但称《诗》、《书》、礼、乐，而未及《易》、《春秋》，当为较早的材料。《天道》篇"孔子西藏书于周室……往见老聃，老聃不许，于是翻十二经以说"，成疏"孔子删《诗》、《书》，定礼、乐，修《春秋》，赞《易》道，此六经也。又加六纬，合为十二经也"。若如成玄英之说，则《天道》篇当成立于西汉之末。《释文》引"或说云，《易》上下经并十翼为十二。又一云，《春秋》十二公经也"，皆牵傅之说。按此篇引"庄子曰，吾师乎，吾师乎"一段，出自《庄子·内篇·大宗师》，则本文之不出于庄子，固不待论。又"故《书》曰，有形有名，形名者古人有之"。"形名"一词，常见于战国末期之法家。又"夫子曰……世之所贵道者《书》也"一段，乃发挥《易传》"子曰，书不尽言，言不尽意"二语，是此篇乃成立于《易传》流行之后，亦如《秋水》篇"北海若曰，以道观之"一段中"消息盈虚"数语之出于《易传》者正同。总之，此篇当成立于秦汉之际或更迟，而庄子及其后学好用夸大之词，故"十二经"实即六经之夸大，不足为经学史征信的材料。《天运》篇"孔子谓老聃曰，丘治《诗》、《书》、礼、乐、《易》、《春秋》六经，自以为久矣，孰（熟）知其故矣"。按此篇屡言三皇五帝，"三皇"一词始见于《史记·秦始皇本纪》，至纬书出而始大为流行，则此篇成篇的年代当与《天道》篇略同，亦不足为经学史征信的材料。

八、《管子》、《韩非子》中的经学影响

《管子》是一部丛书，但出于齐地，齐、鲁接壤，所以内容

多儒家言，其中尤重视礼。《弟子职》一篇，朱子以为"全似《曲礼》"，因收入《仪礼经传通解》，决非偶然。且其言礼，时有精义。例如卷三《五辅》第十谓"上下有义，贵贱有分，长幼有等，贫富有度，凡此八者礼之经也"，《枢言》第十二"法出于礼，礼出于治（何如璋谓"治"乃"名"字），治礼，道也。万物待治礼而后定"，此外《法禁》第四引"《泰誓》曰，纣有臣亿万人，亦有亿万之心，武王有臣三千而一心"，《法法》十六引有"故《春秋》之记，臣有弑其君，子有弑其父者"，此可证明作两篇的人，受了《书》与《春秋》的影响。《内业》第四十九以道家思想为主要内容，但其中有"是故止怒莫若《诗》，去忧莫若乐，节乐莫若礼，守礼莫若敬"数语，可谓对《诗》、乐、礼三者有深切的体认。儒、道两家思想的接合融和，为《管子》书中的另一特色。《戒》篇第二十六"内不考孝弟，外不正忠信，泽（舍）其四经而诵学者，是亡其身者也"，尹注"四经谓《诗》、《书》、礼、乐"，王念孙则以孝、弟、忠、信为四经。按荀子既以《诗》、《书》为经，则此处以《诗》、《书》、礼、乐为四经，亦有其可能，且以孝、弟、忠信为四经绝无旁证。

　　韩非是反对儒、墨，反对古代文化的，但他著书时为加强自己论点的力量，依然有时假借古代经典，特别受孔子所作《春秋》的影响，征引遍及三传[①]及"子夏之说《春秋》"，[②]可反映出战国末

---

① 此点我在《两汉思想史》卷三《原史》一文中有较详细叙述具见页二六六至二六八及附注八二。（编者注：现为页二四八至二五〇。另，注文为："计《十过》四条，《说难》一条，《奸劫弑臣》两条，《喻老》一条，《内储说上》两条，《内储说下》五条，《外储说左上》两条，《外储说右上》一条，《难一》、《难三》各一条，《难四》则有三条。其中有一两条颇有异同，此亦古人引《书》常事。其详请参阅陈奇猷著《韩非子集解》。"）
② 见《外储说右上》第三十四经："在子夏之说《春秋》也。"

期《春秋》影响之大。此外他在《有度》第六中引"先王之法曰，臣毋或作威，毋或作利，从王之指。毋或作恶，从王之路"。此出自《洪范》而文字稍有出入，他是以"法"字释"范"字。《说林》上第二十三引"《康诰》曰，毋彝酒，彝酒者，常酒也"。《说疑》四十四"其在记曰，尧有丹朱，而舜有商均，启有五观，商有太甲，武王有管蔡。五王之所诛者，皆公子兄弟之所亲也"，这是对由《书》所代表的历史，作概括性的陈述。又"记曰，周宣王以来，亡国数十，其臣弑君而取国者众矣"，此可能系《国语》、《左传》的综述。韩非著书，取证于历史及当时之事者甚多。他排斥《诗》、《易》及礼、乐，而所受于《书》及《春秋》者皆断章取义，作适合于自己思想的解释，但亦未尝不可反映出他激烈反儒，但有时亦引孔子，由此可知他终不能将儒家经学中的典籍及孔子完全抹煞。

九、《吕氏春秋》中的经学影响

最后谈到吕不韦门客集体著作的《吕氏春秋》与经学的关系。《吕氏春秋》仅排斥法家，而融贯其他诸子百家，但在养生上以道家为主，在政治上以儒家为主，并特设《劝学》、《尊师》、《诬徒》三篇，发挥孔子以下的学与教的精神传统。尤其是在《孟夏纪·尊师》篇末，特提出"天子入大学，祭先圣，则齿（序年龄的大小）尝为师者弗臣"。不仅"大学"观念的出现以此为最早，给尔后以重大影响，且把圣人的地位提高在天子之上，把担当学统的师的地位提高到与天子同列，此实认为学术重于政治，因而含有使学术不受政治干扰的重大意义。最后加入《上农》等四篇，提倡农业生产知识。以这部著作为先秦诸子百家的饰终典礼，是最为恰当的。他最基本的思想，是要求政治的行为、设施能与天道相合。天道由阴阳而见，阴阳则运行于四季十二个月之中，所以天道是由十二个月的推移而见。他们于是把认为与四季十二个月中阴阳之气相适应的政治设施、礼乐及相关的思想，组成一个互相配合的系统，以达到他们"与天同气"，亦即是天人合一的目的，这即是他们所自称的"十二纪"。每一纪由五篇文章组成，第一篇是由节令及适应于节令的政治行为设施所组成，这便称为"纪首"。《逸周书》取纪首为《月令》五十三，现行本此篇虽已亡佚，然就朱右曾《周书集训校释》所辑逸文考之，其为十二纪纪首，可无疑问。淮南宾客采入今日所称为《淮南子》，稍加损益，称为《时则训》。戴圣编定《礼记》时，采入为《月令》第六，遂列为儒家不刊之典，这是先秦诸子百家中所没有的盛事。

纪首可称为广义的礼，而《仲夏纪》《季夏纪》有八篇言乐，成为考论古乐的基本文献之一。由此可知，礼、乐在《吕氏春秋》的构成中，占有很重要的地位。此外，据我极不完全的统计，引《诗》者十，①

①（一）卷三《先己》"《诗》曰，淑人君子……"四句。（二）又"《诗》曰，执辔如组"。（三）卷五《古乐》"周公旦乃作诗曰，文王在上"四句。（四）卷八《爱士》"此《诗》之所谓曰，君君则正，以行其德"，此不知所出。（五）卷十《安死》"《诗》曰，不敢暴虎"四句。（六）卷十三《务本》"《诗》云，有晻凄凄"四句。（七）又卷十三《悟本》"《大雅》曰，上帝临汝，无贰尔心"。（八）卷十四《慎人》"舜自为诗，普天之下，莫非王土，率土之滨，莫非王臣"。（九）卷十五《报更》"故《诗》曰，赳赳武夫，公侯干城（《周南·兔罝》），济济多士，文王以宁（《大雅·文王》）。（十）卷二十三《原乱》"故《诗》曰，毋过乱门，所以致远之也"，高诱注"逸《诗》也"。

引《书》者六，^①引《易》者四。^②他们著书的体例，多系引用许多故事以证明其论点。在所引故事中，引用了大量《左氏传》中的故事。卷二十二《求人》"观于《春秋》，自鲁隐公以至哀公，十有二世，其所以得之，所以失之，其术一也。得贤人，国无不安，名无不荣；失贤人，国无不危，名无不辱"。对《春秋》"十有二世"的综贯而概括的看法，证明他们有人对《春秋》曾下过很大的工夫。简言之，在《吕氏春秋》中，浮出了《诗》、《书》、礼、乐、《易》、《春秋》六经的面影，而对礼、乐更为突出。他们大量地引用了孔子及其门人的言论与故事。卷四《劝学》"孔子畏于匡，颜渊后，孔子曰，吾以汝为死矣。颜渊曰，子在，回何敢死"。这分明引的是《论语·先进》"子畏于匡"的一章，仅在

① （一）卷一《贵公》"故《洪范》曰，无偏无党，王道荡荡。无偏无颇，遵王之义。无或作好，遵王之道。无或作恶，遵王之路"。（二）卷十三《谕大》"《夏书》曰，天子之德，广运乃神，乃武乃文"，高注"逸《书》也"，按伪《大禹谟》取此而文字小异。（三）卷十三《谕大》"《商书》，五世之庙，可以观怪"，高注"逸《书》"。（四）卷十五《报更》"此《书》之所谓德几无小者也"，许维遹按"此逸《书》文。今伪古文《伊训》撺拾《墨子·明鬼》篇及此文而改之曰，尔维德冈小……"。（五）卷十九《适威》"《周书》曰，民善之则畜也，不善则仇也"，高注"《周书》，周公所作"。此释无意义，当亦云逸《书》。伪《泰誓》下"古人有言曰，抚我则后，虐我则仇"，疑出于此。（六）卷二十《骄恣》"王曰，仲虺有言，不穀悦之。曰，诸侯之德，能自为取师者王，能自取友者存。其所择而莫如己者亡"，按高诱亦当注为逸《书》。其未注明者，乃一时之疏失。为《仲虺之诰》引作"能自得师者王，谓人莫己若者亡"。

② （一）卷十三《务本》"《易》曰，复自道，何其咎，吉（小畜初九爻辞）。以言本无异，则动卒有喜"。（二）卷十五《慎大览》"愬愬（恐惧貌）履虎尾，终吉"。按此《履卦》九四爻辞，通行本"愬愬"两字在"终"字上。（三）卷二《召类》"《易》曰，涣其群，元吉（涣六四爻辞）。涣者贤也。群者众也。元者吉之始也，元吉者其佐多贤也"。（四）卷二十二《壹行》"孔子卜得贲，孔子曰，不吉。子贡曰，夫贲亦好矣，何谓不吉乎？孔子曰，夫白而白，黑而黑，夫贲又何好乎？"高注"贲，白不纯也"。

"子"字上增一"孔"字。这和后来淮南宾客中有一个强有力的儒家集团，是同样的情形。但不同的是，淮南宾客中的道家，在宇宙、政治、人生上自成系统，此种系统是与儒家思想有矛盾的，所以《淮南子》中的《主术训》虽将两家思想加以贯通融和，但融而未化，且在其他各篇中，尤其是在《泰族训》中，出现两家思想的抵抗。吕不韦的宾客中，则将道家思想主要安排在养生方面，谈到政治问题、学问问题时则以儒家思想为主干，而儒家思想是由总结古代的文化而来，其基本性格本是开放到"道并行而不相悖"①的，所以卷十七《不二》"老聃贵柔，孔子贵仁，墨子贵廉（兼），关尹贵清，子列子贵虚，陈骈贵齐，阳生贵己，孙膑贵势，王廖贵先，儿良贵后"一段中，对十人的思想作了恰当的评定。他提到孔子的约二十九次，提到老子的约六次，提到墨子的约十五次，有时孔、老并称，有时孔、墨并称。②此外还不止一次地引用庄子、白圭、惠子（惠施）、公孙龙子、孔穿、列子、③

---

① 见《中庸》"仲尼祖述尧舜"章。

② 例如卷一《贵公》："孔子闻之曰，去其荆而可矣。老聃闻之曰，去其人而可矣。"卷四《尊师》："颜涿聚，梁父之大盗也，学于孔子。……高何悬子石，齐国之暴者也，指于乡曲，学于子墨子。"卷十三《谕大》："孔丘、墨翟，行大道于世而不成。"卷二十三《顺说》："惠盎对曰，孔、墨是也。孔丘、墨翟，无地为君……其贤于孔、墨也远矣。"卷二十四《博志》："盖闻孔丘、墨翟，尽日讽诵习业。……"卷二十六《上农》："孔、墨欲行大道于世而不成。"汉代墨学已衰微，而西汉常孔、墨并称，即系受此影响。

③ 卷十六《观世》"子列子穷，容貌有饥色。客有言之于郑子阳者……"，高注"子列子御寇，体道人也，著书八篇"。此故事见于《列子·说符》及《庄子·让王》篇。卷十七《不二》篇"子列子贵虚"。

子华、①尹文、管子、慎子、詹子（詹何）、田（陈）骈、子思、田骈、邓析、吴起等，实际引用而未出其名的有邹衍、孟子。此《汉书·艺文志》所以将其列为杂家。但在他们引用的诸子百家中并不表现有矛盾、冲突，这主要来自全书发生主导作用的儒家集团，不感到与诸子百家之间有矛盾冲突。更由此反映出，吕不韦得势时，六国已濒于灭亡，士穷无所归，他便得以援引了大批儒家入秦，在焚书坑儒前的三十余年中，这些儒家作了不少的文化上的努力，大、小《戴记》中有不少篇章，即出于此时儒者之手。

十、六经、六艺的完成

经学的"经"字，首先是由儒家以外诸子所应用的。前面已经说到《墨子》一书中有《经》上下及《经说》上下，《荀子·解蔽》篇中引用有"道经曰"，《韩非子·内储说》上下亦分为"经"与"说"，长沙汉墓帛书《老子》乙本，前有《经法》、《十大经》。由《墨子》、《韩非子》看，所谓"经"者乃所提出问题的纲领，而所谓"说"者乃对纲领所作的较详细的说明，此与《春秋》的经与传的意义相当。这是由"经，织从丝也"②引申而出。《广

① 卷二《贵生》"子华子曰，全生为上，亏生次之，死次之，迫生为下"。卷三《先己》"故子华子曰，丘陵成而穴者安矣，大水深渊成而鱼鳖安矣，松柏成而涂之人已荫矣"。卷四《诬徒》"子华子曰，王者乐其所以王，亡者亦乐其所以亡……"。卷六《明理》"子华子曰，夫乱世之民，长短颉牾，百疾，民多疾疠，道多褛襁，盲秃伛尪，万怪皆生……"。卷十七《知度》"故子华子曰，厚而不博，敬守一事，正性是喜，群众不周，而务成一能。尽（按疑当作"事"）能既成，四夷乃平"。卷二十一《审为》"韩、魏相与争地。子华子见昭釐侯，昭釐侯有忧色……"。
②《说文》十三上"经，织从丝也"。从丝是织时的直线，穿梭的横线称为纬。

雅·释诂一》"经，常也"，常包括常道、常法，因而视为一种尊称，更是引申之意。经学的经，实用此引申之义。

荀子已将《春秋》组入于《诗》、《书》、礼、乐中而为五，《易》的价值亦已为他所承认，则荀子的门人进一步把《易》与《诗》、《书》、礼、乐、《春秋》组在一起，把荀子称《诗》、《书》为经者扩大而皆称为经，这是顺理成章的发展。因此，我以为《礼记》中的《经解》是出于荀子门人之手，是六经完成的首次宣告。

《经解》中引用《荀子·礼论》之文，[①]则此篇之成立必在荀子之后，且可证明其学出于荀子。开始"孔子曰，入其国，其教可知也"。这里的"孔子曰"，未必是出于孔子，但必出于先秦传承之说。汉儒断没有无所传承而凭空捏造孔子之言的。"入其国"三字，犹保有列国并立的面影。本文分为四段，第一段言六经教育之效。第二段言礼对天子的重大意义，引"《诗》云，淑人君子，其仪不忒，正是四国，此之谓也"作结。第三段言礼的一般主要意义，引"孔子曰，安上治民，莫善于礼，此之谓也"作结，此乃出自《孝经》。第四段言礼的各别意义，引"《易》曰，君子慎始，差若毫厘，缪以千里，此之谓也"作结，此乃出自《易·系传》。引《易》作一段文意的结束，盖始于《荀子·非相》篇，由此可见《经解》篇作者对《易》的熟习。我推测，这是秦初统一天下以后的荀子的一位门人的作品。秦统一天下后，立博士七十人（《史记·始皇本纪》），不能说他们对文化事业不想有一番作为。据《始皇本纪》李斯"非博士官所职，敢有藏《诗》、《书》百家

---

① 《经解》由"故衡诚县，不可欺以曲直"至"不隆礼，不由礼，谓之无方之民"一段，出于《荀子·礼论》。

语者杂烧之"的话，可知此时虽为"杂学"博士，但《诗》、《书》仍占有重要地位，亦即其中有出色的儒生，有荀子的门人，故亦可推测为出于秦博士之手。《经解》虽未称《诗》、《书》等为经，而由"经解"之名，实已称之为经。他继荀子之后，正式把《易》组入在一起，于是六经之名与数及经学的形式，至是而始完成。兹将开始一段抄在下面：

> 孔子曰，入其国，其教可知也。其为人也，温柔敦厚，《诗》教也；疏通知远，《书》教也；广博易良，乐教也；絜静精微，《易》教也；恭俭庄敬，礼教也；属辞比事，《春秋》教也。故《诗》之失愚，《书》之失诬，乐之失奢，《易》之失贼，礼之失烦，《春秋》之失乱。其为人也，温柔敦厚而不愚，则深于《诗》者也；疏通知远而不诬，则深于《书》者也；广博易良而不奢，则深于乐者也；絜静精微而不贼，则深于《易》者也；恭俭庄敬而不烦，则深于礼者也；属辞比事而不乱，则深于《春秋》者也。

这里我们注意到，由孟子以下迄汉儒，凡言《春秋》之义的，无不就褒贬立言，仅此篇就"属辞比事"立言；言《诗》、《书》的亦无不就敬戒立言，仅此篇就"温柔敦厚"及"疏通知远"立言。则在秦的法家政治气压之下，作者殆在宏扬儒教之中，心存顾忌，故不得不委曲求全。而书中编入《秦誓》，殆亦出于当时博士们的苦心孤诣。

我们还可附带提到《礼记》中的《学记》。我过去也以为《学记》是出于汉儒之手，但《学记》中两引"《兑命》曰"，郑注"兑当为说，《说命》，《书》篇名"，"今亡"。伏生所传《书》二十九篇中无《说命》，《说命》出于孔壁，乃古文《尚书》中的一篇。不仅西汉儒生未见古文《尚书》，下逮郑康成及其并时或稍后的儒生亦未见。故《学记》若出于汉人之手，不得援引到《说命》，是《学记》亦出于秦时儒生或博士之手，这是他们所构想的理想的教与学的方法。其中"一年离经辨句"，正出于他们提倡以经学为学问基础的用心。由此我们不难想见，在秦统一天下后，儒生曾作过一番文化上的奋斗，为秦的法家政治所不容，遂以焚坑之祸为悲剧性的结束。过去言文化史的人，把这一段轻轻略过了。

现在我们应对陆贾的《新语》①略加考查。陆贾向刘邦提出《新语》时，上距秦之亡不到十年。陆贾时在刘邦前称说《诗》、《书》，他所受《诗》、《书》之教，是在秦代而不在汉代。《新语·道基》第一，以"先圣"、"中圣"、"后圣"三个名词，作为历史发展的三阶段，及每一阶段所具有的意义。他把"定五经，明六艺，承天统地，穷本察微，原情立本，以绪人伦……以匡衰乱"的属之后圣，实即属之周公、孔子。他这里所说的五经、六艺的名称，乃承述秦代已有的名称，而不可能是出于他的自制。因为陈涉们奋起亡秦，天下攘乱，他自己投身于攘乱之中，没有时间在整理中制出这种名称。他不称"六经"而称"五经"，站在文献的立场，因为乐本无经，故据实而论，实在只有五经。"五经"一词，遂为两汉通用的名称。但"诗书礼乐"，实为自春秋以来的大传统，乐虽无经，并且自孔子以后，思想家中除传承、发挥乐的理论外

---

① 我有《汉初的启蒙思想家——陆贾》一文，收入《两汉思想史》卷二，对《新语》有较详细的研究。对于《新语》中提及五经六艺的情形，具见于此文的附注十八。（编者注：现为页八六注①。）

亦无实践之人，但此传统实亦不能抹煞。于是把乐包括在一起时，便称为"六艺"。艺是艺能，六艺是指《诗》、《书》、礼、乐、《易》、《春秋》六者可以养成人的六种能力。"五经"、"六艺"两个名词的出现，是表示在《经解》之后，儒家中有人作了进一步的精密考校所建立的更为确切的名称，其出现的时间依然是在秦代。入汉后还偶然称"六经"，这是在传统中的习惯性的称法，不是汉代普遍性的称法。

　　总结前面所述，我们可以得出四个结论：一是从经学的思想、精神方面说，是始于周公，奠基于孔子。从经学的组成、形式方面说，则一直到秦始得完成。陆贾《新语》在《道基》第一中把五经、六艺视为历史发展的结果，视为古代文化的集大成，是很有意义的。二是前面所述的由孟子以下的人物，都是属于思想家型的。他们受了经学典籍的基本教育，但经学典籍只在他们的思想中发生各种程度不同的作用，他们并非以传经为业的经学家型的人物。实则由《礼》之大、小《戴记》，《易》之十翼，《春秋》之三传，可以推知另有一批经学家，以某一经为中心，作了许多解释和创发的工作。他们的思想与思想家型的不同之点，在于他们是顺着他们所治的经以形成他们的思想，有广狭之不同，但先汉、两汉断乎没有无思想的经学家。无思想的经学家，乃出现于清乾嘉时代。先汉经学家型的人物，在经学家的形成中居于主要的地位，尤其是自孔子的晚年，一直到战国中期，是他们最活跃的时代，但除《春秋》三传外，他们几乎都是无名英雄，难作以姓名为标题的叙述，这是非常可惜的。三是应打破《汉书·儒林传》所叙述的经一线单传下来的迷信，这是五经博士成立以后，

由五经博士们为了垄断经学的权利所造出来的迷信。① 四是应打破
《汉书·艺文志·六艺略》总序中所谓"而《易》为之原"的迷信。
此乃由董仲舒的阴阳说大行以后所出现的观念。这两点对于汉代
经学史的清理，有重要的意义。

---

① 据一九七四年九月《文物》晓菡《长沙马王堆帛书概述》，帛书《周易》卷后有
　佚书三篇，都是对《易》本文的解释。第一篇卷尾残缺，存三十五字。第二篇卷
　首残缺，存十八行，篇题为"要"，一千六百八十四字。上两篇皆假托孔子与其
　弟子对《易》的问答，其中屡出子贡之名。第三篇题为"昭力"，共六千字。内
　容是传《易》之人与缪和、吕昌、吴孟，张射、李平、昭力等人的问答之辞。此
　亦可反映出经典在传承中系集体的活动。

西汉经学史

一、博士性格的演变

（一）博士成立的背景及其基本性格

如后所述，《史记·儒林列传》是以五经博士为骨干而创立的，即此一端，已可了解博士在经学中的重要地位。但博士的性格，在历史上有所演变。为防止因博士性格的混淆以致引起经学传承上的混淆，对这种演变应先厘别清楚。

博士的基本性格，和它以孔子之教为背景因而得出现此一官制，有密切关系。《论语》"博学于文"，[①] 这是孔门别异于其他诸子百家的重要学风与传统之一。[②] 博学于文的"文"，当然以《诗》、《书》、六艺之文为主，但"夫子之至于是邦也，必闻（了解之

---

① 《论语·颜渊》："子曰，博学于文，约之以礼，亦可以弗畔矣夫。"

② 诸子百家中，道家反对博学，墨子个人博学而不以博学为教，韩非亦个人博学却反对学问，纵横家限于口辩之资，阴阳家特尚想象推演之术。以博学立教，因而形成学风，传流的，惟有孔子及其后学。《论语》除上引一条外，《子罕》"颜渊喟然叹曰……夫子循循然善诱人，博我以文，约之以礼"；"达巷党人曰，大哉孔子，博学而无所成名"；《子张》"子夏曰，博学而笃志"；《中庸》"博学之"；《孟子·离娄下》"孟子曰，博学而详说之"；《荀子·劝学》篇"君子博学而日参省乎身，则知明而行无过矣"；《礼记·曲礼上》"博闻强识而让"；《儒行》"博学以知服"；《内则》"博学无方"、"博学不教"。

意）其政"，①也应包括在博文的"博"里面，博士之"博"当由此而来。

士由精壮的农夫、武士，演进而为政治中的下级属僚，有很长的历史。②但通过《论语》看，到了孔子，却努力于士的新性格、新形象的塑造。他说"士志于道，而耻恶衣恶食者，未足与议也"（《里仁》）。"士而怀居，不可以为士矣。"（《宪问》）"志士仁人，无求生以害仁，有杀身以成仁。"（《卫灵公》）"曾子曰，士不可以不弘毅，任重而道远。仁以为己任，不亦重乎？死而后已，不亦远乎？"（《泰伯》）其他对门弟子的教导，都可以说是塑造新性格、新形象的努力。正因为如此，所以子贡、子路都提出了"何如斯可谓之士矣"（《子路》）的问题。"子张问，士何如斯可谓之达矣"（《颜渊》），也是对此问题的另一种提法。孔子针对各人才质的不同，而所答各异，但由颜渊说"夫子博我以文，约我以礼"，及孔子单独提出"君子博学于文，约之以礼"，以及"多闻阙疑"、"多见阙殆"③等情形看来，博学在士的新性格、新形象的塑造中，成为重要条件之一。把博学与新塑造的士结合在一起而出现"博士"的名称，这是自然的演进。今日可以考见的博士一官，首见于与子思同时的鲁公仪休，④从博士得以成立的思想背景看，这并非偶然的。

---

① 《论语·学而》。

② 士的性格的演进，我在《两汉思想史》卷一《封建政治社会的崩溃及典型专制政治之成立》一文中，有较详的讨论。具见于此书页八六至九二。（编者注：现为页八二至八五。）

③ 《论语》之《子罕》、《颜渊》、《为政》。

④ 《史记·循吏列传》："公仪休者，鲁博士也。"据《孟子·告子下》载淳于髡曰"鲁缪公之时，公子仪休为政，子柳、子思为臣"。赵岐以为公仪休与子思同时。

此一代表知识的新兴官制，在七国争雄、竞争剧烈的时代，可能渐次推广。但因地位不高，业非繁剧，见之记载的甚少。现时还在文献上存有痕迹的，只有褚少孙补《史记·龟策列传》的"宋元王博士卫平"①及《汉书》卷五十一《贾山传》"祖父祛，故魏王时博士弟子也"。贾祛既是博士弟子，当然魏也有博士。王国维氏尝疑"鲁宋当时未必置'博士'一官，《史记》所云博士者，犹言儒生云尔。惟贾祛为魏王博士弟子，则战国末确有此官"。此盖昧于博士得以成立的文化背景，又忽于新制度之出现，多由渐而致的原因。②

　　秦统一天下，整齐六国官制以为统一的官制时，设置博士七十人。③虽秩卑禄薄，④但以其代表知识，得参与朝廷大议，在官制中最具意义。

　　因博士在秦已成为一定的官制，所以陈涉以戍卒揭竿，尚以孔鲋为博士。⑤汉高祖于兵马倥偬之际，亦以叔孙通为博士。⑥惠

---

① 胡秉虔《汉西京博士考》卷一"案宋至偃始称王，即为齐、魏、楚所灭。以前只有平公之子佐，谥元公，以鲁昭公十年立，二十五年薨。但《春秋传》未见有博士之称。此传宋元王，当是宋王偃之误。宋王偃或亦称宋偃王"。按胡说是，以博士成立之文化背景言，不可能先出现于宋。

② 见王著《观堂集林》卷四《汉魏博士考》，世界书局版。

③《史记·始皇本纪》"始皇置酒咸阳宫，博士七十人前为寿"，又"侯生、卢生相与谋曰：博士虽七十人，特备员不用"。《封禅书》："始皇帝即帝位三年，巡郡县……祀邹峄山，颂秦功业。于是征从齐、鲁之儒生博士七十人至乎泰山下。"

④《续汉书·百官志》"博士十四人，比六百石"，本注"本四百石，宣帝增秩"。按本注说不足信。

⑤《史记·孔子世家》："孔鲋为陈涉博士，死于陈下。"《史记·儒林列传》："于是孔甲为陈涉博士，卒与涉俱死。"徐广曰："孔鲋，孔子八世孙，名鲋字甲。"

⑥ 见《史记·叔孙通列传》。

帝时可考见的博士有孔鲋弟子孔襄。[①] 文帝时休养生息，文物渐盛，始有博士七十余人。[②] 以当时情事推之，博士固无一定的员额。景帝时可考见的博士，有董仲舒、辕固、胡毋[③]诸人，然实际决不止此数。武帝在建元五年（公元前一三六年）未置五经博士以前所置博士，"取学通行修、博学多艺、晓古文《尔雅》，能属文章者为高第"。[④] 这虽注入有当时学术风气的特性，但依然是承"博学于文"的传统而推演下来的，也与战国之初，博士出现以后的基本性格，是约略相同的。我把在这一长时期所出现的博士，方便称之为"杂学博士"，这是博士演变的第一阶段。此阶段博士的性格，可概括为三点。

第一点，设置博士的原来目的，在使其以知识参与政治，而不在发展学术。

第二点，博士在政治中无一定的职掌，亦无一定的员额，其任务是由皇帝临时咨询、指派的。《汉书》卷十九《百官公卿表》"博士，秦官。掌通古今（按此乃知识而非职掌），秩比六百石，员多至数十人"，正指此一阶段的情形而言。若皇帝无所咨询，无所指派，则博士无所事事。按照正常的情形，国有疑事则问，朝有大议则参加。其临时派遣的有出使绝域、巡行郡国、劾贪暴、举贤才、录冤狱等。[⑤] 甚至武帝因怒博士狄山责张汤为"诈忠"，

①《史记·孔子世家》："孔鲋弟子襄为孝惠皇帝博士。"又见《汉书·孔光传》。
②《唐六典》卷二十一注引应劭《汉官仪》："文帝博士七十余人，为待诏博士。"
③《汉书·董仲舒传》："孝景时为博士。"《儒林传》辕固"孝景时为博士"，又胡毋生"为景帝博士"。按"生"乃先生之"生"。
④ 见孙星衍校集卫宏《汉旧仪补遗》卷上。
⑤ 可参阅陈树镛《汉官答问》卷二"太常"条下。虽其所举者多为立五经博士以后之例，但乃继承博士之传统而来。

竟派他到与匈奴交界的地方去看守一个防御据点（"乘障"），被匈奴斩首而去，但这并不算正式的贬谪。

第三点，因博士得以成立的文化背景，所以其人选多来自儒生。《史记·封禅书》言始皇"即帝位三年东巡郡县，于是征从齐、鲁之儒生博士七十人，至乎泰山之下"。此处以"儒生博士"为复词，即博士来自儒生之证。但皇帝认为合乎他个人需要的，不是儒生，也可任为博士。《史记·秦始皇本纪》，三十四年李斯奏请"非博士官所职，天下敢有藏《诗》、《书》、百家语者，悉诣守尉杂烧之"。是博士中不仅藏有《诗》、《书》，而且有的是藏"百家语"的。此可反映出治百家语者亦可为博士。而汉文帝拜术士公孙臣为博士，[①]亦可推知秦博士七十人中，必有方术之士。在以儒生而为博士的人们中，他们所习的当然以五经及儒家传记为主，且于博学中亦可能各有专门之业，甚且以某专门之业知名，因而得为博士。但博士乃代表知识，并非代表知识来源的某一典籍，有如《儒林传》中说周霸、衡胡、主父偃们"皆以《易》至大官"，而他们的大官并非代表《易》的情形正同。赵岐《孟子章句题辞》谓"孝文皇帝欲广文学之路，《论语》、《孝经》、《孟子》、《尔雅》皆置博士"，此与刘歆《让太常博士书》"至孝文皇帝……天下众书，往往颇出，皆诸子传说，犹广立于学官，为置博士"之言相合，是可以信任的，但也容易引起误解。刘歆之言系用对比的方法，为古文争立博士而发，实则孝文时，有的是以治"诸子传说"出名，有的是以治"《论语》、《孝经》、《孟子》、《尔雅》"出名，因而得为博士，但并非为"诸子传说"、《论语》、《孝经》、《孟

---

① 见《史记·封禅书》。

子》、《尔雅》"立博士。由此推之，韩婴在孝文时为博士，并非为他所治的《诗》与《易》而设，这和贾谊此时为博士并非为他所治的《礼》或《左氏传》而设者正同。辕固、胡毋、董仲舒为景帝时博士①的情形，也是如此。否则武帝立五经博士时，不会发生董仲舒与江公为《公羊》与《穀梁》争立之事，因为胡毋、董仲舒早因治《公羊》而为博士了，何待此时之廷争？王国维谓"是专经博士，文、景时已有"之说，可断言是错误的。这中间可能有一个例外，即是文帝"闻申公为《诗》最精，以为博士"，②可能这是为《诗》立了博士，《后汉书·翟辅传》"孝文皇帝始置一经博士"，③当指此而言。所以《儒林传》赞言武帝立博士仅称时"《书》唯有欧阳，《礼》后、《易》杨、《春秋》公羊而已"，未曾提到《诗》，因为《诗》早于文帝时立了。

（二）博士演变之第二阶段及其性格

五经博士之成立，为博士演变之第二阶段。

《汉书》卷六《武帝纪》建元元年（公元前一四〇年）"冬十月，诏丞相、御史、列侯、中二千石、二千石、诸侯相举贤良方正直言极谏之士。丞相绾（师古注'卫绾也'）奏所举贤良或治申、商、韩非、张仪、苏秦之言，乱国政，请皆罢，奏可"。按汉文帝本好刑名之学，而晁错以申、韩之术授太子（后为景帝），汉继承秦之刑法，思想上亦出于法家，是申、商、韩非之说，不应为汉

---

① 以上皆见《史记·儒林列传》。

② 见《汉书·楚元王交传》。

③ 据王国维，"案北宋景祐、南宋嘉定本皆作'一经'，何焯校宋本作'五经'。案此乃后人不明'一经'之义而妄改"。

廷所忌，特当时有人资苏秦、张仪之术，以客游于诸侯王间，于是纵横家言，为朝廷所深恶。卫绾乃以申、商、韩非作张仪、苏秦的陪衬。但此为罢黜百家，独进儒术的一个重要机缘。同时卫绾之"请皆罢"，乃罢去有纵横意味的一部分人，并不是把这一次所举的完全罢掉。

直接促成五经博士成立的，是董仲舒的《对策》，这便关系于《对策》的时间问题。《汉书》卷五十六《董仲舒传》"武帝即位，举贤良文学之士前后百数，而仲舒以贤良对策焉"。《对策》三的末段谓："《春秋》大一统者，天下之常经，古今之通谊也。今师异道，人异论，百家殊方，指意不同，是以上无以持一统，法制数变，下不知所守。臣愚以为诸不在六艺之科、孔子之术者，皆绝其道，勿使并进。邪辟（僻）之说灭息，然后统纪可一，而法度可明，民知所从矣。"据《武帝纪》，立五经博士乃建元五年（公元前一三六年）夏四月以前之事。《武帝纪》将仲舒《对策》系于元光元年（公元前一三四年），即在立五经博士之后二年，若如此，则仲舒在《对策》中"皆绝其道，勿使并进"之言，即是勿使习诸子百家之言的学者，得与儒者并进而为博士之言，为无的放矢。因为既已立五经博士，即是已经不使习诸子百家之言者得以并进。所以王先谦在《武帝纪》"于是董仲舒、公孙弘等出焉"下谓"仲舒对策，实在建元元年（公元前一四〇年），无可疑者"，这是正确的。① 改变有长久历史的杂学博士为五经博士是一件大事，仲舒《对策》后之四年始见实行，这是合于情理的。

---

① 见王氏《汉书补注》（以后简称"补注"），但王氏在《董仲舒传》"今临政而愿治，七十余岁矣"下，又主张为元光元年。不知王氏何以自相矛盾。

五经博士自身也有一种发展。《汉书·儒林传》赞："初,《书》唯有欧阳,《礼》后（后苍）、《易》何（杨何）、《春秋》公羊而已。"再加上文帝时为《诗》所立的博士,这即是所谓的"五经博士"。

《汉书》卷八《宣帝纪》甘露三年（公元前五一年）"诏诸儒讲五经同异（于石渠）,太子太傅萧望之等平奏其议,上亲称制临决焉。乃立梁丘《易》、大小夏侯《尚书》、穀梁《春秋》博士",而《百官公卿表》序谓"宣帝黄龙元年（公元前四九年）增（博士）员至十二人",则石渠聚议后两年,又继续有所增立,为《汉书》所缺记。十二博士之数,王国维就有记载的"参互考之","《易》则施、孟、梁丘,《书》则欧阳、大小夏侯,《诗》则齐、鲁、韩,《礼》则后氏,《春秋》公羊、穀梁",① 当为可信。《汉书·儒林传》赞"至元帝世又立京氏《易》",是由十二博士增为十三博士。《后汉书·范升传》"京氏虽立,转复见废"。按京氏《易》的卦气说,在宣、元后成为汉《易》的主流；其所以见废者,殆因其出于孟喜,为孟氏《易》所概括,博士依然为十二人。《儒林传》赞"平帝时又立左氏《春秋》、《毛诗》、逸《礼》、古文《尚书》",《王莽传》"元始四年立《乐经》,益博士员,经各五人",荀悦《汉纪》"刘歆以《周官经》六篇为《周礼》。王莽时,歆奏以为《礼经》,置博士"。按平帝及王莽时所增置博士,因祸变相乘,时间短促,未能给东汉以影响,言西汉博士者,应以武、宣时代所置的为基线去加以把握。此阶段博士的性格,亦可略举以三点。

第一,五经博士虽依然继承传统的咨询、派遣等临时政治任务,但过去的杂学博士并无专门职掌,至此则各以其所代表之经为其

---

①《观堂集林》卷四《汉魏博士考》。

专门职掌。若仅从这一点说，加强了学术的意味。

第二，对五经的地位，过去是由私人、由社会所自由评定的，至此则五经取得政治上的法定权威地位。过去博士仅以其知识而存在，至此则主要以其所代表之典籍（经）而存在。而每一博士所代表者仅为一经，势不得不走向与"博学"相反的"专经"之路。因此不仅过去博士知识之来源较广，现时则知识的来源较狭，且无形中使典籍的地位重于知识的地位，博士对自己所代表之典籍负责，重于对知识负责。

第三，对经的解释，过去是由社会自由进行、自由选择的，至此则被举为某经博士之人，他对自己代表的经所作的解释即成为权威的解释，并且自然演进为"经的法定权威地位"，实际成为博士们所作解释的法定权威地位。宣帝为什么要费那样大的气力来开石渠会议，始能赢得《穀梁》立官，因为这是对《公羊》博士们乃至对整个博士们的法定权威挑战。应由此一观点去了解以后所发生的今古文之争的形势与实质意义。

（三）博士演变之第三阶段及其性格

为博士置弟子，是博士演变的第三阶段。

《史记·儒林列传》以叹息之声，详录了公孙弘应"太常其议与博士弟子"之制，为《汉书·儒林传》所承。公孙弘在应制中奏请"为博士官置弟子五十人"，据《汉书·武帝纪》是元朔五年（公元前一二四年）夏六月间的事，上距置五经博士凡十有五年。据《汉书·儒林传》"昭帝时举贤良文学，增博士弟子员满百人。宣帝末倍增之。元帝好儒，能通一经者皆复（免其兵役、力役。按即不设员额限制之意）。数年以用度不足，更为设员千人。郡县置五经百石卒史。成帝末，或言孔子布衣，养徒千人，今天子太学弟子少，于是增弟子员三千人。岁余复如故"。弟子员在人数上的演进，也即是太学规模的扩大，益接近今日的所谓"大学"。

欲了解博士在此阶段的性格、意义，首先应澄清由王国维所引起的一种误解。他在《汉魏博士考》中一则曰："又《始皇本纪》有诸生，《叔孙通传》则连言博士、诸生，是秦博士亦置弟子。"再则曰："博士自六国秦时已有弟子，汉兴仍之。"更引《汉书·贾山传》"祖祛，故魏王时博士弟子也"及《叔孙通传》之"诸生"为证。按博士弟子固可称"诸生"，但此非"诸生"一词唯一的指谓。《叔孙通传》"二世召博士诸儒生问曰"，又"博士诸生三十余人前曰"，上称"诸儒生"，下称"诸生"，可知"诸生"原为"诸儒生"的简称，《封禅书》亦称"博士诸生"。[①] 博士是儒生，亦有非博士而得与博士同列的儒生，例如议郎等，更有社会上的儒生。由"诸儒生"省称为"诸生"一词，指谓甚广，它可以概括博士，但"博士"一词不能概括诸生。故《叔孙通传》"博士诸生三十余人前曰"一语后，即仅称"诸生"。例如"叔孙通曰，诸生言皆非也"，此"诸生"即将博士概括在里面。《封禅书》"上与公卿诸生议封禅"，此"诸生"亦将博士概括在里面，否则岂有博士弟子而可与公卿共议封禅之理？且《史记》褚少孙《滑稽列传》补："金马门者，宦署门也。……时合聚宫下，博士诸先生与共议。"汉时常将"先生"一词省称为"生"，则"诸生"一词有时亦为诸先生之省。《叔孙通传》"于是叔孙通使征鲁诸生三十余人"，难道说这也是博士的弟子吗？叔孙通称他的"诸弟子儒生"为"诸生"，乃

---

① 按《史记·封禅书》："而使博士诸生刺六经中作《王制》。"

是对弟子较客气的称呼，不能转用到其他场合。至《贾山传》"祖祛，故魏王时博士弟子也"的"弟子"，也如《叔孙通传》载他降汉时"从儒生弟子百余人"的情形一样，这都是博士私人的弟子。《汉书·循吏传》记文翁于景帝末为蜀郡守，"选郡县小吏开敏有材者张叔等十余人，遣诣京师，受业博士"。此时五经博士未立，这也是受地方长吏之托的私人弟子，与有一定员额、一定待遇，其推选、考核、任用皆有一定程序，并著为功令的博士弟子员，性格完全不同。博士弟子员的设置是历史中的一件大事，所以司马迁及班固特详加纪录。

设置博士弟子员后的博士性格，亦可概括为三点。

第一，博士除依然继承前两阶段的性格外，至此而增加以教授为业的固定职掌，且博士任务的重点亦渐向此方面转移。而自战国末期，儒家所提倡的理想性的大学学制，至此而得具体实现。[①]此在教育史上的意义特为重大。

第二，因有固定的弟子员进入到政府各部门各层级中去，博士的影响力加大。所谓"儒林之官，四海渊源"，[②]可能主要由此而来。博士的教授，随博士在经学中的合法权威地位而亦获得合法权威的地位，"师法"的观念遂由此产生。师法观念是为了维系博士教授的权威而形成的，在学习上是一种限制，恐为前此所未有。

第三，博士专守一经乃至经中的一传，如《公羊传》、《穀梁传》，知识活动范围既狭，又须展转相传，以教授弟子，于是在故

①《汉西京博士考》："《困学纪闻》云，晋灼曰，西京无太学。公孙弘曰，请因旧官（馆）而兴焉。其肄业之地则太常也，传授之师则五经博士也。然《三辅黄图》，汉太学在长安西北七里。又何武歌太学下，王咸举幡太学下，则有太学矣。"
②《汉书·成帝纪》阳朔二年秋诏中语。

　　　　　　　　　　　中国经学史的基础

训、传说之外又兴起章句之学，"一经说至百余万言"，[①] 势必流于空疏傅会，甚至出之以神怪，[②] 成为经义了解的一大障碍。《后汉书》卷三章帝建初四年（公元七九年）十一月壬戌诏中有谓"中元元年（光武帝崩前一年）诏书……章句繁多，议欲减省"，建初八年诏谓"章句遗辞，乖疑难正"，又《列传》二十七《桓荣传》"初，荣受朱普学，章句四十万言，浮辞繁长，多过其实"，即足证明这一点。于是删节章句，成为尔后治经中的一项重要工作，而章句本身，卒无传于后世。这创下了政治直接介入学术教育中所出现的最早的恶例。

公孙弘在应制中规定了弟子员课试的方法，及由课试高下以进入政府各部门、各层级的途径。这对政治而言，增加了机构中的文化因素，此即《儒林列传》中所谓"则公卿大夫士吏，彬彬多文学之士"，应当算是好的一面。但对学术而言，把学术直接与利禄连在一起，于是真正为学术而努力的，远不及"盖利禄之路然也"[③] 的风气，使学术虚伪化、形骸化，开尔后科举毒害的先河。司马迁、班固在传序与传赞中的叹息之声，大概由此而来。

二、西汉经学的传承

（一）《史记·儒林列传》与《汉书·儒林传》

为了对经学传承问题取得坚强的立足点，使不致被后起的错误乃至矫诬之说所误导，我只得以《汉书·儒林传》为主要材料，

---

① 《汉书·儒林传》赞。
② 纬与博士的今文学有密切关系。
③ 《汉书·儒林传》赞中语。

再以《汉书·艺文志》及其他西汉有关材料作补充。现先将《史》、《汉》两传作一简单比较。

司马迁创立《儒林列传》，述汉初以迄中叶的儒生传经之业及进身之阶。班固《汉书》袭其成规，接其后事，直至王莽的讲学大夫，囊括西汉一代传经的全局，较《史记·儒林列传》较为详备。除此而外，两传在下述两点上亦有所不同。

第一点，是五经的序列问题。《诗》、《书》、《礼》、《乐》的序列传统始于春秋时代，至荀子而加入《春秋》，至出于秦代儒者之手的《礼记》中的《经解》而加入《易》。①《经解》的序列是《诗》、《书》、《乐》、《易》、《礼》、《春秋》。古人置辞不甚精密，若将"礼"换置于"乐"之上，则它是保持《诗》、《书》、《礼》、《乐》的传统序列，而再加上《易》与《春秋》。贾谊《新书》卷八《道德说》中反复陈述六艺的意义，其序列以《书》居首，把传统的"《诗》、《书》"变更为"《书》、《诗》"，这可能是出自意识的变更。《史记·儒林列传》的序列是《诗》、《书》、《礼》、《易》、《春秋》，与《史记》中其他地方提六艺的序列不同，我以为这是以建立五经博士时的序列为根据的。建立五经博士时的序列，反映在《汉书·儒林传》赞中"初《书》唯有欧阳，《礼》后、《易》杨、《春秋》公羊而已"的几句话里面。加上先立于文帝时代的《诗》而除去无经的"乐"，则为《诗》、《书》、《礼》、《易》、《春秋》，与《史记·儒林列传》的序列正同。

但《汉书·儒林传》的序列是《易》、《书》、《诗》、《礼》、《春秋》，没有采用他在赞中所根据的序列，这是班固受了刘歆的

---

① 请参阅拙著《先汉经学之形成》一文中"十、五经六艺的完成"。

影响，以刘歆《七略》中《六艺略》的序列为序列的。刘歆的《三统历》把律、历、《易》三者糅合在一起以作天道的具体存在，所以在《七略》的《六艺略》中说《易》为《诗》、《书》、《礼》、《乐》、《春秋》之原（"而《易》为之原"），便把《易》位置于六艺之首。这是刘歆以前所没有的新说。班固删要《七略》以为《艺文志》，更以《七略》中《六艺略》的序列为《儒林传》中的序列。这是新的序列，遂为后来经学家所传承而不变。

　　第二点，是《史记·儒林列传》中未言及《毛诗》及《左氏传》，这也是受到五经博士的限制。《毛诗》当时已流行，但不及三家《诗》流行之广，史公之未言及，可以解释是他被闻见所限。但他在《十二诸侯年表》序中，实以《左氏传》传《春秋》之意义大于《公羊》、《穀梁》，且《十二诸侯年表》及有关世家中，以采用《左氏传》为最多，且采《左氏传》中的"君子曰"，则他在《儒林列传》中不言及《左氏传》，只能推及此乃因五经博士中未立《左氏传》博士之故。古文《尚书》及《穀梁传》亦未立博士，史公仅因孔安国本治今文《尚书》为博士，因而提到古文《尚书》；因瑕丘江公曾与董仲舒争论《公羊》、《穀梁》两传长短，因而提到《穀梁传》。这种附带提及，与《汉书·儒林传》将《左氏传》、《毛诗》、古文《尚书》、《穀梁传》（宣帝时已立博士）与其他经传，作平列的提出，意义并不相同。史公时，五经博士建立不久，弊端尚未流露，并且我在《论〈史记〉》一文中，曾推论史公系以首届博士弟子员优选为郎，故史公秉五经博士的成规以创立《儒林列传》。及五经博士之弊端日益显著，为刘歆、扬雄们所轻视，班氏受刘歆的影响，因而在秉承中有所突破，使其更切近客观事实，这一点应当算是难能可贵的。下面略仿明朱睦㮮《授经图》①之意，首列传承表，再分录《汉书·儒林传》及《汉志·六艺略》互相参证补充，再加若干说明、考辨。

（二）《易》的传承及其传承中的问题

鲁商瞿—鲁桥庇子庸—江东馯臂子弓—燕周丑子家—东武孙虞子乘—齐田何子装

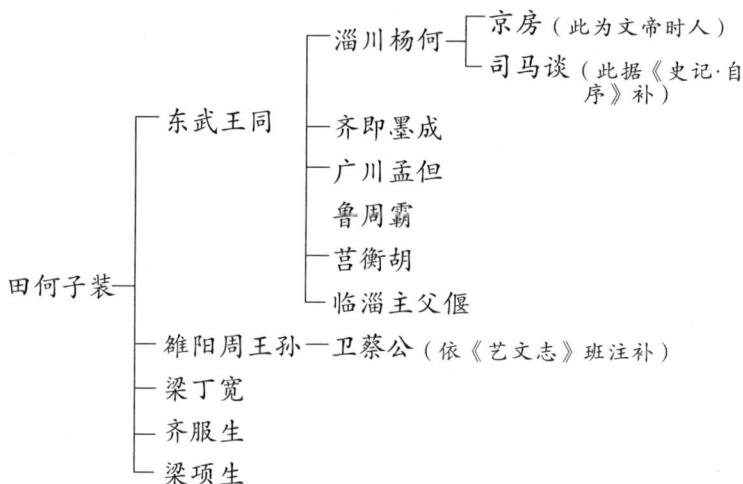

田何子装
- 东武王同
  - 淄川杨何
    - 京房（此为文帝时人）
    - 司马谈（此据《史记·自序》补）
  - 齐即墨成
  - 广川孟但
  - 鲁周霸
  - 莒衡胡
  - 临淄主父偃
- 雒阳周王孙—卫蔡公（依《艺文志》班注补）
- 梁丁宽
- 齐服生
- 梁项生

（"要言《易》者本之田何"）

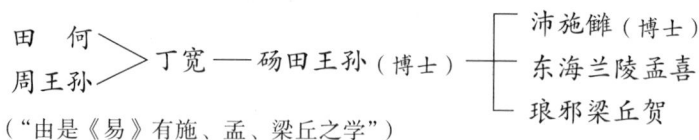

田 何
周王孙　＞丁宽——砀田王孙（博士）
- 沛施雠（博士）
- 东海兰陵孟喜
- 琅邪梁丘贺

（"由是《易》有施、孟、梁丘之学"）

---

① 朱著收入《惜阴轩丛书》中。据李锡龄序谓："《授经图》之名，创始于宋人程俱。至后李焘有《五经传授图》一卷、亡名氏有《授经图》三卷，俱见《宋史》，惜其书不传。宗正（朱睦㮮为周藩宗正）是编，因章氏《山堂考索》中旧图，重加厘正。"按洪亮吉有《传经表》、《通经表》，繁芜纰谬，无可取。

施雠 ┬ 琅邪梁丘临（博士）
　　├ 河内张禹 ┬ 淮阳彭宣
　　│　　　　　└ 沛戴崇子平
　　└ 琅邪鲁伯 ┬ 太山毛莫如少路
　　　　　　　　└ 琅邪邴丹曼容

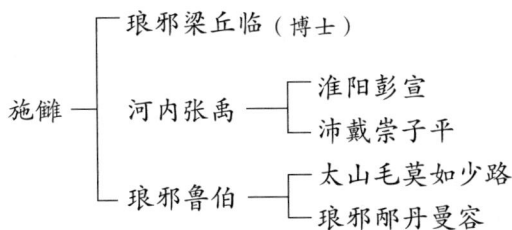

（"由是施家有张、彭之学"）

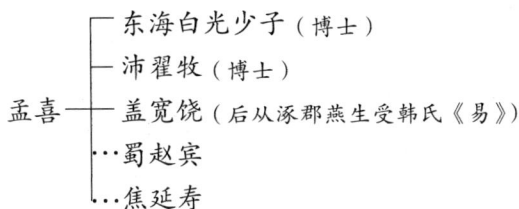

孟喜 ┬ 东海白光少子（博士）
　　├ 沛翟牧（博士）
　　├ 盖宽饶（后从涿郡燕生受韩氏《易》）
　　┈ 蜀赵宾
　　┈ 焦延寿

（"由是孟家有翟、白之学"）

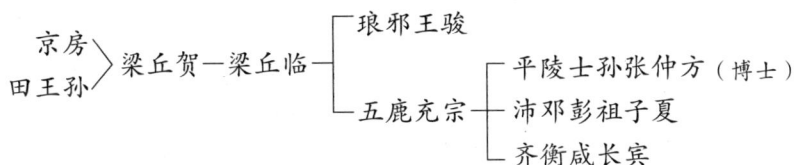

京房
田王孙 〉梁丘贺—梁丘临 ┬ 琅邪王骏
　　　　　　　　　　　　└ 五鹿充宗 ┬ 平陵士孙张仲方（博士）
　　　　　　　　　　　　　　　　　　├ 沛邓彭祖子夏
　　　　　　　　　　　　　　　　　　└ 齐衡咸长宾

（"由是梁丘有士孙、彭、衡之学"）

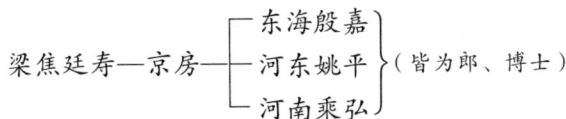

梁焦廷寿—京房 ┬ 东海殷嘉 ⎫
　　　　　　　├ 河东姚平 ⎬（皆为郎、博士）
　　　　　　　└ 河南乘弘 ⎭

（"由是《易》有京氏之学"）

费直┈┈琅邪王璜平中

丁宽┈┈沛高相 ┬ 高康
　　　　　　　└ 兰陵毋将永

（"由是《易》有高氏学"）（"高、费皆未尝立于学官"）

表中实线为直接传承之可据者，虚线表示传承之未确定或世次不明者，后各表同。

《儒林传》：自鲁商瞿子木受《易》孔子，以授鲁桥庇子庸，子庸授江东馯臂子弓，子弓授燕周丑子家，子家授东武孙虞子乘，子乘授齐田何子装。及秦禁学，《易》为筮卜之书，独不禁，故传授者不绝也。汉兴，田何以齐田徙杜陵，号杜田生，授东武王同子中、雒阳周王孙、丁宽、齐服生，皆著《易传》数篇。同授淄川杨何，字叔元，元光中征为太（衍）中大夫。齐即墨成，至城阳相，广川孟但，为太子门大夫，鲁周霸、莒衡胡、临淄主父偃，皆以《易》至大官。要言《易》者本之田何（《史记》作"然要言《易》者本于杨、何之家"）。

丁宽，字子襄，梁人也。初，梁项生从田何受《易》，时宽为项生从者，读《易》精敏，材过项生，遂事何。学成，何谢宽。宽东归，何谓门人曰："《易》以东矣。"宽至雒阳，复从周王孙受古义，号《周氏传》。景帝时，宽为梁孝王将军，距吴、楚，号丁将军。作《易说》三万言，训故举大义而已，今小章句是也（按后来针对博士们的章句而被称为"小章句"）。宽授同郡砀田王孙，王孙授施雠、孟喜、梁丘贺。由是《易》有施、孟、梁丘之学。

施雠，字长卿，沛人也。沛与砀相近，雠为童子，从田王孙受《易》。后雠徙长陵，田王孙为博士，复从卒业，与孟喜、梁丘贺并为门人。谦让，常称学废，不教授。及梁丘贺为少府，事多，乃遣子临分将门人张禹等从雠问，雠自匿不肯见，贺固请，不得已，乃授临等，于是贺荐雠："结发事师数十年，贺不能及。"诏拜雠为博士。甘露中，与五经诸儒杂论同异于石渠阁。雠授张禹、琅邪鲁伯，伯为会稽太守，禹至丞相。禹授淮阳彭宣、沛戴崇子平，崇为九卿，宣大司空。禹、宣皆有传。鲁伯授太山毛莫如少路、琅邪邴丹曼容，著清名，莫如至常山太守，此其知名者也。由是施家有张、彭之学。

孟喜，字长卿，东海兰陵人也。父号孟卿，善为《礼》、《春秋》，授后苍、疏广，世所传后氏《礼》、疏氏《春秋》，皆出孟卿。孟卿以《礼经》多，《春秋》繁杂，乃使喜从田王孙受《易》。喜好自称誉，得《易》家候阴阳灾变书，诈言师田生且死时，枕喜膝，独传喜，诸儒以此耀之。同门梁丘贺疏通证明之，曰："田生绝于施雠手中，时喜归东海，安得此事？"又蜀人赵宾，好小数书，后为《易》，饰《易》文，以为"箕子明夷，阴阳气亡箕子。箕子者，万物方荄兹也"。宾持论巧慧，《易》家不能难，皆曰"非古法也"。云受孟喜，喜为名之。后宾死，莫能持其说，喜因不肯仞（认），以此不见信。喜举孝廉为郎，曲台署长，病免，为丞相掾。博士缺，众人荐喜，上闻喜改师法，遂不用喜。喜授同郡白光少子、沛翟牧子兄（师古"兄读曰况"），皆为博士。由是有翟、孟、白之学（钱大昕"当云孟家有白、翟之学"）。

梁丘贺，字长翁，琅邪诸人也。以能心计，为武骑。从太中大夫京房受《易》。房者，淄川杨何弟子也。房出为齐郡太守，贺更事田王孙。宣帝时，闻京房为《易》明，求其门人，得贺。贺时为都司空令，坐事论免为庶人，待诏黄门，数入说教侍中（师古"为诸侍中说经为教授"）。以召贺，贺入说，上善之，以贺为郎。会八月饮酎，行祠孝昭庙，先驱旄头剑挺（师古"剑自然引拔出也"）堕坠（地），首垂（舌）泥中，刃乡（向）乘舆车，马惊，于是召贺筮之，有兵谋，不吉，上还，使有司侍祠。是时霍氏外孙代郡太守任宣坐谋反诛，宣子章为公车丞，亡在渭城界中，夜玄服入庙，居郎间，执戟立庙门，待上至，欲为逆，发觉伏诛。故事，上常夜入庙，其后待明而入，自此始也。贺以筮有应，由是近幸，为太中大夫、给事中，至少府。为人小心周密，上信重之。年老终官。传子临，亦入说，为黄门郎。甘露中，奉使问诸儒于石渠。临学精孰（熟），专行京房法。琅邪王吉，通五经，闻临说，善之，时宣帝选高材郎十人从临讲，吉乃使其子郎中骏上疏从临受《易》。临代（授）五鹿充宗君孟为少府。骏御史大夫，自有传。充宗授平陵士孙张仲方（师古"姓士孙，名张，字仲方"）、沛邓彭祖子夏、齐衡咸长宾。张为博士，至扬州牧，光禄大夫给事中，家世传业；彭祖，真定太傅；咸，王莽讲学大夫。由是梁丘有士孙、邓、衡之学。

　京房受《易》梁人焦延寿。[1] 延寿云尝从孟喜问《易》，会喜死，房以为延寿《易》即孟氏学，翟牧、白生不肯，皆曰非也。至成帝时，刘向校书，考《易》说，以为诸《易》家说皆祖田何，杨叔（脱"元"字）、丁将军，大谊略同，唯京氏为异，党焦延寿，[2] 独得隐士之说，托之孟氏，不与相同。房以明灾异得幸，为石显所谮诛，自有传。房授东海殷嘉、河东姚平、河南乘弘，皆

---

[1] 《汉书》卷七十五《京房传》："延寿，字赣。赣贫贱，以好学得幸梁王，王共（供）其资用，令极意学。既成，为郡吏，以察举补小黄令，以候司（伺）先知奸邪，盗贼不得发。爱养吏民，化行县中。举最当迁，三老官属上书愿留赣，有诏许增秩留。卒于小黄。赣常曰，得我道以亡身者必京生也。"

[2] 师古曰"党读曰傥"，则属下句，而下句成为不定之词。《补注》王先谦引"惠栋云，按文义当以'党'字属上句，'异党'犹言异类也。钱大昕云，荀《纪》以'党'字截句"。按颜、惠说皆非是。荀悦《汉纪》卷二十五所录，因删节而失误。京氏《易》元帝时已立博士，刘向仅可以其偏党于焦延寿，殆不能径斥之为异党。且如此，则与下句不相衔接。

为郎、博士。由是《易》有京氏之学。

费直，字长翁，东莱人也。治《易》为郎，至单父令。长于卦筮，亡章句，徒以彖、象、系辞十篇文言（文言，乃文字语言之意）解说上下经。琅邪王璜（《沟洫志》作"王横"）平中（师古"中读曰仲"）能传之。璜又传古文《尚书》。

高相，沛人也。治《易》与费公同时，其学亦亡章句，专说阴阳灾异，自言出于丁将军，传至相。相授子康及兰陵毋将永，康以明《易》为郎，永至豫章都尉。及王莽居摄，东郡太守翟谊谋举兵诛莽，事未发，康候知东郡有兵，私语门人，门人上书言之，后数月，翟谊兵起，莽召问，对受师高康，莽恶之，以为惑众，斩康。由是《易》有高氏学。高、费皆未尝立于学官。

《艺文志》：

《易经》十二篇，施、孟、梁丘三家

《易传》周氏二篇　班固原注（以后简称"原注"）："字王孙也。"

服氏二篇

杨氏二篇　原注："名何，字叔元，菑川人也。"

蔡公二篇　原注："卫人，事周王孙。"

韩氏二篇　原注："名婴。"

王氏二篇　原注："名同。"

丁氏八篇　原注："名宽，字子襄，梁人也。"

古五子十八篇　原注："自甲子至壬子，说《易》阴阳。"

《淮南道训》二篇　原注："淮南王安聘明《易》者九人，号九师法。"

《古杂》八十篇　《杂灾异》三十五篇　《神输》五篇。

《孟氏京房》十一篇　《灾异孟氏京房》六十六篇　五鹿充宗《略说》三篇　《京氏段嘉》十二篇　传作"殷嘉","殷"乃"段"之误，京房弟子

《章句》施、孟、梁丘氏各二篇

凡《易》十三家，二百九十四篇。

《易》曰："宓戏氏仰观象于天，俯观法于地，观鸟兽之文，与地之宜，近取诸身，远取诸物，于是始作八卦，以通神明之德，以类万物之情（师古'《下系》之辞也'）。"至于殷、周之际，纣在上位，逆天暴物，文王以诸侯顺命而行道，天人之占，可得而效，于是重《易》六爻，作上下篇。孔氏为之《彖》、《象》、《系辞》、《义言》、《序卦》之属十篇，故曰《易》道深矣，人更三圣，世历三古。及秦燔书，而《易》为筮卜之事，传者不绝。汉兴，田和（何）传之。迄于宣、元，有施、孟、梁丘、京氏，列于学官。而民间有费、高二家之说。刘向以中古文《易经》校施、孟、梁丘经，或脱去"无咎"、"悔亡"。唯费氏经与古文同。

1.《易》在汉初以前的单线传承问题

按在五经的传承中，仅《易》叙及孔门以后的一线单传的统绪，班氏盖本之《史记·仲尼弟子列传》及《儒林列传》。《史记·儒林列传》称"孔子卒，商瞿传《易》，六世至齐人田何，字子庄，而汉兴"。因《弟子列传》中已备述六世的姓名，所以在《儒林列传》中只简称"六世"，班氏所述也正与"六世"相符合。至《弟子列传》中的姓名、世次，是商瞿——楚人馯臂子弘——江东人矫子庸疵——燕人周子家竖——淳于人光子乘羽——田子

庄何，与班氏所述者略有出入，字或因形近而误，或因在传承中而讹，这在资料来源的判定上是不关重要的，重要的是，此一故事的本身断难成立。第一，孔门四科中的"文学（典籍之学）子游、子夏"，尚没有留下传经的显明记载，何以独有商瞿传《易》的记载？而商瞿之名，除《孔子家语》外，在先秦略无可考。据《弟子列传》赞，史公据以写传的基本材料是出于古文《弟子籍》，所记皆仅及弟子的本身，未及弟子的弟子，可以推知《弟子籍》本未记载孔子的再传弟子，何以独对商瞿一直记载到汉初的田何？第二，在先秦援引及《易》的一切典籍中，及长沙出土帛书中有关《易》的材料中，发现不出与此一传承统绪有丝毫关连的痕迹。我的推测，《易》为筮卜之书，卖卜之事，战国时已流行于市井，汉初更数见不鲜。田何为了推尊其术，故伪造此传承统绪，以自别异于市井中筮卜之徒，通过他的再传弟子杨何而传到司马谈，司马迁便援之以入传。其后《春秋》三传及《毛诗》的一线单传统绪，皆为了争取地位而仿照此故事所先后伪造的，其不足信更不待论。

2.　"言《易》者本之田何"及田何、杨何的问题

其次要说明的是，传中"要言《易》者本之田何之家"一语，不足以反映出汉初乃至西汉《易》学流传情况的全貌。陆贾《新语·道基》第一"乾坤以仁和合，八卦以义相承"，是陆贾曾习《易》。贾谊《新书》引《易》者凡四，[①] 韩婴著有《韩氏》二

[①] 贾谊《新书》卷六《容经》引《易·乾卦》上九、初九，并加以解释；《春秋》引"《易》曰，鹤鸣在阴，其子和之"；卷十《胎教杂事》"《易》曰，正其本而万事理。失之毫厘，差以千里"。

篇，淮南王安"聘明《易》者九人"，《汉志》录有《淮南道训》二篇，这都与田何的统绪无关。且不仅民间有费氏《易》，与田何的统绪无关。若不承认京房《易》学与孟喜有关，系"独得隐士之《易》"，固然不出自田何，即承认京房《易》学出于孟喜，但孟喜《易》学的特色，乃来自他"得《易》家阴阳灾变书"，此阴阳灾变书因不出于田何的统绪，故为同门梁丘贺所公开否认，则是孟氏《易》在实质上亦不出于田何。田何统绪中的关键人物丁宽，从周王孙受"古义"，周王孙虽为田何及门弟子，然其"古义"当不出于田何，否则丁宽不必转以同门为师。《汉志》所录"古五子"、《古杂》、《杂灾异》、《神输》等，大约属于先秦以术数言《易》的另一系统，在西汉发生了相当的影响，将传、志参阅，亦非田何之学。所以"言《易》者本之田何"一语，可以说明田何《易》学三传而至田王孙为博士，四传而至施、孟、梁丘，极一时之盛，成为西汉《易》学主流，不可概括西汉《易》学的全貌。

传赞"初《书》唯有欧阳，《礼》后、《易》杨"，此杨为杨何。沈钦韩以为"三家之《易》，不出于杨，'《易》杨'为'《易》田'之误"。按以年代推之，立五经博士时田何殆已老死，杨何为田何再传弟子，得授《易》于司马谈，其年龄当长于司马谈。与司马谈为同辈的田王孙在宣帝时为博士，其年龄当小于杨何。故立五经博士时的《易》博士应为杨何，特为史所缺记，而田王孙乃《易》的第二代博士。正因为如此，司马迁本五经博士之成规以立《儒林列传》，便说"言《易》者本于杨何之家"。《汉书·儒林传》溯自汉初，故谓"要言《易》者本之田何"；传赞言五经博士之始，故举杨何而不能举田何。两者并无矛盾，且与司马迁之说是相应的。

　中国经学史的基础

3. 师法问题

"师法"一词，始以权威性出现于《孟喜传》，即是众推孟补博士缺，宣帝以他改师法不用。宣帝所以知道孟改师法，胡秉虔推测乃来自梁丘贺以少府得幸而进谗，[①] 是可以相信的。《荀子·儒效》篇有"有师法者人之大宝也，无师法者人之大殃也"的话，沈钦韩们以为汉代师法的观念系由此出，这是一种误解、傅会。荀子是以"师"与"法"为两事，所以《儒效》篇又说"故人无师无法而知，则必为盗……有师有法而知，则速通"。荀子之所谓"师"，固与汉人所说的师无异；他之所谓"法"，则是指"一制度，隆礼义"的"制度"、"礼义"而言，比汉人以师之所言者为法，范围广得多。两者之间要说有关系，也只是"名言"上的关系，即汉人使用这一"名言"，可能是由荀子而来，但不是内容上的关系。尊师因而尊师之所教，这在孔门已经出现，但"师法"不是说以师为法，而是把师所说的，赋予以法的权威性，这完全是新的观念，此一新的观念在孟喜的故事以前已经有了，否则宣帝不会因此而动心。但它的提出、它的确立，不能早到设置博士弟子员之前，否则不可能在汉初七十年的相当丰富的著作中，并且也是儒生提倡师道的时代中，几乎找不出它的痕迹。

《儒林传·张山拊传》说秦恭"增师法至百万言"。"百万言"当然指的是当时盛行的章句，而这句话中的"师法"也指的是老师的章句。这句话的意思是增加老师的章句到百万字。由此可以

---

① 胡秉虔在《汉西京博士考》中谓"宣帝何自而闻（闻孟喜改师法），贺方为少府，贵幸故也"，其说可信。

了解，"师法"一词虽有时可以泛用，但师法的具体内容则是章句。老师的口头解说容易变动、容易忘记，不易定以为法；传、说乃训释大义，不太受经本文的约束，故训乃解释文字，但在同一故训之下，对经文也可作不同的导引，都不易定以为法。只有博士为了教授弟子，顺着经文加以敷衍发挥，以成为固定形式的章句，再加上博士在学术上的权威性地位，师法的"法"的观念才得浮现出来。丁宽三万言的《易说》，原不称为章句，但因两种原因，所以被称为"小章句"：一是他的形式可能与后来的章句相近，二是他的弟子田王孙为博士教授时，可能即以他的《易说》作教授时的教材，这便成为《易》的师法。正式章句的出现，可能以《欧阳章句》三十一卷为最早，亦以《书》的章句为最繁。故训、传说与师法的关系，来自故训、传说与章句的关系，彼此间的纽带扣得并不太紧密。章句可能萌芽于设置博士弟子之前，但兴盛显著于设置博士弟子员之后，先有博士的章句，然后由此影响，才有一般儒生的章句。由师法与章句之不可分，所以也可证明师法观念是起于设置博士弟子员之后，亦可由此了解清今文学家把师法与"口说"、"口传"结合在一起而加以神圣化之鄙陋可笑。

师法观念在博士的统绪中流布出来以后，当然也影响到在此统绪以外的儒生，有时也加以应用。但终汉之世，这是非常有弹性的观念，即是，除了思想型的儒者不讲这一套以外，在博士统绪中，他们有时重视，有时并不重视，有时讲，有时并不讲。其特别加以重视的，多半是把它当作排挤、统制的武器来加以应用，这在东汉更为明显。孟喜的故事，即是一个显明的例证。田王孙为《易》学第二代的博士，代表《易》学的正统，孟喜与梁丘贺之争，是《易》学正统继承人之争。孟喜"得《易》家候阴阳灾变书"加以运用，这是改了田王孙的师法，但梁丘贺之所以有再进得幸的机会，是因为他明京房（景帝时之京房）《易》的关系。京房《易》虽亦出于田何的统绪，但从梁丘贺之子梁丘临"专行京房法"的情形看，则京房法与田王孙法大有出入，是可以断言的，而梁丘贺把京房法传给其子，也是可以断言的。梁丘贺扛着田王孙的招牌，拉拢施雠以打击孟喜，说孟喜改师法，但他自己却同样改师法，并未受到攻击，且孟喜因改师法而未被用为博士，则其《易》学应为朝廷所弃，但何以他的弟子白光、翟牧两人又得"皆为博士"？而受《易》于焦延寿的另一京房，"托之孟氏，不与相同"，其为紊乱师法甚明，但他的弟子殷（段）嘉、姚平、乘弘三人"皆为郎、博士"。在其他各经中也有同样的例证，如《书》中的大、小夏侯即是。清乾嘉学派对师法意义的夸张，只是在学术进途中自设陷阱，没有历史上的根据。

4. 孟喜《易》与焦、京《易》的传承关系问题

现在想解决孟喜与焦延寿及京房间有无传承关系的问题。

汉初《易》说约略可分为三个系统。第一，是以卦筮卜人事吉凶的系统。吉凶直接决定于卦，亦即决定于卦象、卦辞，在卦外不再需介入其他因素，这是《易》的老传统，可能即是田何所受授的系统。第二，是由方技之士在卦本身以外再介入其他因素，例如介入甲子等因素，使其在应用上较卦筮更为技巧，以指向某一特别部门，发生某种特别作用。焦延寿的"候司（伺）先知奸邪"之术，及京房的"考功课吏法"，当由此一系统发展出来的。因其源于方技之士，所以刘向便称之为"隐士《易》"。第三，是把阴阳与时日相结合，再把这种结合介入到卦爻中去，使卦爻也与时日相结合，由时日的运行以言卦爻中阴阳的消长，由阴阳的

消长以言吉凶灾变的系统。此一系统较之第二系统富有条理性、合理性，但也可以涵摄第二系统而与之合流。我不能断定孟喜所"得《易》家候阴阳灾变书"是不是此一系统的先河，但可断言孟喜在此一系统中有关键性甚至是"创始者"的地位。属于二、三两系统的《易》学家，当然会接受第一系统的卦筮，但他们不以此为立足点。第一系统的《易》学家，也会受到第二、第三系统的渗透，宣、元之后渗透愈强。这是西汉《易》学的大势。孟喜与焦延寿及京房的关系，是第三系统的《易》学关系，不必与第二系统相干。

从人事上看，在两点上焦延寿有问《易》于孟喜的可能。首先以焦延寿自甘下僚的性格，而又有"候司先知奸邪之术"以自立的情势说，他无取乎假孟喜以自重，何况孟喜生时并没有显著的名位。其次焦氏在梁"王共（供）其资用，令极意学"的情形下，则他游学长安时，有向孟喜问《易》的机会。

从两人《易》学的内容看，可以肯定焦延寿是曾从孟喜问《易》，而将孟说向前发展了一大步的。我在《扬雄论究》一文中，对此曾作较详细的陈述，[1] 此处再略加补充。首先应明了孟《易》的情形。

唐李鼎祚《周易集解》引孟喜《易章句》：[2]

自冬至初，中孚用事……坎、离、震、兑，二十四气，

---

① 见拙著《两汉思想史》卷二，页四八○至四八三。（编者注：现为页四四○至四四三。）

② 《隋书·经籍志》（以后简称《隋志》）著录有孟喜《易章句》八卷，早亡。此由唐晏《两汉三国学案》卷之一页十七转引。

次（每一气之所在）主一爻，其初则二至（夏至、冬至）、二分（春分、秋分）也。

按《孟喜章句》唐初尚存，《新唐书·历志》载一行"《卦议》曰，十二月卦出于《孟氏章句》，其说《易》本于气，而后以人事明之"。所谓"说《易》本于气"，是用阴阳消长之气来解释《易》。阴阳消长，表现为十二月，故孟氏由六十四卦中提出《复》、《临》、《泰》、《大壮》、《夬》、《乾》、《姤》、《遁》、《否》、《观》、《剥》、《坤》十二卦，由十一月起，至次年之十月止，每卦当一月之气。此为卦气说成立的基干。十二月分为四时，四时中有二至、二分，这都是阴阳消息的关键，所以孟喜又特提出"《坎》、《离》、《震》、《兑》"四卦当之。月有上弦、下弦，故每月又分为二气，十二月共二十四气，即以上四卦的二十四爻，每爻当一气，而以每卦之初爻当二十四气中的二至、二分，此即卦气说中四辟卦之所本。由此可知，新出现的《易》学第三系统的卦气说，实由孟喜立其基干，更无可疑。焦延寿的《易说》，据《汉书》卷七十五《京房传》：

其（焦延寿）说长于灾变，分六十四卦，更直（值）日用事，以风雨寒温为候。

孟康曰："分卦直（值）日之法，一爻主一日，六十四卦（按"四"字疑衍）为三百六十日，余四卦《震》、《离》、《兑》、《坎》为方伯监司之官（即所谓"四辟卦"）。所以用《震》、《离》、《兑》、《坎》者，是二至、二分用事之日，又是四时各专王（读入声若旺）之气。各卦主时，其占法各以其日观其善恶也。"由此可知孟喜以一卦当一月，以四卦当二至、二分。焦延寿则由此再推进一步，以一爻当一日，以此表现阴阳消长之数，则更为精密，卦气说至此而得初步建立其轮廓。这是顺承孟喜而来的发展，与焦延寿"候司先知奸邪之术"并不相干。则焦氏自称"尝从孟喜问《易》"，京房"以为延寿《易》即孟氏学"，是信而有征的。至京房受《易》于焦延寿，除"考功课吏法"出自延寿的"候司先知奸邪"外，其继续完成卦气说已有明确记载。在这一方面，京房所受焦延寿的影响，即是他所受的孟喜的影响。因他"好钟律，知音声"（本传），便更进一步，把音乐与卦气说和会在一起，以下开刘歆们《三统历》的大和会。①《汉志》载《孟氏京房》十一篇、《灾异孟氏京房》六十六篇，这不是如沈钦韩所说"京氏之《易》，托之孟喜"，若如此，则刘歆不会作这样的著录，而班固又不加注明，乃是京房以孟氏之说为根据，再附以己见，故陆德明《经典释文叙录》有《孟喜章句》十卷，殆即《汉志》《孟氏京房》十一篇的别名。

然则孟喜的弟子翟牧、白生（白光），为什么不承认延寿《易》即孟氏《易》呢？因他两人皆为博士，代表田何系统的正统《易》学立场，孟喜的新说不仅未取得官学的地位，且孟喜因被指为改师法而未能得到博士，翟、白两人为了维护其师孟喜及自己在正统《易》学中的地位，对于焦延寿与孟喜的关系，不能不加以否认。然则受到排挤的新起的卦气说，何以不久便取得《易》学中

---

① 请参阅拙著《〈周官〉成立之时代及其思想性格》，页三一至三五。（编者注：见本册页二六二至页二六六。）

的优势，至东汉成为汉《易》的主流呢？因为在战国中期前后，阴阳观念进入于《易》的范围，这在对《易》的解释上提供了一大便利，也是一大进步。但此时只见于《系辞》、《说卦》，尚未应用到卦与爻的本身。[①] 顶着此一倾向发展下去，必然将阴阳观念与卦及爻直接结合在一起，此其一。《吕氏春秋》十二纪纪首，以十二月为阴阳消长的具体表现，对汉代发生了很大的影响。[②] 于是阴阳观念表现为时历运行中之气，阴阳观念与卦及爻的结合，即是时历运行中之气与卦及爻的结合，此其二。由此而形成卦气说，是顺着这样一条有理路可循的自然演进的结果，而且这又与汉代盛言阴阳的大趋向相适应。

5. 费氏《易》的问题

现在应对费氏《易》的一连贯误解加以澄清。

首先，《儒林传》分明说费、高两家《易》无章句，《汉志》亦未录有费氏的著作，但《隋志》却录有"《费直章句》四卷，残缺"，这分明出于后人的假托，或误录为费直。此一错误还不算严重，严重的错误皆来自范蔚宗的《后汉书》。

《汉书·儒林传》未尝言费氏《易》为古文《易》。《艺文志》谓："刘向以中古文[③]《易经》校施、孟、梁丘经，或脱去'无咎'、'悔亡'，唯费氏经与古文同。"这只能说明费氏的经文本较三家者完善，但"与古文同"的另一面，正说明费氏《易》并非古文。

---

① 《易·乾卦》初九爻象、《坤》初六爻象，《泰》、《否》两卦《象传》，言及阴阳，然此疑系后学所窜改，否则何以此外皆未言及？
② 请参阅拙著《两汉思想史》卷二《〈吕氏春秋〉及其对汉代学术与政治的影响》一文。
③ 颜师古云："中者天子之书也。书言'中'，以别于外耳。"

若费氏《易》亦为古文，则"与古文同"四字便无意义，而按《汉志》之例，应特将费氏《易》录在前，不管他是否立官及有无著作。范蔚宗《后汉书·儒林传》先摘录《汉书·儒林传》之大要，称之为"前书云"以作接其后事的张本，在《易》下"前书云……又有东莱费直传《易》，授琅邪王横（《汉书》作'璜'，此因形近而误），为费氏学。本以古字，号古文《易》"。"本以古字，号古文《易》"八字，分明为"前书"所无，他却写在"前书云"之下，可见这八字也并别无所出。这一误会，一直沿袭下来，这是应首先加以澄清的。

民间费、高两家之《易》皆无章句，但高相"专说阴阳灾异"，与两汉学风相合，可以发生较大影响，所以《儒林传》说"由是《易》有高氏学"。费直则除了保持一部好经文本，叫供习《易》者利用外，他所长者在卦筮，这是《易》的老传统，已由田何的统绪所代表，不足自成一派，所以《儒林传》便没有"由是《易》有费氏学"的一句。乃范氏在《儒林列传》中说"建武中，范升传孟氏《易》，以授杨政，而陈元、郑众皆传费氏《易》。其后马融亦为其传，融授郑玄，玄作《易注》，荀爽又作《易传》，自是费氏兴而京氏遂微"。《经典释文叙录》节取上文后又加"颍川荀爽，并传费氏《易》"一句。《隋志》承上说进一步谓："魏代王肃、王弼并为之（费《易》）注，自是费氏大兴，高氏遂衰。梁丘、施氏、高氏亡于西晋，孟氏、京氏有书无师，梁陈郑（玄）、王（弼）二注列于国学，齐代唯传郑义。至隋，王注盛行，郑学浸微，今殆绝矣。"据此，则王注盛行，实亦等于费《易》盛行。于是费《易》不仅为东汉《易》学的巨派，而且为汉《易》中的鲁殿灵光，这完全是出自范蔚宗一人一时的误解，遂铸成经学史中的大错。

　　　　　　　中国经学史的基础

按《后汉书》卷三十六《范升列传》谓升"习梁丘《易》"，而在《儒林列传》中则谓其"传孟氏《易》"，钱大昕已指出其误。又同卷《郑众列传》仅谓其"兼通《易》、《诗》，不能由此断定他所兼通之《易》即是费氏《易》。又同卷《陈元列传》仅谓其"少传父业，为之训诂"，而其父陈钦"习《左氏春秋》"，未尝言及《易》。陈元与范升所争者亦为《左氏春秋》问题。卷六十《马融列传》也无习费氏《易》的痕迹。卷三十五《郑玄列传》"师事京兆第五元先，始通京氏《易》、《公羊春秋》、《三统历》、《九章算术》"，可知他的《易》学既与费氏《易》无关，在传授上也与马融无关。卷六十二《荀爽列传》仅谓他"著《礼》、《易》传"，而他的侄荀悦《汉纪》"臣悦叔父故司空爽，著《易传》，据爻象承应阴阳变化之义，以十篇之文解说经意"。若以"十篇之文"指的是十翼，则在这一点上与费氏《易》有相同之点。但十翼为诸家所共有，所共尊，它本是释经的，则以十翼释经不能限于费氏一家，亦不可能由十翼所作之解释是完全一致的。且汉人常称十翼为"传"或径称为"《易》"，未尝泛称为"文"。《释文叙录》录有荀《注》十卷，则"十篇之文"应释为"以十卷之注文释经"较为妥当。尤其是荀悦说他叔父《易》学的重点是"据爻象承应阴阳变化之义"，所谓"阴阳变化"，是指阴阳在一年三百六十日中的消长，以一爻值一日，由此以与三百六十日的阴阳相承相应，这说的正是卦气说的京氏《易》。荀爽之为京氏《易》，在李鼎祚《周易集注》所引荀《注》中，可得到明显的证明。至《隋志》把王肃、王弼的《易》注也划入费氏《易》的范围，同为谬误。这里应特别指出的是：第一，费直自己没有章句，而在《后汉书》里，除《范升传》中记有光武"时尚书令韩歆上疏，欲为费氏《易》、《左传春秋》立博士"，提到费氏《易》外，通东汉之世，再没有出现过费氏《易》的踪影，《三国志》中更找不出费氏《易》的踪影，何缘而能出现此一巨大的传承统绪。其次，《三国志》卷十三《王朗传》谓朗"著《易》、《春秋》、《孝经》、《周官传》"，未言他所著《易传》是属于何家。但前面说他"师太尉杨赐"，《后汉书》卷五十四《杨赐列传》谓赐"少明父业，兼明京氏《易》"，则王朗从杨赐所受的必为京氏《易》。同卷《王肃传》说他"撰定父朗所作《易传》"，是王肃的《易传》即是他父亲王朗的《易传》，可断言其为京氏《易》。王弼《易注》特征之一，在"全废象数"（《四库提要》中语）。费氏《易》"长于卦筮"，若王注出于费氏《易》，也应重视卦筮，重视卦筮如何能全废象数？即此已可证明王注之与费氏《易》无关。但《四库提要》承《隋志》之误，悍然说"弼之说《易》源出费直，然荀爽《易》即费氏学"。费氏以十翼解经，到底是如何解释法，至魏已经过两百多年的无书无师，没有人能知道，在近两千年后写《四库提要》的人，何以能知道费氏学的内容是什么，而可作此断定？何况荀爽《易》断然是京氏《易》而非费氏《易》。王弼援玄学以注《易》，他的野心是要以老学的"无"，为《易》学的体，以《易》之休咎（有行为，始有休咎）为老学之用，以建立他的体用兼备的玄学系统。这岂仅与费氏《易》风马牛不相及，也可以说是《易》学上的一次大革命，何可妄相比附？

一系列的错误，皆来自范蔚宗一时的错觉。他不了解东汉的今文学家皆排斥古文，但习古文者并不排斥今文的事实，更忽略了在西汉今古文之争中，《易》根本不曾介入。他以为凡习一经的古文，其他所习之经亦必为古文。他因《汉书·儒林传》传费氏《易》的王横（璜）"又传古文《尚书》"，便推定王璜所传的费氏《易》亦必为古文，便凭空添上"本以古字号古文《易》"八字。更把这一错觉推用到东汉经学史上，凡某人习某种古文经典的，皆推定他所学的《易》亦必是费氏古文《易》，连郑玄很明显的今古兼修，但因他治的《周官》、《毛诗》本不是古文，仅被当时误认为古文，范氏便忘记自己在传中明记郑氏所学的是京氏《易》，也推定到费氏《易》里去。后人承声接响，遂致在经学史中形成一个庞大的错误系统，费氏真可谓得到"不虞之誉"了。

（三）《书》的传承及其传承中的问题

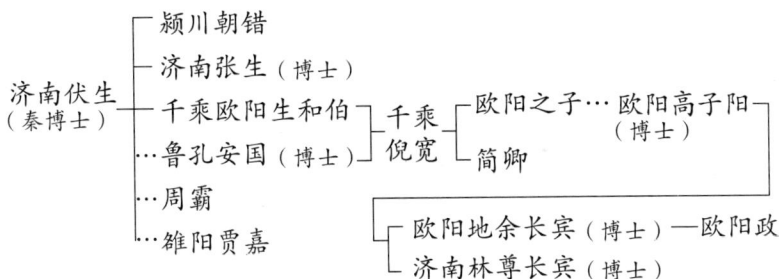

（"欧阳、大小夏侯氏之学，皆出于宽（倪宽），由是《尚书》世有欧阳之学"）

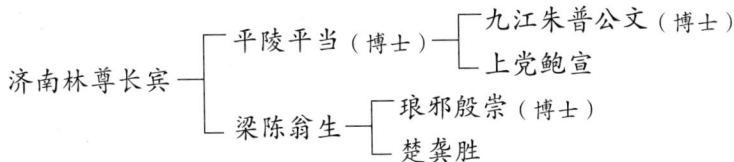

（"由是欧阳有平、陈之学"）

济南　鲁夏侯　┌ 欧阳氏 ┐　　　　　　　　　　　欧阳高 ↘
张生 ── 都尉 ─┤ 夏侯始昌 ├→ 夏侯胜 ┌ 夏侯建
　　　　　　　└ 简卿 ┘　　　　　　├ 齐周堪少卿
　　　　　　　　　　　　　　　　　└ 鲁孔霸（博士）↘ 孔光
　　　　　　　　　　　　　　　　　　　　　　　　　牟卿

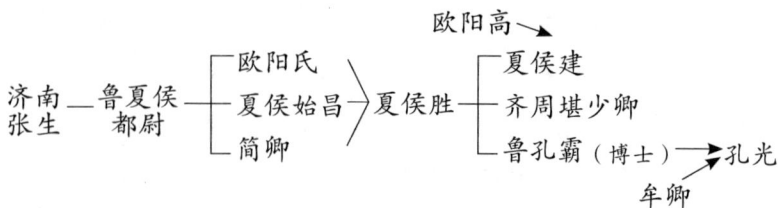

（"由是《尚书》有大小夏侯之学"）

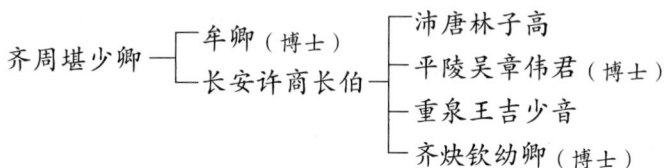

齐周堪少卿 ──┬ 牟卿（博士）　　　　　┌ 沛唐林子高
　　　　　　 └ 长安许商长伯 ──┤ 平陵吴章伟君（博士）
　　　　　　　　　　　　　　　 ├ 重泉王吉少音
　　　　　　　　　　　　　　　 └ 齐炔钦幼卿（博士）

（"由是大夏侯有孔、许之学"）

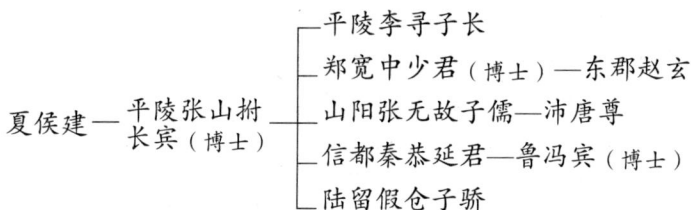

　　　　　　　　　　　　　 ┌ 平陵李寻子长
　　　　　　　　　　　　　 ├ 郑宽中少君（博士）── 东郡赵玄
夏侯建 ── 平陵张山拊 ──┤ 山阳张无故子儒── 沛唐尊
　　　　　 长宾（博士）　├ 信都秦恭延君── 鲁冯宾（博士）
　　　　　　　　　　　　　 └ 陆留假仓子骄

（"由是小夏侯有郑、张、秦、假、李氏之学"）

　　古文《尚书》

　　　　┌ 都尉朝── 胶东庸生── 清河胡常少子（以明《穀梁》为博士）┐
孔安国 ─┤　　　　　　　　　　┌ 王璜
　　　　└ 司马迁　　└ 虢徐敖 ┤ 平陵涂恽子真── 河南桑钦君长
　　　　　　　　　　　　　　　└ 刘歆

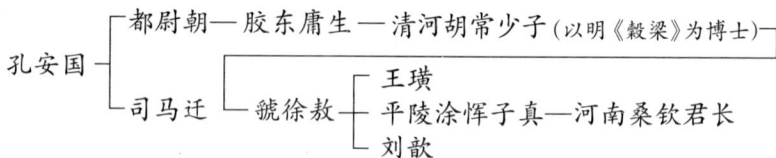

（"孔氏有古文《尚书》,《尚书》兹多于是（古文）矣"）

《儒林传》：伏生，①济南人也，故为秦博士。孝文时，求能治《尚书》者，天下亡有，闻伏生治之，欲召。时伏生年九十余，老不能行，于是诏太常，使掌故朝错往受之。秦时禁《书》，伏生壁藏之，其后大兵起（《史记》作"兵大起"），流亡。汉定，伏生求其《书》，亡数十篇，独得二十九篇，即以教于齐、鲁之间，齐（《史记》无"齐"字，此衍文）学者由此颇能言《尚书》，山东大师亡不涉《尚书》以教。伏生教济南张生及欧阳生，张生为博士（按此为五经博士以前之博士），而伏生孙以治《尚书》征，弗能明定。是后鲁周霸（此下应依《史记》增"孔安国"）、雒阳贾嘉颇能言《尚书》。

欧阳生，字和伯，千乘人也。事伏生，授倪（兒）宽；宽又受业孔安国，至御史大夫，自有传。宽有俊材，初见武帝，语经学，上曰："吾始以《尚书》为朴学，弗好，及闻宽说，可观。"乃从宽问一篇。欧阳、大小夏侯氏学皆出于宽。宽授欧阳生子，世世相传，至曾孙高子阳为博士。高孙地余长宾以太子中庶子授太子（后为元帝），后为博士，论石渠。元帝即位，地余侍中，贵幸，至少府，戒其子曰："我死，官属即送汝财物，慎毋受，汝九卿儒者子孙，以廉洁著，可以自成。"及地余死，少府官属共送数百万，其子不受，天子闻而嘉之，赐钱百万。地余少子政，为王莽讲学大夫。由是《尚书》世有欧阳氏学。

林尊，字长宾，济南人也。事欧阳高，为博士，论石渠，后至少府、太子太傅。授平陵平当、梁陈翁生，当至丞相，自有传；翁生信都太傅，家世传业。由是欧阳有平、陈之学。翁生授琅邪

---

① 《后汉书》卷二十六《伏湛列传》："九世祖胜，字子贱，所谓济南伏生者也。"

殷崇、楚国龚胜，崇为博士，胜右扶风，自有传。而平当授九江朱普公文、上党鲍宣，普为博士，宣司隶校尉，自有传。徒众尤盛，知名者也。

附录 《汉书》卷七十一《平当传》：平当，字子思。祖父以訾百万，自下邑徙平陵。当少为大行治礼丞，功次补大鸿胪文学……以明经为博士，公卿荐当论议通明，给事中。每有灾异，当辄傅经术言得失，文雅虽不及萧望之、匡衡，然指意略同。

夏侯胜，其先夏侯都尉，从济南张生受《尚书》，以传族子始昌。始昌传胜，胜又事同郡简（简）卿。简卿者，倪宽门人。胜传从兄子建，建又事欧阳高，胜至长信少府，建（迁）太子（后为元帝）太傅，自有传。由是《尚书》有大、小夏侯之学。

附录 《汉书》卷七十五《夏侯始昌传》：（始昌）通五经，以《齐诗》、《尚书》教授。自董仲舒、韩婴死后，武帝得始昌，甚重之。始昌明于阴阳，先言柏梁台灾日，至期日，果灾……

同卷《夏侯胜传》：……胜少孤，好学，从始昌受《尚书》及《洪范五行传》，说灾异。后事简卿，又从欧阳氏问。为学精熟，所问非一师也。善说礼服……迁太子太傅，受诏撰《尚书》、《论语说》。……胜从父子建，字长卿。自师事胜及欧阳高，左右采获，又从五经诸儒问与《尚书》相出入者，牵引以次章句，具文饰说。胜非之曰："建所谓章句小儒，破碎大道。"建亦非胜为学疏略，难以应敌。建卒自颛（专）门名经，为议郎博士，至太子少傅。……

周堪，字少卿，齐人也。与孔霸俱事大夏侯胜，霸为博士，堪译官令，论于石渠，经为最高，后为太子少傅，而孔霸以太中大夫授太子。及元帝即位，堪为光禄大夫，与萧望之并领尚书事，为石显等所谮，皆免官，望之自杀，上愍之，乃擢堪为光禄勋，语在《刘向传》。堪授牟卿及长安许商长伯，牟卿为博士。霸以帝师赐爵号褒成君，传子光，亦事牟卿，至丞相，自有传。由是大夏侯有孔、许之学。商善为算，著《五行论历》，四至九卿，号其门人沛唐林子高为德行，平陵吴章伟君为言语，重泉王吉少音为政事，齐炔钦幼卿为文学。王莽时，林、吉为九卿，自表上师冢，大夫、博士、郎、吏为许氏学者，各从门人，会车数百两，儒者荣之。钦、章皆为博士，徒众尤盛，章为王莽所诛。

张山拊，字长宾，平陵人也。事小夏侯建，为博士，论石渠，至少府。授同县李寻、郑宽中少君、山阳张无故子儒、信都秦恭延君、陈留假仓子骄。无故善修章句，为广陵太傅，守小夏侯说文。恭增师法至百万言，为城阳内史。仓以谒者论石渠，至胶东相。寻善说灾异，为骑都尉，自有传。宽中有俊材，以博士授太子（后为成帝），成帝即位，赐爵关内侯，食邑八百户，迁光禄大夫，领尚书事，甚尊重。会疾卒，谷永上疏曰："臣闻圣王尊师傅，褒贤俊，显有功，生则致其爵禄，死则异其礼谥。昔周公薨，成王葬以变礼，而当天心；公叔文子卒，卫侯加以美谥，著为后法。近事，大司空朱邑、右扶风翁归，德茂夭年，孝宣皇帝愍册厚赐，赞命之臣靡不激扬。关内侯郑宽中有颜子之美质，包商、偃之文学，严然总五经之眇论，立师傅之显位。入则乡（向）唐、虞之闳道，王法纳乎圣德；出则参冢宰之重职，功列（烈）施乎政事。退食自公，私门不开；散赐九族，田亩不益。德配周、召，忠合《羔羊》。未得登司徒，有家臣，卒然早终，尤可悼痛。臣愚以为宜加其葬礼，赐之令谥，以章尊师褒贤显功之德。"上吊赠宽中甚厚。由是小夏侯有郑、张、秦、假、李氏之学。宽中授东郡赵玄，无故授沛唐尊，恭授鲁冯宾。宾为博士，尊王莽太傅，玄哀帝御史大夫，至大官，知名者也。

附录 《汉书》卷七十五《李寻传》：李寻，字子长，平陵人也。治《尚书》，与张孺、郑宽中同师。宽中等守师法教授，寻独好《洪范》灾异，又学天文月令阴阳，事丞相翟方进，方进亦善为星历，除寻为吏……

孔氏有古文《尚书》，孔安国以今文字读之，因以起其家。逸《书》得十余篇，盖《尚书》兹多于是矣，遭巫蛊，未立于学官。安国为谏大夫，授都尉朝，而司马迁亦从安国问故。迁书载《尧典》、《禹贡》、《洪范》、《微子》、《金縢》诸篇，多古文说。都尉朝授胶东庸生，庸生授清河胡常少子，以明《穀梁春秋》为博士、部刺史，又传《左氏》。常授虢徐敖，敖为右扶风掾，又传《毛诗》，授王璜（据《释文叙录》，王璜上有"琅邪"二字）、平陵涂恽子真。子真授河南桑钦君长。王莽时，诸学皆立，刘歆为国师，璜、恽等皆贵显。

世所传百两篇者，出东莱张霸，分析合（王引之以为"合"

当作"今"者是）二十九篇以为数十，又采《左氏传》、《书》叙为作首尾，凡百二篇，篇或数简，文意浅陋。成帝时求其古文者，霸以能为《百两》征，以中书校之，非是。霸辞受父，父有弟子尉氏樊并。时太中大夫平当、侍御史周敞，劝上存之。后樊并谋反（永始三年事），乃黜其书。

附录　《汉书》卷三十六《刘歆传》载歆《让太常博士书》中有：及鲁共王坏孔子宅欲以为宫，而得古文于坏壁之中，逸《礼》有三十九篇（原无"篇"，依官本补），《书》十六篇。天汉之后，孔安国献之，遭巫蛊仓卒之难，未及施行。

《艺文志》：

《尚书》古文经四十六卷　原注："为五十七篇。"

经二十九卷　原注："大、小夏侯二家，欧阳经三十二卷。"

传四十一篇　按此即所谓《尚书大传》。

《欧阳章句》三十一卷

大、小《夏侯章句》各二十九卷

大、小《夏侯解故》二十九篇

《欧阳说义》二篇

刘向《五行传记》十一卷

许商《五行传记》一篇

《周书》七十一篇　原注："周史记。"

《议奏》四十二篇　原注："宣帝时石渠论。"

凡《书》九家，四百一十二篇　原注："入刘向《稽疑》一篇。"

《易》曰："河出图，洛出《书》，圣人则之（师古"《上系》之词也"）。"（按为附会之谈）故《书》之所起远矣，至孔子纂焉（按此亦不能成立），上断于尧，下讫于秦，凡百篇，而为之序，言其作意。秦燔书禁学，济南伏生独壁藏之。汉兴亡失，求得二十九篇，以教齐、鲁之间。讫孝宣世，有欧阳、大小夏侯氏，立于学官。古文《尚书》者，出孔子壁中。武帝末（当为景帝末），鲁恭王坏孔子宅，欲以广其宫，而得古文《尚书》及《礼记》（按即逸《礼》三十九篇）、《论语》、《孝经》凡数十篇，皆古字也。共王往入其宅，闻鼓琴瑟钟磬之音，于是惧，乃止不坏。孔安国者，孔子后也，悉得其书，以考二十九篇，得多十六篇，安国献之（荀悦《汉纪》"安国其家献之"）。遭巫蛊事，未列于学官。刘向以中古文校欧阳、大小夏侯三家经文，《酒诰》脱简一，《召诰》脱简二。率简二十五字者，脱亦二十五字；简二十二字者，脱亦二十二字。文字异者七百有余，脱字数十（按此指二十九篇中各处之脱字）。《书》者，古之号令，号令于众，其言不立具（按"立具"者，指口头当下说出），则听受施行者弗晓（按此说明《书》系口头所说，以求听者易晓，与先笔之于简帛者不同）。古文读应《尔雅》（按"应"参阅《后汉书·贾逵传》），故解古今语而可知也。

1.《书》在伏生外有无传本

按汉初，《书》出自伏生，此外别无所出，此殆成为经学史中共同的常识。我被此常识所误导，便在《贾谊思想的再发现》一文中谓贾谊"与陆贾一样，没有引用到《书》。……贾生仅知有其名而未尝读其书"，① 犯下了大错。陆贾《新语·导基》第一，以仁义概括五经六艺的内容，其中有一句是"《书》以仁叙九族"，这分明引用了《尧典》的"以亲九族"，则不可谓陆贾没有看到《书》。但这可以解释为他是在焚书以前看到的。可是贾谊《新书》卷五《保傅》篇引"《书》曰，一人有庆，兆民赖之"，此系引用《吕刑》（一称《甫刑》）。又卷七《君道》篇引"《书》曰，大道亶亶，其去身不远。人皆有之，舜独以之"，这可能是出自今日看不到的逸《书》。并且他把传统的"《诗》、《书》"的序列，改变为"《书》、《诗》"的序列，把《书》的地位安放于《诗》之上，这不能不怀疑他曾看到了《书》或《书》的一部分。他是雒阳人，生于高祖七年（公元前二〇〇年），卒于文帝十二年（公元前一六八年），文帝即位之初，召为博士，而朝廷知道有伏生，据《儒林传》也在文帝时代，以贾生之出生地与年龄，不可能受到伏生的《书》教，则贾生在雒阳"以能诵《诗》、《书》属文称于郡中"（本传）的"能诵《诗》、《书》"中的《书》，并非虚语，当时雒阳尚有民间所出之《书》可诵，特旋被埋没不彰，遂使伏生独得传《书》之名，不是不可能的。

2. 伏生失其本经之诬

　　其次应澄清的是颜师古注所引卫宏定古文《尚书》序的下面一段话：

————————

① 此文收入《两汉思想史》卷二。此处所引者见页一二三。（编者注：现为页一一三。）

伏生老不能正言，言不可晓也，使其女传言教错（朝错）。齐人语多与颍川异，错所不知者凡十二三，略以其意属读而已。

卫宏的话可能系指讲解时的情形，而朝错的以意属读，指的是伏生所讲解的内容，并非指的是经文。但伪孔安国《尚书》序由此而附会为"济南伏生，年过九十，失其本经，口以传授，裁二十余篇"，这分明与《史》、《汉》两《儒林传》所说"独得二十九篇"不合，其用意在打击今文《尚书》的地位。而口头传授，乃任何先生亲授弟子时的常态。及清，今文学家援此以强调"受读"与"口说"的特殊意义，借此以抬高今文的地位，打击东汉流行的注解，有如《补注》所引刘台拱之说，及皮锡瑞在《经学通论》中所一再夸张的，真不值一笑。

3. 伏生二十九篇中无《泰誓》及《泰誓》的问题

《史》、《汉》两《传》在述《尚书》[①]皆谓伏生"独得二十九篇"，以实计之，《尧典》（一），《皋陶谟》（二），《禹贡》（三），《甘誓》（四），《汤誓》（五），《盘庚》（六），《高宗肜日》（七），《西伯戡黎》（八），《微子》（九），《牧誓》（十），《洪范》（十一），《金縢》（十二），《大诰》（十三），《康诰》

[①]《尚书》之"尚"字，是谁所加，亦有数说。《经典释文叙录》依伪孔序文："以上古之书，谓之《尚书》。"郑玄依《书纬》谓为孔子："尊而命之曰《尚书》。尚者上也，盖言若天书然。"王肃谓："上所言，下为史所书，故曰《尚书》。"《尚书正义》："此文继在伏生之下，则知'尚'字乃伏生所加。"按先秦及汉初援引仅称《书》而未有称《尚书》者，则"尚"字可能为伏生系统之儒生所加。

　　　　　　　　　　　　　　中国经学史的基础

（十四），《酒诰》（十五），《梓材》（十六），《召诰》（十七），《洛诰》（十八），《多士》（十九），《无逸》（二〇），《君奭》（二一），《多方》（二二），《立政》（二三），《顾命》（二四），《费誓》（二五），《吕刑》（二六），《文侯之命》（二七），《秦誓》（二八），一共二十八篇。这里面便牵涉到《泰誓》及《书序》的问题。王引之《经义述闻》谓伏生传有《泰誓》，王先谦在《补注》中亦谓"今文本有《泰誓》，董仲舒、司马相如所引是也。马、郑诸人以为民间后得《泰誓》，非"。但因下述两个理由，我断定伏生"独得二十九篇"，是把《顾命》与《康王之诰》分而为二，其中没有《泰誓》。第一，若伏生传有《泰誓》（《太誓》），则此《泰誓》必周室的旧典，与先秦诸家所引用者吻合。乃《礼记·坊记》引《太誓》"予克纣，非予武……"郑玄注"此武王誓众以伐纣之辞也，今《太誓》无此章，则其篇散亡"。《国语·周语》引《泰誓》"民之所欲……"韦昭注"今《周书·泰誓》无此言，其散亡乎"。马融亦以文献考证的立场怀疑《泰誓》，王肃也是如此，① 则汉之《泰誓》，非先秦之《泰誓》可知。第二，刘歆移书让太常博士，这是面对博士集团讲话，其中直接与博士有关的，不敢以无实之言，致自招罪戾。书中明言《泰誓》后得，其不出于伏生，至为明显。至《尚书大传》② 中提到《泰誓》，也和《大传》篇目中"有《九共》、《帝告》、《嘉禾》、

---

① 马融《书序》"《泰誓》后得，案其文似浅露……"。《左传·襄公三十一年》正义引王肃亦谓"《泰誓》近得，非其本经"。
②《尚书大传》至宋已残，至明遂佚。清有数种辑本。此据《四部丛刊》景印陈寿祺《尚书大传》定本。

《揅诰》之类"① 一样，乃出自伏生的零星记忆。董仲舒、司马相如与《史记·周本纪》都引用了《泰誓》，则关系于《泰誓》后得的时间问题。

民间得《泰誓》的时间有三说：一是《文选》李注引刘向《别录》"武帝末，民有得《泰誓》书于壁内者，献之，与博士，使读说之，皆起传以教人"。二是王充《论衡·正说》篇"至孝、宣之时，河内女子发老屋，得逸《易》、《礼》、《尚书》各一篇，奏之。宣帝下示博士，然后《易》、《礼》、《尚书》各益一篇，而《尚书》二十九篇始定矣"。三是《尚书正义》疏引《后汉书》"献帝建安十四年，黄门侍郎房宏等说云，宣帝本始元年（宣帝即位改元之年），河内女子有坏老屋，得《泰誓》三篇"。三说中殆以王充之说附益多而难信，逸《易》、逸《礼》究何所指？《易》十翼及《仪礼》十七篇早已定型，大、小《戴记》编定于宣帝时代，无所谓"各益一篇"。《尚书》二十九篇，在司马迁写《儒林传》时早定，何待至宣帝时而定？王充《论衡》中有关经学史的纪录，多不可信的情形，大率类此。第三说殆由王说加以裁汰补充而来，但因西汉早有此一故事的流传，故由刘向《别录》起，出现不同的记载则是事实。《艺文志》以鲁共王坏孔子宅的故事系之"武帝末"，而略经考证，则实为"景帝末"。若据刘歆《让太常博士书》，将此事叙述于元朔四年"故诏曰，礼坏乐崩"之前，并将两事出以有因果关连的口气，则得《泰誓》乃在元朔四年（公元前一二五年）之前，因而可推定民间在壁内发得《泰誓》，非武帝末而亦为景帝末，则前面许多矛盾冲突的情形皆可得到顺理成章的解决。但博士们虽然由

---

① 见《玉海》卷三十七。

　　　　　　　　　　　中国经学史的基础

皇帝之命增加了一篇，也等于另外还增加了河间献王所得的《周官》①一样，因其不出于伏生，始终加以歧视。因此，吴承仕以《泰誓》有三：一、先秦诸书所引之真《泰誓》；二、汉民间所献之伪《泰誓》；三、伪古文之《泰誓》，②是可以成立的。

4.《书序》问题

再谈到《书序》的问题。伏生二十九篇，陈寿祺《左海经辨》以为其中有《书序》，俞正燮《癸巳类稿》、刘师培《答方勇书》、《论泰誓答问》皆主张无序。我可以断定今文二十九篇中是没有《书序》的。据《汉志》"经二十九篇"，此即伏生所独（仅）得的二十九篇。《书序》不是"经"，何以能数入二十九篇之内？《易传》、《春秋传》有时称为"经"，因为那是发挥经的大义，或敷陈经的事实的，与《书序》性质不同。后人不明此义，每遇数字上解释困难时，辄由《序》的加减以为解决的方法，是毫不足取的。扬雄《法言·问神》篇"或曰，《易》损其一也，虽蠢知缺焉（谓《易》若少了一卦，虽愚蠢的人也知道缺了一卦），至《书》之不备过半矣，而习者不知（此指博士系统的人，以二十九篇为完备），惜乎《书序》之不如《易》也。曰，彼（《易》）数也，可数焉（八卦重之而演为六十四卦，这都是计数得出来的）故也。如《书序》，虽孔子莫如之何矣（《书》各篇无相关的关系，《序》虽有百，而博士们不承认其有百，虽孔子也难就《书序》的本身来批驳博士们之妄）"。又"昔之说《书》者《序》以百（过去说《尚书》的人，

---

① 俱见于拙著《〈周官〉成立之时代及其思想性格》一文。
② 见吴承仕《经典释文叙录疏证》。

尚承认根据《书序》，原有百篇。意谓今日博士们则不肯承认《书序》，因而不承认《尚书》原有百篇），而《酒诰》之篇俄空焉（而博士们所传的《酒诰》，也由刘向与中古文相较，一下子［俄］发现其中尚有缺简），今亡夫（现在博士们大概连有缺简一事也不承认吧）"。当时博士是经学的权威，扬雄以"执戟"的地位去批评他们的顽固愚蠢，所以说得特为含蓄。但由此可断言《书序》本有百篇，却不在伏生所传二十九篇之内。不在二十九篇之内，并不说明伏生不承认《书序》，而是《书序》原另为一篇别行，未尝亡失。在建立五经博士之前，习《尚书》今文二十九篇的人，以情理推之，亦未尝不承认《书序》。后来的《书》博士，为了拒绝古文《尚书》，以保护自己的垄断地位，便悍然抹煞《书序》的存在，而以二十九篇为备（完备），也因《书序》是单篇别行，所以他们可加以抹煞。若二十九篇中本有《书序》，或伏生曾将其附于二十九篇之末，则博士们无法加以抹煞，刘歆也不至提出加以指谪。

这里附带一提的是，《汉志》"经二十九卷"下，班注"大、小夏侯二家，欧阳经三十二卷"的问题。《尚书》的传承，分欧阳与夏侯两大系统，"经二十九篇"即伏生所独得的二十九篇（卷），应为两系统所共同传承。欧阳将《盘庚》分为三篇，于是二十九篇成为三十一篇，这与大、小夏侯无异。但他的经是三十二卷，这多出的一卷，不少人又以《书序》来凑数，但不仅《书序》不是"欧阳经"的"经"，实在凑不上数，且两系统皆出于倪宽，若欧阳经中有《书序》，必是倪宽所传者本来如此，则大、小夏侯何得独无？据《汉书·儒林传》赞，建立五经博士后，《书》博士始于欧阳。欧阳在初当博士时，面对朝廷得自民间的《泰誓》，在情势上不得不承认。经三十一加《泰誓》，所以成为三十二。但因其不出于伏生，所以未为它作章句，因此《欧阳章句》依然是三十一卷。即是表面接受，而事实上加以疏外。大、小夏侯进入博士在后，对此若有若无的《泰誓》，便干脆不加理会，而依然坚守伏生的二十九篇。

现对争论很多的《书序》作者问题，因而关连到《书序》出现的时间问题，略作讨论。朱彝尊《曝书亭集》卷五九《书论》二：

> 说《书序》者不一，谓作自孔子者，刘歆、班固、马融、郑康成、王肃、魏徵、程颢、董铢诸儒是也；谓历代史官转相授受者，林光朝、马廷鸾也；谓齐、鲁诸儒次第附会而作者金履祥也。至朱子持论，谓决非夫子之言，孔门之旧。由是九峰蔡氏作《书传》，从而去之。按古者《书序》自为一篇，列于全书之后……至孔安国伪传出，始引小序分冠各篇之首。后人习而不察，遂谓伏生今文无序，序与孔氏传并出，不知孝武时并有之，此史迁据以作《夏本纪》、《殷本纪》、《周本纪》，而马氏（马融）于小序有注，见于陆氏《释文》……是《孔传》未出之时，先见于汉代。

按朱氏所举可分为四说，以林光朝们认为历代史官转相授受之说，最为合理，因《诗》、《书》本由周室史官编集以作教材之用，[①] 则当他们编集时附以小序，乃情理之常。从前引扬雄《法言·问神》篇"如《书序》，虽孔子莫如之何矣"的话，他也是以《书序》成

---

① 此在拙文《先汉经学之形成》中，有较详细的说明。该文并提出《泰誓》乃秦博士所编入之推论。

立于孔子之前，也只有推定出于编集者——史官之手。不过其中有的序，随伪《孔传》的出现而有所改易。四说中，以《序》与《孔传》并出之说最为横决，因他们违反了大量历史事实。除史公作三代《本纪》中引用《书序》，及扬雄明白提到《书序》外，《汉书·地理志》中叙述各地风俗的部分，盖出于成帝时的朱赣。[①] 在"河内本殷之旧都"项下"故《书序》曰，武王崩，三监叛，周公诛之，尽以其地封弟康叔，号曰孟侯"。此序与《孔传》之序不同，此乃鉴于王莽假名周公以篡汉之事，为东汉人所修改，不必出于作伪《孔传》者之手。又《汉书·五行志》本于刘向，《五行志》中之下"《书序》曰，伊陟相大戊，亳有祥桑谷共生。传曰，俱生乎朝，七日而大拱，伊陟戒以修德，而木枯"。又"《书序》又曰，高宗祭成汤，有蜚雉登鼎耳而雊，祖己曰，惟先假工，正厥事"。则西汉之有《书序》是确无可疑的，而此《书序》之传自先秦也是决无可疑的。

还有两点，借此机会应加以说明。其一，《史记·殷本纪》载有《汤征》之词，梁玉绳以为"史公所见壁中真古文"。又载有《汤诰》，阎若璩以为"司马迁既从孔安国问古文，所见必孔壁中物，其为真古文无疑"。按司马迁所见者乃孔安国以伏生二十九篇今文读之的二十九篇古文及《泰誓》、《周官》，并未见到多出于今文的十六篇。否则他作三代《本纪》，采辑及于《周书》及诸子中的有关材料，若他能看到多出于今文的十六篇，这对他实有莫大的便利，所援引者岂仅上述二端？上述二端，殆由先秦典籍中

①《汉书·地理志》"丞相张禹，使属颍川朱赣，条其风俗，犹未宣究，故辑而论之"，是此部分出于成帝时之朱赣。

所转引，而为后人所无从查考。其二，司马迁虽未看到壁古文之多出十六篇，但曾看到《书》百篇之序。因三代《本纪》中除伏生所传二十九篇之《书序》以外，计《夏本纪》有《五子之歌》、《胤征》，《殷本纪》中有《帝诰》、《典宝》、《夏社》、《仲虺之诰》、《太甲训》、《沃丁》、《咸艾》、《太戊》，《周本纪》有《武成》、《殷器》、《归禾》、《嘉禾》、《贿肃慎之命》、《毕命》、《囧命》。由此可以证明《书序》自为一篇，别行于世，但不可因此推定《书序》与壁古文同出。因如后所述，壁古文除孔安国以今文读之的二十九篇外，其多出的十六篇实未行于世。若《序》与之同出，亦不会独行于世。

5.《尚书大传》问题

兹更略谈到《尚书大传》的问题。《汉志》"传四十一篇"，此即后人所讲之"尚书大传"，"大"字乃后人所加。据王应麟《困学纪闻》卷三十七引《中兴书目》：

> 据郑康成序云，盖自伏生也（盖此传来自伏生）。伏生为秦博士，至孝文时，年且百岁，张生、欧阳生从其学而授之（《尚书》），音声犹有讹误（按此乃受卫宏之说的影响），先后犹有差舛，重以篆、隶之殊，不能无失。生终后，数子各论所闻，以己意弥缝其缺，别作章句，又特撰大义，因经属指，名之曰传。刘向校书，得而上之，凡四十一篇，至康成始诠次为八十三篇。

据此可知，《大传》乃伏生死后，他的弟子张生、欧阳生们所共撰，其内容是出于平日所闻于伏生的，故曰"盖自伏生也"。但其撰成于伏生死后，而非伏生所自撰，因而其中亦有由撰者所增益的，从康成序的上下文看，至为明了。《汉志》不出撰者姓名，班固亦不加注明的原因在此。乃《经典释文叙录》标为"《尚书大传》三卷，伏生作"，至《隋书·经籍志》遂谓"伏生《尚书传》四十一篇，以授同郡张生，张生授千乘欧阳生"，其乖谬至为明显。《直斋书录解题》谓："当是其徒欧阳生、张生之徒杂记所闻。"《四库提要》："据玄序文，乃胜（伏生）之遗说，而张生、欧阳生等录之也。"上两说为得其实。有的清儒，因尊伏生太过，仍坚持为伏生所自著，《汉书补注》引"王鸣盛曰，以《大传》系经下，尊伏生也"，迂腐可笑。

更重要的是，自班固在《刘向传》赞中有"刘氏《鸿范论》发明《大传》，著天人之应"之语，《晋书》、《宋书·五行志》遂以《尚书大传》乃言五行庶征之事，王鸣盛更以《汉书·五行志》中的"传曰"，"是伏生《鸿范五行传》"。这一错误，是思想史上的一大扰乱。按《汉志》录有刘向《五行传记》，当即传赞之所谓《鸿范论》。先有《五行传》，然后有发挥《五行传》之"记"，《汉志》所录的"许商《五行传记》"的性质也当是如此。《五行传》之与《尚书传》，内容的广狭既殊，名称亦较然各异，何可浑为一谈！问题在缘《洪范》五行以言灾异的《五行传》，究出于何人之手。

《汉书》卷七十五《夏侯始昌传》"夏侯始昌，鲁人也。通五经，以《齐诗》、《尚书》教授……明于阴阳。先言柏梁台灾日，至期日果灾"。又《夏侯胜传》"夏侯胜，少孤好学。从始昌受《尚书》及《洪范五行传》，说灾异"。《汉书·五行志》中之上"孝武时，夏侯始昌通五经，善推《五行传》，以传族子夏侯胜，下及许商，皆以教所贤弟子"。又下之上夏侯胜当车不欲昌邑王贺外出，恐有臣下谋上者事，霍光召问胜，"胜上《洪范五行传》曰，皇之不极，厥罚常阴，时则有下人伐上"。据上引资料，可以断言《洪范五行传》（或简称《五行传》）乃出于夏侯始昌，为他这一系统的《尚书》家所传承。夏侯始昌为张生的再传弟子，为伏生三传弟子。他的《洪范五行传》，为张生及夏侯都尉所未闻，为欧阳生系统的《尚书》家所不习，更何能推及伏生？且《洪范》上的五行，指的是五种通用的人生资具；《洪范》中言休咎，未曾关涉到篇中的五行。①《尚书大传》中之言四时、五色、五服及律吕等，不似《吕氏春秋》十二纪纪首之与五行相配合；言三皇五帝，亦与邹衍终始五德之说无关。所言五行的性质是"水、火者，百姓之所饮食也；金、木者，百姓之所兴作也；土者，万物之所资生也，是为人用"，这正与《洪范》中五行的原义相合，未尝以五行为气，自无由缘之以言灾异。邹衍以五行言终始五德，其是否以五行言灾异，不十分明了。很明显以五行言灾异，今日可以看到的是《吕氏春秋》十二纪纪首，董仲舒承其流而附会以《公羊春秋》，大加发扬，此即《五行志》叙中所谓"始推阴阳为儒者宗"。夏侯始昌活动于武帝之末，更承仲舒之流而扩及《洪范》，《洪范》中又列有五行，更易附会，遂为其学派以外的刘向、刘歆所信服。翼奉更承夏侯始昌之流而将其扩及于《诗》。《易》则在先秦时已有此一别派，至为孟喜所传承光大，影响尤巨。于是本与阴阳五行毫不相干的五经，至宣、元、成时代，弥漫着阴阳五行的迷雾。

---

① 关于五行性质，由实用资材演变而为神秘性之五气的历程，我在《阴阳五行及其有关文献的研究》一文中有详细的讨论。此文收入《中国人性论史·先秦篇》附录二。（编者注：现整编《全集》，该文已收入《中国思想史论集续篇》。）

于是本不言阴阳五行灾异的，至此亦皆为此迷雾所污染。这不仅是先秦传经之儒所不及料，也是汉初第一、二两代传经之儒所不及知的。由李寻好甘忠可所诈造的《天官历包元太平经》推之，东汉的道教的正式出现，可能是由此而得到启发，得到支持。这种经学性格的演变，对思想史的把握有其重要性。

6. 古文《尚书》问题

现在略谈古文《尚书》问题。《刘歆传》、《儒林传》皆未言得古文《尚书》的时间。《汉志》则谓为"武帝末，鲁共王坏孔子宅"时所得。按《汉书》卷五十三《鲁恭（共）王传》"以孝景前二年立为淮阳王。吴、楚反破后，以孝景前三年（公元前一五四年）徙王鲁，好治宫室……二十八（当作七）年薨"。薨时为武帝元光六年（公元前一二九年），乃武帝即位之第十二年，亦不可称"武帝末"，是"武帝末"乃"景帝末"之误。

《史记》卷四十七《孔子世家》"安国为今皇帝博士，至临淮太守，早卒"。《汉书》卷五十八《兒宽传》"治《尚书》，事欧阳生。以郡国选诣博士，受业孔安国"。由此可以推定，他的年龄或较伏生的及门弟子张生、欧阳生为少，但辈分则约略相同。《儒林传》又记"安国为谏大夫"，是他的官阶由比六百石的博士而升为比八百石的谏大夫，再升为二千石的淮阳太守。在司马迁写《孔子世家》时，他已"早卒"，可能是年未及五十而卒。可以推测他当博士，是当武帝未立五经博士以前的博士，伏生的及门弟子张生的博士性质也是如此。立五经博士以后的第一代博士，据《汉书·儒林传》赞是"《书》唯有欧阳"，而此"欧阳"乃伏生及门弟子欧阳生之子或孙，不可能是欧阳生本人，因为年龄不能相及。

鲁共王得壁中书，归还给孔氏，"孔安国以今文读之"，是安国先通今文《尚书》。"因以起其家"，何焯、王引之皆以家法为解，即因此兴起古文家法。但此不仅与"起其家"的语意不合，且西汉只称"师法"而不称"家法"。因为他以今文《尚书》读古文《尚书》，较伏生所传者更完备，可能因此而声名传播，遂被征为博士，"起其家"殆即指其被征为博士一事而言，有如今日之所谓发迹或发达。"以今文读之"，即是以今文校雠古文，并进而以今文写定古文，这一整理工作需要相当时间。他所授于兒宽的，固然是今文《尚书》，他所授于都尉朝及司马迁的，也只是以今文写定的古文《尚书》，其未以今文写定的，他并没有传授。所以班氏指明史迁用"古文说"的只是《尧典》、《禹贡》、《洪范》、《微子之命》、《金縢》等篇，皆今文所有。此外，他应用到了二十九篇以外的逸《书》的《序》，而实未尝应用到多出的十六篇，而《书序》本自别行的。今文与古文的分别，其实不在字体的不同，郑康成《尚书传》序中谓伏生传授时困难之一是"重以（加以）篆、隶之殊"，是伏生所藏者木为篆书，即本为古文，在传授时乃将篆书写成隶书，即写成今文。他太老了，在改写时不能不有许多错落。由此可知汉初的今文皆来自古文，而古文以隶书改写后即为今文，凡流布中的字体是相同的，即同为隶书。今、古文的分别，乃在文字上有出入，及由文字上的出入而引起解释上的出入。有如今日同一部书，发现有两种不同的版本，但由近年发现的甲、乙两种帛书《老子》相互间文字出入之大，及与通行本间的文字出入更大的情形推之，今古文《尚书》间文字出入之大，不是一般两种不同版本可以比拟的。据《汉志》，刘向以中古文与今文互校结果，今文《尚书》、《酒诰》、《召诰》有脱简，又"脱字数十"，"文字异者七百余"。这有出入的七百多字，《汉志》认为"古文读应《尔雅》"，即是古文《尚书》中不同于今文《尚书》的字，其音义与《尔雅》一书中有关的音义相合，反映今文《尚书》中不同于古文《尚书》的字，其音义与《尔雅》一书中有关的音义不合，这只要稍具一点校雠学常识，便可以承认的。此外更重要的是古文《尚书》多出了十六篇。所以今古文问题的本质，是一种校雠上谁对谁错、谁较完备、谁较残缺的问题，这是很简单可以处理、很简单可以判定的问题。

因为孔安国所传授的古文《尚书》，只是以今文写定的二十九篇，其多出于今文《尚书》的十六篇，并未传授，保存于中秘，只有校书的刘向、刘歆、王龚们可以看到，外间并未流通。所以东汉虽然"古学大明"（《后汉书·卫宏传》中语），但治古文《尚书》诸儒不仅未曾援引过多出的十六篇，他们所注古文《尚书》亦仅二十九篇。而且郑康成注《礼记》、韦昭注《国语》、高诱注《吕氏春秋》、赵岐注《孟子》、杜预注《左氏传》，一遇到这些书中所引今文二十九篇以外之文句时，皆无例外地指为逸《书》。于是《经典释文叙录》对这种情形作一种解释说："案今马、郑所注，并伏生所诵，非古文也。孔氏之本绝，是以马、郑、杜预之徒，皆谓之逸《书》。王肃亦注今文，而解大与古文相类，或肃私见古文而秘之乎？"按《后汉书》卷三十五《郑玄列传》记郑玄从张恭祖习古文《尚书》。吴承仕《叙录疏证》引"郑君《书赞》，以古文之学远师棘下，近承卫（卫宏）、贾（贾逵）、马（马融）二三君子之业"。则马、郑之治古文《尚书》，所注者亦为古文《尚书》，彰彰甚明。且《叙录》引"范晔《后汉书》（《儒林传》）云，中兴，扶风杜林传古文《尚书》，[①] 贾逵为之作训，马融作传，郑玄注解，由是古文《尚书》遂显于世"。则郑、马所传注者当然为古文《尚书》。《三国志·王朗传》"肃善贾、马之学"，则他解《尚书》亦当为古文。因陆德明不知多出的十六篇并未流布，见马、郑所注的篇目与伏生所传者相同，而今文本已绝于西晋，无可对照，遂误以马、郑所注的"非古文也"，并以为"孔氏之本绝"。但事实恰恰相反。因马、郑、王所注的皆古文本，今文本因章句之累、文字之讹，在相形之下，终归于由微而绝，"永嘉丧乱，众家之书（指欧阳及大、小夏侯两大系统）并灭亡"，[②]于是今文本之经文为古文本所取代，亦借古文本得以保存。清今文学家所标异高举的今文《尚书》，实乃得自古文《尚书》的余惠。至王肃注古文《尚书》，中有与伪《书传》相类的，吴承仕谓"此乃孔传采摭王义，非王氏窃自伪《书》"，[③] 乃平情之论。吴氏《疏证》引"马融云'逸十六篇，绝无师说'。师说之绝自何时始，今不可知。汉儒无无师之学，故马、郑等不为逸《书》作注"。此乃误解马融语义，并陷入于清儒过分强调师说、师法的陷阱。《广雅·释诂一》"绝，断也"，《释诂四》"绝，灭也"。"绝无师说"，乃谓此十六篇因其本文断灭，遂无师说。以东汉古文学的兴盛，不受博士统绪的拘束，卫、贾、马、郑诸儒假定能读到多出的十六篇，必将因其无师说而全力以赴，为之传注，以收

---

① 《后汉书》卷二十七《杜林传》所记杜林得漆书古文一篇，盖亦在古文《尚书》流布之二十九篇之内，有如后人得一古抄本，故特为爱惜。由此亦可反映出，流布之二十九篇，实已隶定为今文本。
② 见《经典释文叙录》。
③ 见吴著《叙录疏证》。

兴灭继绝之功。传注之学，正所以补无师说或师说有所不足的缺憾。马融"常欲训《左氏春秋》，及见贾逵、郑众注，乃曰，贾君精而不博，郑君博而不精。既精且博，吾何加焉？但注三传异同说"。[①] 这正反映出传注乃补前人之所不足，若前人已足者，即不必多此一举。马融注《列女传》、《老子》、《淮南子》、《离骚》，是根据什么师说？无师说即不敢讲习著作的荒谬绝伦之说，竟流布百余年之久，殊为幼稚可笑。

孔安国何以未将多出的十六篇流布传授？可能是对照今文《尚书》二十九篇来解读改写古文《尚书》的二十九篇，其事易；其多出的十六篇，因缺乏解读、改写的桥梁，其事特难。后得的《泰誓》，尚需要"博士集而读之"，何况孔安国一人所要做的有十六篇，实际是二十四篇之多。可能他在外调淮南太守时，这一工作尚未完成，他也没想到自己会早死，所以他在这一工作未完成以前，既无法传授流布，也不愿上之朝廷，归入中秘。因此，荀悦《汉纪》在记载此事时，较《汉志》"安国献之"语，多一"家"字，而为安国死后其家所献，这是合情合理的，也可能是班固删取《七略》时误脱一"家"字。安国家于武帝末年献书，宇内凋残，天下骚动，不仅有巫蛊之乱，武帝此时无暇因此引起一番争论，以为古文立官，此后便把它搁置在中秘里面，仅有校书的人可以看到，此后或因王莽之乱，随宫殿而俱烬。伪《武成》疏引郑玄云"《武成》，逸《书》，建武（光武年号）之际亡"。我以为郑的话纪录得不完全，可能他的真意是说"《武成》是逸《书》，逸《书》亡于建武之际，《武成》随之俱亡"。否则置于秘阁中的，

① 见《后汉书》卷六十上本传。

无独亡一篇之理，若独亡一篇，外间亦无由得知。

多出的十六篇，据郑玄述古文逸《书》篇目^①计：

《舜典》（一），《汩作》（二），《九共》（三），《大禹谟》（四），《弃稷》（五），《五子之歌》（六），《胤征》（七），《汤诰》（八），《咸有一德》（九），《典宝》（十），《伊训》（十一），《肆命》（十二），《原命》（十三），《武成》（十四），《旅獒》（十五），《冏命》（十六，惠栋以为当作《毕命》）。

《九共》九篇，故又为二十四篇。其中并未能赅括《史记》中所涉及的篇目，因《史记》乃根据《书序》，范围自较广。

这里应顺便一提的是，伪古文作者并不完全知道逸古文的篇目，否则他会按照逸古文篇目来伪造，而事实上并非如此，两者间出入颇大。兹将梅本伪古文二十五篇篇目列下：

《大禹谟》（一），《五子之歌》（二），《胤征》（三），《仲虺之诰》（四），《汤诰》（五），《伊训》（六），《太甲上》（七），《太甲中》（八），《太甲下》（九），《咸有一德》（十），《说命上》（十一），《说命中》（十二），《说命下》（十三），《泰誓上》（十四），《泰誓中》（十五），《泰誓下》（十六），《武成》（十七），《旅獒》（十八），《微子之命》（十九），《蔡仲之命》（二〇），《周官》（二一），《君陈》（二二），《毕命》（二三），《君牙》（二四），《冏命》（二五）。

---

① 古文《尚书》逸书十六篇篇目，系据孔颖达《尚书正义》引郑注《书序》。

但梅本的篇目，主要系由先秦典籍中曾引用或提到者加以综合而成，且《书序》百篇，篇目本可有出入，故就篇目言，不可斥为无据。

《汉志》"《尚书》古文经四十六卷"，卷即篇，此乃刘歆所录。孔安国以今文二十九篇读之为二十九篇，再加多出于今文的十六篇，共四十五篇，于是有人加入《书序》为一篇，故四十六卷。但《书序》不是"经"，且《书序》亦非随古文同出于壁中，刘歆何得与其他古文经同列？《汉书》卷五十三《河间献王传》谓"献王所得书皆古文先秦旧书，《周官》、《尚书》、《礼记》、《孟子》、《老子》之属"。我在《〈周官〉成立之时代及其思想性格》一书中认为应当将"《周官》、《尚书》"并为一名，即是《尚书》中的《周官》，而不是另得有《尚书》；[1]当时有朋友谓若如此，则传应称为"尚书周官"，而不应称"周官尚书"。后查《史记·封禅书》，正称为"尚书周官"，似可正传文的倒误。《史记·鲁周公世家》谓"周之官政未次序，于是周公作《周官》，官别其宜。作《立政》，以便百姓"。《立政》为《尚书》中的一篇，则《周官》亦必为《尚书》中的一篇。《封禅书》中引有《周官》三十一字。马融《周官传》[2]分明说《尚书》中有《周官》，与他所传的《周官》不同（按即王莽、刘歆所造者）。但因其不出于伏生，为博士们所排斥，不加实质性的承认。刘歆开放的态度，以此《周官》同出于古文，故即列为"古文经"之一，所以较相加之数多出一篇。

这里应特别一提的是，前面我已论证了今文《尚书》中无《泰

---

① 见该书页三八至三九，有较详的陈述。
② 见《周礼正义》贾公彦疏"序周礼废兴"内所引。

誓》，我这里应再说明，因今文《尚书》中无《泰誓》，所以以今文读之的古文中亦无《泰誓》，此处的"四十六卷"中并不包括《泰誓》在内。因后得的《泰誓》实为"汉《泰誓》"，则其非以古文书写可知，故刘歆当时纵承认其为真，亦无由列入古文《尚书》之内。何以见得古文《尚书》中本无《泰誓》呢？第一，若古文《尚书》中有《泰誓》，则与此"后得"的《泰誓》应同时有两《泰誓》，此两《泰誓》若字句相同，刘歆在《让太常博士书》中不应仅提后得的《泰誓》，置古文《泰誓》于不顾。且其特提后出《泰誓》亦无意义，若两者文字有出入，则刘歆以校中秘书的经验，应判定两者的异同与得失，何况《让太常博士书》的目的之一，本是为古文《尚书》伸冤的，岂有置古文中的《泰誓》不顾，而单提后得《泰誓》之理？第二，若古文中有《泰誓》，则其内容应与先秦典籍中所引者相符，不应引起治古文《尚书》的马、郑诸儒的疑异（见前）。第三，若古文《尚书》中有《泰誓》，则以"今文读之"的古文《尚书》，因贾、马、郑、王诸儒的传注，并未亡失，何得独亡《泰誓》，须由梅本伪《泰誓》加以顶替？《尚书》中《周官》的所以亡失，因东汉儒生不接受"周礼"的名称而只称《周官》，[1]贾逵已误此书为《尚书》中的《周官》。东汉《周官》一书的势力太大，《尚书》中的《周官》遂为所掩，它既受博士们的歧视，而又因其本不出于孔壁，遂因此亡失，由梅本伪《周官》所补替。

再说明班固在"《尚书》古文经四十六卷"下特注"为五十七篇"的问题。按《泰誓》本非出于伏生，可以在今、古文中两边

---

[1] 见拙著《〈周官〉成立之时代及其思想性格》一书附注五五，页一九二。（编者注：见本册页二七六注①。）

游动。这样一来，以今文读出的二十九中，析《盘庚》为三而成三十一篇，多出今文的十六篇中的《九共》本为九篇，则为二十四篇，两者相加共为五十五篇。加《周官》为五十六，加《泰誓》为五十七。至《太平御览》卷六百八引桓谭《新论》曰"古文《尚书》，旧有四十五卷，为五十八篇"，王应麟《汉志考证》引刘向《别录》亦谓"五十八篇"，则当系加《书序》。盖他们所称者"古文《尚书》"而非称"古文经"，则不妨将《书序》加在一起。

（四）《诗》的传承及其传承中的问题

诗分齐鲁、韩、毛四家，分表如下：

《鲁诗》

荀卿—齐浮丘伯
- 鲁申公（博士）
  - 兰陵王臧
  - 代赵绾
  - 鲁孔安国（博士）
  - 周霸
  - 夏宾
  - 砀鲁赐
  - 兰陵缪生
  - 徐偃
  - 邹阙门庆忌
  - 瑕丘江公（大江公）—韦贤
    - 韦玄成
    - 韦赏
  - 鲁许生
  - 免中徐公
- 穆生
- 白生
- 沛刘交
- 刘郢

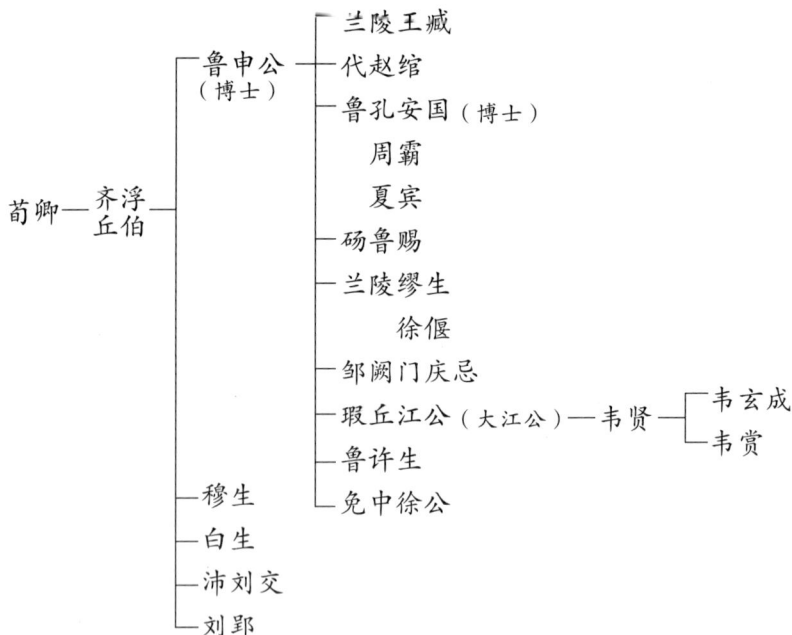

（申公"弟子为博士十余人"。"由是《鲁诗》有韦氏学。"）

```
                                                            ┌── 琅邪王扶
                            ┌── 山阳张长安 ── 张游卿 ──┤
                            │    （博士）                └── 陈留许晏
                            │                                （博士）
鲁许生  ╲              ┌──┤── 东平唐长宾
勉中徐公  ╲── 东平王式 ──┤    （博士）
                            │── 沛褚少孙
                            │    （博士）
                            │                    ┌── 楚龚舍（博士）
                            └── 沛薛广德 ──┤
                                 （博士）        └── 龚胜
```

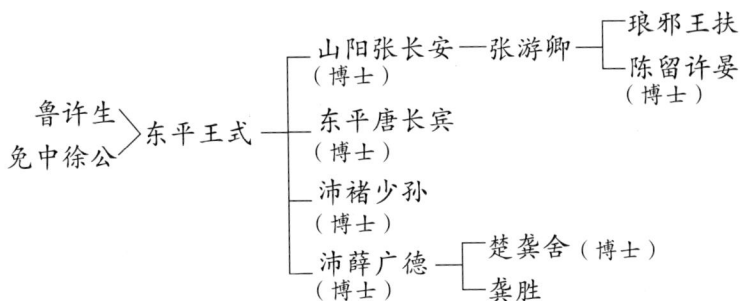

（"由是《鲁诗》有张、唐、褚氏之学。""由是张家有许氏学。"）

《齐诗》

```
                                          ┌── 东海翼奉
                                          │    （博士）
                                          │
齐辕固 ── 夏侯 ── 东海后 ──┤── 东海萧望之
（博士）   始昌     苍（博士）   │
                                          │                      ┌── 琅邪师丹
                                          │                      │    （博士）
                                          │                      │
                                          └── 东海匡衡 ──┤── 伏理
                                               （博士）        │── 斿君
                                                              │              ┌── 九江张邯
                                                              └── 颍川满昌 ──┤
                                                                            └── 琅邪皮容
```

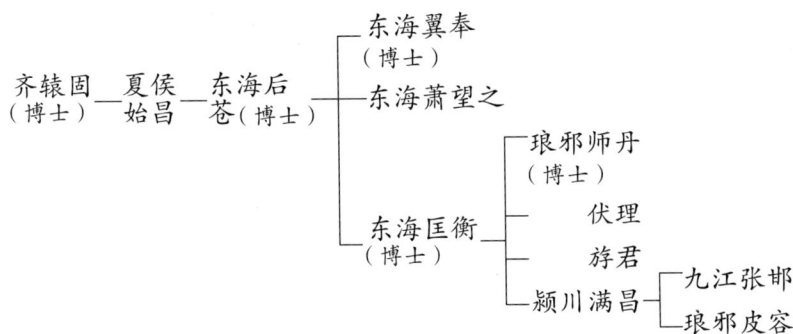

（"诸齐以《诗》显贵，皆固之弟子。""由是《齐诗》有翼、匡、师、伏之
学。"）

《韩诗》

```
                                    ┌── 河内食子
                                    │    公（博士）── 泰山栗丰 ── 山阳张就
                  ┌── 河内 ── 河内 ──┤
                  │    赵子     蔡谊    └── 河内王吉 ── 淄川长孙 ── 东海发福
燕韩婴 ──┤                                        顺（博士）
（博士）  │── 贲生
          └── …韩商（博士）…涿郡韩生
```

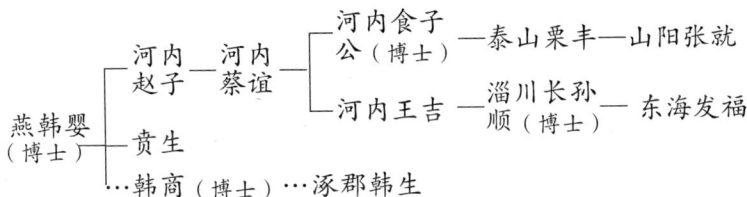

（"燕赵言《诗》者由韩生。""由是《韩诗》有王、食、长孙之学。"）

《毛诗》

　　子夏…鲁大毛公（亨）…赵小毛公（苌，河间献王博士）—
河间贯长卿—解延年—徐敖—九江陈侠
（"言《毛诗》者本之徐敖。"）

《儒林传》：申公（名培），鲁人也。少与楚元王交俱事齐人浮
丘伯受《诗》。汉兴，高祖过鲁，申公以弟子从师入见于鲁南宫。
吕太后时，浮丘伯在长安，楚元王遣子郢与申公俱卒学。元王薨，
郢嗣立为楚王，令申公傅太子戊。戊不好学，病申公，及戊立为
王，胥靡申公，申公愧之，归鲁，退居家教，终身不出门，复谢
宾客，独王命召之乃往。弟子自远方至受业者千余人（《史记》作
"百余人"），申公独以《诗经》为训故（诂）以教，亡传（无引申
《诗》义之传），疑者则阙弗传。兰陵王臧既从受《诗》，已通，事
景帝为太子少傅，免去。武帝初即位，臧乃上书宿卫，累迁，一
岁至郎中令。及代赵绾亦尝受《诗》申公，为御史大夫。绾、臧
请立明堂以朝诸侯，不能就其事，乃言师申公，于是上使束帛加
璧，安车以蒲裹轮，驾（景祐本作"加"）驷迎申公，弟子二人乘
轺传从。至，见上，上问治乱之事。申公时已八十余，老，对曰：
"为治者不至（一作"在"，王念孙以为作"至"者是）多言，顾
力行何如耳。"是时上方好文辞，见申公对，默然，然已招致，即
以为太中大夫，舍鲁邸，议明堂事。太皇窦太后喜《老子》言，
不说（悦）儒术，得臧、绾之过以让上曰："此欲复为新垣平也。"
上因废明堂事，下绾、臧吏，皆自杀。申公亦病免归，数年卒。
弟子为博士十余人，孔安国至临淮太守，周霸胶西内史，夏宽城

阳内史，砀鲁赐东海太守，兰陵缪生长沙内史，徐偃胶西中尉，邹人阙门庆忌胶东内史，其治官民皆有廉节称。其学官（《史记》"官"上有"学"字是。"学官"即"学馆"）弟子行虽不备，而至于大夫、郎、掌故以百数。申公卒以《诗》、《春秋》授，而瑕丘江公尽能传之，徒众最盛。及鲁许生、免中徐公皆守学教授。韦贤治《诗》，事博士（王念孙曰"按景祐本无'博士'二字是也"）大江公及许生，又治《礼》，至丞相。传子玄成，以淮阳中尉论石渠，后亦至丞相。玄成及兄子赏以《诗》授哀帝，至大司马车骑将军，自有传。由是《鲁诗》有韦氏学。

　　附录　《汉书》卷三十六《楚元王传》："楚元王交，字游，高祖同父少弟也。好书，多材艺。少时尝与鲁穆生、白生、申公俱受《诗》于浮丘伯，伯者，孙卿门人也。及秦焚书，各别去。""汉六年……交为楚王。""元王既至楚，以穆生、白生、申公为中大夫。高后时，浮丘伯在长安，元王遣子郢客与申公俱卒业。文帝时，闻申公为《诗》最精，以为博士。元王好《诗》，诸子皆读《诗》。申公始为《诗》传（据《儒林传》，'《诗》传'应为'《诗》训故'），号《鲁诗》。元王亦次之《诗》传，号曰元王《诗》。……申公为博士，失官，随郢客归，复以为中大夫。""初，元王敬礼申公等，穆生不耆（嗜）酒，元王每置酒，常为穆生设醴（钱大昭引高诱注'醴以蘖不以曲，浊而甜'）。及王戊（郢客之子）即位，常设，后忘设焉，穆生退曰：'可以逝矣。醴酒不设，王之意怠；不去，楚人将钳我于市。'称疾卧，申公、白生强起之……穆生曰：'《易》称，知几其神乎。……先王之所以礼吾三人者，为道之存故也。今而忽之，是忘道也……'遂谢病去，申公、白生独留。王戊稍淫暴……二人谏，不听，胥靡之（师古'联系使相随而服役之，故谓之胥靡'），衣之赭衣，使杵臼雅（碓）舂于市。"

王式，字翁思，东平新桃人也。事免中徐公及许生。式为昌邑王师。昭帝崩，昌邑王嗣立，以行淫乱废，昌邑群臣皆下狱诛，唯中尉王吉、郎中令龚遂，以数谏减死论。式系狱当死，治事使者责问曰："师何以亡谏书？"式对曰："臣以《诗》三百五篇朝夕授王，至于忠臣孝子之篇，未尝不为王反复诵之也；至于危亡失道之君，未尝不流涕为王深陈之也。臣以三百五篇谏，是以无谏书。"使者以闻，亦得减死论，归家不教授。山阳张长安幼君先事式，后东平唐长宾、沛褚少孙亦来事式，问经数篇，式谢曰："闻之于师具是矣，自润色之。"不肯复授。唐生、褚生应博士弟子选，诣博士，抠衣登堂，颂（读曰"容"）礼甚严，试诵说，有法，疑者丘（阙）盖不言（即《论语》阙疑之义），诸博士惊问何师，对曰事式，皆素闻其贤，共荐式，诏下除（师古"下除，官之书也"）为博士。式征来，衣博士衣而不冠，曰："刑余之人，何宜复充礼官？"既至，止舍中，会诸大夫、博士，共持酒肉劳式，皆注意，高仰之。博士江公世为《鲁诗》宗，至江公，著《孝经说》，心嫉式，谓歌吹诸生曰"歌《骊驹》"（服虔曰"逸《诗》篇名也……客欲去，歌之"），式曰："闻之于师，客歌《骊驹》，主人歌《客毋庸归》。今日诸君为主人，日尚早，未可也。"江翁曰："经何以言之？"式曰："在《曲礼》。"江翁曰："何狗曲也！"式耻之，阳醉逿墜（师古"逿，失据而倒也。'墜'古'地'字，逿音徒浪反"）。式客罢，让诸生曰："我本不欲来，诸生强劝我，竟为竖子所辱。"遂谢疾免归，终于家。张生、唐生、褚生皆为博士，张生论石渠，至淮阳中尉，唐生楚太傅。由是《鲁诗》有张、唐、褚氏之学。张生兄子游卿为谏大夫，以《诗》授元帝，其门人琅邪王扶为泗水中尉，陈留许晏为博士。由是张家有许氏学。初，薛广德亦事王式，以博士论石渠，授龚舍，广德至御史大夫，舍泰山太守，皆有传。

　　辕固，齐人也。以治《诗》，孝景时为博士，与黄生争论于上前，黄生曰："汤、武非受命，乃杀（《史记》作"弑"，是）也。"固曰："不然。夫桀、纣荒乱，天下之心皆归汤、武，汤、武因天下之心而诛桀、纣，桀、纣之民弗为使而归汤、武，汤、武不得已而立，非受命而（官本作"为"）何？"黄生曰："冠虽敝，必加于首；履虽新，必贯（《史记》作"䟺"）于足。何者？上下之分也。今桀、纣虽失道，然君上也；汤、武虽圣，臣下也。夫主有失行，臣不正言匡过，以尊天子，反因过而诛之，代立南面，非杀（弑）而何？"固曰："必若云，是高皇帝代秦即天子之位，非耶？"于是上曰："食肉毋食马肝，未为不知味也；言学者毋言汤、武受命，不为愚。"遂罢（《史记》此下有"是后学者莫敢明受命放弑者"句）。窦太后好《老子》书，召问固，固曰："此家人言耳（意谓不足以治天下国家）。"太后怒曰："安得司空城旦书乎！"（服虔："道家以儒法为急，比之于律令也。"按意谓儒书为治狱之书。）乃使固入圈击彘。上知太后怒，而固直言无罪，乃假固利兵。下，固刺彘，正中其心，彘应手而倒，太后默然，无以复罪。后上以固廉直，拜为清河太傅，疾免。武帝初即位，复以贤良征，诸儒（《史记》"儒"字上多一"谀"字）多嫉毁曰，"固老"，罢归之，时固已九十余矣。公孙弘亦征，仄目而事（《史记》作"视"）固，固曰："公孙子，务正学以言，无曲学以阿世。"诸齐以《诗》显贵，皆固之弟子也，昌邑太傅夏侯始昌最明，自有传。

后苍，字近君，东海郯人也。事夏侯始昌。始昌通五经，苍亦通《诗》、《礼》，为博士，至少府。授翼奉、萧望之、匡衡，奉为谏大夫，望之前将军，衡丞相，皆有传。衡授琅邪师丹、伏理斿君、颍川满昌君都。君都为詹事，理高密太傅，家世传业。丹大司空，自有传。由是《齐诗》有翼、匡、师、伏之学。满昌授九江张邯、琅邪皮容，皆至大官，徒众尤盛。

韩婴，燕人也。孝文时为博士，景帝时至常山太傅。婴推诗人之意，而作内、外《传》数万言，其语颇与齐、鲁间殊，然归一也。淮南贲（师古，音"肥"）生受之。燕、赵间言《诗》者由韩生（按此"韩生"即韩婴）。韩生亦以《易》授人，推《易》意而为之传，燕、赵间好《诗》，故其《易》微，惟韩氏自传之。武帝时，婴尝与董仲舒论于上前，其人精悍，处事分明，仲舒不能难也。后其孙商为博士。孝宣时涿郡韩生其后也，以《易》征，待诏殿中，曰："所受《易》即先太傅所传也。尝受《韩诗》，不如韩氏《易》深，太傅故专传之。"司隶校尉盖宽饶，本受《易》于孟喜，见涿韩生说《易》而好之，即更从受焉。赵子，河内人也，事燕韩生，授同郡蔡谊，谊至丞相，自有传。谊授同郡食子公与王吉，吉为昌邑中尉，自有传；食生为博士，授泰山栗丰。吉授淄川长孙顺，顺为博士，丰部刺史。由是《韩诗》有王、食、长孙之学。丰授山阳张就，顺授东海发福，皆至大官，徒众尤盛。

毛公，赵人也。治《诗》，为河间献王博士，授同国贯长卿。

长卿授解延年，延年为阿武令，授徐敖。敖授九江陈侠，为王莽讲学大夫。由是言《毛诗》者本之徐敖。

附录一　《汉书》卷五十三《河间献王传》：河间献王德，以孝景前二年立。修学好古，实事求是。从民得善书，必为好写与之，留其真，加金帛赐以招之。由是四方道术之人不远千里，或有先祖旧书，多奉以奏献王者，故得书多，与汉朝等。是时淮南王安亦好书，所招致率多浮辩，献王所得书，皆古文先秦旧书。《周官尚书》、《礼》、《礼记》、《孟子》、《老子》之属，皆经、传、说、记、七十子之徒所论。其学举六艺，立毛氏《诗》、左氏《春秋》博士。

附录二　郑玄《诗谱》：鲁人大毛公为诂训，传于其家，河间献王得而献之，以小毛公为博士。

《艺文志》：

《诗经》二十八卷，鲁、齐、韩三家　应劭曰："申公作《鲁诗》，后苍作《齐诗》，韩婴作《韩诗》。"

《鲁故》二十五卷

《鲁说》二十八卷

齐《后氏故》二十卷

齐《孙氏故》二十七卷

齐《后氏传》三十九卷　王先谦曰："盖后氏弟子从其学而为之传。"

齐《孙氏传》二十八卷

齐《杂记》十八卷

《韩故》三十六卷

《韩内传》四卷

《韩外传》六卷

《韩说》四十一卷

《毛诗》二十九卷

《毛诗故训传》三十卷

凡诗六家四百一十六卷　按六家当指《鲁诗》、《齐诗》、后氏、孙氏及《杂记》与《韩诗》、《毛诗》。

《书》曰："诗言志，歌咏（永）言。"故哀乐之心感，而歌咏之声发，诵其言谓之诗，咏其声谓之歌。故古有采诗之官，王者所以观风俗，知得失，自考正也。[①]孔子纯取周诗，上采殷，下取鲁，凡三百五篇。遭秦而全者，以其诵讽，不独在竹帛故也。汉兴，鲁申公为《诗》训故，而齐辕固、燕韩生皆为之传，或取《春秋》，采杂说，咸非其本义。与不得已，鲁最为近之。三家皆列于学官。又有毛公之学，自谓子夏所传，而河间献王好之，未得立。

1.燕韩生即韩婴

首先应指出的是《儒林传·韩婴传》中的两个"韩生"，及赵

[①]《礼记·王制》："王者巡狩，命太师陈诗以观民风。"《汉书·食货志》："行人振木铎循于路以采诗，献之太师，比其音律，以闻于天子。故曰，王者不窥户牖而知天下。"《公羊传》宣公十五年《解诂》："男年六十，女年五十，无子者，官衣食之，使之民间求诗。乡移于邑，邑移于国，国以闻于天子。"《全汉文》卷四十刘歆《与扬雄书》云："诏闻三代周秦轩车使者、遒人使者以岁八月巡路，采代语僮谣歌戏，欲得其最目。"按以上恐系汉人所承先秦传说，而《春秋》三传及《国语》皆无此痕迹，难以论定。

子事"燕韩生"，都是指韩婴而言。只有韩婴曾"推《易》意而为之传"，而蔡谊为丞相在宣帝时，他受《诗》于赵子，赵子受《诗》于"燕韩生"，由时间上推定，此"燕韩生"也只能是韩婴。只有"涿郡燕生"是"其后也"。胡秉虔《西京博士考》以"燕韩生"疑即韩婴之孙韩商，在时间上并不吻合。《汉志》"鲁申公为《诗》训故，而齐辕固、燕韩生皆为之传"，正称韩婴为"燕韩生"。班氏在一传中既称"婴"，又称"韩生"，又称"燕韩生"，一人而三种称谓，为他传所未见，遂引起后人对此的混乱。其所以如此，殆因材料的来源不同，班氏偶疏整理之故。

2. 四家《诗》的经文及分卷问题

《儒林传》对各经师的叙述都甚简略，惟对申公、辕固及王式的叙述较为详赡而生动，借此可稍窥见汉初儒生人格的风范，及博士们活动的鳞爪，弥为珍贵。申公纯厚，辕固刚正，王式严谨，而其出处之间，未尝措心于利禄，则是完全一致的。申公在武帝前言为政不至多言。其弟子之官民者"皆有廉节称"。辕固在景帝前言汤、武革命，戒公孙弘无曲学以阿世。儒家的微言大义，凛然如可扪触，则训传的后面实有真精神的跃动，与宋、明的程、朱、陆、王实有血脉上的流注，而因时代关系，气象的博大或且过之，惜乎宋儒未能由此等处了解汉儒，而清代喜言汉学者更抹煞其精神面貌，使他们只成为零碎纸片的存在。这种互相阻隔，是中国学术史上的不幸。

陈乔枞《鲁诗遗说考》叙谓"终汉之世，三家皆立学官，而鲁学为极盛"，这反映出了汉代诗学传承中的事实。但有一点须加以澄清。《儒林传》中说申公"为训故以教，亡传"，而《楚元王传》中又说"申公始为《诗》传"。"传"与"训故"的性质并不相同，"训故"是依经文字句作解释，"传"则是"推诗人之意"以立言。说、记的性质与传略同。推诗人之意，则可不受文字的限制，作比较自由的发挥。《汉志》著录，三家皆有"故"（训故），《齐诗》有传有记，《韩诗》有传有说，《鲁诗》则有说无传。《汉志》说齐、韩《诗》的传"皆非其本义"，可知齐、韩《诗》的重点在传而不在故。说"与不得已，鲁最为近之"，可知《鲁诗》的重点在故而不在说。《鲁故》二十五卷当出于申公，《鲁说》二十八卷则出于其后学，《汉志》说"鲁申公为《诗》训故"，与《儒林传》相合，《楚元王传》说"申公始为《诗》传"的"传"字是一时的讹误。

这里应附带说明两点：第一点，《汉志·六艺略》著录之例，先出立于学官的经文，此即所谓"今文"；经有古文者，虽未立官，虽无师说，亦出于今文之前；再著录训故、章句、传记等；其经为今文，但未立官而有师说传世的录于最后，有如《毛诗》；今文未立官而无师说传世的不录，仅在序中提出，如费氏《易》、高氏《易》。"《易经》十二篇，施、孟、梁丘"，这说明施、孟、梁丘三家的经文是同一经文本。《书》欧阳、大小夏侯，本同为伏生的二十九篇，但欧阳氏所传的是三十二篇，所以只著为"经二十九卷"，不加"欧阳、大小夏侯"，班固特加以注明。"《诗经》二十八卷，鲁、齐、韩三家"，这说明三家的经文是完全相同的。所以"石经以《鲁诗》为主"，[①] 实际即是以三家《诗》为主。乃陈乔枞"以《仪礼》及二戴《礼记》中所引佚《诗》，皆当为《齐诗》

---

① 陈乔枞《鲁诗遗说考》叙。

之文"，① 一若《齐诗》与鲁、韩二家《诗》的经文不同，可谓昧其本源，妄生枝节。又"石经《鲁诗》残碑，虽文与毛同……"② 则《毛诗》的经文亦与三家无异。四家《诗》偶有文字的异同，乃来自由古译今时或传钞时的偶有讹误，搜考出来，可供校勘之用；训诂上偶有异同，乃来自传授者对文字的了解，间有出入，排比出来，可资训诂上的比较。就清儒在这一方面努力的结果，大概是今文《尚书》及三家《诗》的异文多出于假借，而古文《尚书》及《毛诗》则多为本字、本义，所以古文《尚书》及《毛诗》的文义，多与《尔雅》符合。这并不是说他们所搜讨出来的坠绪便没有参考价值，但这种价值被他们夸张得超过了上述校勘与训诂比较的限度，他们要拿这种零字片语，以作打倒他们之所谓古文的武器，而他们之所谓古文，有的并不是古文，如费氏《易》、《毛诗》，有的则既是古文，又是今文，如《左氏春秋》等，使两汉经学成为一片空白，这便是不可饶恕的。从内容上言四家《诗》的异同，应在"推诗人之意"的传而不在文字与故训，但齐、鲁《诗》的传、说、记皆早已亡佚，无可比较，就现存的《韩诗传》及《毛诗故训传》中的传来说，虽小有异同，但《汉志》所谓"其归一也"的断定，可应用于四家《诗》的《诗》传，是客观而合理的断定。何至由此而张水火不容的门户异同之帜。

第二点，王先谦在"《诗经》二十八卷，鲁、齐、韩三家"下谓"此三家全经，并以序各冠其篇首"。在"《毛诗》二十九卷"下王氏谓"此盖序别为一卷，故合全经为二十九"。此乃以《诗》

---

① 陈乔枞《鲁诗遗说考》叙。
② 同上。

序的分合，来解决卷数的异同，而不顾现存的事实。郑玄《毛诗笺》在《南陔》、《白华》、《华黍》三逸诗序下笺谓，此三篇"遭战国及秦之世而亡之，其义则与众篇之义合编，故存。至毛公为《故训传》，乃分众篇之义，各置于其篇端云"。据此，则三家《诗》序，原应与《毛诗》同样地合编为一卷，其后是否"以序各冠其篇首"，及由何人开始"各冠其篇首"，今不能确论，惟《毛诗》由毛公将序"各置于其篇端"，有现存《毛诗》可证。王氏盖不了解《诗》与《书》的分卷情形不同。《书》皆以篇为单位，一篇一卷，其有一篇而分为二卷或三卷的，亦皆有其一定的准据，并有明白的记录。《诗》则并非以一篇为分卷的单位，每卷包含诗若干篇，有伸缩的余地。所以与"《诗经》二十八卷"的数字相符的仅有"《鲁说》二十八篇"、"齐《孙氏传》二十八卷"，此外则或多或少，并与二十八卷之数字不合，这与《诗》序的或分或合并无关系。换言之，《汉志》所录的"经二十八卷"，分明是"经"的卷数，未尝将序计入。

　　辕固在武帝初年九十余，则他为博士虽在申公、韩婴之后，但在刘邦得天下时，年已二十余岁，其年龄约较申公长十岁左右。[①] 惜传中未详其传经的情形，不可因此便谓"三家之学，鲁最先出"。[②] 若以《鲁诗》的传承始自浮丘伯，则浮丘伯乃齐人而非鲁人，亦不可谓"鲁最先出"。辕固在皇权鼎盛的皇帝面前，强调汤、武革命，可谓能把握儒家政治思想中的真精神，其所习者当不仅限于《诗》。《太平御览》卷八十三"皇王部"伏生假设为"汤

---

① 武帝召申公议明堂时，申公年八十余，以贤良征辕固时，固"已九十余"，此皆为武帝初即位不久事，故可推知辕固约年长申公十岁左右。
② 见陈乔枞《鲁诗遗说考》叙。

曰"以发明汤放桀之义谓"夫天下者非一家之有也，唯有道者之有也"，他所传承的儒家"天下为公"的政治思想与辕固正同。由汤、武革命所象征的"反家天下"的政治思想，虽因景帝的抑压，为后起儒生所不敢明，乃转而谈尧、舜禅让，眭孟、盖宽饶至因此而牺牲生命，是西汉儒家"官天下"的政治理想，亦即"天下为公"的政治理想，并未完全被"家天下"的专制统治所压伏。

按《鲁诗》亡于西晋，而《齐诗》则至魏已亡。[①] 其遗说见于《汉书》萧望之、匡衡、师丹各传奏疏中的，多为诸家之通义。乃陈乔枞《齐诗遗说考》特划定《仪礼》、《戴记》、《汉书》、荀悦《汉纪》、《春秋繁露》、《易林》、《盐铁论》、《申鉴》诸书中有关《诗》的材料，作为《齐诗》的范围，采辑以成《齐诗遗说》，可谓荒谬绝伦。至《翼奉传》所载翼奉"四始五际六情"之说，乃受夏侯始昌以阴阳五行傅会《洪范》言灾异的影响，他把这一趋向拓展于《诗》的领域，而更向旁枝曲径上推演，以成怪异不经之说，既无与于《诗》教，亦非辕固之所及料。《史记·孔子世家》中所称"四始"，与《毛诗》四始之义相合，史公不习《毛诗》，盖此乃诸家的通义，可知翼奉以"水始、木始、火始、金始"为四始，史公时尚未出现。乃有的清儒竟以此为《齐诗》的特征，可谓诬妄之甚。

《韩诗》内、外传的问题，我另有专文研究。[②] 它的转承至隋初尚微而未绝，转较齐、鲁《诗》为幸运。[③]

---

① 见《隋志》。
② 拙文《韩诗传研究》，收入《两汉思想史》卷三。
③ 《隋志》有《韩诗》二十二卷，《薛氏章句》，又有《韩诗谱》二卷，侯苞《韩诗翼要》十卷。《经典释文》间采毛、韩《诗》异同。是此时《韩诗》微而未绝，较《齐诗》亡于魏、《鲁诗》不过江东，犹为幸运。

3.《毛诗》乃今文而非古文及其传承问题

按汉代诸侯王提倡学术，为朝廷大禁。《毛诗》因河间献王曾为之立博士，此虽为诸侯王官制所应有，但《毛诗》及《左氏传》皆因此受到抑压，[①] 不仅未立于学官，且《儒林传》的毛公传特为简略，徒裔中更无显官，其传承可谓不绝如缕，遂由此衍生出许多问题。首先应指明的是，汉初经文，传自先秦之祖本，皆为古文，《毛诗》的祖本亦必为古文；但入汉而行于世的则皆为今文，《毛诗》亦必为今文。河间献王所得"先秦古文旧书"中，没有《毛诗》及《左氏传》，此观于《汉志》著录的情形，是可以断定的。所以在受到博士们摈斥的这一点上，《毛诗》与《左氏传》是相同的。但《左氏传》除了民间流布的今文本外，尚有孔壁发现的古文本，而《毛诗》则入汉后并无古文本。后人常将《毛诗》与古文派并为一谈，很明显是一种错误。

《汉志》谈到《毛诗》时说"自谓出于子夏"，后人多以此为传疑之词。但从先秦已可找到《毛诗》的踪影，河间以外也有《毛诗》的踪影的这种事实来说，其源远流长，是无可置疑的。《晏子春秋》、贾谊《新书》已有数处援引，《韩诗外传》、《新序》、《说苑》、《列女传》所援引有数十条之多，其为先秦旧典，应无疑问。《晏子春秋》中有十六次引《诗》，王先谦以著者为齐人，故即以所引者为《齐诗》。但《晏子春秋集释》的著者吴则虞，认为"晏

---

① 此点我在拙文《汉代专制政治下的封建问题》一文中论之较详，请参阅《两汉思想史》卷一，页一八一至一九一。（编者注：现为页一六二至一七二。）

子引《诗》多与毛合，而与齐、鲁之说不同"，① 实较王先谦之说为有据。则是在先秦已可找到《毛诗》的踪影。《淮南子》系集体著作，其中引《诗》者非仅出于一人，但《泰族训》"《关雎》兴于鸟，而君子美之，为其雌雄之不乖居也；《鹿鸣》兴于兽，君子大之，取其见食而相呼也"，这便不能不说是出于《毛诗》。河间、淮南两王均活跃于景、武之际，而声气不相及，则是在河间以外，尚可找到《毛诗》的踪影。惜淮南一支，随淮南的冤狱而被消灭了。若更推而上之，孔、孟及《春秋内外传》言《诗》，多与《毛诗》义合，前人多有言及。② 由此也可以说，传《毛诗》的人自谓其"出于子夏"，不可谓其无此可能。至陆玑《诗虫鱼草木疏》谓子夏传曾申，申传魏人李克，克传鲁人孟仲子，孟仲子传根牟子，根牟子传赵人孙卿子，孙卿子传鲁人大毛公。《经典释文叙录》载"徐整云，子夏传高行子，高行子授薛仓子，薛仓子授帛妙子，帛妙子授河间人大毛公……"这两说都是在《毛诗》被抑压之下，

---

① 见《晏子春秋》内篇《谏上·晏子谏》第二引《相鼠》之诗项下"则虞按"。此外尚见《晏子谏》第九引《桑柔》诗之"则虞按"及《谏下·晏子谏》第十九引《文王》之诗"则虞按"，与《问下》引《烝民》之诗"则虞按"，皆持此说，颇可取。

② 《经义考》卷九十九（下同）引欧阳修"今考《毛诗》诸序，与孟子说《诗》多合"。引范处义谓"今观《春秋》之褒贬，与《诗》序相应者盖多有之"。"《论语》曰，周有大赉，善人是富……而与《赉》之序同。《缁衣》曰，长民者衣服不贰……纪《礼》者……盖以为夫子之言也，而与《都人士》之序同。《孔丛子》记夫子之读《诗》曰，于《周南》《召南》，见周道所以盛也……（以下历述二十诗）其言皆与今序同其义。又《左氏传》载高克帅师，与《清人》之序同；《国语》载正考甫得《商颂》，与《那》之序同……公乃为《诗》以遗王，名之曰《鸱鸮》，同于《金縢》……《假乐》之序曰，嘉成王也，经文初无'嘉'之一字，而子思《中庸》、《左氏传》皆以假乐为嘉乐，岂尝见今之《诗》序耶？……"又引马端临驳朱熹屈序之说，尤为深切。朱彝尊在引众说后的按语中亦谓"稽之《尚书》、《仪礼》、《左氏内外传》、《孟子》，其说无不合"。

有人伪造出两种单传统绪以自重，其不足信，至为显然。

4.《诗》序问题

　　现在谈到聚讼纷纭的《诗》序问题。三家《诗》也可能有序，[①]
但因不见全序而不知六篇之亡失，因而以《诗》仅有三百五篇，[②]
恐亦系事实。不过，三家《诗》的经文已早经亡失，即使有序，
也只能像魏源们样，得之于摭拾傅会之中。今日有完整的经文、
有完整的《诗》序者，惟有《毛诗》，但自宋以来，对《诗》序的
作者、价值等问题已纷纭不已，清今文学家更以排击《诗》序为
否定古文经学的重要手段之一。下面试就作者问题与价值问题分
别加以讨论。

　　《诗》序的作者问题：《诗》序的作者问题，影响最大的可
分为两说。一为《后汉书·儒林列传》以《诗》序作于卫宏之

[①] 魏源《齐鲁韩毛异同论》："考《新唐书·艺文志》，《韩诗》二卷，卜商序，韩婴注（按
此可断为后人伪托）。而《水经注》引《韩诗·周南》序曰'其地在南郡南阳之间'
（按南郡为秦所设。若此语为《韩诗》之序，则其序必在《毛诗》序之后）。至诸
家所引《韩诗》，如'《关雎》，刺时也'、'《广汉》，悦人也'等等，皆与《毛诗》
首语一例（按此说可成立），则韩有序明矣。《齐诗》最残缺，而张楫魏人，习《齐
诗》，其《上林赋》注曰'《伐檀》，刺贤者不遇明王也'，其为《齐诗》之序明矣
（按与《毛诗》序不同，但难断定其为《齐诗》序）。刘向楚元王孙，世传《鲁诗》，
其《列女传》以《茉苢》为蔡人妻作，《汝坟》为周南大夫妻作等等，视毛序之
空衍者，凿凿不诬（按此难成立），且其《息夫人传》曰'君子故序之于《诗》（按
"序"字非《诗》序之序）……而向所自著者，亦曰《新序》（按《新序》来自《新
语》、《新书》，绝不同于《诗》序之序），是《鲁诗》有序明矣'。"按魏源之言多
附会，但三家《诗》可能原有序。

[②] 《诗谱序》孔疏"汉世毛学不行，三家不见《诗》序，不知六篇亡失，谓其唯有
三百五篇"，《孔子世家》云"取其可施于礼义者三百五篇"，《汉书·儒林传》王
式亦称"三百五篇"，《汉志》亦言孔子所采取者为三百五篇。则三家《诗》纵有序，
而无六亡诗之序，是可以断言的，六亡诗盖因诗亡而序亦早亡。

说。《儒林列传》中卫宏传"初，九江谢曼卿善《毛诗》，乃为其训，宏从曼卿受学，因作《毛诗》序，善得风雅之旨，于今传于世"。凡认《诗》序为无价值者多主此说。所持最大理由，是以此乃载于正史，明而有征。另一为郑玄以《诗》序作于子夏之说。《诗·常棣》疏引《郑志》，郑答张逸曰"序子夏所为，亲受圣言"，《关雎》序首句下引沈重云"案郑《诗谱》意，大序是子夏作，小序是子夏、毛公合作。①卜商（子夏）意有不尽，毛更足成之"。尊《毛诗》因而尊《诗》序者多主此说。《隋书·经籍志》"《诗》序子夏所创，毛公及敬仲（卫宏）又加润饰"，此乃调停之说。

在论定《诗》序是谁所作以前，首先由三点断定它决非出于卫宏。（一）在刘歆《七略》著录"《毛诗故训传》三十卷"时，《毛诗》已经定型。只要把《诗》序与《毛诗传》作一番比较，即可发现《毛诗传》有的地方是补充序，推广序的。例如《鱼丽》传"太平而后微物众多"一辞，乃推广序的"故美万物众多"之语；《车攻》传盛言田猎之法，乃推广、补充序"复会诸侯于东都，因田猎而选车徒焉"之意。由此可断定《毛诗故训传》定篇著录时已经有了《诗》序。卫宏生于西汉之末，而活跃于东汉之初，此断非他的年龄所能及。且《南陔》、《白华》、《华黍》三逸诗下郑笺谓此三诗"遭战国及秦之世而亡之，其义（由序所言之义）与众篇之义合篇，故存。至毛公为《故训传》，乃分众篇之义，各置于其篇端"。郑氏此说必有所承，且与《书序》、《易传》

---

① 按此处之所谓大序、小序，与今日流行之说法不同。此处以序之首句为大序，首句以次者为小序，与流行之说法正相反。

先合后分之情形相应，则序在毛传之前，断无可疑之处。（二）郑玄是经学家，范蔚宗是史学家，以生年论，郑玄约早范氏百年。郑玄先从张恭祖受《韩诗》，晚得《毛诗故训传》，乃为之作笺，这是出于一种选择而非出于门户之见。他注《诗》虽"宗毛为主"（《六艺论》），然其中亦间采用《韩诗》之说。他的《诗谱》及《六艺论》，于大小毛公、孟仲子、解延年辈，并能举其行义、爵里。① 这是来自《毛诗》的传授。由卫宏经贾逵、郑兴、郑众父子到马融，《毛诗》的传承约略为三世。郑玄为马氏门人，若卫宏曾为《毛诗》作序，这是经学中的一件大事，岂有不一并传布下来，而为郑玄所不知之理？郑玄曾为《尚书大传》作注，为《乾凿度》作注，又何嫌于卫宏的《诗》序而不加承认？早范蔚宗约百年，且曾为《毛诗》作笺的郑玄，不知有卫宏作序之事，范氏何由得而知之？范生于经学传统几乎绝灭之后，② 故《儒林列传》中讹误甚多。今不信郑而信范，在资料判断上是一种颠倒。（三）从《诗》序的内容说，不可能出于卫宏之手。在《毛诗》及其《诗》序未显于世以前，已如前所述，西汉儒生以孔子删《诗》，本为三百五篇。这分明不知道还有"有其义而亡其辞"的《南陔》等六亡诗。若此六亡诗之序，不先存在于卫宏之前，则卫宏何所凭借，又有何需要而作此六篇之序，毛公又何缘而补"有其义而亡其辞"一句？因有此六诗之序，而始有其义。因作序者曾看到此六诗，不仅在序中确指其义，且在《小雅·六月》的《诗》序中作亲切的援引，这不是虚拟悬造可以作到的。此外，

---

① 见吴承仕《经典释文叙录疏证》，页六七。
② 博士统绪的经学，经汉建安时代的大纷扰及晋永嘉之乱，可以说大部分都断灭了。

　　　　　　　　　　　　　　　中国经学史的基础

从诗的首句采用一两字或全句以为诗名，如《关雎》、《鹊巢》之类，此乃四家诗所同，来自久远的传统。定一篇的诗名，乃作序的前提条件，故《诗》序必首称诗名。若《诗》序系卫宏所作，亦必守"定篇名"的成例。乃《周颂》"《酌》，告成《大武》也。言能酌先祖之道以养天下也"，《正义》"此经无酌字，序又说其名篇之意"。又"《桓》，讲武类祃也。桓，武志也"，《正义》"'桓'字虽出于经，而与经小异"。"赉，大封于庙也。赉，予也，言所以锡予善人也"，《正义》"经无'赉'字，序又说其名篇之意"。"《般》，巡狩而祀四岳河海也"，《正义》"经无'般'字，序又说其名篇之意"。按此种定篇名的例外，只能推测其来自久远的传统，岂卫宏所敢妄作。且秦以前皆称"四岳"，秦统一天下以后，"五岳"之名开始出现。至西汉，则除援引先秦古典，如《尧典》之"四岳"外，无不称"五岳"。由序中"四岳"一词即可反映出《诗》序岂仅非卫宏所作，亦非出于赵毛公之手。

《诗》序的价值问题：我应指出，《诗》序出现时代的先后，可作判定文献价值的标准，不一定可作判定《诗》教价值的标准。同时，若认《诗》序为有价值，不等于说每一序皆无瑕疵；若认为无价值，也不等于说每一序皆无意义。最重要的是应当看出作《诗》序者的用心所在。《诗》序可方便以首一句或二句为小序，以次的文句称为大序，但内容都是一贯的。所以在价值衡断上，应作统一的考查。

我在《先汉经学之形成》一文中曾特别指出，周公作诗，本以作教诫之用。据《国语·周语》召公谏厉王的话，陈诗本以作教诫之资，① 此即所谓古人的《诗》教。我在这里应首先点明的是，作《诗》序者的用心，乃在借《诗》序以明《诗》教。例如朱熹很讨厌《诗》序，他对郑、卫中的恋诗径指为"此淫奔之诗"，或"此亦淫奔之诗"。这在解释上应算是一种解放，或更符合诗的本意。但，与孔子所谓"《诗》三百，一言以蔽之，思无邪"之意，相去甚远，且与古人的《诗》教有何关涉？《诗》序则将此类之诗，并归结为在上者政教之失。有如"《静女》，刺时也。卫君无道，夫人无德"，"《桑中》，刺奔也。卫之公室淫乱，男女相奔，至于世族在位相窃，妻妾期于幽远，政散民流而不可止"，"《氓》，刺时也。宣公之时，礼义消亡，淫风大行……"《溱洧》，刺乱也。兵革不息，男女相弃，淫风大作，莫能救焉"。每一《诗》序，都有教诫的用心在里面，此之谓借序以明《诗》教。就文意的解释上说，较朱熹多绕了一个圈子。但正因为如此，视线的角度放宽了，反映的历史、社会背景也比较扩大了。其中有的《诗》序与诗的文意不太相切合，有如《齐风》的《鸡鸣》，还有像《秦风》的《蒹葭》、《晨风》等，大约可以一共数出二十多首。这二十多首中，尤以《小雅》中指为刺幽王之诗，有如《楚茨》以次，约有十五首诗② 中并无刺意，序则以为"故君子思古焉"，即是陈古之义，以与今之恶相对照，乃以古讽今，故仍为"刺诗"。此点尤为攻击《诗》序者众矢之的。但若了解上述各诗成立的时代，及陈诗、编诗的目的，则《诗》序的思古以讽今，正符合《诗》教

---

① 此点我在《原史》一文中解释孟子"《诗》亡然后《春秋》作"一语时有较详的说明。
②《齐风》:《鸡鸣》、《还》、《著》。《秦风》:《蒹葭》、《晨风》。《陈风》:《衡门》、《东门》。《小雅》:《楚茨》、《信南山》、《甫田》、《大田》、《瞻彼洛矣》、《裳裳者华》、《桑扈》、《鸳鸯》、《頍弁》、《车舝》、《鱼丽》、《采菽》、《黍苗》、《隰桑》、《瓠叶》等。

的传统。且《关雎》,《毛诗》序以为咏后妃之德,三家《诗》则以为刺康王宴起之诗,合而观之,则正是思后妃之德,以刺康王宴起,知周室将衰,与《诗》序的基本用心正合。前引以经文所无之字为《周颂》的诗名,恐怕是为了由正面向主祭的王提出教勉之意。据《诗》序,应可知政治上向统治者的歌功颂德,是如何为中国《诗》教所不容。此外,许多诗,赖《诗》序述其本事,而使后人得缘此以探索诗的历史背景、政治社会背景,更为对诗义的了解,提供一种可以把握的线索,这与《诗》教互相配合,也有莫大的价值。攻击《诗》序的人,对上两端可谓毫无理解。

我应再进一步指出,《诗》序的作者,曾经作了一番努力,想把各篇之诗,组合贯通,使成为一有系统的《诗》教。这在《诗》序作者的判断上,也有其重要性。《关雎》《诗》序,因《关雎》为"风之始",也是三百十一篇诗之始,所以便统论《诗》教的成立,及全部《诗经》的大旨,这是极有系统的一篇文章,在中国文学批评史上占有非常重要的地位。就文章的风格说,它是属于先秦儒家传记的风格。《经义考》卷九十九引范处义一段话中有谓"先儒有知其说者,谓《系辞》为《易大传》、《诗》序为《诗大传》",这是很有意义的观点。有人以韩、柳古文运动以后的文章格局去了解它,而讥讽它凌乱没有条理,乃非常可笑的。其次,《诗》序中,有的是以事为主题加以组合。例如《周南》"《关雎》,后妃之德也","《葛覃》,后妃之本也","《卷耳》,后妃之志也","《樛木》,后妃之逮下也","《螽斯》,后妃子孙众多也","《桃夭》,后妃之所致也","《兔罝》,后妃之化也","《芣苢》,后妃之美也",再加上"《汉广》,(文王)德化所及也","《汝坟》,(文王)道化行也",而收之以"《麟之趾》,《关雎》之应也"。这便把《周南》组合成为一个系统。《召南》各诗内容比较参差，但篇首"《鹊巢》，夫人之德也"，末篇"《驺虞》，《鹊巢》之应也"，则依然相作有系统的组合。《豳风》"《七月》，（周公）陈王业也"，"《鸱鸮》，周公救乱也"，"《东山》，周公东征也"，"《破斧》，美周公也"，《九罭》、《狼跋》都是"美周公也"，这是以周公为主题的系统。《小雅》"《采薇》，遣戍役也。文王之时，西有昆吾之患，北有玁狁之难，以天子之命，命将帅、遣戍役，以守卫中国，故歌《采薇》以遣之，《出车》以劳还，《杕杜》以勤归也"，这便把三诗组合在一起以成一系统。还有以义为主题而贯通成为系统的。例如《小雅》"《鱼丽》，美万物盛多，能备礼也。文王以《天保》以上治内，《采薇》以下治外，始于忧勤，终于逸乐，故美万物众多，可以告于神明矣"，这便把《小雅》的意义，从正面贯通，成为一个系统。义"《六月》，宣王北伐也。《鹿鸣》废，则和乐缺矣，《四牡》废，则君臣缺矣，《皇皇者华》废，则忠信缺矣……《南陔》废，则孝友缺矣，《白华》废，则廉耻缺矣，《华黍》废，则蓄积缺矣，《由庚》废，则阴阳失其道理矣。……《小雅》尽废，则四夷交侵，中国微矣"。此序凡二百一十四字，把《小雅》的意义，从反面贯通成一个系统。其他各部分的诗，都可看出小序、大序这种共同的努力。这种方式的努力，当然要绕些圈子，甚至有的近于傅会，但作者所以这样做，乃出于以政治教育为目的的《诗》教，因教学上有此要求，使受教者容易接受。

现在回到作序者是谁的问题上面。《关雎》大序"国史明乎得失之迹，伤人伦之废，哀刑政之苛，吟咏性情，以讽其上"，这几句话，反映出《诗》是国史由改善政治的要求所陆续编辑，借以达到教育目的（"以讽其上"）的。以常情推测，编辑之初，每诗应给一标题，以便识别，① 前面已经提到，这可以说是作序的前提。在标题后，对诗的来源或内容加一句简单的说明，以作吟咏施教时的发端，这是顺理成章的要求。因此，标题与标题下一句的序，应当是同时进行的。国史收一首诗，便加一标题，在标题下加上一句提要性的说明，所以《诗》是陆续编成，《诗》序也是陆续写成的。从《左氏传》及《国语》中引《诗》的情形看，当时的标题与《毛诗》的标题无异。《毛诗·周颂》的《酌》，《左氏传》作《约》，孔颖达以为"古今字耳"，但也可能《左氏传》是因形近而误。三家《诗》的标题，与《毛诗》无异，这即说明四家之《诗》都出于一个根源，应当有共同的小序。《毛诗》有六十四篇诗，有小序而无大序，这即反映出小序为每诗所必有，而大序则可有可没有，它是从小序发展出来的。假定上面的推定可以成立，则著有"千古卓绝之书"——《诗缉》② 的宋代严粲，认序为史官所作，若他的话是专指小序而言，这应当是定论。且作此看法者非仅严粲一人。例如《二程遗书》卷十八《伊川语五》"《诗》小序便是当时国史作。如当时不作，虽孔子亦不能知，况子夏乎？大序则非圣人不能作"。并且由此可以推定四家《诗》有共同的标题，即应有共同的小序。③ 孔子删《诗》之说不可信，但《诗》是经过了孔门的整理 ④ 而传承下来的。"文学子游、子夏"，⑤ 子游偏重礼，

---

① 《毛诗正义》孔颖达引《关雎》旧解云"三百一十一篇诗，并是作者自名"。王安石袭用此说，此乃以后人作诗情形推之古人，绝不可信。

② 万斯同《群书辨疑·诗序说》中语。

③ 此点我在《韩诗传的研究》一文中有较详的说明。此文收入《两汉思想史》卷三。

④ 孔子"删《诗》之说"不可信，但可能曾作文字上之若干整理。墨子引《诗》，其文字与现行《诗经》中有异同处，多以现行《诗经》之文字为胜，或可反映此点。

⑤ 见《论语》。所谓"文学"指典籍之学而言，非今日之所谓"文学"。

子夏偏重《诗》、《书》、《春秋》，则汉四家之《诗》及其序，可谓皆属于子夏的传承统绪。惟《诗》义多为象征的性质，而《诗》教更是由象征以说义。于是在传承中各经师因闻见之殊、资性及经历之异，对小序发生了某种程度的修正，因而成为大同小异的情形，这和字形音读训解的间有异同，乃势所难免，但不应因此而代他们树立森严的壁垒。《邶风·柏舟》毛序以为仁人不遇而作，朱熹据刘向《列女传》以为妇人之作。但刘向上封事论弘恭、石显倾陷正人时，引此诗的"忧心悄悄，愠于群小"，而继之曰"小人成群，亦足愠也"，则正与《毛诗》序之意相合。及《毛诗》发展小序为大序，三家《诗》发展小序以为《诗传》、《诗说》，其出入因而扩大，亦自然之势。假定辕固、韩婴们"推诗人之意"所作的传，虽然较《毛诗》的大序推得更远，但其原来的基本性格，实同于《毛诗》的大序，不应算是不合理的推测。反过来，我怀疑《毛诗故训传》的"传"，指的即是大序。因为"序"与"传"的基本性格相同，在两汉可以互用。《史记·自序》即是自传，《汉书》的自传称为"序传"，马融的《周官传》即后人之所谓《周官序》，①《汉书·律历志》"是时御史大夫兒宽明经术"，"宽与博士赐等议，皆曰……推传序文，则今夏时也"，其"传"、"序"并称，为诸儒所同，更为明白。由此可知《毛诗故训传》的"故训"是解释《诗》的文字，而所谓"传"是小序、大序的总称。可能今日的所谓"小序"，原称为《诗》序；及将原来的《诗》序发展而为大序，便可称之为"传"了。否则《毛诗故训传》中发挥《诗》义的传，何以少得与"故训"不成比例？汉中期以后，传与

---

① 《周礼正义·序周礼废兴》。

　　　　　　　　　　　中国经学史的基础

注的性格渐相混淆，于是《毛诗故训传》的"故训传"成为一个复词。郑玄因大序与小序连贯在一起，又以其位于一篇之首，也只视为与"故训传"相对举的《诗》序，恐非毛公本意。后人之所谓小序、大序，以字数之多寡言，字数少，故称"小序"；字数多，故谓"大序"。但郑玄将后人之所谓小序者称为大序，将后人之所谓大序者称为小序，则他不是以字数定大小，而是以先后轻重定大小，他以出于子夏者为大，成于毛公者为小。

由上所述，应当可以了解从小序到大序是一发展过程，此发展到毛公而始完成，所以《诗》序除了原始作者周室之史官外，一定要把毛公加在里面。这里顺便对"毛公"的问题略作考查。

5. 毛公的问题

《汉书·儒林传》仅谓"毛公，赵人也。治《诗》，为河间献王博士"。此毛公《后汉书·儒林列传》称毛苌。郑玄《诗谱》云"鲁人大毛公为《诂（故）训传》于其家，河间献王得而献之，以小毛公为博士"。此较《汉书·儒林传》多出一大毛公，郑氏必有所据。晋陆玑《诗草木虫鱼疏》序谓"毛亨作《诂训传》，以授赵国毛苌，时人谓亨大毛公，苌小毛公"。[①]至此而《汉书》"毛公"的内涵始稍为明了。小毛公苌的时代，可由河间献王的年代来推定，当为汉初人，约略与申公、辕固、韩婴同年辈，则大毛公当为秦、汉间人，约略与浮丘伯同年辈。把今日之所谓《诗》大序包括在内的《诗故训传》，应当是创始于大毛公，而完成于小毛公为河

---

① 《六艺论》"河间献王好学，其博士毛公善说《诗》，献王号曰《毛诗》"，是"毛"字为河间献王所加。又有谓系小毛公所自加，然不如《正义》谓"毛字汉世加之"为通达。

间博士之时，亦犹《汉志》称辕固推诗人之意以为之传，而著录则仅有"齐《后氏传》三十九卷"，盖亦始于辕固而成于后仓是同样的情形。《毛诗》大序亦可称《毛诗传》，其中有来自周室之史的小序，再更经过了孔门《诗》教的久远传承，我怀疑也有汉初的影响。《毛诗》与三家《诗》最大的出入，在三家《诗》以《关雎》为衰世之诗，而《毛诗》则由正面加以肯定，并通过《周南》以特别强调后妃在政治上的重大作用，这虽在周初有其根据，我怀疑也受有吕后专政的冲击，因而思《周南》之古，以讽汉初吕后专政几覆汉室之今的用意在里面。小序仅言"《采薇》，遣戍役也"，大序则推到"文王之时"，给以很高的评价。《六月》大序亦深以"四夷交侵中国微"为惧，这可能是来自文、景时代匈奴猖獗的背景。

《齐诗》亡于魏，《鲁诗》不过江东，《韩诗》仅存《诗传》十卷，其中亦有残缺，仅《毛诗故训传》完整地传了下来，真可谓鲁殿灵光，实中国文化，也是人类文化的大幸。今日欲言四家《诗》优劣，乃向壁虚造之谈，实无比较的基础。清人为三家《诗》所作的辑佚工作，存千百于一二，在学术上也极可宝贵。但从事此种工作的人多先存一贱毛而尊三家的成见，并于无可撷拾中出之以附会。至魏源、皮锡瑞辈，则夸张片言只字，以为剽剥《毛诗故训传》之资，罗织诬诳，连序、传之通于《左传》、《国语》、《孟子》者亦加以排击，故训绝大部分通于《尔雅》者亦加以否定，穷气竭力，必将《毛诗》加以彻底唾弃而后已。若他们的目的达到，则西汉竟无一部解释经典的完整著作遗传下来，而今文家的所谓《诗》三百五篇，也只有辑佚所得的片言只语及极少的不完全诗句。门户偏蔽之私，竟发展至丧心病狂的程度，这真是言汉代经学，言汉代思想的一大厄运、一大陷阱。

　　　　　　　　　中国经学史的基础

（五）《礼》的传承及其传承中的问题

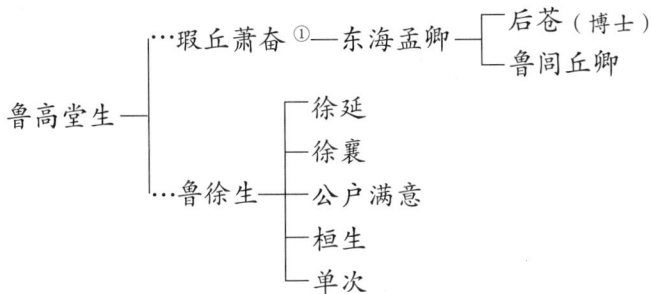

```
                    ┌─后苍（博士）
        ┌···瑕丘萧奋①─东海孟卿─┤
        │                    └─鲁闾丘卿
鲁高堂生─┤
        │          ┌─徐延
        │          ├─徐襄
        └···鲁徐生─┼─公户满意
                   ├─桓生
                   └─单次
```

（"诸言《礼》为颂（容）者由徐氏"。）

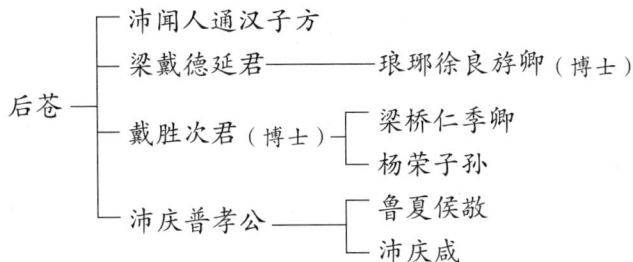


```
      ┌─沛闻人通汉子方
      │
      ├─梁戴德延君────────琅琊徐良斿卿（博士）
      │
后苍─┤                ┌─梁桥仁季卿
      ├─戴胜次君（博士）─┤
      │                └─杨荣子孙
      │
      └─沛庆普孝公─┬─鲁夏侯敬
                   └─沛庆咸
```

（"由是《礼》有大戴、小戴、庆氏之学。""由是大戴有徐氏，小戴有桥、杨之学。"）

《儒林传》:汉兴，鲁高堂生② 传《士礼》十七篇，而鲁徐生善为颂（容）。孝文时，徐生以颂（容）为礼官大夫，传子至孙延、

---

① 《六艺论》谓："《汉书·艺文志》、《儒林传》云，传《礼》者十三家，唯高堂生及五传弟子戴德、戴圣名在也。""五传弟子"谓高堂——萧奋——孟卿——后仓——戴德、戴圣，则郑君固以萧奋为高堂生弟子（以上见吴承仕《经典释文叙录疏证》页七四）。但此非确证，故以虚线表之。萧奋亦可能为徐氏弟子。
② 《史记索隐》"谢承云，秦氏季代有鲁人高堂伯"，则"伯"是其字。

襄。襄，其姿性善为颂（容），不能通经。延颇能，未善也。襄亦以颂（容）为大夫，至广陵内史。延及徐氏弟子公户满意、柏（应作"桓"）生、单次，皆为礼官大夫，而瑕丘萧奋，以《礼》至淮阳太守。诸言《礼》为颂（容）者由徐氏。

孟卿，东海人也。事萧奋，以授后仓、鲁闾丘卿。仓说《礼》数万言，号曰《后氏曲台记》，授沛闻人通汉子方、梁戴德延君、戴圣次君、沛庆普孝公。孝公为东平太傅。德号大戴，为信都太傅；圣号小戴，以博士论石渠，至九江太守。由是《礼》有大戴、小戴、庆氏之学。通汉以太子舍人论石渠，至中山中尉。普授鲁夏侯敬，又传族子咸，为豫章太守。大戴授琅邪徐良斿卿，为博士、州牧、郡守，家世传业。小戴授梁人桥仁季卿、杨荣子孙，仁为大鸿胪，家世传业，荣琅邪太守。由是大戴有徐氏，小戴有桥、杨氏之学。

《艺文志》：

《礼》古经五十六卷　《仪礼》疏"古文十七篇，与高堂生所传同，而字多不同。余三十九篇，绝无师说，秘在于馆"。

经七十篇　原注："后氏、戴氏。"《补注》："刘敞曰，此七十与后七十，皆当作'十七'。"

《记》百三十一篇　原注："七十子后学者所记也。"

《明堂阴阳》三十三篇　原注："古明堂之遗事。"《补注》："王应麟曰，隋牛弘曰，案刘向《别录》及马宫、蔡邕等所见，当时有古文《明堂礼》、《王居明堂礼》、《明堂图》、《明堂大图》、《明堂阴阳》、《泰山通义》、魏文侯《孝经传》，并说古明堂之事，其书皆亡。"

《王史氏》二十一篇　原注："七十子后学者。"师古："刘向《别录》云，六国时人也。"

《曲台后仓》九篇　《文选》注引"《七略》曰，宣皇帝时，行射礼，博士后仓为之辞，至今记之曰《曲台之记》。"

《中庸说》二篇　按即今《礼记》中之《中庸》别行者。

《明堂阴阳说》五篇

《周官经》六篇

《周官传》四篇

《军礼司马法》百五十五篇

《古封禅群祀》二十二篇

《封禅议对》十九篇　原注："武帝时也。"

《汉封禅群祀》三十六篇

《议奏》三十八篇　原注"石渠。"

凡《礼》十三家，五百五十五篇。

《易》曰："有夫妇父子君臣上下，礼义有所错（师古"《序卦》之辞也"）。"帝王质文，世有损益，至周曲为之防，事为之制。故曰："《礼经》三百，威仪三千。"及周之衰，诸侯将逾法度，恶其害己，皆灭去其籍，自孔子时而不具，至秦大坏。汉兴，鲁高堂生传《士礼》十七篇。迄孝宣世，后仓最明。戴德、戴圣、庆普皆其弟子，三家立于学官。《礼》古经者，出于鲁淹中（苏林"里名也"），及孔氏，学七十篇文相似（《补注》刘敞曰：当作"与十七篇文相似"），多三十九篇。及《明堂阴阳》、《王史氏记》所见，多天子、诸侯、卿大夫之制，虽不能备，犹愈仓等推《士礼》而致于天子之说。

1.《儒林传》未受刘歆《周官》影响

按将《儒林传》与《艺文志》相比较，《艺文志》有《周官经》、《周官传》。班固甚信《周官》出于周公，而《儒林传》的下限到了王莽的讲学大夫，但未曾一言及《周官》，是班固所据以写《儒林传》的材料未有《周官》。《艺文志》有《军礼司马法》百五十五篇，《儒林传》未曾一言及之，是因为《周官》五礼中有军礼，故刘歆由兵家中分出《司马法》以充数，此亦为《儒林传》中的礼家所未闻。《儒林传》述《礼》的传承，至成帝时代而绝，较其他各经传承的时间为短，因王莽们的"制礼作乐"，伪造《周官》，而其统绪因之紊乱。录《周官》为经，而未曾标为古文，这说明当刘歆补入《周官》时，未曾以古文的姿态出现，因其本个是以古文书写。关于《周官》问题，我已另有专文讨论，[①]指出其出于王莽，而成于刘歆，此处不再涉入。

2.大、小《戴记》问题

《儒林传》所叙者皆以《仪礼》[②]为主，此即《艺文志》之所谓"经"，大、小戴及庆氏之立官，皆以其所习之经，而非以其所编之"记"。《礼记·杂记》谓"哀公使孺悲学士丧礼于孔子，《丧礼》于是乎书"，章太炎释之曰："'《士丧礼》于是乎书'者，谓

---

① 拙著《〈周官〉成立之时代及其思想性格》一文，已于一九八〇年由台北市学生书局出单行本。

② 《史记·儒林列传》"于今独有《士礼》"，《汉志》"鲁高堂生传《士礼》十七篇"，《汉书·儒林传》同。称《仪礼》，始见于《晋书·荀崧传》。

自此后著竹帛，故言书不言作。"① 而孔子之书，亦必有所本，推其起源，殆亦始自周公，更加积累，由周室之史编整而成。《艺文志》谓"犹愈仓等推《士礼》而致于天子之说"，此乃刘歆为逸《礼》三十九篇不得立于学官鸣不平而发。实则《仪礼》中《士礼》十一篇，是因"天下无生而贵者"，② 天子之子亦犹士，故可推而至于天子，但《丧服》一篇则总包天子以下之等差，而《燕礼》、《大射》、《聘礼》、《公食大夫》、《觐礼》五篇，皆诸侯之礼。《汉志》之言不恰当。

礼的典籍，给后世以很大影响的，首推《小戴记》，此在元、成时代已称为"《礼记》"。《汉书》卷六十七《梅福传》载匡衡以孔子世为殷后议，已有"《礼记》曰"。其次是《大戴记》。《六艺论》谓"戴德《传记》八十五篇（现存三十九篇），则《大戴记》是也。戴圣《传》四十九篇，则此《礼记》是也"。这在《儒林传》中皆未直接提到，《艺文志》则仅有"《记》百三十一篇"。大、小《戴记》与"《记》百三十一篇"的关系，说者不一。钱大昕以《记》百三十一篇，乃合大、小《戴记》而言。《礼记》中的《曲礼》、《檀弓》、《杂记》，因篇简繁重，各分为上下，合此三篇之上下言之，始为四十九篇，若仅以篇目计，则为四十六篇，合《大戴记》之八十五篇，正协百三十一篇之数，钱说最为合理。两《记》中虽颇有重复，③ 但著录时，只会以两书之篇目计数，不可能

---

① 请参阅吴承仕《经典释文叙录疏证》，页七三。
② 见《仪礼·冠礼》后。
③ 《大戴·哀公问于孔子》与《小戴·哀公问》同，《大戴·礼察》与《小戴·经解》颇同，《大戴·曾子大孝》与《小戴·祭义》同，《大戴·诸侯衅庙》与《小戴·杂记》同，《投壶》二记俱有，文亦略同，而《大戴》亡篇中尚有《礼器》、《祭法》佚文。

逐篇检校其内容，故总为百三十一篇之数，否则《记》百三十一篇及大、小《戴记》，皆无由探索其下落。

两《戴记》中有的是出于古文而改隶为今文，有的则汉初以来即为今文，有的则出于汉初的儒者，今不可得而详考。两戴乃各就自己可以入手的材料，于宣帝时各自加以整理编纂成书。未编纂成书以前，有的已单篇流行于社会。贾谊已引《王制》、《学记》、《曲礼》，公孙弘《乞骸骨疏》已引有《中庸》，其他在宣帝前称"记"、称"传"、称"礼"而加以援引者甚多，即反映此种事实。晋陈邵《周礼论》序谓大戴删古《记》二百四篇为八十五篇，谓之《大戴记》，戴圣删《大戴记》为四十九篇，是为《小戴记》。后汉马融、卢植考诸家同异，附戴圣篇章。《经典释文叙录》既著此说，《隋志》加以承袭，并以戴圣删大戴之书为四十六篇，而《月令》、《明堂位》、《乐记》三篇，为马融所补足。清儒戴震、钱大昕、臧镛堂、陈寿祺、吴文起、黄以周等，并证其荒诞。盖郑玄注《礼记》，于每一篇目之下必证明此于刘向《别录》属于某类。《月令》、《明堂位》、《乐记》三篇，皆刘向《别录》所有，何得谓为马融所增？《后汉书·桥玄传》"七世祖仁，著《礼记章句》四十九篇"，桥仁即戴圣的弟子，成帝时为大鸿胪，其时已称四十九篇，岂待马融增入三篇而始足此数？

3.《礼》在经学中的特别意义

《儒林传》叙《礼》的传承情形，与他经相较，似较为单寒。但《史记·儒林列传》虽谓"《礼》固自孔子时而其经不具，及至秦焚书，书散亡益多"，此乃就记录《礼》之仪文节目的典籍而言。实则"立于礼"、"约之以礼"，人的性格、行为皆应以礼为节制，并以礼为"为仁"的工夫，此乃孔子立教的最大特色之一。所以孔子的后学，由古礼以发现礼意，即发现古礼中原有的精神及可能发展出的精神，由此对礼加以新评价、新解释，以期在时代中有实现个人、社会、政治上合理生活方式的实践意义，作了长期的努力，此观于大、小《戴记》中先秦的遗篇而可见，《春秋》三传亦无不以《礼》为纲维、为血脉，这不是其他各经所能比拟的。汉承秦大一统的庞大帝国，除刑法、官制袭秦之余绪以外，此庞大帝国上下相与、人伦相接的合理轨迹，可以说是一片空虚，这不是叔孙通的朝仪可以充数的。于是西汉儒者，由贾谊以降，莫不继先秦儒者的努力，希望以重新评价之礼，来填补此一空虚，将政治、社会、人生的运行，规整于更合理的轨辙之上。此司马迁《史记》中《礼书》、《乐书》之所以成立，而在西汉的重要奏议中，几乎无不涉及礼的问题。由此可以反映出，西汉儒生几乎无不学礼，无不言礼，也等于无不学《论语》、《孝经》的情形一样。此种事实及其意义，是远在《仪礼》传承系统之上的。

（六）《春秋》的传承及其传承中的问题

《春秋》有《公羊》、《穀梁》、《左氏》三传，分别表其传承于下。

《公羊》

齐胡毋生（博士）…"齐之言春秋者宗事之"

公孙弘

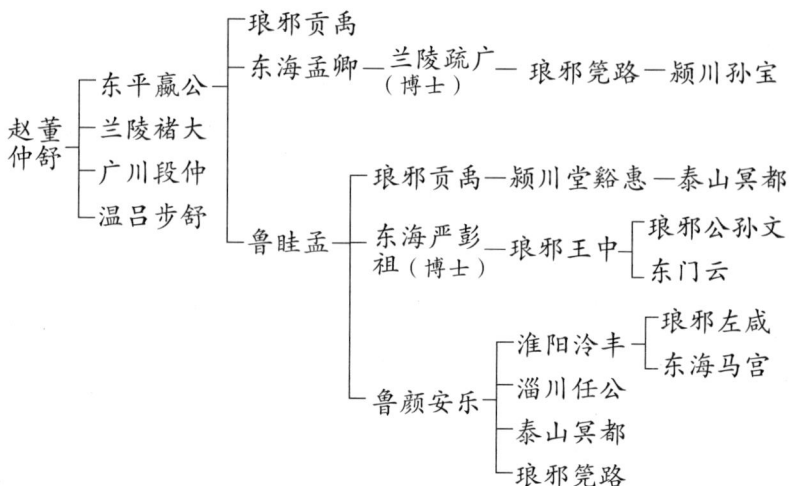

东平嬴公
- 琅邪贡禹
- 东海孟卿—兰陵疏广（博士）—琅邪筦路—颍川孙宝
- 鲁眭孟
  - 琅邪贡禹—颍川堂谿惠—泰山冥都
  - 东海严彭祖（博士）—琅邪王中—琅邪公孙文／东门云
  - 鲁颜安乐
    - 淮阳泠丰—琅邪左咸／东海马宫
    - 淄川任公
    - 泰山冥都
    - 琅邪筦路

赵董仲舒
- 东平嬴公
- 兰陵褚大
- 广川段仲
- 温吕步舒

（"由是《公羊》有严、颜之学。"）（"由是颜家有泠、任之学。""故颜氏复有筦、冥之学。"）

《穀梁》

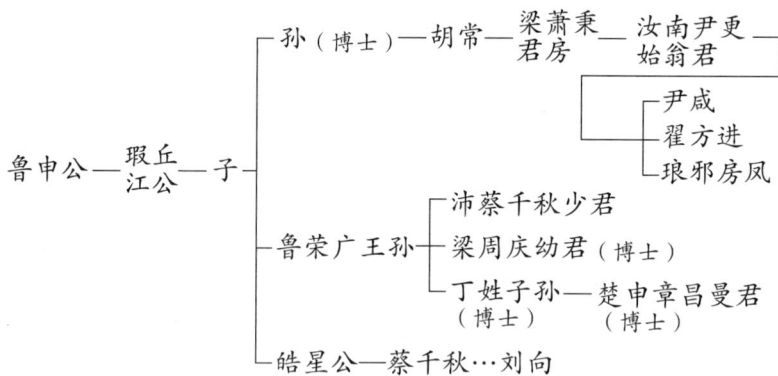

鲁申公—瑕丘江公—子
- 孙（博士）—胡常—梁萧秉君房—汝南尹更始翁君
  - 尹咸
  - 翟方进
  - 琅邪房凤
- 鲁荣广王孙
  - 沛蔡千秋少君
  - 梁周庆幼君（博士）
  - 丁姓子孙（博士）—楚申章昌曼君（博士）
- 皓星公—蔡千秋…刘向

（"由是《穀梁春秋》有尹、胡、申章…房氏之学。"）

（按瑕丘江公与董仲舒同年辈，则荣广、皓星公当与仲舒弟子嬴公等同年辈，而为江公之子的弟子。又刘向受《穀梁》，虽断言出于蔡千秋，王宾亦未明言其所出。）

　　　　　　　　　　　中国经学史的基础

《左氏传》

张苍
贾谊—赵贯公（河间博士）—贯长卿— 清河张禹长子
尹更始

尹　咸
翟方进 刘歆
胡　常—黎阳贾护季君—苍梧陈钦子佚—王莽

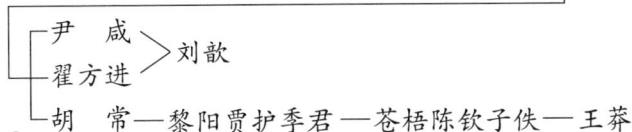

（"由是言《左氏传》者本之贾护、刘歆。"）

（按传文及年岁的比定，尹更始应与张禹长子为同门而非其弟子）

《儒林传》：胡毋生（按"生"系"先生"之省称），字子都，齐人也。治《公羊春秋》，为景帝博士，与董仲舒同业，仲舒著书称其德（按《史记·儒林列传》无此语，今亦无可考见）。年老归教于齐，齐之言《春秋》者宗事之（按《史记·儒林列传》有"齐之言《春秋》者多受胡毋生"），公孙弘亦颇受焉。而董生为江都相，自有传（此处删去《史记·儒林列传》"故汉兴至于五世之间，唯董仲舒名为明于《春秋》"一语，且上下文之线索因删节而没有《史记》明显）。弟子之（《史记》无"之"字是）遂者，兰陵褚大、东平嬴公（按《史记》无，当系脱漏）、广川段仲、温吕步舒，大至梁相，步舒丞相长史，唯嬴公守学不失师法，为昭帝谏大夫。授东海孟卿、鲁眭孟，孟为符节令，坐说灾异诛，自有传。

严彭祖，字公子，东海下邳人也。与颜安乐俱事眭孟。孟弟子百余人，唯彭祖、安乐为明，质问疑义，各持所见。孟曰："《春秋》之意在二子矣。"孟死，彭祖、安乐各颛门教授，由是《公羊春秋》有严、颜之学。彭祖为宣帝博士，至河南、东郡太守，以高第入为左冯翊，迁太子太傅，廉直不事权贵。或说曰："天时不胜人事。君以不修小礼曲意，亡贵人左右之助，经义虽高，不至宰相，愿少自勉强。"彭祖曰："凡通经术，固当修行先王之道，何可委曲从俗，苟求富贵乎！"彭祖竟以太傅官终。授琅邪王中，为元帝少府，家世传业。中授同郡公孙文、东门云，云为荆州刺史，文东平太傅，徒众尤盛，云坐为江贼拜辱命，下狱诛。

颜安乐，字公孙，鲁国薛人，眭孟姊子也。家贫，为学精力，官至齐郡太守丞，后为仇家所杀。安乐授淮阳泠丰次君、淄川任公，公为少府，丰淄川太守。由是颜家有泠、任之学。始，贡禹事赢公，成于眭孟，至御史大夫；疏广事孟卿，至太子太傅，皆自有传。广授琅邪筦路，路为御史中丞。禹授颍川堂谿惠，惠授泰山冥都，都为丞相史。都与路又事颜安乐，故颜氏复有筦、冥之学。路授孙宝，为大司农，自有传。丰授马宫、琅邪左咸，咸为郡守九乡，徒众尤盛，官（宫）至大司徒，自有传。

瑕丘江公受《穀梁春秋》及《诗》于鲁申公，传子至孙为博士。武帝时，江公与董仲舒并，仲舒通五经，能持论，善属文，江公呐于口。上使与仲舒议，不如仲舒，而丞相公孙弘本为公羊学，比辑其议，卒用董生，于是上因尊《公羊》家，诏太子受《公羊春秋》，由是《公羊》大兴。太子既通，复私问《穀梁》而善之，其后浸微，唯鲁荣广王孙、皓星公二人受焉。广尽能传其《诗》、《春秋》，高材捷敏，与《公羊》大师眭孟等论，数困之，故好学者颇复受《穀梁》。沛蔡千秋少君，梁周庆幼君、丁姓子孙皆从广受，千秋又事皓星公，为学最笃。宣帝即位，闻卫太子好《穀梁春秋》，以问丞相韦贤、长信少府夏侯胜及侍中乐陵侯史高，皆鲁人也，言穀梁子本鲁学，公羊氏乃齐学也，宜兴《穀梁》。时千秋为郎，召见，与《公羊》家并说，上善《穀梁》说，擢千秋为谏大夫给事中，后有过，左迁平陵令，复求能为《穀梁》者，莫及千秋。上愍其学且绝，乃以千秋为郎中户将，选郎十人从受。汝南尹更始翁君，本自事千秋，能说矣，会千秋病死，征江公孙为博士。刘向以故谏大夫通达待诏，受《穀梁》，欲令助之。江博士复死，乃征周庆、丁姓，待诏保宫（师古"保宫，少府之属宫"），使卒授十人。自元康中始讲，至甘露元年，积十余岁，皆明习。乃召五经名儒太子太傅萧望之等，大议殿中，平《公羊》、《穀梁》同异，各以经处是非。时公羊博士严彭祖、侍郎申觍、伊推、宋显，《穀梁》议郎尹更始、待诏刘向、周庆、丁姓并论。公羊家多不见从，愿请内侍郎许广，使者亦并内（纳）穀梁家中郎王亥，各五人，议三十余事。望之等十一人，各以经谊对，多从《穀梁》，由是《穀梁》之学大盛，庆、姓皆为博士。姓至中山太傅，授楚申章昌曼君，为博士，至长沙太傅，徒众尤盛。尹更始为谏大夫，长乐户将，又受《左氏传》，取其变理合者以为章句。传子咸及翟方进、琅邪房凤，咸至大司农，方进丞相，自有传。

房凤，字子元，不其人也。以射策乙科为太史掌故，太常举方正，为县令都尉，失官，大司马骠骑将军王根奏除补长史，荐凤明经通达，擢为光禄大夫，迁五官中郎将。时光禄勋王龚以外属内卿，与奉车都尉刘歆共校书，三人皆侍中。歆白《左氏春秋》可立，哀帝纳之，以问诸儒，皆不对，歆于是数见丞相孔光，为言《左氏传》以求助，光卒不肯，唯房、龚许歆，遂共移书责让太常博士，语在歆传。大司空师丹奏歆非毁先帝所立，上于是出龚等补吏，龚为弘农，歆河内，凤九江太守，至青州牧。始，江博士授胡常，常授梁萧秉君房，王莽时为讲学大夫。由是《榖梁春秋》有尹、胡、申章、房氏之学。

汉兴，北平侯张苍及梁太傅贾谊、京兆尹张敞、太中大夫刘公子皆修《春秋左氏传》。谊为《左氏传》训故，授赵人贯公，为河间献王博士；子长卿，为荡阴令，授清河张禹长子。禹与萧望之同时为御史，数为望之言《左氏》，望之善之，上书数以称说。后望之为太子太傅，荐禹于宣帝，征禹待诏，未及问，会疾死。授尹更始，更始传子咸及翟方进、胡常，常授黎阳贾护季君，哀帝时待诏为郎，授苍梧陈钦子佚，以《左氏》授王莽，至将军，而刘歆从尹咸及翟方进受。由是言《左氏》者本之贾护、刘歆。

《艺文志》：

《春秋》古经十二篇　按十二篇者，《春秋》十二公，公各为篇也。

经十一卷　原注："《公羊》、《榖梁》二家。"《公羊》闵公二年传下"系闵公篇于庄公下"，故十一卷。

《左氏传》三十卷　原注："左丘明，鲁太史。"

《公羊传》十一卷　原注："公羊子，齐人。师古曰：'名高。'"

《榖梁传》十一卷　原注："榖梁子，鲁人。师古曰：'名喜。'"《补注》引周寿昌曰："桓谭《新论》，鲁榖梁赤为《春秋》，残缺多所遗失。是榖梁名赤。"

《邹氏传》十一卷

《夹氏传》十一卷　原注："有录无书。"

《左氏微》二篇

《铎氏微》三篇　原注："楚太傅铎椒也。"

《张氏微》十篇

《虞氏微传》二篇　原注："赵相虞卿。"

《公羊外传》五十篇

《穀梁外传》二十篇

《公羊章句》三十八篇

《穀梁章句》三十三篇

《公羊杂记》八十三篇

《公羊颜氏记》十一篇

《公羊董仲舒治狱》十六篇

《议奏》三十九篇　原注："石渠论。"

《国语》二十一篇　原注："左丘明著。"

《新国语》五十四篇　原注："刘向分《国语》。"

《世本》十五篇　原注："古史官记黄帝以来讫春秋时诸侯大夫。"

《战国策》三十三篇　原注："记《春秋》后。"

《奏事》二十篇　原注："秦时大臣奏事及刻石名山文也。"

《楚汉春秋》九篇　原注："陆贾所记。"

《太史公》百三十篇　原注："十篇有录无书。"

冯商所续《太史公》七篇　韦昭曰："冯商受诏续《太史公》十余篇，在班彪《别录》。商，字子高。"

《太古以来年纪》二篇

《汉著记》百九十卷　师古曰："若今之起居注。"

《汉大年纪》五篇

凡《春秋》二十三家，九百四十八篇。

古之王者，世有史官，君举必书，所以慎言行，昭法式也。左史记言，右史记事，事为《春秋》，言为《尚书》，帝王靡不同之。周室既微，载籍残缺，仲尼思存前圣之业，乃称曰："夏礼吾能言之，杞不足征也；殷礼吾能言之，宋不足征也。文献不足故也，足，则吾能征之矣。"以鲁周公之国，礼文备物，史官有法，故与左丘明观其史记，据行事，仍人道，因兴以立功，就败以成罚，假日月以定历数，借朝聘以正礼乐。有所褒讳贬损，不可书见，口授弟子，弟子退而异言。丘明恐弟子各安其意，以失其真，故论本事而作传，明夫子不以空言说经也。《春秋》所贬损大人当世君臣，有威权势力，其事实皆形于传，是以隐其书而不宣，所以免时难也。及末世口说流行，故有公羊、穀梁、邹、夹之传。四家之中，《公羊》、《穀梁》立于学官，邹氏无师，夹氏未有书。

1. 汉代《公羊传》的传承统绪出于董仲舒而非胡毋

按有关《公羊》传授问题，《汉书·儒林传》除接《史记·儒林列传》的后事，并将董仲舒另立专传以外，《史记》以董仲舒列《公羊》传授之首，而《汉书》则以胡毋生居首。在文字的口气上，胡毋生在传承中所占地位，较《史记》所述的口气重要，并且因文字的删节不甚妥当，致使传承的关系近于混淆，引起后人一连贯的误解，甚至以董仲舒与嬴公、吕步舒等，并列为胡毋生的弟子。董氏与胡毋生为同僚同辈，两传都叙述得很清楚。因《董仲舒传》可确证吕步舒为董仲舒的及门弟子，因《眭孟传》可确证眭孟为董仲舒的再传弟子，因而也可间接证明嬴公是董氏的及门弟子，他们四个人是一组的，也可由此推断其余两人也是董氏的弟子，由此而能断定两汉《公羊》之学乃出于董仲舒而非出于胡毋生，可破千载的迷雾。徐彦《公羊疏》，在何休《解诂》自序"往者略依胡毋生条例，多得其正"下解云"胡毋生本虽以《公羊经传》传授董氏，犹自别作条例，故何取之以通《公羊》也"。按何休之说之诬，后面再讨论，徐彦从而诬附董为胡之弟子，其违反历史事实更为明显。①

2. 戴宏传承说之妄

其次，徐彦疏引"戴宏序云，子夏传与公羊高，高传与其子平，平传与其子地，地传与其子敢，敢传与其子寿。至汉景帝时，寿乃共弟子齐人胡毋子都著于竹帛，与董仲舒俱见于图谶是也"。这是说《公羊传》在公羊寿以前，都是一线单传的口传，到了公羊寿才与他的弟子胡毋子都写在竹帛上。此说由何休而至清今文学家，大大矜夸口传的意义，谓今文多是口传，所以远在古文之上，却不知此乃荒诞不经的说法。第一，据《孔子世家》，由孔子至孔安国凡十三代，公羊寿较孔安国应当早一代，但由子夏到公羊寿只五代，这在情理上说得通吗？传中引有乐正子春"视疾"的情形。乐正子春是曾子的学生，曾子较子夏小四岁，公羊若是子夏的学生，他能引及曾子的学生的故事吗？胡毋生若有一位传授的嫡系老师公羊寿，其年辈约略与申公、辕固相等，而《史记》、《汉书》两《儒林传》岂有知而不言及之理？若为两传所不知，则东汉的戴宏何由知之？第二，现《公羊传》中有"子沈子曰"者二，"鲁子曰"者六，"子司马子曰"者一，"子北宫子曰"者一，

---

① 此点我在《先秦儒家思想的转折及天的哲学的完成》一文中，有较详的说明，见《两汉思想史》卷二，页三一七至三一九。（编者注：现为页二九一至二九三。）

"子女子曰"者一，"高子曰"者一，"子公羊子曰"者二。七人的解释，都是补充解释的性质，都是在传承中所追加上去的。例如宣公五年"冬，齐高固及子叔姬来"，《传》"何言乎高固之来？言叔姬之来而不言高固之来则不可（按此为《传》之断语）。子公羊子曰，其诸为其双双而俱至者与？"这便反映出三种情形：（一）现在可以看到的《公羊传》，系由两部分所组成。一为直接解经之传，方便称之为"原传"，此可能出于孔子的及门弟子或再传弟子之手，而断乎不出于公羊高之手，否则不会另出现两个"子公羊子曰"。（二）对原传作补充解释的有七人之多，这便打破了一线单传的妄说。而且时间上必较原传为后，最早也是孔子再传以后的弟子。（三）把原传及七人对原传的补充解释编辑在一起，乃另有其人，而决非出于公羊高本人，否则不会与其他八人并称为"子公羊子曰"。所以此传之称为"《公羊传》"，乃名实不符地出于为现在所无法明了的偶然因素。第三，伏生故为秦博士，当他所藏的《书》亡失数十篇，独得二十九篇时，他只好传二十九篇，无法凭记忆口传其余的任何一篇。《尚书》连同亡失者合计应不出四万字。《春秋经》有一万六千五百七十二字，《公羊传》二万七千五百八十二字，合计四万四千一百五十五字，而谓公羊一家，仅凭记忆可口传两百余年之久，可以说是神话。五千余字而又有韵的《老子》，尚早已著之竹帛。孔子死后四五十年间，局势大变，向之犯忌讳的已不复成为忌讳，为什么不早著之竹帛？且荀子引《春秋》中有出于公羊的，[①]荀子及其门人不在口传之列，

---

① 《荀子·大略》篇"《春秋》贤穆公，以为能变也"，杨注"《公羊传》曰，秦伯使遂来聘。遂者何？秦大夫也。秦无大夫，此何以书？贤穆公也。何贤乎穆公？以为能变也"。

中国经学史的基础

何由得而知之，何由得而引之？①《韩非子》中遍引了三传，韩非岂在口传之列？戴宏亦知其说之无根，故据图谶以资弥补，而其说的来源，可能即出于谶纬。西汉之末，博士日趋鄙陋，董氏通五经，规模宏阔，为博士们所畏惮，改造此谣以自文饰，且以与"古学"之"古"相抵抗。同时，何休作《公羊解诂》，受了董仲舒的重大影响而不提董仲舒只字，却提出胡毋生的《公羊条例》，此不仅在两《儒林传》及《汉书·艺文志》与何休以前有关的文献中找不到踪影，且不以故训、章句、传说言著作，而以条例言著作，乃出现于西汉末期，非汉初所能有。清代今文家好于无文字处立说，或即导源于何休。

3.《穀梁传》及其立官的曲折

《儒林传》中相当详细地叙述了《穀梁》立官的经过。皇帝要为《穀梁》立官，并事先得到宰相们的同意，尚且费了这样大的准备工作（"积十余岁，皆明习"），开了古无前例的大规模的殿中学术讨论会——石渠会，留下了这样多的讨论记录——《艺文志》的《书》中有议奏四十二篇，《礼》中有议奏三十八篇，《春秋》中有议奏三十九篇，《论语》中有议奏十八篇，《孝经》中有《五经杂议》十八篇，可惜这些记录，没有保存下来。讨论时两方各四人，《公羊家》在第一阵中因"多不见从"，又请求增加侍郎许广，由四人变为五人，使者也由《穀梁》家中加中郎王亥，也由四人变为五人，使保持形式上的平等。而衡断的不是皇帝自己，

---

① 此点我在《先秦儒家思想的转折及天的哲学的完成》一文中，有较详的讨论，见《两汉思想史》卷二，页三一九至三二六。（编者注：现为页二九四至三〇一。）

是大儒萧望之等十一人，"各以经谊对"，使保持形式上的客观。在两千年前，世界任何民族，不曾出现过这样学术上的盛事。若说在古代专制中曾露出学术民主的端倪，这未尝不可以算是一个例证。《儒林传》中把参加过此一会议的，除《公羊》、《穀梁》两方外，其他各经也都记录了出来，计《易》有施雠、梁丘临，《书》有欧阳地余、林尊、周堪、张山拊、假仓，《诗》有韦玄成、张长安、许广德，《礼》有戴圣、闻人通汉，以此作其学术地位的表征，视为历史中的一件大事。此可反映出：（一）五经博士成立后，由他们所主教的经典，确实构成了学术权威的地位，虽皇帝也轻易奈何不得。所以后来哀帝已承认为《左氏》立官，卒以博士们的消极抵抗而作罢。（二）另一方面，学者自身得到政治上的保障地位，而特殊化以后，同样会流于锢蔽白私，妨碍学术的自由发展。《穀梁》原已开始残缺，倘非经宣帝的大力支持，使其能与公羊并立，很可能与邹氏、夹氏同一命运，但到了东汉初叶与京氏《易》同样遭到博士们排斥的命运。

《穀梁传》的成立情形，我在《原史》一文中曾附带讨论到，兹简录如下：

> 《穀梁传》成立的时间，我推测是在战国中期以后。隐公五年"初献六羽"下，分引"穀梁子曰"及"尸子曰"，而两人之意见并不相同，则此传非成立于穀梁之手，与其非成立于尸子之手，道理是相同的。被称为"穀梁传"，也和被称为"公羊传"同样的不符合事实。……作此传的人，对《春秋》的史实，较之《公羊传》更为疏隔。但他的态度则非常谨慎，所以全传中有"或曰"者十三，"或说"者一，

"其一曰"者一，"其一传曰"者一。此即对一事的两种说法不能断定，乃都加以保留，听任后之读者的自由判断。其中有一事列两"或曰"的，则表明一事而有三种说法。引有八"传曰"，与《公羊》同者二，与《公羊》有关者二，与《公羊》之关系不明者一，有引"传曰"为《公羊》所无，而解释与《公羊》同者一，有《穀梁》引"传曰"而《公羊》无传者一，有与《公羊》不同者一。又定公元年经"戊辰，公即位。癸亥，公之丧至自乾侯"，《穀梁》"沈子曰，正棺乎两楹之间，然后即位也"，《公羊》"则曷为以戊辰之日然后即位？正棺于两楹之间，然后即位。子沈子曰，定君乎国，然后即位"。由此可知，《穀梁传》作者误以《公羊传》原传之文为沈子之言。从这些情形看，《穀梁传》很可能采用了《公羊传》，但《公羊传》以外，尚采用了他传。……其未引"传曰"者，即可证明其实另有传承，自成一家。①

参加石渠讨论的议郎尹更始，擢升谏大夫，长乐户将，他又受《左氏传》，"取其变理合者（变通而合于《穀梁》之理者）以为章句（为《穀梁传》之章句）"，这便在《左氏》、《穀梁》两传间架设了桥梁。所以此后《左氏》、《穀梁》两家较为接近，乃由此而来。《毛诗》因与《左氏传》同受压抑，所以在东汉，两家也较为亲近，于是《左氏》、《穀梁》、《毛诗》，再加上古文《尚书》，

---

① 请参阅《两汉思想史》卷三，页二五一至二五二。（编者注：现为页二三一至二三三。）

成为东汉"古学"的骨干。这都与文字上的今文、古文之分无关。《穀梁》、《毛诗》皆今文，《左氏传》有今文，有古文。尹更始的弟子穀梁家房凤，与王龚同支持刘歆为左氏立官的主张，三人共移书让太常博士，这不仅因三人"共校书"、"皆侍中"的形迹亲近，与尹更始的沟通两家之学也有关系。

4.《左氏传》及其传承中的问题

《史记·儒林列传》未提到《左氏传》，但史公在《十二诸侯年表》序中，对《左氏传》的成立及其影响有较详的叙述，这是我们了解《左氏传》的锁钥。《十二诸侯年表》序说：

> 是以孔子明王道，干七十余君，莫能用，故西观周室，论史记旧闻，[①] 兴于鲁而次《春秋》。上记隐，下至哀之获麟，约其辞文，去其繁重，以制义法，王道备，人事浃。七十子之徒，口受其传指，为有所刺讥褒讳挹损之文辞，不可以书见也。鲁君子左丘明惧弟子人人异端，各安其意，失其真，故因孔子史记具论其语，成《左氏春秋》。铎椒为楚威王傅，为王不能尽观《春秋》，采取成败，卒四十章，为《铎氏微》。赵孝成王时，其相虞卿，上采《春秋》，下观近势，亦著八篇，为《虞氏春秋》。吕不韦者，秦庄襄王相，

---

① 此处未言孔子与左丘明同往"西观周室"，且下文亦仅言"鲁君子左丘明"，未及其身份地位。至《汉志》则改为"故与左丘明观其史记"，至班固则在《左氏传》三十卷》下注"左丘明，鲁太史"，至《经典释文叙录》则称"乃与鲁君子左丘明观书于太史氏"。按孔子自卫返鲁作《春秋》，不可能再赴周观书于太史氏。且本系因鲁史记而作，亦无事再赴周室。此乃史公推测之词，而刘歆等加以附益。

亦上观上古，删拾《春秋》，集六国时事，以为八览、六论、十二纪，为《吕氏春秋》。及如荀卿、孟子、公孙固、韩非之徒，各往往捃摭《春秋》之文以著书，不可胜纪。……

司马迁虽从董仲舒学《公羊春秋》，但在他心目中，《左氏春秋》才是孔子《春秋》的可以信赖的嫡传。同时不论《公羊》、《榖梁》皆系少数人的价值判断，而《左氏传》则系网罗二百四十二年的历史文化的总和，没有它，司马迁便不能写周代各国的世家及《十二诸侯年表》。《御览》卷六百十引桓谭《新论》："《左氏传》之与经，犹衣之表里，相待而成。有经而无传，使圣人闭门思之十年，不能知也。"这是非常客观的说法。也正因为如此，便更为公羊家所忌，非抵死排斥不可。关于《左氏传》的意义及由汉博士与清今文家所加的纠葛，我在《原史》一文中已作了较详细的讨论，①此处从略。

因《左氏传》自战国中期后流行甚广，传习者多，所以《汉书·儒林传》对汉初张苍、贾谊、张敞、刘公子等"皆修《春秋左氏传》"，而未著其所受，且四人间更没有传承关系。《儒林传》中，凡不了解师承关系的，即不加叙述，如辕固、韩婴、胡毋生、董仲舒等，不一而足。乃《经典释文叙录》谓："左丘明作传以授曾申，申传卫人吴起，起传其子期，期传楚人铎椒，椒传赵人虞卿，卿传同郡荀卿名况，况传武威张苍，苍传洛阳贾谊，谊传至其孙嘉，嘉传赵人贯公，贯公传其少子长卿，长卿传京兆尹张敞

---

① 此文收入《两汉思想史》卷三。有关《左氏传》的讨论，请参阅页二六一至二九〇。（编者注：现为页二四三至二七一。）

及侍御史张禹。"自左丘明至荀卿授张苍，本于刘向《别录》（见《左传疏》引）。刘向《别录》，我已不止一次地证明有的地方已为后人所乱，许多说法是不足取信的，这即是一例。若《别录》果有此一传承统绪的材料可资征信，则刘向对《左氏传》应尊信有加，但他在《说苑》中引《公羊》、《穀梁》皆称为《春秋》，引《左氏》则否。盖他接受了五经博士们左氏不传《春秋》之说，以致不断被他的儿子刘歆所问难。① 且刘向若知此传承统绪，则父子在一起校书近二十年之久，刘歆岂有不知之理？刘歆竭力为《左氏传》争立官，又岂有对此一有利的材料，不加运用之理？班固受刘歆的影响最大，若刘歆有此材料，则他写《儒林传》时，一定会将其写出。刘向《别录》，东汉许多人有看到的机会，乃范升、陈元为《左氏传》发生过重大争论，为《左氏传》争地位的　方对此有利材料竟全未运用，而贾逵、服虔、杜预为《左氏传》作注的人，竟无一人提及，直到陆德明及为《左氏传》作疏者加以援引，其为后人由《十二诸侯年表》序附会而成者甚明。至张苍以下的传承统绪，不知陆德明何所根据？我在《贾谊思想的再发现》一文中，已指出贾谊的习《左氏》"无缘传自张苍"。② 且《汉书·儒林传》明谓"谊为《左氏传训故》，授赵人贯公，为河间献王博士"。乃《序录》谓"谊传至其孙嘉，嘉传赵人贯公"，较《儒林传》所言者晚了两代，便无由与河间献王之年相值。《儒林传》

---

① 《汉书》卷三十六《刘歆传》"歆为左丘明好恶与圣人同，亲见夫子，而《公羊》、《穀梁》，在七十子后，传闻之与亲见之，其详略不同。歆数以难向，向不能非间也，然犹自持其《穀梁》义"。
② 此文收入《两汉思想史》卷二，此点见页一一九至一二○。（编者注：现为页一一一至一一三。）

仅言贯公传其子长卿，长卿"授清河张禹长子"，而《序录》在张禹之上，凭空添"长卿传京兆尹张敞"一句，把班氏缺疑的叙述，凭空加一毫无根据的填补，经学史之乱，率由此而来。

因贾谊作《左氏传训故》，所以《左氏传》在西汉的传承皆自谊出，从而大之者是贾护、刘歆。《艺文志》对《左氏传》的成立，主要取材于《史记·十二诸侯年表》序。但"《春秋》所贬损大人当世君臣，有威权势力，其事实皆形于传（《左氏传》），是以隐其书而不宣，所以免时难也"的一段话，与《十二诸侯年表》序中所述的情形不合，也与事实不合。刘歆的这一段话，可能是为了《左氏传》出现之初，传承关系不明所作的解释，实际这是徒滋误解而没有必要的解释。

（七）《论语》的传承

《艺文志》：

《论语》古二十一篇　原注："出孔子壁中，两《子张》。"如淳曰，"分《尧曰》篇后子张问'何如可以从政'以下为篇，名曰《从政》。"

齐二十二篇　原注："多《问王》、《知道》。"

鲁二十篇，传十九篇　师古曰："解释《论语》意者。"《补注》引王应麟曰："《正义》云，鲁《论》者鲁人所传，即今所行篇次是也。"

齐《说》二十九篇　王先谦曰："下云传齐《论》者惟王吉（阳）名家。吉传云王阳说《论语》，即此齐《说》也。"

鲁《夏侯说》二十一篇　《补注》引钱大昭曰："《夏侯胜传》，受诏撰《论语说》。"

鲁《安昌侯说》二十一篇　师古曰："张禹也。"

鲁《王骏说》二十篇　师古曰："王吉子。"

燕《传说》三卷

《议奏》十八篇　原注："石渠论。"

《孔子家语》二十卷　师古曰："非今所有《家语》。"

《孔子三朝》七篇　《补注》引沈钦韩曰："今《大戴记》有《千乘》第六十七、《四代》六十八，《虞戴德》六十九，《诰志》七十，《小辨》七十四，《用兵》七十五，《少间》七十六。《别录》云，孔子三见哀公，作《三朝记》七篇，今在《大戴记》是也。"

《孔子徒人图法》二卷

凡《论语》十二家，二百二十九篇。

《论语》者，孔子应答弟子时人，及弟子相与言，而接闻于夫子之语也。当时弟子各有所记。夫子既卒，门人相与辑而论纂，故谓之"论语"。汉兴，有齐、鲁之说。传齐《论》者昌邑中尉王吉、少府宋畸、御史大夫贡禹、尚书令五鹿充宗、胶东庸生，唯王阳名家（师古"王吉字子阳，故谓之王阳"）。传鲁《论语》（"语"字衍文）者常山都尉龚奋、长信少府夏侯胜、丞相韦贤、鲁扶卿、前将军萧望之、安昌侯张禹，皆名家，张氏最后，而行于世。

按《论语》及《孝经》皆传而非经，未立于学官，故《儒林传》未记其传授情形。然两书在两汉所发生之作用，或且超过五经，实质上，汉人即视之为经，故五经皆有纬，而《论语》、《孝经》亦有纬。纬对经而言，东汉遂有七经、七纬的名称。刘歆《七略》即以《论语》、《孝经》入六艺略,《汉志》因之。汉代五经之儒,几无不学《礼》,更无不学《论语》、《孝经》。吴承仕谓"盖《孝经》、《论语》,汉人所通习,有受《论语》、《孝经》而不受一经者,无受一经而不先受《孝经》、《论语》者",① 吴说得之,然用一"先"字,遂使王国维以《论语》、《孝经》与五经,分为学的两阶段,② 一若汉之学制本来如此。按《汉书》卷八十一《张禹传》"禹为儿,数随家至市,喜观于卜相者前……卜者爱之,又奇其面貌,谓禹父(曰),是儿多知,可令学经。及禹壮,至长安学,从沛郡施雠受《易》,琅邪王阳、胶东庸生问《论语》",是禹未尝先学《论语》而后学《易》。又同传"初元中,立皇太子,而博士郑宽中以《尚书》授太子,荐言禹善《论语》,诏令禹授太子《论语》","初,禹为师(为太子之师),以上难数对己问经,为《论语章句》献之"。据此,是成帝为太子时,先受经,次受《论语》,只因经文难记,故张禹为《论语章句》献之。

张禹在《论语》传承中居于重要地位。《汉书》卷八十一《张禹传》"始,鲁扶卿③ 及夏侯胜、王阳(王吉)、萧望之、韦玄成皆说《论语》,篇第或异。禹先事王阳,后从庸生,采获所安,最后出而尊贵。诸儒为之语曰,欲为《论》,念张文。由是学者多从张氏,余家浸微"。沈钦韩以张禹从受《论语》之王阳、庸生皆授《齐论》,而《艺文志》径系张禹于《鲁论》下,为"传、志不相蒙"。按皇侃《论语疏发题》引《别录》谓"晚有安昌侯张禹,就建(夏侯建)学《鲁论》,兼讲齐《论》,择善而从",又"何晏

---

① 见吴著《经典释文叙录疏证》,页一〇八。
② 见《观堂集林》卷四《汉魏博士考》。
③ 王充谓"孔教扶卿……始曰《论语》也",谓孔安国得古《论》以授扶卿。

集季长（马融）等七家，①又采古《论》孔注，又自下己意，即今所重者。今日所讲即是鲁《论》，为张侯所学，何晏所集者也。张侯参用三家，以鲁为本。②郑玄更为校注，至何晏采获师说，为之《集解》，正始中上之"。是张禹所学者本为《鲁论》，而参以齐《论》，特传文有所遗漏。而今日所通行的，正是张禹以鲁《论》为主的参校本。

（八）《孝经》的传承

《艺文志》：

《孝经》古孔氏一篇　原注："二十二章。"《补注》引王应麟："许冲上父《说文》云，古文《孝经》者，昭帝时鲁国三老所献，建武时给事中议郎卫宏所校。案志云孔氏壁中古文，则与《尚书》同出也。盖始出于武帝时，至昭帝时始献之。"按许冲之说，本于其父许慎。许慎今古文之说，多不可信，当据《汉志》。

《孝经》一篇　原注："十八章。长孙氏、江氏、后氏、翼氏四家。"

《长孙氏说》二篇

《江氏说》一篇

《翼氏说》一篇

《后氏说》一篇

---

① 据《经典释文叙录》"魏吏部尚书何晏，集孔安国、包咸、周氏、马融、郑玄、陈群、王肃、周生烈之说，并下意，为《集解》。正始中上之，盛行于世"。此有八人，因下文另提"孔注"，故谓七人。
②《隋志》谓张禹"删其繁惑，除去《问王》、《知道》二篇"。

《杂传》四篇

《安昌侯说》一篇

《五经杂议》十八篇　原注："石渠论。"

《尔雅》三卷二十篇　张晏曰："尔近也，雅正也。"

《小尔雅》一篇　《补注》引沈钦韩曰："陈振孙云……今《馆阁书目》云，孔鲋撰，盖即《孔丛》第十一篇，当是好事者抄出别行。按班氏时《孔丛》未著，已有《小尔雅》，亦孔氏壁中文，不当谓其从《孔丛》钞出也。"谨按，《汉书·刑法志》两引《孔丛子》，则班氏时此书已行世，但后人又有附益。

《古今字》一卷

《弟子职》一篇　应劭曰："管仲所作，在《管子》书。"按今为《管子》第五十九篇，盖汉时单行。

《说》三篇

凡《孝经》十一家，五十九篇。

《孝经》者，孔子为曾子陈孝道也。[①] 夫孝，天之经，地之义，民之行也。举大者言，故曰《孝经》。汉兴，长孙氏、博士江翁、少府后仓、谏大夫翼奉、安昌侯张禹传之，各自名家，经文皆同，唯孔氏壁中古文为异。"父母生之，续（一作'绩'）莫大焉"，"故亲生之膝下"，诸家说不安处，古文字读皆异（师古"桓谭《新论》云，古《孝经》千八百七十一（二）字，今异者四百余字"）。

我曾写过《中国孝道的形成、演变及其历史中的诸问题》一

---

① 《补注》引王应麟曰："晁氏云，何休称，子曰，吾志在《春秋》，行在《孝经》（本《孝经钩命诀》）。信斯言也，则《孝经》乃孔子自著。……详其文义，当是仲尼弟子所为者。"

文，里面"五、被专制压歪以后的孝道——伪《孝经》的出现"，谓《孝经》系出于武帝末昭帝时代的伪造，[1] 我这种说法，完全是荒谬的，虽在《中国思想史论集》再版序中已经提到此一荒谬，我特再提一次，以志我的莫大愧耻。不仅《吕氏春秋·察微》篇分明引有"《孝经》曰"，并且由陆贾的《新语》起，《孝经》内容已被西汉初年的君臣多次引用。由它"夫孝，天之经，地之义，人之行也"，系袭《左氏传》"夫礼，天之经也，地之义也，人之行也"之文加以推测，这是在《左氏传》流行以后，可能由曾子的再传或三传弟子所造出来，以应战国时代，平民开始由有姓氏而有宗族，有宗族而需要有精神纽带的要求所发展出来。西汉特别重视《孝经》，其背景有三：一为同姓之诸侯王代替异姓之诸侯王以后，要以孝增强诸侯王通过宗庙对朝廷的向心力。此点与周初的情形无异。二为"事君不忠，非孝也"这类的观念，对统治者非常有利。三为希望政治安定，便不能不希望有一种和平安定的社会。由以孝为家族精神纽带所组成的社会，是和平安定的社会，并且是有利于农业生产的社会。"导民以孝则天下顺"，[2] 这是当时的共同认识。《汉书》卷二《惠帝纪》四年"春正月，举民孝弟力田者复其身"，这是正式树立鼓励孝弟力田的社会政策。卷三《高后纪》元年二月"初置孝弟力田，二千石者一人"，这是正式设立孝弟力田的官，二千石的官职各推荐一人，使孝弟力田的社会政策，在官制中占一确定地位。

《艺文志》将《尔雅》、《小尔雅》与《孝经》并列。《尔雅》

---

① 此文收入《中国思想史论集》，"伪《孝经》的出现"一节，见页一七六至一八二。（编者注：现为页二〇九至二一二。）
②《汉书》卷八《宣帝纪》，地节四年诏。

　　　　　　　　　　　中国经学史的基础

的意义，正如《经典释文叙录》所说："所以训释五经，辨章同异，实九流之通路、百氏之指南。"或者此可反映出汉代系以《孝经》为五经的阶梯、教育的基础，与由《管子》中抽出《弟子职》一篇一样，与《尔雅》、《小尔雅》及《古今字》，并为治经者所必读之书，虽未著之功令，但已成为风气，所以把它们列在一起。

（九）环绕《汉书·儒林传》所反映出的若干情况

经学传承的意义：以五经的人文性格，及概括生活各方面的规模，朝廷为它立博士作有计划的传承，虽历经变乱，但依然沿袭到魏、晋，使大一统下的文化，环绕此一基线发展，约四百年之久。而民间的自由传承，父子相继，父、子、孙相继的，固数见不鲜；"家世传业"的，《易》有士孙张仲方，《书》有欧阳、陈翁生，《诗》有伏理，《礼》有徐良、桥仁，《公羊》有王中。这种情形，在人类文化史中，只有中国才出现过这种盛业、盛事。从人类文化史的立场来衡量，这是非常值得宝贵的，虽然五经博士的流弊很大。

博士以外，为经术所设的专官：朝廷为经术所设的专官，除博士外，尚有议郎与谏大夫。博士与议郎皆秩比六百石，惟博士属太常，议郎属光禄勋。有的儒生直接任谏大夫或太中大夫（皆秩比千石，也属光禄勋），有时则谏大夫，太中大夫为博士初步升迁之地。立五经博士后，儒生以某经为博士，其博士即负传授某经之责，议郎、谏大夫虽以明经或明某一经而进，但在职务上无传授某经的责任，除非经过特别的专派。博士、议郎、谏大夫、太中大夫，皆以较低的秩位，参与朝廷大政的议论，因为他们是代表经术发言，这在今日，是政治层中特别为代表专门知识所成立的单位。再下一层的则为文学、掌故，也有以经学而选为光禄勋中的中郎（比六百石）、侍郎（比四百石）、郎中（比三百石）的，但这些都不是为经术所设的专职，品流复杂，所以也没有博士们地位的清贵。

经学立官的问题：建立五经博士时，何者立官，何者不立官，是经过朝廷一番权衡考虑后所决定的。此观于董仲舒与瑕丘江公对《公羊》、《穀梁》的争论，经公孙弘的抑扬等情形而可明了。此后立官不立官，博士的权力相当大。如欲为某经新立一家，如《春秋》中的《穀梁》、《左氏》，则虽皇帝亦不能擅断。《穀梁》虽勉强得立，终为博士系统所排斥，故东汉十四博士中遂无《穀梁》。但若在已立官之某家内增设某派，则皇帝可以擅断，如宣帝时《尚书》增设大、小夏侯，《礼》增设大、小戴之类。而《左氏传》、《毛诗》、逸《礼》、古文《尚书》等，终为博士所扼，仅得立于平帝、王莽大事变革之际，但仍不久旋废。

博士人数：在立五经博士以前的博士人数，固然弹性很大。即立五经博士以后，也并非限于已立官的一经一派一人。申公的"弟子为博士十余人"，虽不一定都是同时的，但也断非都是依次递补的。石渠辩论，《穀梁》方面，以议郎参加的尹更始升为谏大夫，而以待诏参加的周庆、丁姓两人"皆为博士"，也是一例。

教学情形：设博士弟子员后，博士有教学的责任，有由选拔而来的固定学生，这是官式教学，也可以说，这是二千年前中国最早所设的国立大学的教学。但博士们私人教学的徒众，常多于官式教学，影响力也大于官式教学。《易》田王孙的三大弟子施、孟、梁丘，并非出于他为博士时的博士弟子。其他各经的情形，也大都是如此。尤其是汉初为经学开山之儒，如田何、伏生、申

　　　　　　　　　　中国经学史的基础

公、辕固、胡毋等，皆以居家教授，教化行于郡国，奠定汉代经学在时代中发生巨大作用的社会基础。自此以后，博士以外的儒生，有了名望，则不论已入仕、未入仕，都有许多由私人教学而来的徒众。这才是汉代文化广被于社会，为中华民族造型的力量。这才是孔子以来的大统。通过历史看，中华民族的生命，常斲丧于政治而培育于文化。文化的生命，易扭曲于朝廷而植根于社会。先有汉初私人讲学之功，才有立五经博士之举。而五经博士建立以后，盛于宣、元时代，但也因此日趋固陋褊狭，仍赖社会的学术势力加以夹持补救，最后逼出东汉的"古学"。"古学"的性格，不是"古文之学"的简称，而是反博士垄断的旗印。此种文化学术演进之迹，是永远值得大家思考的。乾嘉的汉学家，把问题扭曲到相反的方向。

《儒林传》中反映五经博士建立以后，私人讲学之盛的，《书》有鲍宣、吴章、炔钦幼卿，《鲁诗》有瑕丘江公，《齐诗》有张邯、皮容，《韩诗》有张就、发福，公羊有公孙文、左咸，《穀梁》有申章昌曼君，班氏都用"徒众尤盛"四字加以形容。

除博士的朝廷官式讲学以外，还有地方的官式讲学，即是郡国所立的学官，这在我国教育史上也占有重要地位。《汉书》卷八十九《文翁传》，文翁"景帝末为蜀郡守……蜀地僻陋，有蛮夷风，文翁欲诱进之，乃选郡县小吏……十余人……遣诣京师，受业博士……数岁……皆成就还归，文翁以为右职。……又修起学官（馆）于成都市中，招下县子弟以为学官弟子。……至武帝时，乃令天下郡国皆立学校官，自文翁为之始云"。《汉书》卷七十六《韩延寿传》"延寿于是令文学校（学）官诸生，皮弁执俎豆，为吏民行丧嫁娶礼"，"延寿为吏，上礼义，好古教化，所至……修治学官"。又卷八十六《何武传》"武为刺史……行部必先即学官（犹今之所谓'学校'）。见诸生，试其诵读"。这正是地方立学的证明，而主其教导的则为郡文学。《汉书》卷七十六《王尊传》"师事郡文学官，治《尚书》、《论语》，略通大义"，是他们所教的与朝廷的博士无异。地方学制，王莽曾有所发展。《汉书》卷十二《平帝纪》："元始三年夏，安汉公（王莽）奏……立官稷及学官，郡国曰学，县、道、邑、侯国曰校，校、学置经师一人。乡曰庠，聚曰序，序、庠置《孝经》师一人。"不难进一步推测，还有许多以教《艺文志》所列"小学"这一类的塾师，如王充自序中所反映出来的。

治专经问题：清乾嘉学派特强调汉儒专经之学，或称"专门名家"，由此可能引起误解。各人治学的范围有广有狭，治学的次序有先有后、有主有从，可以由若干经而归结于一经，也可由一经而推及其他各经。一个人可由主习之一经而成名，若成名为五经博士，即专代表他主习的一经，但并非说此人只习一经。《儒林传》载谷永说郑宽中"严然总五经之眇论"，但他是以小夏侯《尚书》为博士。胡常受古文《尚书》于庸生，又传《左氏》，但他以《穀梁》为博士。后仓通五经，"说《礼》数万言"，但他以《齐诗》为博士。教授的情形也是一样。申公以《诗》与《春秋》（《穀梁》）教，并不是说他只习《诗》与《春秋》。《汉书》卷七十五《夏侯始昌传》始昌"通五经，以《齐诗》、《尚书》教授"。卷七十二《王吉传》"初，吉兼通五经，能为驺氏《春秋》，以《诗》、《论语》教授"。其他诸人，虽未必能通五经，但断无仅习一经而可成为学问之理。洪亮吉《通经表》中列有由通二经至十一经者若干人，犹为拘滞。我们若就汉儒的奏议加以考查，立可发现专治一经之说之妄。不可因《史》、《汉》的缺文，陷入这种妄说。

齐学、鲁学的问题：清末民初，又出现经学有齐、鲁两派之说，[1] 全是妄生枝节。韦贤们答宣帝之问，"言《穀梁》本鲁学，公羊氏乃齐学也，宜兴《穀梁》"。这是齐、鲁分派的来源。他们这样答复的动机有二：一是揣摩宣帝本欲立《穀梁》的心理，二是他们"皆鲁人也"，出于乡土观念，丝毫没有涉及思想内容，无关于学术异同之辨。《公羊》、《穀梁》的内容本是有出入的，但这种出入决非来自作者不同的地域，在同一地域，甚至在同一师门中，亦可发生很大的出入。所以石渠的大辩论涉及整个五经及《论语》、《孝经》，何尝有齐、鲁分疆的痕迹。若以经学之根源言，则远肇于周公而集结于孔门，殆皆可谓出于鲁。若以《公》、《穀》两传之作者而言，则已如前述，两传决非仅出于公羊、穀梁两人之手，且两人在传中亦非居于重要地位，而参与《公羊传》的决不可皆谓为齐人，参与《穀梁传》的亦决不可皆谓为鲁人。《公羊传》中之有齐方言，无关于事实与大义。《公羊传》中无阴阳观念而《穀梁传》中有之，乃来自它成立的时代较公羊为后。《穀梁传》中采用了《公羊传》，未尝以其是齐人为嫌忌。若以汉初的传承而言，则传穀梁的申公，固为鲁人，而传公羊的董仲舒则为赵人。以后的传授，和其他各经一样，只受人事机缘的影响，并未受到地域的影响。《诗》有齐、鲁、韩三家，不能分为齐、鲁两派。且申公受于浮丘伯，而浮丘伯为齐人。《论语》有齐、鲁、古文三种，其文字、篇章之异，已由张禹以鲁《论》为主，加以整理划一，亦无由再分。齐、鲁因开国精神的不同，而齐又出一管仲，在思想

---

[1] 唐晏《两汉三国学案》即提倡此说。

性格上应与鲁有所差异，但这依然要追到人的因素上去。齐、鲁壤地相接，若齐、鲁可以地域划分学派，准此以推，其纠结纷扰将至无法清理的程度。

（十）由古文到古学——刘歆《让太常博士书》

因五经博士们对经学的垄断而又低能，激出了刘歆们的《让太常博士书》，对博士作了总的批评与暴露，并由此书而发展出东汉经学中与博士相抗的古学，这在经学史上是一个转折点，是一件大事。古学虽由古文孳演而出，但古学已突出了古文的范围。

如前所述，古文、今文的不同，有如后世版本的不同，在学术上仅是校勘、训诂上的问题，不足以构成学术上的重大争论。所以刘歆对今文《尚书》的批评只有两点：一是"残缺"，二是"脱简"、"间编"。博士们对此不敢作正面答复，而只是"以《尚书》为备，谓左氏不传《春秋》"，把问题加以横蛮地抹煞。其所以构成争论，乃来自博士们对自己所受、所传以外的，一概加以排斥，并不仅是以今文排斥古文，对他们传承以外的今文也同样排斥。但博士们并不曾以所排斥的为伪。清今文学家则于五经博士所不敢斥为伪的，则一概斥其为伪，奇谈怪论，层出不穷。今欲加以清理，只能回到刘歆、房凤、王龚三人所共同负责的《让太常博士书》上面。此书不仅揭露了今古文之争的本来面目，且也是对五经博士作了一个总的批评。此书的权威性是由三点构成的：（一）是刘歆的父亲刘向博极群书，世传《鲁诗》，又通《韩诗》，这都是今文。既习《穀梁》，又通《公羊》，[①]也都是今文。所

---

① 具见于拙著《刘向〈新序〉、〈说苑〉的研究》一文，收入《两汉思想史》卷三。

以刘歆并不曾反对今文。（二）是刘歆与王龚们共同校书，可以同样看到中秘古文，而房凤习《穀梁》，《穀梁》是今文。他们的见闻较五经博士们为广，态度较五经博士们为客观。（三）是他们这封信，是写给在经学上有权威地位而又有强大的政治背景的五经博士，对他们提出了揭露性的批评，冒着很大的危险，决不敢讲假话，以致授人以柄。所以师丹也只能以"非毁先帝之所立"的政治理由来反击。因此，这封信在西汉经学史上有非常重要的地位。清今文学家全力攻击刘歆，因为"底案"在刘歆手上。所以钞录在下面。《汉书》卷三十六《刘歆传》：

> 及歆校秘书，见古文《春秋左氏传》，歆大好之。时丞相史尹咸以能治《左氏》与歆共校经传，歆略从咸及丞相翟方进受，质问大义。初，《左氏传》多古字古言（按此指当时外间流行之本），学者传训故而已。及歆治左氏，引传文以解经，转相发明，由是章句义理备焉。歆亦湛靖有谋，父子俱好古，博见强志，过绝于人。歆以为左丘明好恶与圣人同，亲见夫子，而《公羊》、《穀梁》在七十子后，传闻之与亲见之，其详略不同。歆数以难向，向不能非间也，然犹自持其《穀梁》义。及歆亲近，欲建立《左氏春秋》及《毛诗》、逸《礼》、古文《尚书》，皆列于学官。哀帝令歆与五经博士讲论其义，诸博士或不肯置对，歆因移书太常博士，责让之曰："……及夫子没而微言绝，七十子终而大义乖。……陵夷至于暴秦，燔经书，杀儒士，设挟书之法，行是古之罪，道术由是遂灭。汉兴，去圣帝明王遐远，仲尼之道又绝，法度无所因袭，时独有一叔孙通略定

礼仪，天下唯有《易》卜，未有他书。至孝惠之世，乃除挟书之律，然公卿大臣绛（周勃）、灌（灌婴）之属咸介胄武夫，莫以为意。至孝文皇帝，始使掌故朝错从伏生受《尚书》。《尚书》初出于屋壁，朽折散绝，今其书见在，时师传读而已。《诗》始萌芽，天下众书往往颇出，皆诸子传说，犹广立于学官，为置博士。在汉（《文选》无"汉"字）朝之儒，唯贾生而已。至孝武皇帝，然后邹、鲁、梁、赵颇有《诗》、《礼》、《春秋》先师，皆起于建元之间。当此之时，一人不能独尽其经，或为雅，或为颂，相合而成。《泰誓》后得，博士集而读之。故诏书称曰：'礼坏乐崩，书缺简脱，朕甚闵焉。'时汉兴已七八十年，离于全经，固已远矣。及鲁恭王坏孔子宅，欲以为宫，而得古文于坏壁之中，逸《礼》有三十九篇，《书》十六篇。天汉之后，孔安国（《汉纪》"国"字下多一"家"字）献之，遭巫蛊仓卒之难，未及施行。及《春秋》左氏丘明所修，皆古文旧书，多者二十余通，藏于秘府，伏而未发。孝成皇帝闵学残文缺，稍离其真，乃陈发秘藏，校理旧文，得此三事，以考学官所传，经或脱简，传或间编。传问民间，则有鲁国柏（桓）公、赵国贯公、胶东庸生之遗学与此同，抑而未施。此乃有识者之所惜闵，士君子之所嗟痛也。往者缀学之士不思废绝之阙，苟因陋就寡，分文析字，烦言碎辞，学者罢老且不能究其一艺，信口说而背传记，是末师而非往古。至于国家将有大事，若立辟雍、封禅、巡狩之仪，则幽冥而莫知其原。犹欲保残守缺，挟恐见破之私意，而无从善服义之公心。或怀妒嫉，不考情实，雷同相从，随声是非，抑此三学，以《尚书》为备，谓左氏为不传《春秋》，岂不哀哉？今圣上德通神明，继统扬业，亦闵文学错乱，学士若兹，虽昭其情，犹依违谦让，乐与士君子同之，故下明诏，试《左氏》可立不？遣近臣奉指衔命，将以辅弱扶微，与二三君子比意同力，冀得（兴起）废遗。今则不然，深闭固拒而不肯试，猥以不诵绝之，欲以杜塞余道，绝灭微学。夫可与乐成，难与虑始，此乃众庶之所为耳，非所望士君子也。且此数家之事，皆先帝所亲论，今上所考视，其古文旧书皆有征验，外内相应，岂苟而已哉？夫礼失求之于野，古文不犹愈于野乎？往者博士，《书》有欧阳，《春秋》公羊，《易》则施、孟，然孝宣皇帝犹复广立《穀梁春秋》，梁丘《易》，大、小夏侯《尚书》，义虽相反，犹并置之。何则？与其过而废之也，宁过而立之。传曰：'文武之道未坠于地，在人。贤者志其大者，不贤者志其小者。'今此数家之言所以兼包大小之义，岂可偏绝哉？若必专己守残，党同门，妒道真，违明诏，失圣意，以陷于文吏之议，甚为二三君子不取也。"其言甚切，诸儒皆怨恨。是时名儒光禄大夫龚胜，以歆移书上疏深自罪责，愿乞骸骨罢。及儒者师丹为大司空，亦大怒，奏歆改乱旧章，非毁先帝所立。上曰："歆意欲广道术，亦何以为非毁哉？"歆由是忤执政大臣，为众儒所讪，惧诛，求出补吏，为河内太守，以宗室不宜典三河，徙守五原，后复转在涿郡，历三郡守。数年，以病免官。

按《移书》，汉初所传的《春秋左氏传》并非出于孔壁，特在秘府中又发现了古文本。又由"传问民间"数语及"内外相应"之语考之，则《春秋左氏传》固早已流布民间，即古文《尚书》中由孔安国以今文读之的二十九篇亦已流布民间。《春秋左氏传》之流布，由汉初至歆《移书》时已有约二百年之久，其必为今文无疑。古文《尚书》"孔安国以今文读之"，亦必以今文写之，其所以继续称为"古文《尚书》"，乃说它是由古文而来的《尚书》，以与伏生的二十九篇相别。其与伏生今文《尚书》不同者，乃个别文字之异。至于较伏生所传今文多出的十六篇，因未以今文写出流传，仅在秘府可以看到，所以刘歆《移书》中仅称"《书》十六篇"，这才只有古文。"《礼》古经五十六卷"中，有《仪礼》十七篇已在外流行，所以《移书》只称"逸《礼》三十九篇"，这也只有古文。由此可以了解，在民间流布的《春秋左氏传》及古文《尚书》皆今文，特因刘歆们校书而在秘府中发现了古文《春秋左氏传》，有如后人对某书发现了古写本或宋版一样，更增加了此书的声价。对《尚书》则发现了较流行的古今文《尚书》外，更多出了十六篇，《礼》古经较流行的今文《仪礼》多出逸《礼》三十九篇。博士们若仅因其为古文而反对立官，则对有今文本的《左氏传》及以今文写定的古文《尚书》二十九篇，便没有反对的理由。所以这一公案，不是用今文、古文之争所能概括，所能说明的。

《移书》对设立五经博士后，博士们由政治给与特别地位因而在学术上所发生的反作用，作了总的批评。可分为四点：（一）是博士们章句之业，只是"分文析字，烦言碎辞"，这是他们"因陋就寡"，在自我封闭的小圈子里而又不能不有所表现的必然结果。"学者罢老且不能究其一艺"，他们的章句成了学术前进的重大障碍。（二）是博士们的治学方法，"信口说而背传记，是末师而非往古"。"口说"是指师对弟子的口头讲授，"末师"是指及身承受的讲授之师。只相信末师的口头讲授，而不去阅读讲授以外典籍；只是以自己的师为是，而不向上去追究根源，于是博士们的"师法"成为手工业中的学徒制度，从广阔的学术天地完全隔开了。这对学术而言，不是向前开拓而是向后萎缩。（三）是博士们彻底自私的心态是"犹欲保残守缺，挟恐见破之私意，而无从善服义之公心。或怀妒嫉，不考情实，雷同相从，随声是非"，"专己守残，党同门，妒道真"。（四）是指出博士们自欺欺人，扼杀学术的情形。"以《尚书》为备，谓左氏为不传《春秋》"，"欲以杜塞余道，绝灭微学"。《尚书》残缺，伏生未尝讳言，故汉儒无不知之。博士们为达到垄断的目的，乃假神怪以造谣谓"或说《尚书》二十九篇者，法曰（北）斗与七宿，四七二十八篇，其一日斗矣，故二十九是也"，[①] "或说"者，正博士们所造的谣言。他们不仅排斥古文，即已与二十九篇编入在一起的后得《泰誓》及由河间献王所献的《周官》，[②] 亦因他们的歧视而早告亡失。刘歆《移书》义正词严，是非昭如日月，使当时的博士，慑伏而不敢抗一言；龚胜、师丹，惭怒而不能置一辩。乃皮锡瑞生近二千年后，正学术自由、久蛰思奋之会，却悍然倡"义以相反，安可并置；既知其过，又何必存，与其过存，无宁过废"[③] 之谬说，煽学术凭政治以

---

① 见王充《论衡·正说》篇。

② 按《周官》已与《书》二十九篇编在一起，贾公彦《序周礼废兴》引马融《周官传》，言之甚为著明。其来源只能推测为出于河间献王所献。我在《〈周官〉成立之时代及其思想性格》一书中，作了详细的讨论。

③ 见皮著《经学历史》一书中"经学昌明时代"。中华书局印行，周予同注释本，页八一。

专制的毒焰，构事实随己意而有无的谎言，自欺欺人，诳今诬古。康有为对刘歆所举的典籍，一概斥之为出于刘歆的伪造，皮氏知康氏之说难以成立，只好硬着头皮讲这种横蛮的话。今日言经学、言经学史，必首先反清末的今文学派的原因在此。

这里顺便对东汉的"古学"①与西汉所称的"古文"的问题加以澄清。"古文"指的是先秦以篆体所写的典籍，东汉也常用此名词，所指的与西汉无异。"古学"则是由刘歆们所发展出来的观念，指的是被博士们所排斥的一组经典。刘歆们在《移书》中与博士相抗的有力口号之一，以博士们"是末师而非往古"，博士们所守的是"末师"，而刘歆们所提出的经典是"往古"，"古文"即是"往古"的证明。

刘歆所给与东汉经学的影响很大。不仅桓谭"数从刘歆、扬雄辨析疑义"，孔奋"少从刘歆受《春秋左氏传》"，并且东汉经学的开山大师郑兴，"天凤中将门人从刘歆讲正古义"，贾逵之"父徽，从刘歆受《左氏春秋》"，②马融、郑玄之绪皆由此出。《移书》中的"往古"乃"往古之学"，刘歆本指的是古文《左氏春秋》、古文《尚书》十六篇、古文逸《礼》三十九篇，这是"往古之学"与"古文"合一的。但顺着这一线索发展出的东汉初年桓谭、杜林、卫宏、郑兴、贾逵们所提出的"古学"，则不是以今古文划分的，不仅其中有古文，也有今文。严格地说，只有名义上的古文（古文《尚书》），并无实质上的古文。他们对博士们的"末师"而提出"古学"，和韩愈们对当时的"时文"而提出"古文"，以取

---

① 《后汉书·杜林列传》"皆长于古学"，《郑兴列传》"兴好古学"，《郑玄列传》"古学遂明"皆是。

② 皆见《后汉书》各本传。

得高一层的立足点的情形是相同的。被博士们压抑的经典，以《左氏春秋》、《穀梁春秋》、古文《尚书》、《毛诗》四者为代表。《穀梁》虽经宣帝的努力，得立于学官，但刘歆所要立官的，除《移书》中的古文《尚书》、《左氏传》、逸《礼》外，尚有传中所提出的《毛诗》。此时《穀梁》尚保有官学的地位。但逸《礼》三十九篇，也和《尚书》多出的十六篇一样，因其为秘府古文，并未在外流布，所以东汉儒生所说的古文《尚书》，决未将十六篇包括在内，而逸《礼》三十九篇，不复为东汉儒生所称道。进入东汉，《穀梁》终被博士们排挤出来，所以东汉的十四博士，是《易》的施、孟、梁丘，《书》的欧阳、大小夏侯，《诗》的齐、鲁、韩，《礼》的大戴、小戴、庆氏，《春秋》公羊的严氏、颜氏，其中没有《穀梁》。于是东汉的古学，主要指的是古文《尚书》、《毛诗》、《左氏》与《穀梁春秋》。这是由刘歆所倡导的古文《尚书》、《毛诗》、逸《礼》、《左氏春秋》的自然演变。东汉帝室因《左氏传》的影响，大体是同情古学的，所以章帝建初八年"诏诸儒各选高才，受《左氏》、《穀梁春秋》、古文《尚书》、《毛诗》，由是四经遂行"（《后汉书·贾逵列传》）。灵帝光和三年六月"诏公卿举通《尚书》、《毛诗》、《左氏》、《穀梁春秋》各一人，悉除议郎"（《后汉书·灵帝纪》）。灵帝诏中的《尚书》，必然是古文《尚书》，因今文《尚书》有欧阳、大小夏侯三家博士，无劳特别选受，更不必以议郎为出路。这四经中，《穀梁》、《毛诗》，本以今文行世，这只要留心《儒林传》及《汉志》著录的情形即可明了。大行于东汉的《左氏传》，决非刘歆把秘府中的古文《左氏传》擅自取出流布，而只是民间今文《左氏传》的流布，古文《尚书》乃是孔安国"以今文读之"的古文《尚书》，名为古文，而流布的实际是今文，刘歆们并没有把多出的十六篇取出流布，所以贾逵在章帝前称道古文《尚书》，只说"与经、传、《尔雅》训诂相应"，以后来的语言表达，即是说古文《尚书》的版本比伏生今文《尚书》的版本好些，因文字多本义，所以与《尔雅》训诂相应，这在版本学上是极易了解的情形。但决没有提到多出的十六篇。两次诏书都提到这四部书，虽未出古学之名，以免与朝廷的学制相抵触，但与各古学经师治经的情形相对照，这四部书即是"古学"的主要内容，是决无可疑的。并且这已脱出古文、今文的字体范围，也是至为明显的。乾嘉学派把古文、古学混而为一，是莫大的错误。但东汉古学是来自刘歆，其由古文演进到古学，脉络是很分明的。因刘歆的影响，好古学的人同时也习《周官》，不过刘歆未尝把《周官》说成古文，东汉初年儒者也没有把《周官》说成古文。把《周官》说成古文，始于许慎、马融。"古学"由"古文"的观念演进而来，《周官》在马融以前，没有人承认它是来自古文，则两次诏书中未将它列入，也是当然的。

三、西汉的经学思想

《史》、《汉》之《儒林传》只能看出经学的传承，不能看出经学的意义。若经学无意义，则其传承亦无意义。经学的文字是客观的存在，但由文字所蕴涵的意义则须由人加以发现，而不是纯客观的固定的存在。发见常因人因时代而不同，所以经学意义的本身，即是一种进动的历史产物，对它必须作"史的把握"，才可接触到它在历史脉搏中的真生命。中国过去涉及经学史时，只言人的传承，而不言传承者对经学所把握的意义，这便随经学的空洞化而经学史亦因之空洞化，更由经学史的空洞化，又使经学成为缺乏生命的化石，则此一代表古代文化大传统，在中国现实生活中的失坠，乃必然之事。即使不考虑到古代传统的复活问题，为了经学史自身的完整性，也必须把时代各人物所了解的经学的意义，作郑重的申述。这里把它称为"经学思想"。此是今后治经学史的人应当努力的大方向，我在此作一尝试。

（一）汉初经学思想

1. 陆贾

首先提醒汉代统治者的文化意识的是陆贾。他为刘邦以通俗而有韵的语言，陈述了以儒家仁义之教为中心的文化大义，使刘邦听了感到很新鲜，而命名为"新语"。《新语》中在《道基》第一中，先给刘邦以概略的宇宙观及历史观。在历史观中，把由神农到奚仲，创造人民物质生活必需条件的称为"先圣"；在建立刑政之后，更"设辟雍庠序之教，以正上下之仪，明父子之礼，君臣之义，使强不凌弱，众不暴寡，弃贪鄙之心，兴清洁之行"的称为"中圣"；而以"定五经，明六艺，承天统地，穷本察微，原情立本，以绪人伦……以匡衰乱"的称为"后圣"。这几句话，可以说是他对五经、六艺所作的总评价，其归结乃在"以绪人伦"一语。"人伦"是将人分为父子、君臣、夫妇、长幼、朋友等不同的类，而各赋予以适合其类的基本义务，以建立人与人的合理关系，因而建立有秩序的谐和社会，所以"伦"含有"伦类"、"伦理"二义。陆贾亲历暴秦因刑政之苛，人伦道丧，再加以五年战争的大破坏，社会失掉了运行的常轨，所以他认定当时政治的急务便在重建人伦的关系，使社会能在有秩序的谐和中得到安定，于是他所把握到的五经、六艺的意义，便在使已经紊乱了的人伦重新得其条理（绪），这即是他所说的"绪人伦"，"绪人伦"即所以"匡衰乱"。五经、六艺之所以能"绪人伦"，是因为它能继承天生物的仁（承天），统括地成物之义（统地），穷治乱之本（穷本），察得丧之微（察微），原于人情的自然（原情），建立人道的根本（立本），由此而提出人伦之教。所以人伦之教，实贯通于五经、六艺之中，为五经、六艺意义的归结。

人伦之教，虽因伦类之不同，而所要求的伦理不一，但伦理之所以成其为伦理，伦理之所以能在政治、社会、人生上发生根源性的作用，因为它（伦理）都是由五经、六艺的"承天统地"的仁义所贯通的。所以五经、六艺的基源的意义，便可用"仁义"两字加以概括。"仁"是人类之爱，"义"是事物之宜，以人类之爱，行事物之宜，这是伦理真精神之所在。他在《道基》第一中说：

> 百姓以德（恩）附，骨肉以仁亲。夫妇以义合，朋友以义信。君臣以义序，百官以义承。曾、闵以仁成大孝，伯姬以义建至贞。守国者以仁坚固，佐君者以义不倾（倾邪）。君以仁治，臣以义平。乡党以仁恂恂，朝廷以义便便。……阳气以仁生，阴节以义降（疑当作"成"）。《鹿鸣》以仁求其群，《关雎》以义鸣其雄。《春秋》以仁义贬绝，《诗》以仁义存亡。乾坤以仁和合，八卦以义相承。《书》以仁叙九族，君臣以义制忠。礼以仁尽节，乐以礼（疑当作"义"）升降。仁者道之纪，义者圣之学。学之者明，失之者昏，背之者亡。

陆贾对"仁义"两字的用法，非常有分际，尤其是他对夫妇、朋友、君臣、百官的关系，特强调一个"义"字，意义深远。事物之宜，为人所持循，即成为人立身之节。"君臣以义制忠"，这种忠便不是人臣对人君片面顺从的关系。由此可以了解陆贾把五经、六艺的基源意义，应用到人伦中，也就是应用到现实的人生、政治、社会中，都非常恳到深切，而不是肤语套语。所以五经、六艺，在他是活的而不是死的。①

2. 贾谊

刘歆在《让太常博士书》中谓"在汉朝之儒，唯贾生而已"的贾谊，他融合道、法、儒三家思想，以建立一完整的哲学系统，而以六艺为这一哲学系统的承当与实现。可以说他赋予六艺以极崇高的地位。他在《新书·道术》篇中说了道是虚的本性，及道与术接物的情形，而所谓"术"，却是仁、义、礼、信、公、法，及举贤使能等在政治上的效用，更进一步，把五十五种人生价值、智能，也即是将一切人生价值、智能，皆作为道体的内容。在《六术》篇中说明由道而德的创生情形。德自身含有"道、德、性、神、明、命"的"六理"，此六理应理解为人生价值智能的总括。德因有此六理，便可创生万物，此六理即蕴含于各物的生命之中，为各物所自有，而称之为"六法"。在德之自身称为"六理"，为各物所具有的称为"六法"。实质上，六理、六法是一件事。六法可由内向外实现，而成为仁、义、礼、智、圣、乐的六术、六行。就其由内通向外的情形而言，称为"六术"，术是一种通道，就其

---

① 我有《汉初的启蒙思想家——陆贾》专文，收在《两汉思想史》卷二，可以参阅。

可以成为行为而言，称为"六行"。实质上，六术、六行是一件事。总的意思，德以其价值智能的全体创造了人，人因而也具有价值智能的全体。但贾生又认为：

> 然而人虽有六行，微细难识，唯先王能审之。凡人弗能自至，是故必待先王之教，乃知所从事。是以先王为天下设教，因人所有，以之为训；道（导）人之情，以之为真（现实上的真）。是故内法六法，外体六行，以与（兴）《书》、《诗》、《易》、《春秋》、礼、乐六者之术，以为大义，谓之六艺。令人缘之以自修，修成则得六行矣。六行不（"不"字疑衍）正，反合六法。艺之所以六者，法六法而体六行故也，故曰六则备矣。（《六术》篇）

贾生在《六术》篇中以"六理"为道德创生的基本条件与性格，在《道德说》篇中又提出德"有道、有德、有仁、有义、有忠、有密"的"六美"。德的六理、六美，因创造阴阳天地、人与万物，而同时即赋予于阴阳天地、人与万物，通过六艺而把它表著出来。他说：

> 六理六美，德之所以生阴阳天地、人与万物……是故著此（指六理六美，下同）竹帛谓之《书》，《书》者此之著者也，《诗》者此之志者也，《易》者此之占者也，《春秋》者此之纪者也，礼者此之体者也，乐者此之乐者也。……
>
> 《书》者著德之理于竹帛，而陈之令人观焉，以著所从事，故曰"《书》者此之著者也"。《诗》者志德之理而明其

指，令人缘之以自成也，故曰"《诗》者此之志者也"。《易》者察人之精德（作"精于德"理解）之理与弗（否），循而占其吉凶，故曰"《易》者此之占也"。《春秋》者，守往事之合德之理与不，合而纪其成败以为来事师法，故曰"《春秋》者此之纪者也"。礼者体德理而为之节文，成人事，故曰"礼者此之体者也"。乐者《书》、《诗》、《易》、《春秋》、礼五者之道备，则合于德矣，合则欢然大乐矣，故曰"乐者此之乐者也"。

他认为能修治（实现）《诗》、《书》、《易》、《春秋》、礼之道，便可与创造阴阳天地、人与万物之德，合而为一，由此以言五经所含价值的崇高、广大，因而具有无限创造的效能。他的"尊经"，远超过后儒"尊经"之上。六经的序列，经过他作了新的安排，可知他是下过了一番真实工夫，而古典的意义，我已经说过，不是一种存在而是由人加以发现，贾生把六艺安放在他的哲学构造中来发现六艺的总括性的意义，认为这是由形上向形下的落实，而形下的落实即是形上的实现。总括性的意义，是由各别意义的抽象而来，这中间实已含有由形下推向形上的历程，形上、形下的往复成为他哲学的构造，所以六艺在他的哲学构造中的地位，是出自他的真实的感受，并不是凭空说一场大话。西汉儒生常把经安放到与天同等的地位，其源实启自陆贾与贾谊。但不仅陆贾把五经、六艺的意义认为人情所固有，所以他特提出"原情"两字。即使贾谊把六艺的道理提升得这样高，但依然要说这是"因人所有"，这与《中庸》的"以人治人"的意思是相合的。

通过《新书》看，贾谊对六艺的评价无分轩轾，但对于礼，他下了更多的工夫，在《新书》中有《礼》篇及《容经》，作了较详的发挥。因为他的哲学系统，是要形上在形下中实现，这便含有严格的实践的要求，而礼正是成立于由内容到实践之上，礼即是实践。我在《贾谊思想的再发现》一文 ① 中曾说："在贾谊心目中，礼是人的行为的规范，是政治结构、社会结构中的精神纽带及组织原理，而在经济中则又为对一般人民生活的保证，及对特殊利益者的一种限制。汉初儒生，面对着大一统的帝国，而要赋予以运行的轨迹，使其能巩固安定，并且要在皇权专制政治之下，建立人与人的合理关系，使每个人能过着有秩序而又谐和的生活，以贾谊为代表的儒生，便只有集结整理儒家由孔子以来的礼的思想，以作为法治的根据及教化的手段与目标。真正的法治，只有在礼的政治、社会的精神纽带中，才可运行而不匮。大、小《戴记》的成立，淮南门客特长于言法、言礼，董仲舒以《礼》与《公羊》相结合，司马迁著《史记》特立《礼书》、《乐书》，都是在此一大背景之下，约百年之间，儒生所追求的合理的政治、社会的大方向。"所以他们心目中的"礼"，是与"礼教吃人"恰恰相反的。《礼》篇中有一段话是：

> 礼，天子爱天下，诸侯爱境内，大夫爱官属，士庶各爱其家。失爱不仁，过爱不义。故礼者，所以守尊卑之经、强弱之称者也。……君仁臣忠，父慈子孝，兄友弟敬，夫和妻柔，姑慈妇听，礼之至也。……故飨饮之礼，先爵于

---

① 此文收在《两汉思想史》卷二。关于礼的部分见页一三九至一五二，经的部分见页一五七至一七〇，可以参阅。（编者注：现礼的部分见页一二八至一四一，经的部分见一四六至一五八。）

卑贱而后贵者……故礼者所以恤下也。……国无九年之蓄，谓之不足；无六年之蓄，谓之急；无三年之蓄，国非其国也。……乐也者，上下同之。故礼，国有饥人，人主不飧；国有冻人，人主不裘；报囚之日，人主不举乐。……故礼者自行之义，养民之道也。受计之礼，主所亲拜者二，闻生民之数则拜之，闻登谷则拜之。

所以由礼所建立的伦理关系，不仅是义务对等的伦理关系，而且政治上是一贯以爱民恤下为心的伦理关系。汉初百年所言的礼，都是为解决现实问题的礼，这与乾嘉学派们专在古器物上用心的礼有本质上的分别。

3. 淮南王安的宾客

从今日可以看到的《淮南子》一书加以考查，淮南王安的宾客中，虽以道家及方士为主，但也包含有一个出色的儒家集团在里面。而《主术训》则是想融合儒、道两家的思想以建立政治的规范，但不知不觉地因现实的问题而侧重到儒家。《修务训》、《泰族训》则主要由儒家执笔。[①]五经在《淮南子》中的分量远不及《老子》的重要，但也不是完全没有引用。《汉书·艺文志》中录有《淮南》、《道训》二篇，班固注为"淮南王安聘明《易》者九人，号九师法"。所以《淮南子》中引用最多的是《易》，其次是《诗》，再其次是《春秋》的《公羊传》。论及经学意义的有的

---

① 我有《〈淮南子〉与刘安的时代》专文，收入《两汉思想史》卷二。对此有较详细的讨论。

是近于道家的立场，有的是站在儒家的立场。近道家立场的一段
话是：

> 百川异源而皆归于海，百家殊业而皆务于治。王道缺而
> 《诗》作，周室废、礼义坏，而《春秋》作。《诗》、《春秋》，
> 学之美者也，皆衰世之造也。儒者循之以教导于世，岂若
> 三代之盛哉！以《诗》、《春秋》为古之道而贵之，又有未
> 作《诗》、《春秋》之时。夫道其缺也，不若道其全也。诵
> 先王之《诗》、《书》不若闻得其言，闻得其言不若得其所
> 以言。（《氾论训》）

《泰族训》是站在儒家立场写的，所以这一篇引用《诗》、《易》
最多，其义最纯。其论及五经大义的一段话是：

> 五行异气而皆适调，六艺异科而皆同道。温惠柔良者
> 《诗》之风也，淳庞敦厚者《书》之教也，清明条达者《易》
> 之义也，恭俭尊让者礼之为也，宽裕简易者乐之化也，刺
> 几（讥）辩义者《春秋》之靡也。故《易》之失鬼，乐之
> 失淫，《诗》之失愚，《书》之失拘，礼之失忮，《春秋》之
> 失訾。六者圣人兼用而财（裁）制之，失本则乱，得本则
> 治；其美在调，其失在权。

上面的话中，以"清明条达"言《易》，由此可窥见九家《易》的
突出智慧。他们提出"兼用而财制之"、"其美在调"的观念，又
特别提出"本"的观念，通过其他有关文字看，他们之所谓"本"

是指仁义，或指礼义而言。以仁义、礼义统摄六艺，使六艺成为一贯的思想系统。把两个观念合在一起，则将六艺推上一层看，有共同的普遍性，此即所谓"本"，将六艺落下一层看，则各艺有各艺的特殊性，在特殊性中各有长短，所以应"兼用而财制之"。这是针对现实，使六艺成为活的思想去加以把握。这段话可能是受了《礼记·经解》的影响而修正了，也向前推进了一大步，同时也可反映出强调所谓"专经"观念的鄙陋。

下面一句话是把六艺的价值作极其量的陈述：

> 夫观六艺之广崇，穷道德之渊源。达乎无上，至乎无下。……其所以鉴观，岂不大哉。

4. 董仲舒

董仲舒以《公羊春秋》名家，但班固谓："仲舒所著皆明经术之意。"又谓："仲舒遭汉承秦灭学之后，六经离析，下帷发愤，潜心大业，令后学者有所统一，为群儒首。"[1] 由此可知他是镕铸六经和《论语》以为学，镕铸六经和《论语》以释《公羊》的。他的《天人三策》，也正可反映出这一点。在《天人三策》中，言《春秋》者九，引《诗》者五，引《书》者二，而其中言唐虞三代者皆本于《书》；引《易》者一，言礼、言乐在教化及经济生活上的重大意义；引《论语》者十三，引曾子者一，引有孟子之言而未出其名。《三策》可以说是今日可以看到的《春秋繁露》一书的拔萃，而他表现在《仁义法》第二十九中说："《春秋》之所治，

---

① 以上皆见《汉书》卷五六《董仲舒传》。

人与我也。所以治人与我者,仁与义也。以仁安人,以义正我。"
这是他对《公羊春秋》的总结,也是他所把握到的儒家思想的总
结。他所言《公羊春秋》之义,我在《先秦儒家思想的转折及天
的哲学的完成》一文中,作了较详细的讨论,[①]此处不再重复。他
在对策中谓"孔子作《春秋》,上揆之天道,下质诸人情,参之于
古,考之于今。故《春秋》之所讥,灾害之所加也;《春秋》之所
恶,怪异之所施也"。他把《春秋》的意义,与天的意志结合在一
起。从五经形成的历史看,大致上是周初所继承的天的观念逐渐
向下落,落到人的身上,由人的行为善恶代替天解答吉凶祸福的
问题,于是人所占的地位日重,而天的分量反日轻,轻到退居于
不太明显的薄雾里。战国中期前后,天道随阴阳观念的兴起而重
新彰着,首先受到影响的是《易传》,但《易传》也只说到"《易》
之为道也,与天地准",并未说《易》道即是天道。到汉儒由贾、
陆起,把五经、六艺与天道连结起来,发展到董仲舒而以阴阳言
天道,推拓到无所不包,所以我说他是"天的哲学的完成";再把
《春秋》与天道结合起来,使以《春秋》为代表的五经,也随天道
的无所不包而也无所不包。顺着此一方向,再由夏侯始昌、京房、
翼奉们向前推展,形成经学的新面貌、新传统,我站在知识的立
场、站在历史把握的立场,认为他们所说的不是真实的,也是与
历史不符的,所以我说这是一个歧途。而这个歧途,到了西汉末
期,已开始感到需要加以矫正。但换另外一角度看,他们把经学
与天道连结在一起,把人间世的一切活动,尤其是政治权力、社

---

① 此文收入《两汉思想史》卷二,有关董氏《春秋》学的部分,见页三二九至三七〇。
(编者注:现为页三〇四至三四四。)

会生活等，都包括在经学之内，由他们所学的经学来作解释、作审判，这反映出他们的胸襟气象是非常宏阔，他们的精神是植根得非常深广的。正因为如此，他们才可面对大一统的皇帝，经常提出直言极谏。或许也可以这样说，战国时代的游士们，可以用"古之有也"的"古"去抗衡统治者，及统治者由王而进为皇帝，仅一个"古"还不够抗衡的分量，便再加上一个"天"。并且从知识的观点说，我们认为他们所说的经与天的关系是不真实，也是不需要的，这是经过了三百年的科学洗礼，更有一套科学去担负这方面的解释责任。但在两千年前，没有近代科学的成就，可是当时的人，却有要求了解今日科学家作为研究对象的权利，于是当时的儒生，更须担负今日科学家所担负的解释的责任。我们不应以今日的科学知识去绳尺他们，而只能推服他们尽到了历史所课予他们的责任。但不要忽视，董仲舒"上揆之天道"，还要"下质诸人情"，不能确切的天道，落下来"质诸人情"，便有确切而真实的内容，有确切而真实的意义了。对汉儒把经学与天道结合在一起的各种说法，都要顺着此一方向去了解。

董仲舒在《春秋繁露》卷一《玉杯》第二，有一段总论六艺的话，可与上引《淮南子》中的一段互相发明。兹抄录如下：

> 君子知在位者之不能以恶服人也，是故简六艺以赡养之。《诗》《书》序其志，礼、乐纯其美，《易》《春秋》明其知。六学皆大，而各有所长。《诗》道志，故长于质；礼制节，故长于文；乐咏德，故长于风；《书》著功，故长于事；《易》本天地，故长于数；《春秋》正是非，故长于治人。

5. 司马迁

曾从董仲舒受《公羊春秋》，并能挹其英华、去其芜累的司马迁，[①] 对六艺的意义也有较集中的叙述。《史记》卷一一七《司马相如列传》赞：

> 太史公曰：《春秋》推见至隐，《易》本隐以之显，《大雅》言王公大人而德逮黎庶，《小雅》讥小己之得失，其流及上。所以言虽外殊，其合德一也。

这里只提到《春秋》、《易》及《诗》的《大雅》、《小雅》。史公以《春秋》与《易》互为表里。《自序》引"《易》曰，失之毫厘，差以千里"，"毫厘"是统治者的动机，即所谓"几"，即所谓"隐"，"千里"是统治者的行为及行为的结果，即所谓"显"。史公认为《易》是由统治者动机的邪正以推断出由动机所引起的行为与其结果的，而《春秋》则由统治者的行为、结果以推见其所以有此行为、结果，乃来自统治者的隐微之地的动机。《易》与《春秋》都是把统治者的动机、行为、结果的因果关系彰著出来，使统治者无法逃避自己应负的责任，由此以作为判断人类行为的准绳（义法）。《诗·大雅》之所以言及王公大人，并不是因为王公大人的权势，而是因为他们的德惠能下及于众庶，否则王公大人不值得称道。《小雅》刺讥个人的得失，并揭明这种得失乃来自在上的统治者。所以《易》、《春秋》、《诗》，都对现实政治有劝惩规整的

---

① 此点在收入《两汉思想史》卷三《论〈史记〉》的一文中有较详的叙述。有关此点的叙述，见页三二〇至三二一。（编者注：现为页二九一至二九二。）

重大意义。他特为司马相如立传，是认为司马相如文学上的成就，与《易》、《春秋》及大、小《雅》之义相合，这也可以看作他对文学所指出的大方向。《史记》卷一二六《滑稽列传》：

> 孔子曰：六艺于治，一也。礼以节人，乐以发和，《书》以道事，《诗》以达意，《易》以神化，《春秋》以道义。

上面一段话，是继承先秦以来的通说。他针对当时政治、社会的危机，特别重视礼、乐的意义，所以在《史记》中特作《礼书》、《乐书》，特针对当时严重的政治问题，以言礼、乐的意义。[①] 但史公也和董仲舒一样，是把六艺的意义集注于《春秋》，由《春秋》加以统贯。《十二诸侯年表》序：

> 是以孔子明王道，干七十余君莫能用，故西观周室，论史记旧闻，兴于鲁而次《春秋》，上记隐，下至哀之获麟，约其辞文，去其烦重，以制义法，王道备，人事浃。

《自序》：

> 余闻董生曰："周道衰废，孔子为鲁司寇，诸侯害之，大夫壅之。孔子知言之不用，道之不行也，是非二百四十二年之中，以为天下仪表，贬天子，退诸侯，讨大夫，以达

[①] 请参阅《论〈史记〉》一文，有关此点的讨论见《两汉思想史》卷三页三六一至三六八。（编者注：现为页三三一至三三八。）

王事而已矣。"子曰："我欲载之空言，不如见之于行事之
深切著明也。"夫《春秋》，上明三王之道，下辨人事之纪，
别嫌疑，明是非，定犹豫，善善恶恶，贤贤贱不肖，存亡
国，继绝世，补敝起废，王道之大者也。

上面一段话，等于是董仲舒言《春秋》意义的精华。又接着评述
六艺之功用后，更归结到《春秋》说：

《易》著天地阴阳四时五行，故长于变；礼纲纪人伦，
故长于行；《书》记先王之事，故长于政；《诗》记山川溪
谷、禽兽草木、牝牡雌雄，故长于风；乐乐所以立（疑作
"生"），故长于和；《春秋》辨是非，故长于治人。是故礼
以节人，乐以发和，《书》以道事，《诗》以达意，《易》以
道化，《春秋》以道义。拨乱世反之正，莫近于《春秋》。
《春秋》文成数万，其指数千，万物之聚散，皆在《春秋》。
《春秋》之中，弑君三十六，亡国五十二，诸侯奔走不得
保其社稷者不可胜数。察其所以，皆失其本（指礼义）已。
故《易》曰："失之毫厘，差以千里。"故曰："臣弑君，子
弑父，非一旦一夕之故也，其渐久矣。"

更说：

故《春秋》者，礼义之大宗也。夫礼禁未然之前，法施
已然之后，法之所为用者易见，而礼之所为禁者难知。

《春秋》通过行为因果关系的叙述，把"礼之所为难知"的彰著出来，使其成为易知，因而可为天下后世仪表。一部震古铄今的《史记》，便是在六艺，尤其是在《春秋》启发之下乃得以出现的。

（二）汉中期以后的经学思想

I. 由社会层面进入政治层面

前面所述的经学思想，乃存千百于十一的经学思想，因为许多有思想的经师的著作都已亡佚了。此时的教学是立足于社会之上的教学，经学思想也主要是传播于社会之上的经学思想。这才是罢黜百家，独尊儒术，改杂家博士为五经博士的强有力的背景。五经博士成立以后，开辟了儒生凭经学以进入仕途的门径，也敞开了经学由社会层面直接进入政治层面的通道。但武帝一代的精神、物质都通过酷吏及言利之臣，倾注到穷兵黩武与纵心逞欲方面，除了初期用了一个曲学阿世的公孙弘及偶然缘饰儒术外，政治中的儒学气氛非常稀薄。经过昭帝始元六年（公元前八一年）霍光利用贤良文学议罢盐铁以打击桑弘羊等，取得完全擅政之实，但儒生也得此机会，正式针对现实，在朝堂上作了一次以孔子为中心的经学意义的宣扬。影响所及，宣帝虽本"以霸王道杂之"，[①]而实以霸（法家）为主，但经学在朝廷政治中的气氛一天浓厚一天，经元帝、成帝、哀帝而极盛。这主要表现在儒生的奏议方面。西汉文、景之盛，一般知识分子的活动主要表现在辞赋上，宣帝以后则主要表现为儒生的奏议，在这些奏议中，气象博大刚正，为人民作了沉痛的呼号，对弊政作了深切的抨击，这都是由经学

---

① 《汉书》卷九《元帝纪》宣帝告元帝为太子时语。

教养中所鼓铸而出，为以后各朝代所难企及。此正说明经学的意义，已由社会的层面升到政治的层面。所以我在这里总地说一句，贾山《至言》、董仲舒《天人三策》以后，宣、元、成、哀各代的经学意义，是通过他们的奏议而表现出来的。没有经学，便不能出现这些掷地有声的奏议。虽然其中多缘灾异以立言，但若稍稍落实地去了解，则灾异只是外衣，外衣里的现实政治社会的利弊是非，才是他们奏议中的实质。他们对现实政治社会的利弊是非，能观察得这样真切，能陈述得这样著明，是出于他们平日与人民为一体之仁，及判断明决、行为果断之义。这正是由经学塑造而来。所以两汉经学，除死守章句的小儒外，乃是由竹帛进入到他们的生命，再由生命展现为奏议，展现为名节的经学。这除宋代的理学家外，与一般人所了解的经学，尤其是与两部正续《皇清经解》所代表的清代经学，有本质上的差异。关于这一点，我希望能另以专文陈述，此处只简单地提破。下面略就经学在政治层面伸展的历程，及奏议中对经义说得比较直接而完整的，稍加叙述。

2. 经学在政治层面伸展的历程

经学在政治层面伸展的历程，可从诏令加以考查。

刘邦得天下后，特注意法令。在六年十二月的《赦诏》中，以当时功臣"身居军九年，或未习法令"为言，又"廷尉所不能决，谨具为奏，傅所当比律令以闻"，这是使政治上轨道的初步工作。在十一年《求贤诏》中谓"盖闻王者莫高于周文，伯者莫高于齐桓，皆待贤人而成名"。这是受到陆贾的影响，而粗枝大叶地接触到儒家的典籍，但未尝直接引用到五经、六艺。惟魏相表奏

　　　　　　　　　　　中国经学史的基础

引高皇帝所述书天子所服第八，^① 则显已受《吕氏春秋》十二纪纪首的影响。十二纪纪首后编入《礼记》，遂成为经学中组成分子之一。不过在他手敕太子的敕令中谓"吾遭乱世，当秦禁学，自喜谓读书无益。洎践祚以来，时方省书，乃使人知作者之意。追思昔所行，多不是"。^② 这已开启了帝室从事学问的端绪。文帝虽好刑名，但已进一步受到儒家思想的影响，不仅元年三月《养老诏》中引"孟子曰，老者非帛不暖，非肉不饱"，十三年五月除肉刑诏中引《诗》曰，恺悌君子，民之父母"，^③ 且元年正月《答有司请建太子诏》中提出"今纵不能博求天下圣贤有德之人，而嬗天下焉"的观念，二年十一月日食求言诏提出"乃举贤良方正能直言极谏者以匡朕之不逮"的要求，二年正月（按实即夏正的十二月）《开籍田诏》中"朕亲率耕，以奉宗庙粢盛"，十三年四月《劝耕桑诏》中谓"朕亲率天下农耕，以供粢盛；皇后亲桑，以供祭服"，尤其是孝弟力田、恤孤敬老、重本抑末的社会政策，及减刑、减税、躬行节俭等等，不能说他不是受了儒家思想的影响。更重要的是，文帝即位之初，命诸儒生博士采摭古今，成立《王制》一篇，欲以建立政治最高典范。他们虽未能完全按照实行，但此后因人因事，不能不直接、间接发生提斯规整的意义。例如其中的学校、选举、储蓄等，都发生了相当的作用，而使民之力每年不过三日，一直到二十世纪六十年代之初，对邓拓等还发生了对现实批判的启发。也可以说，文帝已有意识地想在儒家经典中寻找有意义的导向。这对汉代乃至对后代的政治思想而言，是一件大

---

① 见《汉书》卷七四《魏相传》。
②《古文苑》卷四。
③ 由此可以反映出赵岐谓文帝立一经（《诗经》）博士及传记博士之可信。

事。但文帝教导他的儿子景帝的，是由晁错传习的法家思想，而对景帝及武帝具有很大权威的窦太后，则是"素好黄、老术，非薄五经"（《武帝纪》）。因此，在景帝的诏令中，未尝引用儒家经传，但他继续发展了文帝的重本抑末的政策，用了辕固、董仲舒等为博士，及保全辕固免于诛戮之祸等，只能说他对儒家比较疏远，但未尝特加贬黜。到了武帝，则情形为之一变，诏令中常直接引用到经传，此即《武帝纪》赞所谓"号令文章，焕焉可述"。自此以后，经传在诏令奏议中的作用，也就是当时常常说到的"经义"的作用，有如今日政治中决定大是大非的法制乃至宪法。例如武帝援《春秋》复九世之仇之义以击匈奴，吕步舒以《公羊》治淮南大狱，隽不疑援《春秋》以收缚"自谓卫太子"的男子，魏相援《春秋》以夺霍光家族的权势；宣帝"博问经学之士，有以应变"，元帝赐诸葛丰书"勉处中和，顺经术意"，报贡禹"守经据古，不阿当世"；成帝使王商诘问贾捐之弃珠崖之议，亏先帝功德，"经义何以处之"，《孛星求直言诏》"明以经对，无有所讳"，白虎殿策方正直言"天地之道何贵……当世之治何务，各以经对"，引孔子放郑声以罢乐府；哀帝以"皆背经义"蠲除改元之制书；元王皇后以"僻经妄说"罢申屠刚，以"诡经辟说"罢马宫，以"朝臣论议，靡不据经"策王莽九锡；平当"辄傅经义言得失"，张敞"以经术自辅"，王尊援"经所谓造狱"以悬磔嫛母之子，匡衡"朝廷有政议，傅以经对，言多义法"等，可略见一般。这里便出现另一现象，经传在诏令奏议中的意义，每随人而不同，这正证明孔子所说的"人能弘道，非道弘人"的道理。也恰如今日政治落后地区，统治者所说的宪法、法治，与社会所要求的宪法、法治可以完全相反，是相同的情形。但总的来说，依然可以发生

　　　　　　　　　　　中国经学史的基础

补救的作用，及维系政治上的大纲维于不坠。以武帝的骄泰，但在《封五子制》中说"且天非为君生民也"，在封皇子制中以周室独尊康叔为"褒有德也"，在《复高年子孙诏》中说"辅世长民莫如德"，在《诏贤良》中向慕"周之成康，刑错不用"，《议不举孝廉者罪》中向慕"本仁祖义，褒德禄贤"的"五帝三王"，《赦诏》中引《易》与《诗》说明他"嘉唐、虞而乐殷、周"，在《劝学诏》中说"盖闻导民以礼，风之以乐"，在《遣谒者循行天下诏》中、《遣博士褚大等循行天下诏》中，都存问鳏寡孤独废疾、禁兼并奸猾，在《振流民诏》中、《遣博士循行赈饥诏》中，都"下巴蜀之粟"以赈饥民，最后以哀痛之情，罢轮台屯田之议，认为"当今务在禁苛暴，止擅赋，力本农，修马复令以补缺，毋乏武备而已"，使汉室危而复安，未尝不是由经术收补救之功。元、成、哀三朝，是由外戚、宦官、佞幸三种人专政，经义所发生的补救、规整乃至教养上的作用，是不应加以抹煞的。至武帝引《易》乾之飞龙鸿渐以封栾大，哀帝引《书》的"用德章厥善"以封董贤，元王后自己"僻经妄说"，培育王氏，反以此罪申屠刚、马宫，这在今日也不乏其例，乃是少数中的少数，徒成为历史的笑柄。

　　皇室对太子的教养，自武帝以后，多以经传为教材，由出色的儒生担任教授，虽然不能达到教养的目的，此乃专制体制中传子的形势使然，不能因此而抹煞此事的重大意义。《汉书》卷六三《武五子传》"戾太子据……少壮，诏受《公羊春秋》，又从瑕丘江公受《穀梁》"。卷六六《蔡谊传》"谊说《诗》，甚说之，为光禄大夫、给事中，进授昭帝"。卷七三《韦贤传》"征为博士、给事中，进授昭帝《诗》"。卷五九《张安世传》"宣帝以皇曾孙收养掖庭，贺（张贺）教《书》，令受《诗》"。卷六八《霍光传》"孝武皇帝曾孙病已（即宣帝）……今年十八，师受《论语》、《孝经》"。卷七一《疏广传》"皇太子年十二，通《论语》、《孝经》"。卷七八《萧望之传》"为太傅，以《论语》、《礼服》授太子（元帝）"，卷八十八《儒林传》欧阳地余、夏侯胜为太子太傅，撰《尚书》、《论语说》，夏侯建、周堪皆以《尚书》为太子少傅，孔霸以太中大夫授太子（《书》）经，张游卿以《诗》授元帝，严彭祖、疏广皆为太子（元帝）太傅，所以元帝所受经学最深。郑宽中以博士授太子（成帝）《尚书》，卷八一《张禹传》"诏令禹授太子（成帝）《论语》"，韦玄成、韦赏以《诗》授哀帝（《儒林传》）。这里所举的并不完全。

3. 奏议中所直接提出的经学意义

现在再从奏议对经义直接而具有概括性的言论，作举例性的陈述（次序略按《全汉文》）。

《汉书》卷六十《杜钦传》"杜钦白虎殿对策：'臣闻天道重信，地道贵贞。不信不贞，万物不生。生，天地之所贵也。王者承天地之所生，理而成之，昆虫草木靡不得其所。王者法天地，非仁无以广施，非义无以正身。克己就义，恕以及人，六经之所上也。'"他不是以"克己就义，恕以及人"来概括六经之义，前面所言天地之所贵、王者之所法，皆可概括于经义之中。杜钦在此处系牵就策问的格局（见《汉书》原文）以为言。"所上"犹言"所先"，意谓经义弘富，而以"克己就义，恕以及人"为先，这是针对成帝的生活情形来说的。且就《论语》颜渊问仁，孔子答以"克己复礼为仁"；子贡问有一言而可以终身行之者乎，孔子答以"其恕乎"观之，杜钦是深于《论语》，其言颇为切至。

《汉书》卷七十五《眭弘传》，弘从嬴公受《春秋》(《公羊春秋》)，为议郎。他上书谓"先师董仲舒有言，虽有继体守文之君，不害圣人之受命。汉家尧后，有传国之运。汉帝宜谁差(使)天下，求索贤人，禅以帝位，而退自封百里，如殷、周二王后，以求承顺天命"。霍光以他"妄设妖言惑众"，把他杀掉了。按"天下为公"是儒家经学的最基本的微言，而董氏秉承此一微言得赖眭孟传承下来，也和韩婴的微言得赖盖宽饶拼掉性命传承下来一样。①

《汉书》卷七十八《萧望之传》上《请选谏官疏》"朝无争臣，则不知过，国无达士，则不闻善。愿陛下选明经术、温故知新、通于几微谋虑之士，以为内臣，与参政事"，是他以经术可以养成诤臣达士。

《汉书》卷八十一《匡衡传》《言政治得失疏》中要元帝"昭无欲之路，览六艺之意"。《劝经学威仪之则疏》中有一段话，说得比较具体，他说："臣闻六经者，圣人所以统天地之心，著善恶之归，明吉凶之分，通人道之正，使不蔽于其本性者也。故审六艺之指，则天下人之理，可得而和，草木昆虫，可得而育，此永永不易之道也。及《论语》、《孝经》，圣人言行之要，宜究其意。"通于六艺之义，可以使人不蔽于其本性，此即《中庸》所谓"天命之谓性，率性之谓道，修道之谓教"，乃穷根究柢之言。

王式谓他事昌邑王，"以三百五篇谏"，这在刘向、匡衡的谏疏中可以看出明显的例证。匡衡《言治性正家疏》"臣闻治乱安危之机，在乎审所用心"，"又闻室家之道修，则天下之理得，故

---

① 《汉书》卷七十五《盖宽饶传》："又引韩氏《易传》言五帝官天下，三王家天下。家以传子，官以传贤。若四时之运，功成者去，不得其人则不居其位。书奏……遂下宽饶吏，宽饶引佩刀自刭北阙下，众莫不怜之。"

《诗》始国风,《礼》本冠、昏。始乎国风,原情性而明人伦也;本乎冠、昏,正基兆而防未然也"。针对成帝好色宠内,而上《戒妃匹劝经学威仪之则疏》中"《诗》云'茕茕在疚',言成王丧毕,思慕意气未能平也。盖所以就文武之业,崇大化之本也。臣又闻之师曰,匹配之际,生民之始,万福之泉。婚姻之礼正,然后品物遂而天命全。孔子论《诗》,以《关雎》为始。言太上者民之父母,后夫人之行不侔乎天地,则无以奉神灵之统,而理万物之宜。故《诗》曰"窈窕淑女,君子好逑"。言能致其贞淑,不贰其操,情欲之感,无介乎容仪,宴私之意,不形于动静,夫然后可以配至尊而为宗庙王。此纲纪之首,王教之端也"。这是发挥《诗》的大义,以匡谏成帝后宫淫乱的情形。

匡衡在祔高祖、孝文孝武庙时谓"故动作接神,必因古圣之经。……又祭祀之义,以民为本",这都有其实际的意义。

西汉儒生不把叔孙通所制的礼当作礼,而一直是由古礼来追求礼在时代中的意义。朝仪制定后,因与皇权专制者的要求相合,这不是儒生可以动摇的。但武帝为满足他骄奢愚妄的心理以实行封禅,当时儒生因此以礼所未有,且亦为礼所不许,故奉命议定仪式,终不敢随意驰骋,以顺从武帝的侈心,于是封禅之仪不得不出于方士之手,即此一端,也可窥见礼所发生的消极作用。宣、元、成时代,以宗庙、祭祀为中心,不断发生礼的争论。在这些争论中,儒生秉持经义礼意,不惜直接与皇帝、皇室相对立,虽然他们在这方面的主张终未能贯彻,但亦可由此以窥见礼的真实意义。

西汉淫祠遍于天下,这种迷信,实耗费大量民脂民膏,于是儒生要复郊礼以罢淫祠,在政治上是一件大事。一直要到成帝时代,匡衡、张谭始"条奏,长安厨官、县官给祠,郡国候神方士

中国经学史的基础

使者所祠，凡六百八十三所，其二百八所应礼，及疑无明文，可奉祠如故；其余四百七十五所不应礼，或复重，请皆罢。奏可。本雍旧祠二百（《地理志》称'三百'）三所，唯山川诸星十五所为应礼云，若诸布、诸严、诸逐皆罢。杜主有五祠，置其一。又罢高祖所立梁、晋、秦、荆巫、九天、南山、莱中之属，及孝文渭阳、孝武薄忌泰一、三一、黄帝、冥羊、马行、泰一、皋山山君、武夷、夏后启母石、万里沙、八神、延年之属，及孝宣参山、蓬山、之罘、成山、莱山、四时、蚩尤、劳谷、五床、仙人、玉女、径路、黄帝、天神、原水之属皆罢"（《汉书》卷二五《郊祀志》）。

刘邦以平民取得天下，要神化自己及他的家族，在郡国立庙，到宣帝时"凡祖宗庙在郡国六十八，合百六十七所。而京师自高祖下至宣帝与太上皇、悼皇考，各自居陵旁立庙，并为百七十六。又园中各有寝、便殿，日祭于寝，月祭于庙，时祭于便殿。……一岁祠，上食二万四千四百五十五，用卫士四万五千一百二十九人，祝宰乐人万二千一百四十七人，养牺牲卒不在数中"。这种浪费实在可观。贡禹、韦玄成等以天子七庙之礼为立言的根据，奏请在礼制以外者皆宜罢毁（以上见《汉书》卷七十三《韦玄成传》）。

上述两事，虽不断反复，并未完全实现，但我们今日试读王吉、贡禹、韦玄成、匡衡、谷永、杜邺等的奏议，便不能不承认，他们心目中的礼不仅是专制迷雾中的一盏明灯，而且他们争持的基本动机乃是出自生民的休戚，这是可用"封建"两字，抹煞五经中的礼在现实中重大意义的一端吗？

《汉书》卷七十五《翼奉传》"奉奏封事曰……天地设位，悬日月，布星辰，分阴阳，定四时，列五行，以示圣人，名之曰道。圣人见道然后知王治之象，故画州土，建君臣，立律历，陈成败，以示贤者，名之曰经。贤者见经，然后知人道之务，则《诗》、《书》、《易》、《春秋》、礼、乐是也。《易》有阴阳，《诗》有五际，《春秋》有灾异，皆列终始，推得失，考天心，以言王道之安危"。按夏侯始昌承董仲舒之流，将经学加以神秘化。翼奉从后仓受《齐诗》，而后仓事夏侯始昌。翼奉把夏侯始昌的阴阳五行灾异之说，更向前推前一步，推到在子丑寅卯等十二辰上生根，又转而与人的情性结合在一起，不仅以此言灾异，且以此为知人之术。这里不深入探讨，仅指出他把天道与圣经，不从抽象的原则，而从具体的事物结合在一起，这是董仲舒将《春秋》与天道相结合后的向前演变。班固把睦孟、夏侯始昌、夏侯胜、京房、翼奉、李寻六人汇为一传，这是与纬书有密切关连，要把经学与天道从以阴阳灾异为桥梁，演出各种奇特构想的歧途、别派。班固在赞中本张禹之意谓"然子贡犹云，夫子之文章可得而闻，夫子之言性与天道不可得而闻已矣"，[①]又谓这种构想是由"假经设义，依托象类"而来，作这种构想的人得不到好结果，所以"仲舒下吏，夏侯囚执，睦孟诛戮，李寻流放，此学者之大戒也"。这不是班氏一个人的意见，而是西汉末期在经学发展上必须有的回转。

4. 扬雄心目中的经学意义

才高学博，思深业勤，完全能摆脱学术中的神秘气氛，且鄙视博士们章句之陋，其识力足以度越一代的，当推扬雄。扬雄的

---

① 《汉书》卷八十一《张禹传》，成帝时，"吏民多上书言灾异之应，议切王氏专政所致"，成帝忧问张禹，禹答以"灾变之异，深远难见。故圣人罕言命，不语怪神。性与天道，自子贡之属不得闻，何况浅见鄙儒之所言"。他说这段话的动机，虽因"年老子孙弱"，恐为王氏所怨，但在学术上也需有此一转机，以恢复经义的本来面目。

思想，是由道家回归到儒家的。他的《太玄》，是儒、道两种思想的结合，而《法言》则完全立足于儒家之上。《法言》的体制仿《论语》，其中称颂孔子、颜渊的分量特别重，则他的推尊《论语》，无俟多论。下面简录《法言》中有关五经的议论。

（一）观书者譬诸观山及水，升东岳而知众山之逦迤也，况介（小）丘乎？浮沧海而知江河之恶沱（浊水不流之貌）也，况枯泽乎？舍舟航而济乎渎者末矣，舍五经而济乎道者末矣。弃常珍而嗜乎异馔者，恶睹其识味也；委大圣而好乎诸子者，恶睹其识道也。（《吾子》篇）

（二）虞夏之书浑浑尔（深大），商书灏灏尔（夷旷），周书噩噩尔（不阿借），下周者其书谯乎（酷烈）。（《问神》篇）

（三）或问圣人之经不可使易知与？曰，不可。天俄（俄顷）而可度，则其覆物也浅矣；地俄而可测，则其载物也薄矣。大哉！天地之为万物郭，五经之为众说郭。（同上）

（四）书不经，非书也；言不经，非言也。言、书不经，多多赘矣。（同上）

（五）或问经之艰易（孰艰孰易），曰，存亡（指经之存亡）。或人不谕，曰，其人（司马光以"人"当作"文"）存则易，亡则艰。延陵季子之于乐也，其庶矣乎！如乐弛，虽札末如之何矣。（同上）

（六）或问五经有辩乎？曰，惟五经为辩。说天者莫辩乎《易》，说事者莫辩乎《书》，说体者（体，行为的合理形式）莫辩乎《礼》，说志者莫辩乎《诗》，说理者莫辩乎

《春秋》。舍斯，辩亦小矣。(《寡见》篇)

（七）或问天地简易而圣人法之，何五经之支离？
曰，支离盖其所以为简易也。已简已易，焉支焉离？
(《五百》篇)

（八）或问泰和，曰，其在唐、虞、成周乎？观《书》
及《诗》温温乎，其和可知也。(《孝至》篇)

（九）周康之时，颂声作乎下，《关雎》作乎上，习治
也；齐桓之时缊（乱），而《春秋》美邵陵（据《公羊传》)，
习乱也。故习治则伤始乱也，习乱则好始治也。(同上)

（十）或曰，经可损益与？曰，《易》始八卦，而文王
六十四，其益可知也；《诗》、《书》、《礼》、《春秋》，或因
或作，而成于仲尼，其益可知也。故夫道非天然，应时而
造者，损益可知也。(《问神》篇)

上述的（五）我以为是暗指博士们不承认古文《尚书》、逸《礼》
及《左氏传》，在文献上抱残守缺，所以章句再繁，也愈讲愈糊
涂。他的意思是认为要经学容易为人接受，首须在文献上求完备。
（九）是说经的兴起与时代的关系，因此而有（十）的"经可损
益"，损益是随时代的发展而发展的结果。就文献上说，只应有益
而无损，所以下文都是说的益；就内容与时代的适应性来说，则
当然应有所益，也应有所损。这段话，不仅是为他自己造《太玄》
以拟《易》作辩护，也反映出他对学术的发展史观。（二）与（八）
是他读《诗》与《书》时所得的"统一的感觉"，（七）可以说是
他所提出的治经的方法。"支离"是指意旨之繁。他的意思是由意
旨之繁中得出简易之归，这种简单是有涵盖性、有条贯性、有真

实内容的，一下手即求简易，便成为挂空之论。他正式提出经学意义的是（一）、（三）、（四）、（六）四项，而以（一）最为重要。了解了（一）的意思，其他三项也自然了解。

首先，扬雄把五经比为东岳、沧海，把《诸子》比为众山、介丘、江河、枯泽，因而说出（三）的"五经之为众说郛"，这是不是一种夸大？但只要想到五经是长期的古代文化，经过批判、选择、集结而成，便知道扬氏的比喻决非夸大。有哪一位作家，在内容与形式上能与一部《诗经》相比；有哪一人的政治论说，能与一部《书经》的深醇与规模相比；《易》是"人更三圣，世历三古"而成，扬雄以《太玄》拟《易》，我相信他自己也知道《太玄》决不能及《易》；礼、乐更是由长期积累而来，不能成于任何一人之手。《春秋》以三传为羽翼，"其指数千"，诸子固然望尘莫及，后人在编纂上虽有发展、进步，但在"其指数千"的这一点上又谁能及《春秋》。诸子乃以一个人一个人为单位，一个人的经验与智慧，如何能与积累唐、虞、三代以下逮春秋时代的经验与智慧相比。所以五经可以孕育、范围（郛）诸子百家，而诸子百家中的任何一子一家决不能孕育、范围五经，这是一种事实。刘彦和《文心雕龙·宗经》篇"百家腾跃，终入环内"，正是"五经之为众说郛"的另一表现。

（一）的以"常珍"比五经中的大圣，以"异馔"比诸子，在与前引的比譬互相对照之下，不能不承认扬氏所把握到的经义的深纯。"常珍"是寻常所需要而又寻常可以得到的珍贵食物，如菽粟、鸡豚之类。"异馔"是"非常时"所需要而也只在非常情形下能得到的异味，如今日的所谓"山珍海错"。人的生命持续，是靠常珍而不是靠异馔，常珍有利而无弊，异馔有利亦有弊。五经中的《诗》是直接发抒性情，更经过《诗》教的反省的，所以这是与正常生活连结在一起，得性情之正，亦即《诗》序所谓"发乎情，止乎礼义"。礼、乐都是"人情因而为之节"而为之宣泄的，周代礼、乐依《诗》而行，所以礼、乐的究极意义，也是得性情之正。《书》、《易》、《春秋》中所含的义旨，都由实践的反省，由经验的反省而出，都可以说是顺人的性情之正以教人，也为性情之正以教人，也为性情之正的人所能知、所能行的。匡衡对这种情形，便以"使不蔽于其本性"一语加以概括，而扬氏则比譬之为"常珍"，用另一语句来表达五经中大圣之道，都是匹夫匹妇可以"与知"、"能行"的中庸之道，它之所以能流注于二千余年中，其本身本质，几乎可以说是有益而无害的原因在此。诸子之言，常由性情之所激、思维之所推演，而发为偏至奇特之言，以快一时之意，其光彩常掩五经之教而上之，这不能不说是一种思想学术上的成就，而且也是宝贵的成就。但克就政治、社会、人生的实践上说，则诸子只是"异馔"，而五经中大圣之道则是"常珍"。人为了基本生存，不能离开常珍，而异馔则在可有可无之列。扬氏的话，有总结西汉所把握到的经义的重大意义。

5. 经学意义在汉代的回顾

由文帝命博士们纂定《王制》起，经武帝立五经博士，设博士弟子员，开儒生正规进入仕途之路，经义在政治思想上居于总揽专断的地位。但这是仅就思想上说。若就现实上说，则西汉乃至两汉的政治，是以皇权专制为政体，以刑罚为运行的骨干，为政治的基底；以儒家之教为思想的纲维，为政治的面貌。这也即是宣帝所谓"王霸并用"。彻底是霸，生民之道必穷；彻底是王，专制的政体必变。两者的矛盾对立，由专制的皇帝或皇帝所信任的外戚、宦官加以统一，加以制衡，统一、制衡的轻重，关系于统一、制衡者的品格、智慧。但即在儒教对政治影响最微弱时，也必赖与儒教相暗合的若干政令以维持安定，有如西汉开国之初；即在儒教声势最盛时，也不能动摇构成专制政治的基底，更不能触及皇权专制政体的自身，有如元、成时代。我们可由此以了解西汉乃至两汉的政治局势，更可由此了解两千年中以经学为中心的儒家思想在现实政治中所处的地位。

以五经加上《论语》、《孝经》，作为政治思想的纲维，除《孝经》可能系刘室特加提出 ① 而为儒生所承认者外，余均为儒生在社会上作了数十年的努力，乃收其效于董仲舒、公孙弘。大帝国的政治运行，若没有思想上的纲维，势必陷于迷失混乱。曹参受盖公影响，以黄、老为思想上的纲维，但道家消极的态度，尤其缺乏人伦的建构，事实上不能解决面对的重大问题，结果便完全坠入于"执法之吏"的手上。要有思想上的纲维，在近代民主宪法未出现以前，也只有五经、《论语》有此资格。第一，五经及《论语》在政治的基本立足点，是一切为了人民。政治设施的一切归宿，都是为了人民，并且都是以人民自身固有之道以治人民的，此即《中庸》之所谓"以人治人"。第二，五经是古代政治文化的总结。在此一总结中，政治、社会、人生的视野，较任何一家之说来得广阔，因此也可以容纳任何一家而不加排斥，并且是非利害、成败兴亡的教训，表现得明显而正常。第三，五经、《论

---

① 《汉书》卷六十八《霍光传》，田延年谓"汉之传世，常为孝者（有如孝惠、孝文等皆加一'孝'字），以长有天下，令宗庙血食也"。可知以同姓诸侯王取代异姓诸侯王，即特别重视孝，因而特别重视《孝经》，极有此可能。

语》有一共同趋向，即是政治上要求有言论自由，此即所谓"受言"、"纳谏"。这一点在专制政体之下非常重要，也非常困难。此后二千年中的忠臣义士，常从这种地方得到鼓励，也得到低度的保障。第四，在五经、《论语》中诱导出教育思想，孕育出朝廷与社会的教育设施，要求以教育代替刑罚、减轻刑罚，这对人类运命也有极大的关系。虽然也有坏君、坏人假借经传中的文句以济其私、济其恶，在两汉中假借得最多的，《诗》是"无德不报"，《书》是"车服以庸"，常被假借去封赠佞幸、宦戚之德，而被假借得最毒的是《公羊传》的"人臣无将，将而死"，被假借去以兴起大狱，惨杀无辜。但这究竟是极少数，而且专制者本可以无所不假借。总地说，我们不能不承认在政治结构的矛盾中，减轻了专制的毒害，发生了良好的作用。不过随科举制度的兴起，因儒生的人格与知识直接受到功名利禄的破坏，而经学及《论》、《孟》之书也日益形骸化、麻木化，也即是今日所说的八股化，它所能发生的作用愈来愈小，便不能不作历史上的交替，而退居于思想史的地位了。但要恢复民族的活力，便必须恢复历史文化的活力。要恢复历史文化的活力，便对塑造历史文化的基型、推动文化的基线的经学，应当重新加以反省，加以把握。

　　　　　　　　　　　　　　中国经学史的基础

《周官》成立之时代
及其思想性格

自　序

　　《周官》①的成立年代及其思想性格，是争论了约两千年之久而尚未获得解决的问题。但不仅从经学史、思想史的立场要求这一问题的解决，更因为它牵连之广、影响之大，在研究中国古典的途程上，也要求这一问题的解决。我这篇长约十万字的文章，是为了解决此一问题而写出的。当然这可能只是我主观的愿望或者说是野心。

　　"《周官》乃王莽、刘歆们用官制以表达他们政治理想之书"的结论，似乎前人已提出了一半，即是，宋代已有人说此书是刘歆伪作以献给王莽的，而我仅把王莽在此书得以成立所占的分量加上去。但我所运用的论证方法不是前人所曾涉及，因而我的结论可以说是完全建立在新基础之上。不是如此，我便不会费力写这篇文章了。

　　首先，我从零散的材料中，发现它们共同的目的——用官制表达政治理想的共同目的，因而发现它们相互间的内在关联。更由此以发现这些材料，是思想史中自成系统的一个支派，并且发

_____

①《周官》后又改称"周礼"。改称的情形，文中另有讨论。此依《汉书·艺文志》称"周官"。

现这一系统的支派，由战国末期起在历史中继续发展，一直发展到《周官》的出现而达到高峰，得到总结。由思想系统的发展所证明的《周官》成立的时代，是无法提早或拉迟的时代。

其次，我素不信任以简单抽样的方式来论定一人或一书的思想，也不太信任以几个字或几句话来论定古书的真伪或其年代的先后，除非几个字或几句话可以发生笼罩全局的作用。为了确实把握《周官》的思想，便努力把握《周官》全书的结构及其时代的背景。同时，《周官》全书的结构及其时代背景，也成为《周官》得以成立的时代的证明。所以我是运用系统的、集体的材料，来作我论证的根据，前人没有下过这种工夫。正因为如此，所以全文的辩论，仅限于马融、许慎、郑玄、贾公彦，而附带及于朱元晦、孙诒让、皮锡瑞、廖平及钱穆，其他十余年中纷纭之见，则同者听其自同，异者听其自异，不复特加论列。

为了避开授课时间的干扰，本文动笔于一九七九年四月之末，至九月初始写成初稿，又花了一个多月的整理时间。因为牵涉太多，自知其中难免错误，所以要友人刘殿爵教授为我过目一遍，我知道他对先秦及西汉的重要典籍都做了细密的研究工作，而又是肯向朋友提出不同意见的学者。这篇自序，待他过目提出意见后才动笔的原因在此。我在文章中引用了《国语·齐语》的材料，他把《齐语》和《管子》的《小匡》篇作了一个字一个字的对比，认为《齐语》、《小匡》都是根据一种共同材料的来源，不是谁钞袭谁的，而以《小匡》篇较多保存了材料的原来面貌，这一观点和我的说法稍有出入，而他的论证更为细密。但他对我认为《齐语》较《小匡》为有条理，所以我引用《齐语》而未引用《小匡》的意见则完全相反。经他的细心对比，《小匡》的条理实较《齐语》为优，

　　　　　　　　　　　《周官》成立之时代及其思想性格

他的意见是绝对正确的，我借此机会加以更正。所以不再将原文变动，固然是因为这不牵涉到基本论点，尤其是我要保存原貌，以警惕自己落笔的不可轻率。此外，还是正了些字句上的遗误。

我指出王莽们在作《周官》时用了些奇字、僻字乃至自造了些字，许慎因误推《周官》为古文，遂援引以作原形原义的说明，"率多颠倒不可信"。刘教授针对此点，提供我所忽略的顾实《重考古今伪书考》中，与我意见恰好相反的一段材料，使我有再加反省的机会。因这一点，可能引起更多的争端，所以现将顾氏的说法钞在下面，以便加以考查。顾氏说："《周官》最多有他书不用之古字，如"虣"，"暴"字；"䚶"，"副"字；"灋"，"法"字；"歔"，"渔"字；"擽"，"拜"字；"籓"，"笾"字；"飌"，"风"字；"邍"，"原"字；"丱"，"矿"字；"匫"，"枢"字；"畺"，"疆"①字等。求诸《说文》，"䚶"，籀文"副"；"灋"，古文"法"；"擽"，古文"拜"；"邍"，古文"原"；"丱"，古文"矿"；"匫"，古文"枢"；"畺"乃"疆"字之本字；惟"籓"，古文"笾"作"籓"而稍异，而"虣"、"歔"、"飌"三字则无有也。更求诸钟鼎文，"虣"见寅簋（《博古图》）、"歔"见沇儿钟（《古籀补》）、"邍"见石鼓、"畺"见田季加匜（薛氏）、伯角父敦（《积古》），"灋"见盂鼎，"擽"尤钟鼎中所习见。且殷契中有"飌"即"飌"字（罗振玉《殷墟书契考释》），此后发见，愈足令人狂喜不置……自非《周官》一书早作于西周之世，乌得有此乎。"

按寅簋之"虣"字即"暴"之本字，后假"暴"为之，"暴"行而"虣"废。又石鼓文的"原"字作邍，汉人未见石鼓文，但

---

① 编者注：《重考古今伪书考》原书作"疆"。

《古籀补》收有五字，《古籀补二》收有十一字，《金文编》收有六字，《诗经》中已以"原"代"邍"，"原"行而"邍"废。若仅就此二字而论，当可为顾氏之说作证。但若与顾氏所举其他各字关联在一起加以考查，则《周官》的"虩"字、"邍"字只能算是他们所用的西汉时代的僻字。《周官》中有敼人之官，沇儿钟铭"敼以匽喜"的"敼"字读"吾"（《彝铭会释》一上），从原文看，其非"渔"字甚为显然。《说文》十一下"灛，搏鱼也，从蠡从水。渔篆文灛，从鱼"。《古籀补》从《石鼓文》及遹敦收有两"渔"字，下从"又"，"以手捕鱼也"。契文中有不少渔字，且亦有变形，但决无以"敼"为"渔"。《说文》段注'灛'字下谓《周礼》当从古作鱼人（按契文已有'渔'字，此说非是），作'敿'者近之，作'敼'者非也"。可见《周官》以"敼"为"渔"，系来自他们因好奇而认错了字，正证明他们用此字时与古文之时代相去甚远。

顾氏援罗振玉之说，认为契文中"𩾌"字即《周官》中所用的"飌"字，以证明"飌"字乃风字的古文，事实上恰恰相反。顾氏所提出的是契文中的"鳳"字。罗振玉《殷墟书契考释》谓"考卜辞中诸'鳳'字，谊均为'風'。古金文不见'風'字。《周礼》之'飌'，乃卜辞中'鳳'字之传讹"。这分明说《周官》作者认错了字。

《说文》九下"磺，铜铁朴石也。从石黄声，读若矿。丱古文'矿'（按当作磺），《周礼》有丱人"，段《注》"按《周礼》郑注云，丱之言矿也。贾疏云，经所云丱，是总角之'丱'字，此官取金玉，于'丱'字无所用。……丱之言矿，丱非'矿'字也"。所以段氏把"丱古文磺"两句删掉。王筠《说文句读》"窃疑丱是坏字"。朱骏声《说文通训定声》"按丱者古文'卯'字（段《注》

　　　　　　　《周官》成立之时代及其思想性格

同），《周礼》借卵为磺"。郑、贾、段、王、朱皆未尝以'屮'即'矿'字，更何有于'屮'为'矿'之古文。作《周官》者误用'屮'字，许慎据以为古文，此正许为《周官》所欺之一例。

因《周官》用"畐"字，《说文》四下遂以"畐"为籀文"副"，可谓全无证验。至"篎"、"匲"两字，我在本文中已指出其诬。

"法"字已见于《书》的《吕刑》，至战国时代特为流行。《周官》不用"法"而用"灋"，许慎因以"灋"为本字。《说文》十上"灋，刑也"。顾氏因以盂鼎之"灋"字为证，而不知"灋"乃古"废"字。盂鼎"灋保先王"，此"废"字训大，《尔雅·释诂》"废，大也"。"勿灋朕命"，用"废"之本义。师酉敦的"勿灋朕命"，有的人径将"灋"字隶定为"废"。后人有的以"灋"为"法"，这是因为受到《说文》的影响，而《说文》则是许氏为《周官》所欺。

因《周官》以"畺"为"彊"，于是《说文》十三下"畺，界也"，十二下"彊，弓有力也"，顾氏遂以"畺"为"彊"的本字。契文只有"弜"字，但李孝定《甲骨文字集释》页四〇三五著录"畺"字而不著录"弜"字，契文中何尝有"畺"字？我把《攈古录金文》中的"彊"字约略统计了一下，弓旁在左的（即"弜"）不计重文三十五字：

番君鬲　虢季氏敦　叔夜鼎　文姜彝　虢文公鼎　郑伯匜　苏公子敦　齐侯匜　正考父鼎　丧史锛　□叔朕鼎　丰伯车父敦　陈子匜　叔家父簠　对仲敦盖　叔娟匜　中师父鼎　叔躲簠　陈公子甗　师旦鼎　郜公敦盖　歫仲簠　师汤父鼎　史颂鼎　叔氏宝林钟　趞尊　邾

公华钟　师奎父鼎　曾伯霖簠　虢子盘　宗周钟　兮田盘　颂敦　不娶敦盖　齐侯壶盖

弓旁在右的三字：

叔单鼎　邕子甗　庚午□

变体一字（齐侯壶），没有弓旁的（即"畕"）一字（伯角父敦）。从全般情况看，契文的"彊"，演变而为金文的"彊"，故绝无可疑的"彊"是本字。古代以弓量地，故从弓，把弓旁写在右及没有弓旁，这种移动与增减乃金文中的常例。《周官》作者昧于字源，不知"彊"字从弓之义，遂去弓而以"畕"为"彊"，许慎遂为其所欺，更对"彊"字作望文生义的解释。

《周官》以"撵"为"拜"，于是《说文》十二上"撵，首至地也"。顾氏谓"撵尤钟鼎中习见"，但我把《攈古录金文》中的"拜"字约略统计了一下，大体上可隶定为"拜"字的共二十五字：

师旦鼎　秾卤　史懋壶　吴生钟　季娟鼎　匡簠　受尊　伯裕父鼎　师遽敦　耤田鼎　大鼎　望敦　师舲敦盖　吴彝盖　寰盘　师酉敦　扬敦　大敦盖　善鼎　颂壶　颂敦　卯敦盖　不娶敦盖　齐侯壶　盖盂鼎

其变形不与"拜"字太相似的四字：

康鼎　师晨鼎　录伯戒敦　齐侯壶

可是绝找不出一个字可隶定为"擽"字的。我不能推断《周官》何以用此怪字，许慎遂为其欺。

顾氏提出的字都检讨到了，此时又接到刘教授寄来补充的材料，都是有关《周官》以驭为御，《说文》因以"驭古文御，从又从马"的。我在附注中认为契文、金文中并无"从又从马"的"驭"字，刘教授特指出《韩非子·难势》篇中有一"驭"字，《管子》中两见，《荀子》中八见，又把周法高《金文诂林》有关"御"字的部分影印给我。过去只有人指出，仅《周官》及《尚书》伪古文《五子之歌》"若朽索之驭六马"两处用驭字，而刘教授则更多指出三处，由此可见他读书的细密。但《古籀补》收有十八个御字，《古籀补二》收有九个，《金文编》收有二十三个，《后编》收有二十一个，《金文诂林》收有三十二个，其中当然有的是互相重复。此字最大的演变是契文及早期金文没有从"马"的，后期金文则出现有从"马"的"御"字，但断乎没有"从马从又"的"驭"字。因《说文》的影响力太大，有的人便把本不是"从马从又"的"御"字，也隶定为"从马从又"的"驭"字。例如李孝定《甲骨文字集释》页五八三收有四十五个"御"字，其中没有一个是"从马从又"的。但不仅李氏引董彦堂氏"驭同御"之说，他自己解释《殷虚书契菁华》的一条卜辞时，亦将八十三字隶定为"驭"。其由《说文》而来的错觉，又何待言。这种情形，真是不可一二数。

《周官》和《说文》都是影响力很大的两部书，入唐后尤为显著，"驭"字既不似《周官》中其他怪字的繁复，它亦因此两书之显著而显著，乃情理之常。于是抄书、刻书、著书的人，对"驭"、"御"两字可随意运用，亦情理之常。《韩非子·难势》篇有九个"御"字，八个用的是"御"字，一个用的是"驭"字，我以为这是抄书、刻书时的问题，《管子》、《荀子》上的驳字，也是如此。这种情形，和契文、金文中的"御"字关联在一起考查，应当可以得到结论，否则五经、《论》、《孟》中的"御"字用得很多，何以除伪古文《尚书·五子之歌》外，竟无一"驭"字，更加以《易》、《尚书》、《仪礼》、《春秋》经、《论语》，汉代是皆有古文的。

去年十一月，看到中华书局出版的《文史》第六辑，第一篇是顾颉刚的《周公制礼的传说和〈周官〉一书的出现》的文章。顾氏这篇文章写得比较平实，可惜他所下的工夫不深，材料的把握不够，对材料的条理不密，运用的方法更不周衍，尤其是对许多与他的结论不能相容的具体材料，依然使用疑古派"悬空断案"的传家法宝，说句"在散亡之余，为汉代的儒家所获得，加以补苴增损，勉强凑足了五官"，便交代过去了。他根本不了解《周官》官制的结构，不是他人所能凑数的。他也看出"《周官》明明是法家之书"，但他没有看出这是经过桑弘羊财经政策以后的法家之书，也没有说明既是法家之书，何以又言礼乐，又言教化。他因《周官》的地方政治组织受了管仲内政寄军令的大影响，便说"《周官》我敢断定是齐国人所作"，但他不知道管仲的内政寄军令，与官制无关，而《周官》则是与官制连系在一起，因而同中有异。更不知道《周官》与《周书》的关系，而《周书》可能是出于晋人之手。他从《孟邻堂文钞》看到杨椿"是书非周公作也，疑其先出于文种、李悝、吴起、申不害之徒"的几句话，而惊叹地说"我们读了这几句话，真像获得了打开千年铁门的一把钥匙，知道这原是一部战国时的法家著作"，他根本不知道《管子》一书，仅有两篇是法家的性质，战国法家盛于卫、晋，若以法家思想为论断的主要根据，何以又"敢断定是齐国人所作"？同时为什么不从

《周官》成立之时代及其思想性格

《周官》本身去找打开铁门的钥匙，却会由杨椿几句泛泛的话便得到钥匙？几十年来的风气，研究者不深入到基本材料的堂奥，让基本材料自己讲话，只在基本材料的外面道听途说，便越说越支离了。不过我深为此书可惜，假定顾氏这篇文章在"文化大革命"中提出，则顾氏写文章时所流露的态度，当与现时不同，而《周官》必然从三礼所陷的地狱中冒出来，轰轰烈烈一番，受到最大的尊宠，因为这比从《盐铁论》中弄手脚以捧桑弘羊的法家，要容易而有效得多了。从另一方面说，假定不是中国经过了三十年实践的深刻而广大的教训，我便不可能对这部书有毫无瞻顾的客观了解。不是古为今用的问题，而是"时代经验"必然在古典研究中发生伟大的启发作用的问题。

　　我的这篇长文写得有些汗漫，这一方面是因为我想能在繁复的关联中尽其曲折，另一方面又想把若干应当单独解决的问题，在这篇文章中提出若干解决的端绪，供他人作进一步研究时的参考。而最重要的，则是我现在已真正老了，"笔意不如当日健，鬓边应有雪千痕"，宋人这两句诗，是用来叹息他朋友的衰老，而我现在却常常想起这两句诗来自己叹息自己。因此，不管我有如何的自信或野心，错误必所难免，希望能得到通人硕彦们的教正。对刘殿爵教授的帮助，应捧上无限的谢意。

一九八〇年一月十日于九龙寓所

一、引言

　　我国为了争论一部古典的真伪及其内容的价值，经过时间之久、①所费文字之多，但迄今尚无定论的，应首推《周官》一书。在这些争论中，粗略地可分为三大派：一派主张此书出于周公。刘歆对此，系采用暗示的方法（见后）；东汉杜子春、贾逵、卫宏、郑兴、郑众父子及马融、郑玄，皆信此为周公致太平之书，附和尊信此说者至今不绝。其中朱熹的地位，可以与郑玄并称。然陈澧《东塾读书记》卷七，已指出"郑君亦未尝悉信"，且如后所述，先后郑在《周官》的注释中都极力采撷其他经传，以作此书出于周公的证明，但也遇到很明显的矛盾，使他们无从置辩。而朱子在《孟子集注·万章下》孟子答北宫锜"周室班爵禄"之问的注解中，引"程子曰，孟子之时，去先王未远，载籍未经秦火，然而班爵禄之制，已不闻其详。今之礼书（按指《周官》）皆掇拾于煨烬之余，而多出于汉儒一时之傅会，奈何欲尽信而句为之解乎？然则其事固不可一一追复矣"。在《朱子语类》中，他流露出更多疑难之辞。另一派以此书乃成立于战国时代。贾公彦《周礼注疏》在《序周礼废兴》中谓"林孝存（临硕）以为武帝知《周官》末

① 此书初出时，即受到"众儒并出共排"（马融《周官传》），至今不决。

　　　　　　　　　　　《周官》成立之时代及其思想性格

世渎乱不验之书……何休亦以为六国阴谋之书"。贾疏又在春官序
官下"必引诸文为证者（按指郑玄引郑司农、郑众注），当时张、
包、周、①孟子、何休等，不信《周礼》是周公所制，以为六国时
阴谋之书，故先郑以诸文为证也"。此派因立说较易，蕃演亦最繁，
至现代似已占有优势。然在此一派中，缺少正面有力的论证，且
对《周官》中有不少材料的下限，并不能作合理的解释。第三派
以此书乃出于刘歆。此说始倡于宋人，其中持之最坚者为胡安国、
胡宏父子，②清初经方苞而至今文学家，更腾播极一时之盛。但以
价值作真伪判断的标准，这是过去讨论《周官》时代问题的人所
常犯的弊病，此派所犯这种弊病特为严重。因为宋代所以出现《周
官》出于刘歆的说法，实以反对王安石援《周官》以变法为背景。
他们有时也提出证据，但多半是片断的、考证不精的。清代今文
家则完全陷在今古文的门户之见中来处理这一问题，至康有为而
特为横决。其他游移于三派之间者更不可胜数。③此问题之所以迄
今仍在迷离状态之中，总地说一句，是因为到现在为止，都缺乏
可以笼罩全书大局的论证。但站在治古代思想史的立场上，固然
要解决此一问题；站在一般治古代史及古典的立场上，更应解决
此一问题。因为此一问题，东汉儒生从三方面对治古代史及治古
典的人给了严重的扰乱，不能不先加以澄清。第一，班固在《汉
书》的表（《百官公卿表》），尤其是志中，把《周官》中有关的材

① 据孙诒让《周礼正义》考证，此处之张为张禹，包为包咸，周为周氏，皆当时经师。
② 《朱子语类》卷八十六"《周礼》，胡氏父子以为是王莽令刘歆撰"。胡五峰《皇王大纪》
　　卷十八、十九，文集卷四，皆明斥刘歆作《周礼》。晁说之《嵩山文集》卷一四《辩
　　诬》，亦以刘歆初献之新莽，莽即拜歆为《周礼》博士。
③ 日本宇野精一博士，在昭和二十四年（一九四九）刊有《中国古典学之展开》一书，
　　对中、日有关此书的讨论作了初步的整理，给我很多方便。

料引用进去，以作为周初的信史，这到底可否作为后人言古代史者的根据？第二，许慎著《说文解字》，因信《周官》为古文，援之以说原义乃至原形者且逾百余字。[①] 但略加覆按，率多颠倒不可信，治《说文》者迄今尚不之觉。[②] 第三，郑玄遍注三《礼》，在制度上凡与《周官》不合者，若不能勉强弥缝，则以为殷制或夏制。《王制》本《孟子》以言"周室之班爵禄"，郑更悍然指为殷制。其勉强弥缝者，亦多牵附不能成义。乾嘉学派因尊许、郑太过，其受扰乱为更甚。《周官》成立的时代能确定，则上面三种扰乱亦随之而可以澄清。我先不陷在与前人作片断争论的泥沼中，而只循着两条线索来探索此一问题，一是思想的线索，一是文献的线索。我先说出探索所得的结论是，《周官》乃王莽、刘歆们用官制以表达他们政治理想之书。刘歆的思想，具见于《汉书·艺文志》所删录的《七略》及《汉书·律历志》所根据的《三统历》。他在《周官》中的作用，是把他在《三统历》中所表现的天道思想，应用到《周官》中的序官上面，构成《周官》的格套。格套里面的内容，则多出于王莽。因为《汉书·王莽传》中所表现的王莽的性格与《周官》思想的性格较合。

---

① 今人马宗霍《〈说文解字〉引经考》中的《引礼考》叙例"全书称《周礼》者凡九十五字，称礼者只二十八字。(《说文解字》) 有八字所引亦见《周官》，一字见《礼记》，两字则说《周官》之事，两字则称礼兼称《周官》"。由此可知许氏所采用者在百字以上。

② 例如《说文》卷二下御"古文驭，从又从马"。但在契文、金文中，并未发现"从又从马"的"驭"字。许盖因《周官》用"驭"字而信以为古文，此即其一例。

　　　　　　　　　　《周官》成立之时代及其思想性格

二、以官制表达政治理想的思想线索

《〈四库全书〉总目提要》"《周礼注疏》四十二卷"下：

> ……夫《周礼》作于周初……其东迁以前三百余年，官制之沿革、政典之损益，除旧布新，不知凡几。……于是以后世之法窜入之，其书遂杂。……使其作伪，何不全伪六官而必阙其一，至以千金购之不得哉？且作伪者必剽取旧文，借真者以实其赝，古文《尚书》是也。刘歆宗《左传》，而《左传》所云《礼经》，皆不见于《周礼》。……《仪礼·聘礼》宾行饔饩之物……与《掌客》之文不同；又《大射礼》……与《司射》之文不同；《礼记·杂记》载子男执圭，与《典瑞》之文不同；《礼器》天子、诸侯席数，与《司几筵》之文不同。如此之类，与二《礼》多相矛盾。歆果赝托周公为此书，又何难牵就其文，使与经传相合，以相证验，而必留此异同，以启后人之攻击。然则《周礼》一书，不尽原文而非出依托，可概睹矣。

按《四库全书提要》上面调停之说，言之颇为明辨。但写《提要》的人乃站在后人伪书的情形以作推论，殊不知王莽、刘歆们并无意于作伪，而系要制作一部以官制表达自己政治理想的书，且将以见之于实行。其定名《周官》，后改名《周礼》，乃适应王莽的现实政治要求，但亦始终未明言出于周公。如后所述，莽、歆们的理想之一，是以官制合天道，而天道则表现为各种相关的数字，凡涉及礼制的，必与此种数字的格套相合。此种格套乃经传所未有，所以他们对经传文献，只有片断的取资，以构成自己的体制，并无意于"与经传相合"。他们的另一理想是他们的政治设施，并不想在历史的传承中开始，而要求历史是由他们开始，亦即由"惟王建国"开始。所以王莽称新皇帝，先改居摄三年为初始元年，次年又改为"始建国元年"。《周官》一书特点之一，从未正式称引前言往行，这在古典中是找不出第二部的。他们事实取资了许多文献，这在他们的制作中乃无可奈何之事，与经传不合，正是他们创制时用心之一。

以官制表现政治理想，是在政治思想史中所发展出的一种特别形式。政治赖官职而运行，官职在政治中的重要性，是早经认识到的。但从《诗》、《书》、《左氏传》、《国语》、《周书》及由孔子开始的诸子百家等的有关典籍看，只是从"知人善任"、"近君子，远小人"这些问题上着眼，很少有由官制本身的理想以达到政治理想的思想。以官制表现政治理想，是战国中期前后才逐渐发展出来的，我怀疑始于"三公"一辞之出现。古有五等爵中之公，而无所谓"三公"，我在《汉代一人专制政治下的官制演变》一文中，已特别发其覆。① 官制之所以能表现政治理想，有两个系

---

① 此文收入《两汉思想史》卷一。此文之"二、三公九卿在历史官制中的澄清"，即系谈此一问题。

　　　　　　　　　　　　《周官》成立之时代及其思想性格

统：一是着眼到由官制的合理地分配、分工，可以提高政治效率，达成政治上所要求的任务，甚至想以官制限制君权，以缓和专制的毒害。这是一个系统。另一是要由官制与天道相合而感到政治与天道相合的系统。古代宗教最高人格神的天的权威，由西周之末经过春秋时代，而渐归模糊消失后，到了战国中期前后，分散而以数的观念及阴阳五行的观念以言天道，天道以新的形态散布于思想各个方面，与人间发生更多的关连。于是把官制与代表天道的数字或阴阳五行拉上关系，便觉得这即是理想性的官制。以官制表现政治理想的两个系统，随各家思想的性格而自由运用，其间并不感到有任何矛盾。"三公"一词的理想性在于"三"字，"公"是王以下的首屈一指的爵位，"公"上加个"三"字，大概制造此一名词的人便觉得此一重要爵位可以符合于天道，而满足政治的最高理想了。

汪中在《释三九》一文中谓"凡一言所不能尽者则约之三，以见其多"，① 接着引了《易》、《诗》、《论语》、《春秋》、《孟子》、《史记》上的若干例，而得出"故知三者虚数也"的结论。《国语·周语》"人三为众"，此可为汪说的根据。但从《论语》看，实数之三多于虚数之三。其用三字而有重要意义的如"吾日三省吾身"（《学而》），"君子所贵乎道者三"（《泰伯》），"君子道者三"（《宪问》），"益者三友，损者三友"（《季氏》），"益者三乐，损者三乐"（同上），"侍于君子有三愆"（同上），"君子有三戒"（同上），"君子有三畏"（同上）。还有些没有明说出三，而内容是三的。例如《论语》首章举"学而时习之"、"有朋自远方来"、"人

---

① 见《述学·内篇》卷一。

不知而不愠”三事，而最后一章则举“不知命，无以为君子也，不知礼，无以立也；不知言，无以知人也”三事。由孔子、曾子常以“三”表达有重大意义的教训，可以推知“三”字在当时并非表示“见其多”的“虚数”，而已含有实数以上的意义。但这种意义我现时还不能加以推定。到了《易·系辞上》“六爻之动，三极（三才）之道也”，《系辞下》“《易》之为书也，广大悉备，有天道焉，有人道焉，有地道焉。兼三材（才）而两之，故六。六者非他，三材之道也”及《说卦》“是以立天之道，曰阴与阳，立地之道，曰柔与刚，立人之道，曰仁与义。兼三材而两之，故《易》六画而成卦”，则“三”字很明显地概括有天道、地道、人道的三材的特殊意义。此意义的所以出现，是因为八卦每卦本是三爻，由三爻重为六爻而始有六十四卦。三爻是卦的基本形态，卦既是由天道、地道以显示人道，便由此而产生三才的观念，由此而产生《中庸》的“赞天地之化育，则可以与天地参矣”的观念。我以为作为官制首位的“三公”的出现，与所谓“三才”、所谓“与天地参”等观念，有密切关系。这些观念，多半是战国中期前后出现的，因此，“三公”一辞的出现，不能早于战国中期。《老子》六十二章“故立天子，置三公”，在长沙马王堆出土的《帛书》甲本、乙本，“三公”皆作“三卿”。由此以推，《墨子·尚同》篇的所谓“三公”及《孟子》中“不以三公易其介”（《尽心上》），可能皆是因三公观念盛行后而改。所以孟子答北宫锜问周室班爵禄的情形，只有五等爵中的公，而无在卿大夫上的三公。《孟子》全书五称“三军”，三军应为“三卿”。

《淮南子·天文训》“物以三生”，这种说法，可上追至《老子》的“一生二，二生三，三生万物”。《易传》对一卦六爻的说明是“兼

　　　　　　　　　　　　《周官》成立之时代及其思想性格

三材而两之"，即是以二乘原有之三爻而成为六爻。先秦常以今日的所谓自乘数或乘数为体现天地生物的情形，三的自乘数为九，所以有了三公，便可滋生出九卿的观念，九卿依然是理想性的官制。由此一重要线索再发展下去，便出现汉文帝命博士们所作《王制》中的一部分理想官制。"王制"一词是取自《荀子》，而开始"王者之制爵禄"以下一大段，分明是以孟子答北宫锜"周室之班爵禄也如之何"的问，加以敷衍而成，应当承认其中多有历史根据，或他们自以为有历史根据。但中间插入"天子三公、九卿、二十七大夫、八十一元士"，则都是以三为乘数所形成的。三的自乘是九，三乘九是二十七，三乘二十七是八十一。这种由三的乘数所形成的官制，便是代表天生万物之德的官制，即是他们所构想的理想的官制。所以《王制》后面谈到冢宰、司空、司徒、乐正、大乐正、司马、司寇、太史、司会等职守，都没有三公九卿等的面影。我推测，共同制定《王制》的博士们还是有所承受，《吕氏春秋》十二纪有三公、九卿，由此可推出二十七大夫、八十一元士的出现，应当在《吕氏春秋》成书之后，汉统一天下之前的时代。《礼记·冠义》下面的话，可能又是承《王制》而演出的。"古者天子后立六宫、三夫人、九嫔、二十七世妇、八十一御妻，以听天下之内治，以明章妇顺，故天下内和而家理；天子立六官、三公、九卿、二十七大夫、八十一元士，以听天下之外治，以明章天下之男教，故外和而国治。……"这里不仅把天子的理想管制推及于天子之后，并且因后有六宫，又反射到天子的三公之上，又安排了六官，这一点对《周官》发生了影响。

荀子是主张"明于天人之分","唯圣人为不求知天"①的彻底人文主义者。他的《王制》篇，对用人行政、治财养民诸大端，提出了比较合乎实际的重要原则。这些重要原则，须待官而行，所以他又特立"序官"一段，把各重要原则，分配到各官的职守之中，以求其实现。这是由现实的合理性以言官制的系统。杨倞在各官下多引《周官》以为解释，有的近于牵附，但《周官》在各官职内容上受了此篇一部分的影响，是无可置疑的。因为这是最早谈到较完整的官制问题，对后来言官制发生了影响，所以录在下面：

序官：宰爵②知宾客祭祀飨食牺牲之牢数。司徒知百宗（百族）城郭立器之数。司马知师旅甲兵乘白③之数。修宪命，审诗商（章），禁淫声，以时顺修，使夷俗邪音不敢乱雅，大师之事也。修堤梁，通沟浍，行水潦，安水臧（藏），以时决塞，岁虽凶败水旱，使民有所耘艾，司空之事也。相高下，视肥硗，序五种，省农功，谨蓄藏，以时顺修，使农夫朴力而寡能，治田之事也。修火宪，养山林薮泽草木鱼鳖百索（王引之以"索"为"素"，"素"乃"蔬"之假字），以时禁发，使国家足用而财物不屈，虞师之事也。顺州里，定廛宅，养六畜，闲（习）树艺，劝教化，趋孝弟，

---

① 见《荀子集解》卷十一《天论》。
② 当依《集解》引俞樾说是官名，犹秦之主爵中尉。
③ "乘白"之"白"，杨注"白谓徒徒，犹今之白丁也。或曰白当为百，百人也"。《集解》引郝懿行以为"白盖徇字"，"徇即乘也，故此言乘徇"。又引刘台拱据《管子·乘马》篇"白徒三十人"，及《七法》篇之"白徒"，以"白"即"白徒"，乃"不练之卒"。王引之据《周书·武顺》篇"四卒（每卒二十五人）成卫曰伯"，"是百人为伯"，"作白者假字耳"。按当以刘说为妥。

以时顺修，使百姓顺命，安乐处乡，乡师之事也。论百工，审时事，辨功苦，尚完利，便备用，使雕琢文采不敢专造于家，工师之事也。相阴阳，占祲（阴阳相侵之气）兆，钻龟陈卦，主攘（攘除不祥）择五卜，知其吉凶妖祥，伛巫跛击之事也。修采清（俞樾"采乃'垺'字之误"，清乃"厕清"），易（治）道路，谨盗贼，平室（逆旅之室）律（郝懿行"当为'肆'字之误"，"肆谓廛肆"），以时顺修，使宾旅安而货财通，治市之事也。扴急（依王念孙当作"折暴"）禁悍，防淫除邪，戮之以五刑，使暴悍以变，奸邪不作，司寇之事也。本政教，正法则，兼听而时稽之，度其功劳，论其庆赏，以时慎修，使百吏免（勉）尽而众庶不偷，冢宰之事也。论礼乐，正身行，广教化，美风俗，兼覆而调一之，辟公之事也。全道德，致隆高，綦文理，一天下，振（起）毫末，使天下莫不顺比从服，天王之事也。故政事乱，则冢宰之罪也，国家失俗，则辟公之过也，天下不一，诸侯俗反，则天王非其人也。

《管子》可以说是一部丛书，作者非一人一时，内容非一家一派。其中有两处谈到官制，而性质不同。《立政》第四：

　　修火宪，敬山泽林薮积草，夫（戴望《管子校正》"夫"作"天"）财之所出，以时禁发焉，使民于宫室之用，薪蒸之所积，虞师之事也。决水潦，通沟渎，修障防，安水藏，使时水虽过度，无害于五谷，岁虽凶旱，有所秎获，司空之事也。相高下，视肥硗，观地宜，明诏期前后，农夫以时均修焉，使五谷桑麻皆安其处，由田之事也。行乡里，视宫室，观树艺，简六畜，以时钧修焉，劝勉百姓，使力作无偷，怀乐家室，重去乡里，乡师之事也。论百工，审时事，辨功苦，上完利，监壹五乡，以时钧修焉，使刻镂文采，毋敢造于乡，工师之事也。

与《荀子·王制》序官相较，除伛巫跛击、治市、司寇、冢宰、辟公、天王七职外，其余官守的内容与字句多相同。《荀子·王制》之"治田"，《管子》此处为"由田"，殆字因形近而误。《王制》乡师之"顺州里"，《管子》此处为"行（'行'当作'循'）乡里"，按《论语》"虽州里，行乎哉"（《卫灵公》），"州里"一词出现在前，"乡里"一词出现较后，则罗根泽以为此处系钞自《荀子·王制》篇，[①] 应当是可信的。但钞《荀子》这段材料的人，何以摒去了七职而只留下五职，是不是由五行的观念而强调五官，[②] 未易确定。

若由《汉书·百官公卿表》以窥秦代官制，更溯而上之以窥古代官制的面影，可以了解官制中许多重要职位，都是为了供奉天子诸侯的私人生活而设的。由《荀子·王制》篇所提出，由《管子·立政》篇所继承的官制中的官职，完全是对政教、对人民负责的，而在《荀子》的《王制》中，不仅是在用人上完全扫除了封建制度中的血统身份制，[③] 且将天子亦列为职官之一，使其负有

① 见罗氏所著《诸子考索》中之《管子探源》。
② 《管子·幼官》第八，系以五行言政治，因而说"善习五官"。《五行》第四十一亦言"十者然后具五官于六府也"，"五官以正人位"。
③ 《荀子·王制》开始一段即说"虽王公士大夫之子孙，不能属于礼义，则归之庶人，虽庶人之子孙也，积文学，正身行，能属于礼义，则归之卿相士大夫"，其为扫除封建的身份制，甚为明显。

一定的责任，并受到同样的考核，在这种地方，所以他所述的虽来自古制的综合，但在综合中，依然突出了他的政治理想性。

《管子·幼官》第八，是按照阴阳五行来分配政令及衣服、饮食的，但他不是袭自《吕氏春秋》的"十二纪"，而系五行思想发展后的另一形态。"十二纪"以四时十二月所表现之阴阳为纲，再把五行配进去，《幼官》则系以五行为纲，而将四时十二月配进去，五行所占的分量比"十二纪"为重。《五行》第四十一，主要是以五官配五行的，但内容有些杂乱。一开始举出"一者本（尹注：本农桑也）也，二者器（注：理农桑之具）也，三者充（据注乃指人力之充实）也，治者四也，教者五也，守（官守）者六也，立（立事）者七也，前（或作"别"）者八也，终者九也，十者然后具五官于六府①也"。这段的意义，不能完全明了。尹注释五官六府为"立五行之官，分掌六府"，所谓五行之官，由后文可见。在上文后面接着说"五声于六律也。六月日至，是故人有六律，②六律所以街（刘绩补注：'街'犹'通'也）天地也。天道以九制（尹注：九，老阳之数），地理以八制（尹注：八，少阴之数），人道以六制"。这段话对九、八、六三个数字配天、地、人的特别意义，与五官不相应，但此数字对《周官》有影响。下面所说的黄帝的"六相"，尤可视为《周官》天地四时六官的雏形。

---

① 按张佩纶引《淮南子·天文训》的"何谓六府，子午、丑未、寅申、卯酉、辰戌、巳亥是也"，释此处之六府，不成意义。《礼记·曲礼》"天子六府曰司土、司木、司水、司草、司器、司货、司典六职"，当系此义。
② 六律原作"六多"，依李纯一《〈管子·五行〉篇音律思想研究》改。李文见《中华文史论丛》第六辑。

昔者黄帝得蚩尤而明于天道，得大常而察于地利，得奢（或作"苍"）龙而辩于东方，得祝融而辩于南方，得大封而辩于西方，得后土而辩于北方。黄帝得六相而天地治，神明至。蚩尤明乎天道，故使为当时。大常察乎地利，故使为廪者。奢龙辩乎东方，故使为土师。祝融辩乎南方，故使为司徒。大封辩乎西方，故使为司马。后土辩乎北方，故使为李（狱官）。是故春者土师也，夏者司徒也，秋者司马也，冬者李也。

黄帝因蚩尤等六人的所能，而设为当时、廪者、土师、司徒、司马、李等六官，以分别与天地四时相应，这是"人道以六制"的系统，此实为《周官》所承之系统。但六相之名中的"当时"、"廪者"，没有与之相对的官名，且未发展到《周官》的以天地四时名官。又说：

昔黄帝以其缓急作五声，以政（正）五钟……五声既调，然后作立五行，以正天时，五官以正人位。人与天调，然后天地之美生。日至，睹甲子，木行御（木德御时），天子出令，命左右①士（土）师②内御，总别列爵，论贤不肖士吏赋（布）秘（秘藏之物），赐赏于四境之内……出国衡，顺（巡）山林，禁民斩木，所以爱草木也……七十二日而

---

① 按此处"左右"两字，"睹戊子，土行御"下及"睹壬子，水行御"下皆有，"睹丙子，火行御"下及"睹庚子，金行御"下皆无。有此二字，使文义夹杂不清，当为衍文。
② 按前文"故使为土师"，及此处之"命左右土师内御"之"土师"，古本作"工师"，俞樾以为当作"工师"。但下文所述职守与工师无关，故不取俞说。

《周官》成立之时代及其思想性格

毕。睹丙子，火行御，天子出令，命行人内御，令掘沟浍，津旧涂……出皮币，命行人修春秋之礼于天下诸侯……七十二日而毕。睹戊子，土行御，天子出令，命左右（按二字衍文）司徒内御，不诛不贞，农事为敬（巫），大扬惠言，宽刑死，缓刑人，出国，司徒令命（二字有一字衍）顺民之功力，以养五谷……七十二日而毕。睹庚子，金行御，天子出令，命祝宗选禽兽之禁（尹注：禁谓牢。圈圄所养），五谷之先熟者，而荐之祖庙与五祀……天子出令，命左右（按二字衍文）司马衍（"衍"字字衍文）组甲厉兵，合什为伍，以修于四境之内……所以待天地之杀敛也……七十二日而毕。睹壬子，水行御，天子出令，命左右（二字衍）使（李）人内御，御（衍文）其气足，则发而止，其气不足，则发（搜捕）捆（涧）渎盗贼……令民出猎禽兽，不释巨少而杀之，所以贵天地之所闭藏也……七十二日而毕……

五行即是天，以五官应五行，这即是"人与天调"，即是对官制赋与以天道的意义，这是继承三公观念下来的官制中的另一系统。按《吕氏春秋》"十二纪"，把"其日戊己"的"中央土"附于火德"季夏之月"后面，致使有土德之名，而无土德所值的时日。《五行》篇则将每季九十日改为七十二日，使戊己的土德与其他的木、火、金、水，都分配到相同的时日，在观念上似乎比较合理。所以在"睹庚子，金行御"的秋季，除了祝宗外，又安排了司马，仿佛在秋季安排了两个官，实则他是按照与五行相应之官，各占七十二日而安排的。这显然是袭《吕氏春秋》的"十二纪"纪首而加以修正。但由这种安排，把四时的现实日数破坏了，其为不合理更甚，所以汉儒取"十二纪"为《礼记》中的《月令》时，未加采用。

"六相"与"五官"的两种官制，何以能侧杂于一篇之内？大概是以音乐为根据而加以糅合的。战国中期以后，以天道表现于音乐之中的思想盛行。《五行》篇"五声于六律也。六月日至，是故人有六律（原作'多'），六律所以街（通）天地也"。顺着这样下去，便是"黄帝得六相而天地治，神明至"。所以六相的观念，是顺着音乐的六律演生出来的。又说"昔黄帝以其缓急作五声，以政（正）五钟……五声既调，然后作立五行以正天时，五官以正五位"，是五行、五官的观念，是顺着音乐的五声演生出来的。所以体现天道的两种官制，都叫统一于六律五声之中，作者不感到矛盾。

三、思想线索在汉代的演进

　　上面所述，我以为皆出现于汉代立国以前。汉代立国后，此种思想还继续演进。首先出现的，当然是文帝初即位后命博士所作《王制》中的以三的乘数为天道的三公九卿系统，已如前所述。贾谊《新书》中，也提出了理想的官制。他在《大政上》篇，强调了"民无不为本"；在《大政下》篇，强调了"民之治乱在于吏"，强调了"上选吏焉，必使民与焉"，强调了"万人爱之有归，则万人之吏也，故万人之吏也，撰（选）卿相焉"，这是强调了以人民为主体的"圣王选举"。在《官人》篇中，强调了"王者官人有六等，一曰师，二曰友，三曰大臣，四曰左右，五曰侍御，六曰厮役"。[①] 上述两篇，可以说是他的理想官制的前提条件。而在《辅佐》篇中，则正式提出了他的理想官制。可惜此篇有了残缺，现仅就剩简加以整理。他把政治机构分为上执政、中执政、下执事三个层级，而以大相冠其首，如下表：

---

① 以上拙著《两汉思想史》卷二《贾谊思想的再发现》页一三二至一三九有较详的叙述。（编者注：现为页一二二至一二八。）

```
                                        ┌ 道行
                                        ├ 调讯
大相→上执政职大拂—中执政职大辅—下执事职 ─┼ 典方
                                        ├ 奉常
                                        └ 挑师
```

他所构想的大相，是当时丞相职权的扩大，扩大到大相不是对皇帝负责，而是对"大义"负责，所以大相是"上承大义而启治道，总百官之要，以调天下之宜"，"天下失宜，国家不治，则大相之任也"。在他心目中，皇帝是虚君，而大相是实君，是政治的最高负责人。这里实际接触到了专制政治的最基本问题。专制的最基本问题，是"家天下"的传子问题。贾谊不仅提出了胎教及保傅之教，想把传子了了，教育成 个有德之子，以奠定最高权力的合理基础，而且他也感到对太子的教育，没有成功的必然性，于是他提出由选举而来的大相，负实际政治的最高责任，以解消专制政治中的最基本问题。大拂、大辅两官职，是当时御史大夫职权的扩大。大拂的职权扩大到：（一）"秉义立诚，以翼上志，直议正辞，以持上行"。（二）是"批天下之患，匡诸侯之过"，并要对"令或郁而不通，臣或戾（戾）而不义"负责任。大辅的职权扩大到：（一）"闻善则以献，知善则以献"。（二）"明号令，正法则，领（颁）度量，论贤良，次官职，以时巡御，使百事敬率其业"，并要对"经义不衷，贤不肖失序"负责任。在大拂、大辅的职责中，如何教养皇帝都居于第一位。再加上"下执事"中的调讯，专门是考查皇帝的思想行为，是否合于"畜民之道，礼仪之正，应事之理"的，要对皇帝的"善不彻，过不闻"负责任。由此可知，要使专制皇帝不成为祸国殃民的根源，是贾谊理想官制

　　　　　　　　　　　《周官》成立之时代及其思想性格

中的重大课题，或者可以说是实现政治理想的先决条件。上执政、中执政都是负政治总责的两个层次，下执事的官职才是分工负责的官职。在他的整个官职名称中，除了"奉常"一名与当时官制相同，职责也大体相同外，其他官名既于古无征，亦于时无据，他要由这种特创的名称，与历史及当时的官职划清界线，使泾渭不同流，以突出由理想官制所显出的政治理想。在这种地方，正表现了"洛阳年少"的坚锐的个性。

《淮南子·天文训》"何谓五官？东方为田，南方为司马，西方为理，北方为司空，中央为都"，这里与方位相应的五官，是指天文中的五官，只是把人间的官名应用到天文中去，与人间的政治官制无关。淮南宾客取《吕氏春秋》"十二纪"稍加损益，以为《淮南子》中的《时则训》，在每月的后面增加了：

正月官司空	二月官仓	三月官乡	四月官田
五月官相	六月官少内	七月官库	八月官尉
九月官候	十月官司马	十一月官都尉	十二月官狱

这只表示上述十二种官，与表现阴阳（天道）运行的十二月相应，这是受了官制与天道有关的思想的影响。并非由官制与天道有关以表现他们的政治理想，所以他们所列举的官位，轻重悬殊，缺乏官制的伦序——系统性。

但有一点应特别指出，《淮南子·天文训》有一大段以律配历，言之甚详。此段的结论是：

> 其为音也，一律而生五音，十二律而生六十音。因而六

之，六六三十六，故三百六十音，以当一岁之日。故律历
之数，天地之道也。

按《尚书·尧典》"期三百有六旬有六日，以闰月定四时成岁"，
乃"古历周天三百六十五度又四分度之一，日行历周天为一
岁"。[1]日每日行天一度，以成数而言的三百六十五度，乃日行了
三百六十五天，即以此三百六十五天为一岁。度数是由长期实测
经验所划分出来的，以便于实测时的计算，根本与天地之道没有
关系。尤其是在此度数中，"六"与"六十"的数字完全没有特
殊意义，并且此度数既与音律无关，而"因而六之"以六乘六十
音，由此以得出三百六十音，在音律自身亦毫无根据，且我怀疑
亦无此可能。《淮南子》以三百六十音配当一岁的三白六十日，因
而谓此为"天地之道"，这与《管子》中的音乐理论，乃至与《荀
子·乐论》、《礼记·乐记》中的理论相比较，全为新说，乃前
此所未有。但与《周官》以三百六十官配天道的构想，有很大的
关系。在《淮南子》的此一构想中，由"一律而生五音，十二
律而生六十音"的"六十"，及"因而六之"的"六"是构成
"三百六十"的关键性的数字，所以这两个数字有特别意义。

我曾把董仲舒的思想称为"天的哲学大系统的建立"。[2]他
把政治、社会、人生，都纳入于天的哲学大系统之中，官制当然
要占相当重要的地位。《春秋繁露》有四篇谈到此一问题。《官
制象天》第二十四是把《王制》中的三公、九卿、二十七大夫、

① 曾运乾《尚书正读》之《尧典》注。
② 见拙著《两汉思想史》卷二，页三七○至四一九。（编者注：现为页三四四至
三九五。）

八十一元士的官制，进一步说明这种数字是由法天而来，所以是与天相合的。他说：

　　王者制官，三公、九卿、二十七大夫、八十一元士，凡百二十人而列臣备矣。吾闻圣王所取，仪（法）金（疑是"於"字）天之大经，三起而成，四转而终。官制亦然者，此其仪与（音余）。三人而为一选，仪于三月而为一时也。四选（三公、卿、大夫、士各为一选，故共为四选）而止，仪于四时而终也。三公者王之所以自持也。天以三成之，王以三自持，立成数以为植（按指以三为基数）而四重之（三公为三的一重，九卿为三自乘的二重，二十七大夫为三乘九的三重，八十一元士为三乘二十七的四重。故四重为三的四次乘积），其可以无失矣。……是故天子自参以三公，三公自参以九卿（按每公自参以三卿，三公则九卿），九卿（每卿）自参以三大夫（每卿自参以三大夫，九卿则二十七大夫，下同），三大夫（每一卿之三大夫）自参以三士。三人为选者四重，自三之道（此四重皆来自三的乘数）以治天下，若天之四重自三之时以终始岁也。一阳而三春（春有三个月），非自三之时与？而天四重之，其数同矣。天有四时，时三月；王有四选（据后文"圣人选为公，君子选为卿，善人选为大夫，正人选为元士"，故谓之四选），选三臣……尽人之变合之天，唯圣人者能之，所以立王事也。……分人之变以为四选，选立三臣，如天之分岁之变以为四时，时有三节也。

全篇都是环绕着"三而一成，天之大经也，以此为天判"附会下去，使《王制》中的三公、九卿、二十七大夫、八十一元士的官制，与天道结合得更细密，当然也结合得更牵强。这是三的数字的神化，得到了进一步的发展。假定说这一篇中有点实际意义，则在于他要求官职的等级，应根据才德的等级，而且这一切安排，不是出于皇帝的意志，而是以天作为客观根据的。

《爵国》第二十八，是由周爵五等，春秋爵三等（春秋伯、子、男为一等），在官制上、在田制上、在军制上，加以傅会而成。其中少数有历史根据，绝大多数出于附会。特别值得注意的是：

> ……故万人者曰英，千人者曰俊，百人者曰杰，十人者曰豪。豪、杰、俊、英不相陵，故治天下如视诸掌上。其数何法以然？曰天子分左右五等，三百六十三（按"三"字疑衍）人，法天一岁之数，五时色（按《吕氏春秋》十二纪，四时中加一中央以配五行中之土，故为五时，时各有一色，故为五色）之象也。

三百六十三人之数系如何得出，董氏必有一种说法，我还没有弄清楚。但他已开始以官制配一岁的日数，由此使官制与天道作进一步的结合，这对《周官》应有直接的影响。

《五行相生》第五十八 [①] 主要是说明"天地之气，合而为一，分为阴阳，判为四时，列为五行……五行者五官也。……比相生

---

① 旧本此篇在《五行相胜》之后，作第五十九。今依卢文弨校作五十八，而以《五行相胜》为五十九。

　　　　　　　　《周官》成立之时代及其思想性格

而间相胜，故为治，逆之则乱，顺之则治"的，于是将官制、道德及政治设施分别与五行相配，以表现天道与政道的合一。这是受了《管子》的影响，而向前发展了一步。例如：

> 东方者木，农之本，司农，尚仁。进经术之士，道之（皇帝）以帝王之路，将顺其美，匡救其恶，执规而生，至温润下。……知地形肥硗美恶，立（疑当作"农"）事生，则因地之宜，召公是也。亲入南亩之中，观民垦草发淄（葘），耕种五谷，积蓄有余，家给人足，仓库充实。司马食谷，司马，本朝（汉）也，本朝者火也，故曰木生火。
>
> 南方者火也，本朝（按此乃以汉为火德），司马，尚智。进贤圣之士，上知天文，其形兆未见，其萌芽未生，昭然独见存亡之机，得失之要，治乱之源，预禁未然之前，执矩而长，至忠厚仁，辅翼其君，周公是也……

此下以司营配中央土，"尚信"，举太公当之；以司徒配西方金，"尚义"，以子胥当之；以司寇配北方水，"尚礼"，以孔子当之，此乃以"比而相生"为次序。《五行相胜》第五十九，就五行相胜以救乱而言。如"木者司农"，"司农为奸"，则命司徒诛之，因为司徒配金，金胜木的关系。以下各官皆仿此。这种由五行、五官的相生、相胜以言治道及救乱之道，是毫无合理性可言，但对各官所主持的政治内容，则皆可以说是合理的。他把合理的政治内容，安排在非合理的五行生、胜的格套之内，在他认为这些官职所主持的政治内容，赋与了天道的庄严使命，由此可以突破现实权力意志的干扰歪曲，以求政治理想有实现的可能。

《礼记·曲礼》"天子之五官曰司徒、司马、司空、司士、司寇，典司五众"，无冢宰、宗伯而有司士。郑注以其与《周官》不合，因谓其为殷时制，而不知先秦本无六官之名。正式提出"六官"一词，其官名与《周官》相符的，则为《大戴记》的《盛德》篇。《大戴记》的《保傅》篇取自贾谊，《公符》篇录汉昭帝冠辞，则戴德编辑此书乃古今杂录，但以出于汉初诸儒者为多。《盛德》篇六十六提出"德法"观念，以与"刑法"观念相对，是非常有意义的。所谓"德法"，实际就是出于礼的法，所以说"礼度，德法也"。全文大意为"德盛则修法，德不盛则饰（疑当作'饬'）政"。篇中有"五政"、"六政"的名词，王聘珍《解诂》"谓五政者五行之政，明堂月令所施于四时者也"，卢辨诂"六政谓道、德、仁、圣、礼、义也"。是"饬政"的"政"，应以六政为主。此篇以六官推行六政，这与《管子·五行》篇"六相"的内容并不相同。

古之御政以治天下者，冢宰之官以成道，司徒之官以成德，宗伯之官以成仁，司马之官以成圣，司寇之官以成义，司空之官以成礼。故六官以为辔，司会均入以为纳（骖内辔也），故御四马，执六辔，御天地与人与事者，亦有六政。……是故官属不理，分职不明，法政不一，百事失纪，曰乱也，乱则饬冢宰。地宜不殖，财物不蓄，万民饥寒，教训失道，风俗淫僻，百姓流亡，人民散败，曰危也，危则饬司徒。父子不亲，长幼无序，君臣上下相乘，曰不和也，不和则饬宗伯。贤能失官爵，功劳失赏禄，爵禄失则士卒疾怨，兵弱不用，曰不平也，不平则饬司马。刑罚不中，暴乱奸邪不胜，曰不成也，不成则饬司寇。百度不审，立事失理，财物失量，曰贫也，贫则饬司空。

此处六官的名称与次序，与《周官》的六官已甚为接近。但此处六官是配道、德、仁、圣、礼、义，而《周官》的六官则是配天、地、春、夏、秋、冬。《盛德》篇的作者，尚未能把天道配到他所提出的六官里面去，这可能是顺着贾谊下来的系统。在贾谊的思想系统中，六的数字占有特别重要的地位。①《戴记》既录入了贾氏《新书》的《保傅》篇，而把圣与仁义并列为德目，亦见于《新书》。

《大戴记》的《千乘》第六十八假托为鲁公与孔子问答之言，中有一段是"设其四佐而官之。司徒典春，以教民之不则时、不若、不令"；"司马司夏，以教士车甲"；"司寇司秋，以听狱讼"；"司空司冬，以制度制地事"。这里以四官配四时，但尚未以四时名官。同时，因五行而有五官之名，这里没有列入"中央土"而仅举其四，所以不称四官而称四佐。

由前面的材料看，官制的数字、名称及与天道配合的方式，可以说是参差错杂，虽有发展的线索可寻，但无划一之规模可准。这正是此种思想线索在摸索中前进的应有现象。此种摸索的结果，便是《周官》的出现。《周官》可以说是集这一方面思想的大成，规模既甚宏，条理亦较密。东汉以后，再未出现可以与之相抗的理想性的官制系统。

---

① 请参阅拙著《两汉思想史》卷二《贾谊思想的再发现》页一五七至一六一。（编者注：现为页一四六至一四九。）

四、思想线索发展的结果——《周官》的成立

　　《周官》官制的构造，在"小宰之职"的"以官府之六属举邦治"中有全面性的概述。原文是：

> 　　以官府之六属举邦治。一曰天官，其属六十，掌邦治。大事则从其长，小事则专达。二曰地官，其属六十，掌邦教。大事则从其长，小事则专达。三曰春官，其属六十，掌邦礼。大事则从其长，小事则专达。四曰夏官，其属六十，掌邦政。大事则从其长，小事则专达。五曰秋官，其属六十，掌邦刑。大事则从其长，小事则专达。六曰冬官，其属六十，掌邦事。大事则从其长，小事则专达。①

郑玄注（以后简称"郑注"）：

> 　　六官之属三百六十，象天地四时、日月星辰之度数，天道备焉。前此者成王作《周官》，其志有述天授位之义，故周公设官分职以法之。

---

① 本文所引《周官》，依台北艺文印书馆影印嘉庆二十年江西南昌府学开雕重刊宋本《周礼注疏》附校勘记本。此见卷第三。

《天官冢宰》第一下贾公彦疏（以下简称"贾疏"）引"郑《目录》云，象天所立之官……天者统理万物。天子立冢宰，使掌邦治，亦所以总御众官，使不失职"，贾释之曰"郑云象天者，周天有三百六十余度，天官亦总摄三百六十官，故云象天也"。《地官司徒》第二贾疏"郑《目录》云，象地所立之官。司徒主众徒，地者载养万物。天子立司徒，掌邦教，亦所以安扰万民"。《春官宗伯》第三贾疏"郑《目录》云，象春所立之官也……春者出生万物。天子立宗伯，使掌邦礼，典礼以事神为主，亦所以使天下报本反始"。《夏官司马》第四贾疏"郑云，象夏所立之官……夏者整齐万物。天子立司马，共掌邦政，政可以平诸侯，正天下，故曰统六师，平邦国"。《秋官司寇》第五贾疏"郑《目录》云，象秋所立之官。寇，害也，秋者遒也。如秋义杀害，收聚敛藏于万物也。天子立司寇，使掌邦刑，刑者所以驱恶，纳入于善道也"。《冬官考工记》第六贾疏"郑《目录》云，象冬所立官也……司空之篇亡，汉兴，购求千金不得，此（《考工记》）前世识其事者，记录以备大数，古《周礼》六篇毕矣"。

综上所述，可以得出无可置疑的结论是，《周官》的官制是法天以体现天道的。体现天道，即是实现政治的最高理想。体现天道有二，一为官名，二为官数。

吕不韦的门客，发展了邹衍的阴阳五行思想，以成《吕氏春秋》中的十二纪纪首，他的目的，在序意中说得很清楚，是认为"古之清世，是法天地"，"法天地"即是《应同》篇中所说的"帝者同气"。气是阴阳之气，"同气"者，是说最高政治理想人物的帝，他的政治设施是与天道的阴阳之气相同的。阴阳之气展现为四时十二月，及东南西北的方位，于是十二纪便把政治的各种设施，按他们所认定的性质，分配到四时十二月及东南西北的方位中去，以与四时十二月与方位中的阴阳之气相适应。因为他们认为五行也是天道的展现，所以又把五行也拉在一起，而五行有五，时与方位仅有四，只好在季夏之月设定一个中央土，使五行都有了着落，这样他们觉得完成了"法天地"、"与天同气"的理想政治的大系统，[①]但这只是政治设施性质的分配，并没有作官职性质的分配。前述《管子》中的五官，由政治设施性质的分配而兼及于官职性质的分配，这是顺着十二纪的构想向前发展了一大步。但《管子》五官中士师、行人、祝宗之名，与司徒、司马之名不大相称。及董仲舒所构想的五官，除了司营的官名外，出现有司农、司马、司徒、司寇之名，这已反映出汉代流行的官名。不过管子与董仲舒都是以五行为主，而五行在《周官》中没有地位。及《大戴记·盛德》篇承贾谊《新书》之流，摆脱五行的格套而称冢宰、司徒、宗伯、司马、司寇、司空的六官，这与《周官》更为接近。但这里的六官只配上道、德、仁、圣、义、礼的六德，而未直接配上天道。《大戴记·千乘》篇的司徒典春、司马司夏、司寇司秋、司空司冬，除司徒典春与《周官》的司徒为地官不同外，其余官名与所典的时季，与《周官》完全相同。此处虽仅列四官，实与《周官》更接近了一步。但所有以官职配五行或四季的，官与五行或四季都是配合的关系，到《周官》则不是配合的关系。冢宰不是司天，冢宰即是天，而称为"天官"；司马不是司夏，司马即是夏，而称为"夏官"。天、地、春、夏、秋、冬六官的名称，是《周官》出现以前，在所有文献中

---

① 详细情形，请参阅拙著《两汉思想史》卷二《〈吕氏春秋〉及其对汉代学术与政治的影响》页八至一二。（编者注：现为页八至一二。）

找不到痕迹的。《礼记·曲礼》"天子建天官，先六大，曰大宰、大宗、大史、大祝、大士、大卜，典司六典"，此处的所谓"天官"乃指事天之官，并非官名，也与下文的"五官"、"六府"、"六工"之非官名一样。《周官》的以天地四时为官名，这表示了以官制体现天道的进一步的大发展。这是长期演变中所突出的结论，至此，此一思想线索得到了完成。由此以推定《周官》成立的年代，不可能出现在戴德于宣帝时编成《大戴记》以前。我们也可以说，在《周官》以外的所有有关说法，都是此一趋向未成熟时的说法，至《周官》而始成熟。若《周官》在各说之前，则这类未成熟的、参差不一的说法便不会出现。这些未成熟的说法，都是为《周官》出现所作的开路工作。把这一思想线索弄清楚了，则其他成书年代的异说，皆无立足之余地。

但应特别注意的是，《周官》六官的六，不是顺着历史上由六军而来的"六卿"观念所构想出来的。传统由六军而来的六卿，他们是安放在乡里面。这里的六官，是如后所述，他们在以数字体现天道中，"六"的数字有特别重要的意义，由此而出现了六官；"六十"的数字有特别重要的意义，由此而出现了六官的官属都是六十。这和为了凑五行的五而构想出五官，是同样的道理。西汉的思想家们，常常为了凑足他们所要求的数字，而牺牲现实中的合理性，《周官》中的这一现象更特别严重。刘歆们为了凑足"六"的数字，便于春、夏、秋、冬四官之外，更加上天、地两官。从周初以来，周王只能算是天之子而称为"天子"，却不敢称为"天"。春秋时代，对楚、吴等国的王，乃称周王为"天王"。现在却在王之下而有天官、地官，然则王是代表什么呢？严格说来，这不能不说是他们一面因强调官制应合于天道太过，一面又要凑足"六"的数字所来的破绽。

再便是他们以三百六十官的"三百六十"的数字代表天道的问题。据《周髀算经》，日历的"一岁三百六十五日四分日之一"，乃出于"内一衡径二十三万八千里，周七十一万四千里，分为三百六十五度四分度之一"而来，这是为了测度的方便所划分的，毫无神秘的意味，更与音乐及《周易》无丝毫关系。但《淮南子·天文训》开始以乐律三百六十音与日历的三百六十日相傅合，而认定这是"天地之道也"，于是"三百六十"的数字开始有了神秘的意义。董仲舒《春秋繁露·爵国》第二十八，却由三公九卿的系统而附会出"天子分左右五等，三百六十三（"三"字疑衍）人，法天一岁之数"，已开始把官制与"三百六十"的数字连结在一起，增加了三百六十数字的意义。孟喜、京房承《淮南子·天文训》以音乐合天地之道之流（见后）发展为卦气说，从六十四卦中抽出四卦为辟卦，把其余的六十卦的三百六十爻，以与日历的三百六十日相配合，由此以言阴阳消息的天道，较前面两说发生了更大的影响，成为汉《易》的主流。[①] 在卦气说中，不仅是增加了"三百六十"的数字的意义，尤其是此种"三百六十"的数字是由六十卦及每卦的六爻相乘而得，于是六十与六，在三百六十数字的构成中处于关键性的地位，与《淮南子·天文训》中的音乐理论完全相同，于是刘歆们除了机械地把各官的属官定为六十之外，由六爻而来的"六"，便取代了五行之"五"、三公九卿之"三"，而成为体现天道的最有力的数字。

---

① 有关孟喜、京房的卦气说，我在《两汉思想史》卷二的《扬雄论究》中，有较详细的说明。请参阅此书页四七八至四八五。（编者注：现为页四三八至四四五。）

《汉书·律历志》本于刘歆的《三统历》。刘歆的《三统历》，其目的不仅在言历，而系要形成拼盘式的无所不包的哲学大系统。他除了继承了《淮南子·天文训》中以乐律附历而加以发展，实际是加以更多的附会外，更继承了京房们的卦气说，进一步把《易》与律、与历配合在一起，以加强由董仲舒下来的"天的哲学"的内容。《律历志》说"至元始中（公元一至五年）王莽秉政，欲耀名誉，征天下通知钟律者百余（衍）余人，使羲和刘歆等典领条奏，言之最详，故删其伪辞，取正义，著于篇"。由这段说明，可以知道《三统历》是集体著作，由刘歆总其成，而王莽也与知其事。《律历志》"伏羲画八卦，由数起"，又说"数者，一、十、百、千、万也，所以算数事物，顺性命之理也"。数何以能顺性命之理？因为数乃天道的表现，而数的最足以表现天道的莫如乐律。这是由《管子·五行》篇到《淮南子·天文训》的共同思想。所以他们一开始便着重在乐律之数的陈述。但《汉书补注》齐召南引沈约《宋书·乐志》云"班氏所志，未能通律吕本原，空烦其文而为辞费，又推九六，欲符刘歆三统之数，假托非类，以饰其说，皆孟坚之妄矣"，故对他们数字的陈列，很难推其所以然。并不是征集的百有余人中，没有人通律吕，而是他们承《管子·五行》篇及《淮南子·天文训》，将律吕加以神秘化之后，除日历外，更把五行、八卦等"非类"的东西牵附在一起，致使每一类都成问题。其次，刘歆的所谓"三统"是：

> 三统者，天施、地化、人事之纪也。十一月，乾之初九，阳气伏于地下，始著为一，万物萌动，钟于太阴，故黄钟为天统，律长九寸。九者，所以究极中和，为万物元

也。……六月，坤之初六，阴气受任于太阳，继养化柔，万物生长……故林钟为地统，律长六寸。六者，所以含阳之施，楙之于六合之内，含刚柔有体也。……正月，乾之九三，[①] 万物棣（及也）通，族出于寅，人奉而成之，仁以养之，义以行之，令事物各得其理。寅木也，为仁；其声商也，为义。故太蔟为人统，律长八寸，象八卦。宓戏氏之所以顺天地，通神明，类万物之情也。"立人之道，曰仁与义。""在天成象，在地成形。""后以裁成天地之道，辅相天地之宜，以左右民。"此三律之谓矣，是为三统。

上面是把《易》卦、乐律、时历三者牵合在一起，无依据可言。但应指出的是：天统、人统的卦位配置，完全根据京房的卦气说，惟言"六月，坤之初六"，而六月实为坤之六二的《遯卦》，坤之初六应为五月之《垢卦》，此与卦气说不合，亦与卦爻之实际情形不合。其所以有此错误，或出于一时之疏忽，或出于欲以六月之六配林钟的律长六寸，故置卦之实爻于不顾。总之，在此种配合中，《易》卦实以京房之卦气说为主，是无可疑的。又说：

　　《易》曰："参天两地而倚数。"天之数始于一，终于二十有五（《四部正讹》云：一、三、五、七、九皆天数，

---

① 按句下《汉书补注》引"宋祁'九三'当作'九二'。齐召南曰，宋说非也。自子至午为《乾卦》六爻，此言人生于寅，正是乾之九三，《泰卦》三阳之象"。按丘琼荪《历代乐志律志校释》第一分册页一四九至一五○，谓"以十二律配十二字，其排法殊无一定，在同一律书中前后已不一致，各家所说更有分歧。总之，术家之言不是真理，即无从判断其是非"，此最为通达之论。

并之得二十五）。其义纪之以三（《四部正讹》：参天，故以三为纪），故置一得三，又二十五分之六，凡二十五置，终天之数，得八十一，以天地五位之合终于十者乘之，为八百一十分，应历一统（孟康曰：十九岁为一章，一统凡八十一章）千五百三十九岁之章数，黄钟之实也。繇此之义，起十二律之周径。地之数始于二，终于三十（并二、四、六、八、十得三十）。其义纪之以两，故置一得二，凡三十置，终地之数得六十，以地中数六乘之，为三百六十分，当期之日，林钟之实也。人者，继天顺地，序气成物，统八卦，调八风，理八政，正八节，谐八音，舞八佾，监八方，被八荒，以终天地之功，故八八六十四。其义极天地之变，以天地五位之合终于十者乘之，为六百四十分，以应六十四卦，太簇之实也。

上面的"数字游戏"，[1] 主要由《易·系辞上》"大衍之数五十"及"天一地二"两章，与律数牵附而成。"大衍之数五十"章的"凡三百有六十，当期之数"，是由"乾之策二百一十有六，坤之策百四十有四"相加而成，与卦爻无关系，亦即与阴阳的运行无关系。刘歆的"凡三百有六十，当期之日"，是由林钟的律长六寸，六者所以含阳之施而成。"天一地二"的基数在《易传》上有根据，人则在《易传》上找不到基数的根据，于是直由"太族为人统，律长八寸，象八卦"来拼凑。从"统八卦"到"被八荒"，拼凑成八样事物，再以八的自乘而成为八八六十四，"以应六十四卦"。

---

[1] 因为无真实意义，故称之为"游戏"，但当时则以为是他们所发现的真理。

《淮南子·天文训》仅将律附合于历，此处则又将律与《易》相附合，亦殆始于京房。晋司马彪本蔡邕、刘洪的《律历志》以为《续汉书·律历志》。《志》谓"元帝时，郎中京房字君明，知五声之音、六（六十）律之数。上使太子太傅韦玄成……试问房于乐府，房对受学故小黄令焦延寿。……夫十二律之变至于六十，犹八卦之变至于六十四也……"，京房此处只将两者相比拟，至刘歆则进而将两者相附合。于是上述的《易》与律与历合而为一，在刘歆心目中，以为这是集淮南、落下闳、京房们的大成，而"三百六十"的数字为《易》[①]与律及历之所同，所以三百六十占有特别重要意义。刘歆们在创造理想官制时，便定为三百六十官以代表天道，这决不能出现于京房以前的时代。同时，天统的黄钟"律长九寸"的"九"，地统的林钟"律长六寸"的"六"，人统的太簇"律长八寸"的"八"，这都是特别有意义的数字。而《管子·五行》篇"天道以九制，地理以八制，人道以六制"的话，其数字的配合虽地与人不同，但亦可给刘歆们以影响，尤以六乘六十可以绾带律与《易》而得出三百六十，以成"当期之日"，其地位更为特殊。这都在《周官》中反映了出来。

王莽、刘歆们的野心和吕不韦一样，他们要在形式上统合一切，包罗万有。在用数字以标记事物时也是一样。对过去发生了影响的数字都尽量地运用到了。在运用中，有少数是来自承袭，多数则出自他们的自造；少数用的数字有内容，多数则牵强傅会，乃至一无内容。"六"的数字用得最多，大概有五十种左右，其中

---

① 《易》六十四卦，但京氏《易》抽出四卦为辟卦，故亦以六十卦计，六十卦为三百六十爻。

《周官》成立之时代及其思想性格

有重要的，如六典、六叙、六职、六联、六计等，也有不重要的。但最值得注意的是，凡牵涉到国家政府各种组织的，从未明说出是六，而实际则必为六。如冢宰"治官之属"为太宰、小宰、宰夫、上士、中士、下士，共六级，其他各官亦无不如此。这种情形，只有和《三统历》联系起来才可加以解释。

秦代的政制，为汉代所继承。地方政制中的乡，大体是承古代的"邻里乡党"[①]而加以整齐规制的。《周官》的乡遂制度，在古代找不出踪影，[②]大概是从《管子》来的。《国语·齐语》"公（桓公）曰，处士、农、工、商若何？管子对曰……处工就官府，处商就市井，处农就田野，令夫士群萃而州处"，未有乡之名。又"桓公曰，定人之居若何？管子对曰，制国以为二十一乡……工、商之乡六，士乡十五，[③]公帅五乡焉，国子帅五乡焉，高子帅五乡焉"。按此处之二十一乡，恐为临时的划分，而未成为地方的政制。至于后面还要提到的管仲作内政而寄军令的轨、里、连、乡，这是根据士乡十五所作的平时、战时的军事部署，亦非正规的地方政制，且其组织是四级。《管子·立政》第四"分国以为五乡，乡为之帅。分乡以为五州，州为之长。分州以为十里，里为之尉。分里以为十游，游为之宗。十家为什，五家为伍，什、伍皆有长

---

① 《论语·雍也》"子华使于齐"章。

② 顾栋高《春秋大事表》为《春秋列国都邑表》者凡四，凡《左氏传》所出之地名，不论巨细，皆详录无遗，有邑、县、郡、州、里、亭等，而未见有乡名，更无遂名。《礼记·王制》受有《管子》影响，其中的乡与《周官》相近，而无明确的组织系统。

③ "士乡十五"，尹注"唐尚书云，士与农共十五乡。昭谓，此士，军士也。十五乡合三万人"。按士乃壮年农夫，战时为甲士。详拙著《两汉思想史》卷一《封建政治社会的崩溃及典型专制政治的成立》一文中"士义探原"页八六至八八。（编者注：现为页七九至八一。）

四、思想线索发展的结果——《周官》的成立　　　　　267

焉"。此处的乡、州、里、游，可能为作者所构想的地方政制，受有《国语》影响，但与《国语》不同。而什、伍之名，则采自商鞅。① 因《周官》特重六，所以不仅将《管子》的五乡改为六乡，且乡的组织为乡、州、党、族、闾、比共六级。② 六乡之下有六遂，遂的组织为遂、县、鄙、酂、里、邻，亦为六级。③ 人民的组织亦依乡、遂的六级为六级，④ 军事组织计伍、两、卒、旅、帅、军共六级，⑤ 土地的划分计井、邑、丘、甸、县、都，为六级。⑥ 此外，未冠以六而实为六的"以乐德教国子"的乐德，为"中、和、祗、庸、孝、友"六德；"以乐语教国子"的乐语，为"兴、道、讽、诵、言、语"的六语；以乐舞国子的乐舞为六舞；而音乐的效果，系通过"六律、六同、五声、八音、六舞、大合乐"六种而见。⑦ 大祝明言"掌六祝"、"六祈"、"作六辞"、"辨六号"、"辨九祭"、"九捭（音拜）"；小祝所掌者未出六之名，而小祭祀中"祝号"事实依然是六，大祭祀由"逆齍盛"到"赞奠"，其工作实数依然为六。⑧ 司勋的"以等其功"，实分为六等。⑨ 对疆域的划分主管，为职方氏、土方氏、怀方氏、合方氏、训方氏、形方氏的六"方

---

① 《国语·齐语》有伍之名而无什伍之名。《史记·商君列传》"令民为什伍"，此处之什伍，当由商鞅之法而来。
② 《周礼注疏》卷九，页二。
③ 同上，卷九，页十一，及卷十五，页十四。
④ 同上，卷十，页二二。
⑤ 同上，卷十一，页三，及卷六，页二。
⑥ 同上，卷六，页六。
⑦ 同上，卷二二大司乐，页八至一〇。
⑧ 同上，卷二五大祝、小祝，页五至二〇。
⑨ 同上，卷三〇司勋，页一至二。

　　　　　　　　　　　《周官》成立之时代及其思想性格

氏"。^① 士师之下，以士名官者六，计乡士、遂士、县士、方士、讶士、朝士;^② 以司名官者六，计司刑、司刺、司约、司盟、司厉、司圜。其中尚有职金、犬人，乃由他处羼入。^③ 又"司约掌邦国及万民之约剂"，是相当重要的，而所掌的约亦系六种。^④ 以隶名官者六，计司隶、罪隶、蛮隶、闽隶、夷隶、貉隶。^⑤ 大行人掌大宾之礼，诸侯之朝礼六种，除春、秋、夏、冬外，还有"时会"与"殷同"。^⑥ 诸侯之聘礼亦有六，时聘、殷覜、间问、归脤、贺庆、致禬，^⑦ 上面由对"六"的数字的重视所出现的着意安排，安排得牵强傅会。其他由三、八、九等数字所安排的，有的有名目而并无内容，亦无不如此。由数字神秘化的发展线索，只能推定这部书乃成立于王莽、刘歆之手。

---

① 《周礼注疏》，卷三三职方氏以下，页九至二一。
② 同上，卷三五士师，页七至二〇。
③ 同上，卷三六司刑，页一至十。
④ 同上，卷三六司刑，页三。
⑤ 同上，卷三六司刑，页一五至一六。
⑥ 同上，卷三七大行人，页十。
⑦ 同上，卷三七大行人，页一一至一二。

五、文献线索的考查

下面再从文献方面加以考查。

首先要澄清的是《汉书》卷五十三《河间献王传》中的《周官》，及《史记·封禅书》中所引的《周官》，到底与现行《周官》是一是二的问题。《河间献王传》谓"献王所得书，皆古文先秦旧书，《周官》、《尚书》、《礼》、《礼记》、《孟子》、《老子》之属，皆经、传、说、记、七十子之徒所论"。上面叙述，应当将"周官尚书"并为一名，即是《尚书》中的《周官》，亦即是《尚书》中早经亡失的《周官》。《尚书》今古文的纠葛最多，有关故事的记录亦较详。若河间所得者，《周官》为《周官》，《尚书》为《尚书》，则其所得的《尚书》，与伏氏所传的今文，及孔安国在孔壁中所得的古文，其异同若何？在有关文献中岂得无一言涉及？所以在情理上，只能将"周官尚书"合为一辞，而解释为此《周官》乃属于《尚书》中的一篇。按《汉书·艺文志·诸子略》儒家中有"《周政》六篇"，原注"周时法度政教"；又"《周法》九篇"，原注"法天地，立百官"；又"河间《周制》十八篇"，原注"似河间献王所述也"。战国末期，以官制言政治理想者甚众，上列《周政》、《周制》所述的内容，皆可概称为《周官》，故特加"尚书"二字以别之，而河间献王所述《周制》十八篇，当即《尚书·周

《周官》成立之时代及其思想性格

官》的演述。另一间接证据为《史记·鲁周公世家》谓"周之官政未次序,于是周公作《周官》,官别其宜。作《立政》,以便百姓"。《立政》为《尚书》中的一篇,则史公此处所说的《周官》,亦必为《尚书》中的一篇。凡《鲁周公世家》中所述周公制作的,皆不出《诗》、《书》所载,所以《史记·封禅书》引有"周官"曰凡三十一字,亦必系《鲁周公世家》中所述的《周官》,是史公确曾看到《尚书》中的《周官》。但伏生所传今文二十九篇中既无《周官》,孔安国孔壁所出古文十六篇中亦无《周官》,则史公所见《尚书》中的《周官》自何而来,汉人竟无一语涉及,便只能推定史公所见《尚书》中的《周官》,即河间所得的《周官》,否则无法解释这一《周官》的来历。班固可能不知《尚书》中的《周官》与《周官》一书的分别,见《史记·封禅书》所引《周官》一段的文字,为《周官》一书所无,所以他录《封禅书》以为《郊祀志》时,便将这三十一字完全删去。但郑玄是经学家,他看到了《尚书》的《周官》,与《周官》一书全别,于是为调停之论,在《小宰》"以官府之六职举邦治"条下谓"前此者成王作《周官》,其志有述天授位之义,故周公设官分职以法之"。他意思是说,《尚书》中之《周官》是成王所作,贾疏因谓这是"在周公摄政三年时"。但此《周官》并未法天设官,所以郑氏便说"其志有述天授位之义",而现行《周官》一书,则系周公作以继成王"述天授位"之志,即设官分职以法天之志。在这种说法中,值得注意的是,郑氏看到了《尚书》中的《周官》与他所注的《周官》确为两物,于是将《尚书》中的《周官》属之于成王,而将《周官》一书属之于周公。这分明与史公在《鲁周公世家》中所说的"周公作《周官》",而此《周官》乃《尚书》中的一篇,大相歧异。至今日所看到的《书序》，非复原序之旧，① 不可为据。

把上面的两种《周官》的问题澄清了，便可了解为《周礼》（即《周官》）作疏的贾公彦，在《序周礼废兴》中他所提出的"然则《周礼》起于成帝刘歆而成于郑玄，附离之者大半。故林孝存以为武帝知《周官》末世渎乱不验之书，故作十论七难以排弃之。何休亦以为六国阴谋之书"的结论，是经过一番疏解后所得的有根据的结论。

其次应指明的是，刘歆《让太常博士书》盛言鲁恭王坏孔子宅而得古文于坏壁之中，并未尝言及《周官》。《汉书》卷三十六《刘歆传》谓"儒者师丹为大司空，亦大怒，奏歆改乱旧章，非毁先帝所立"。成帝崩于绥和二年（公元前七年）三月，哀帝即位。据《通鉴》，王莽是年七月丁卯免大司马，师丹由左将军接任。按《汉书·百官公卿表》，师丹于绥和二年（公元前七年）十月癸酉，以大司马为大司空。次年改元为建平元年（公元前六年），是年十月壬午朱博为大司空，所以表说师丹为大司空"一年罢"。则《让太常博士书》必写在建平元年十月以前。《周官》"文成数万"，以刘歆后来的推重《周官》，若向、歆父子校书时

---

① 东汉人讳王莽以仿周公摄政称王而篡汉，故亦讳称周公之摄政称王，而将《书序》有所篡改。如现《尚书·康诰》书序，以伐管叔、蔡叔而封康叔一事，属之成王。幸在《汉书·地理志》中所引《书序》，则皆属之周公。由此而今日所看到的《书序》曾经改篡一事，得以明了。此见拙著《两汉思想史》卷一附录四《有关周公践阼称王问题的申复》，页四六一。（编者注：现整编《全集》，该文已收入《中国思想史论集续篇》，见页一四六至一四八。）《史记》以《尚书》中之《周官》属之周公，盖本之原《书序》。郑玄以之属于成王，贾疏因附会为"此在周公摄政三年"，而将《周官》一书说或是周公摄政七年所作，则将成王冲幼，周公摄政称王，行天子之事的一段史实完全抹煞。故知今日所看到《尚书·周官》的《书序》，系东汉初所改。

　　　　　　　　　　　《周官》成立之时代及其思想性格

此书果在中秘，抑而未伸，则在《让太常博士书》中既盛称逸《礼》三十九篇，岂有不提及《周官》之理？顾实《汉志讲疏》谓"歆奏上《七略》，在建平元年之春夏间"，今《汉志·六艺略》礼家首"《礼》古经五十六卷"，以次为《记》百三十一篇、《明堂阴阳》三十三篇、《王史氏》二十一篇、《曲台后仓》九篇、《中庸说》二篇、《明堂阴阳说》五篇，又其次始为《周官经》六篇、《周官传》四篇。既称《周官》为"经"，则不应著录于《礼》古经的传记之后。由此不难推见，此乃在改名《周礼》之前所补录，且有以别于一般之所谓礼，并非刘歆在奏其《七略》时已有《周官》一书。

《汉书》卷九十九上《王莽传》"是岁（平帝元始四年，公元四年）莽奏起明堂辟雍灵台，为学者筑舍万区，作市常满仓，制度甚盛。立《乐经》，益博士员，经各五人。征天下通一艺、教授十一人以上，及有逸《礼》、古《书》、《毛诗》、《周官》、《尔雅》、天文、图谶、钟律、月令、兵法、史篇文字，通知其意者皆诣公车"。按若将《尚书》中之《周官》一词除外，并将后人傅会之辞加以检别，则《周官》一名之正式出现，当以此为最早。至次年（元始五年）而王莽始加以引用。①《周官》在逸《礼》、《毛诗》、《尔雅》等的陪衬中露面，这是作了一番着意安排的。又《王莽传》"于是公卿大夫、博士、议郎、列侯、富平侯张纯等九百二人皆曰……谨以六艺通义，经文所见，《周官》、《礼记》宜于今者为九命之锡"。此一记载，反映出时经一年，《周官》已得到朝廷

---

① 《汉书》卷二五下《郊祀志》下平帝元始五年"莽又颇改其祭礼曰，《周官》天地之祀，乐有别有合"（《大司乐》）。后"莽又奏言：……谨按《周官》'兆五帝于四郊'"（《春官·小宗伯》）。

官吏共同的承认。尤其值得注意的是,《郊祀志》所记王莽言礼,皆《周官》与《礼记》并称,他说的《礼记》实指的是《王制》,而此处亦《周官》、《礼记》并称,这都说明了《周官》与王莽的关系。

从元始四年(公元四年)正式提出《周官》以后,到了居摄三年(公元八年)六月,改元为初始元年,是年九月"莽母功显君死,意不在哀,令太后诏议其服。少阿羲和刘歆与博士诸儒七十八人皆曰,居摄之义,所以统立天功,兴崇帝道,成就法度,安辑海内也。……周武王既没,周道未成,成王幼少,周公屏成王而居摄,以成周道……今太皇太后比遭家之不造,委任安汉公宰尹群僚,衡平天下。遭孺子幼少,未能共上下,皇天降瑞,出丹石之符,是以太皇太后则天明命,诏安汉公居摄践祚,将以成圣汉之业,与唐虞三代比隆也。摄皇帝遂开秘府,会群儒,制礼作乐,卒定庶官,茂成天功,圣心周悉,卓尔独见。发得《周礼》,以明因监,则天稽古,而损益焉。犹仲尼之闻韶,日月之不可阶。非圣哲之至,孰能若兹? 纲纪咸张,成在一匮,[①]此其所以保佑圣汉,安靖元元之效也"。刘歆的话,一在改《周官》之名为《周礼》,此后引用者皆用《周礼》一词;二在正式表明《周官》与王莽之关系,以此为王莽之莫大功德。

刘歆改《周官》为《周礼》,当然是出自王莽的意旨。因《尚书》已有《史记》称引为周公所作之《周官》,则元始四年所出之

---

① 《汉书补注》引刘攽曰"予谓此言莽制作已成,尚有未足,欲留之者也。当引《书》云'譬如为山九仞,功亏一匮'以解之"。按刘引"功亏一匮"以解此处之"成在一匮",甚确。但全文则语意模糊,此当指《周官》缺冬官而言。所谓"成在一匮"者,指《周官》内容之完成,只在加一匮之功。

《周官》，莽、歆始终未尝明言系周公所作。且《汉志》儒家有《周政》六篇、《周法》九篇、《河间周制》十八篇，基本性质应与莽、歆所出之《周官》相去不远，而皆未尝托之周公。则《周官》之名，难与周公关联在一起。但元始五年，泉陵侯刘庆上书言"成王幼少称孺子，周公居摄。今帝富于春秋，宜令安汉公行天子事，如周公"。时平帝疾，莽模仿周公金縢故事，"作策请命于泰畤，戴璧秉圭，愿以身代，藏策金縢，置于前殿，敕诸公勿敢言"。① 此后即以汉之周公自居。是年十二月平帝崩，莽即按"成王幼少"之说，选宣帝玄孙中最幼的广成侯子婴年二岁立之，再迫令太皇太后下诏以莽摄行皇帝之事，"如周公故事"。② 所以"周公"一词，是王莽最大的政治资本。《左》闵元年"公（齐桓公）曰，鲁可取乎？对曰（齐仲孙），不可，犹秉周礼。周礼所以本也。……鲁不弃周礼，未可动也"。又文十八年"季文子使太史克对曰……先君周公制周礼"。《左》昭二年"春，晋侯使韩宣子来聘……观书于太史氏，见《易》象与鲁《春秋》，曰，周礼尽在鲁矣。吾乃今知周公之德，与周之所以王也"。"周礼"一词的本来意义，系概指周公之制作而言。但"周公制周礼"已成为极流行的观念，将《周官》改名为《周礼》，即暗示了由王莽"发得"的《周礼》是周公所作，适合于王莽以周公一词所表征的政治野心。正因为如此，所以东汉儒生因为痛恨王莽，凡言及此书及有关此书的传注，皆称《周官》而不称《周礼》。其有称为《周礼》的，乃传承中被后

---

① 见《汉书》卷九十九上《王莽传》。
② 同上。

人所改。[①] 正反映出他们虽崇信此书，但不承认由改名所包藏的王莽的政治野心。

上引刘歆与博士诸儒七十八人所奏服制中，谓王莽"发得《周礼》，以明因监"，这分明是说《周礼》乃由王莽所"发得"。若河间献王所得之《周官》，即此处之《周礼》，因献王进之秘府，未流传外间，则刘向、刘歆父子校中秘书皆约二十年之久，岂不能发现此"文成数万"之巨典，而必待王莽发现？且王莽未尝校书，亦未尝在搜求遗轶中有得此巨典的纪录，则王莽以何因缘而能"发得"？若谓本由刘歆发得，特推功于莽，则刘氏父子从中秘中所发得者有逸《礼》、有古文《尚书》等，将《周官》推让于莽，又何足以为功德？细按上下文字，则表面谓《周礼》为莽所"发得"，实际乃暗示系由莽所制作。在"发得《周礼》"一语之上谓"摄皇帝遂开秘府，会群儒，制礼作乐，卒定庶官，茂成天功，圣心周悉，卓尔独见"，这是很奇特的一些话。开秘府而"发得《周礼》"，怎么会扯得到"会群儒，制礼作乐，卒定庶官，茂成天功"的上面去呢？若《周礼》是周公所作或前人所作，更扯不到"制礼作乐，卒定庶官"这些事上去。而由"卒定庶官"这句话，可知莽所制之礼，系以官制为主的礼，这不是暗指《周官》，还能作何解

---

① 例如《礼记》疏引《六艺论》"《周礼》为本，则圣人体之"。《五经正义》称《周礼注疏》，一若郑玄称《周礼》。然《后汉书》卷三五《郑玄列传》"又从东郡张恭祖受《周官》"。《后汉书·儒林传·董钧传》"中兴，郑众传《周官》经，后马融作《周官》传，授郑玄，玄作《周官》注"，又郑玄《周官》序惠栋所引者，皆称《周官》，而贾公彦《序周礼废兴》中所引，皆称《周礼》。考之《后汉书》各有关资料，实系称《周官》，贾氏作疏时，乃改称《周礼》。又如清侯康《补后汉书艺文志》，据《后汉书·马融传》有郑兴《周礼解诂》、郑众《周礼解诂》，然融传只称《周官》，不称《周礼》。余可类推。

释？若谓此系泛说，则何以前面"遂开秘府"，而后面承之以"发得《周礼》"？纵然王莽对《周礼》特别重视，又如何用得上"圣心周悉，卓尔独见"这两句话。因此，前面这几句话实际是说的王莽"会群儒"以制作《周礼》的过程。假定刘歆不是暗示《周礼》是由王莽会群儒所制作，则在"发得《周礼》，以明因监"下面的"则天稽古而损益焉"的话，怎能安放得下去？再接着是"犹仲尼之闻韶，日月之不可阶。非圣哲之至，孰能若兹"，从秘府中发现一部书，这部书再有价值，对于发现者怎样也不能用这些不伦不类的话去歌功颂德，何况"纲纪咸张，成在一匮"，[1]分明指冬官尚未制成的情形。因此，上面这些话，是指王莽制造的《周礼》的价值而言的，故结之以"此其所以保佑圣汉，安靖元元之效也"。《周礼》不是天上掉下来的符瑞，只有因为是由王莽所制作，才可以用得上这类的语言。

当然会有人反问，将《周官》改名《周礼》，以便伪托于周公，为什么又会指出这是王莽所制作，以拆穿自己的谎言呢？首先我应指出，吕不韦聚门客作《吕氏春秋》，将以作秦统一天下后政治设施的大典，此一政治理想性的野心，给汉代以莫大影响。[2]汉文帝即位后，命博士作《王制》；淮南王安与其宾客作"刘氏之书"，即今日所通行的《淮南子》，皆由此一影响而来。董仲舒《春秋繁露》的第二部分，[3]也含有此意。刘向《说苑》二十卷，由卷一的《君道》至卷二十的《反质》，成一完整系统，也是承风继起

---

① 见注五二。（编者注：现为页二七四注①。）
② 以上请参阅拙著《两汉思想史》卷二《〈吕氏春秋〉及其对汉代学术与政治的影响》。
③ 请参阅拙著《两汉思想史》卷二《先秦儒家思想的转折及天的哲学的完成》，页三一〇至三一一。（编者注：现为页二八四至二八五。）

之作。由此可知，王莽、刘歆们顺着以官制代表政治理想的统系，在莽以大司马专政的时候，将政治的共同理想，运用他们可以运用的儒生集团，集此一统系的大成，作实现政治理想的蓝本，这并不是创举而系在历史上有其根源的。但他们所遇着的矛盾，是在儒学盛行的时代，不假托之于周公，则其书不尊，王莽又不能因此而得与周公摄政之事古今辉映，以加强其政治地位。但若不透出王莽创制之实，而仅系由秘府中发现一部古典，则王莽自身的勋德不著，将徒有比附周公摄政之名，而无周公所以成为周公之实。他们为了解决这一矛盾，于是都出之以暗示的方法。改《周官》为《周礼》，一任人推测其出于周公，而他们始终未明说其出于周公。将此书确定为出于周公的，实始于马融而大倡于郑玄，①所以贾公彦便说，"《周礼》起于成帝刘歆，而成于郑玄"。要指明《周礼》实制作于王莽，仅说"摄皇帝遂开秘府，会群儒，制礼作乐……发得《周礼》"，也是出之以暗示的方式，使细阅全文的人，推测其可能实出于王莽所制作。因王莽的帝业不终，东汉以言王莽为大讳，所以这一暗示没有发生作用。两种暗示间的矛盾，由上述语言的技巧加以弥缝。"开秘府"的直觉是发现秘府中的秘典，但与"会群儒，制礼作乐"联在一起，也可以解释为"会群儒"是为了"制礼作乐"，而"开秘府"是为了找参考材料。"发得《周礼》"的"发"，可释为发现，也可释为发明。由语言的活动性，而可与推测者以活动性。

刘歆很明白地说明《周礼》系王莽所"发得"，正因为如此，所以四年之间，将已公开，并已经多次引用过的《周官》的名称，

---

① 贾公彦《序周礼废兴》"唯有郑玄遍览群经，知《周礼》者乃周公致太平之迹"。

正式改名为《周礼》，这对任何其他古典的处理，不可能出现这种情形，这可以说是一种特例。但因东汉讳言王莽，便把这一明显的事实抹煞了。今日对《周官》历史的模糊，可以说是从马融开始。贾公彦《序周礼废兴》引"马融《传》云"：①

> 秦自孝公以下，用商君之法，其政酷烈，与《周官》相反，故始皇禁挟书，特疾恶，欲绝灭之，搜求焚烧之独悉，是以隐藏百年。孝武帝始除挟书之律，开献书之路，既出于山岩屋壁，复入于秘府，五家之儒，莫得见焉。

按《汉书·河间献王传》明言得《周官尚书》，马融从班昭伏阁授读，当知之甚悉。若河间所得者即刘歆们所表出的《周官》，则河间为汉代名王，马融岂有不援引以明其出处之理？马融习《周官》，由刘歆到杜子春经郑众、贾逵，约略为三传。《汉书·王莽传》所记王莽"发得《周礼》"一事，不论由《汉书》的简策及师承的口传，当亦知之甚悉。但因河间所得者非他所传的《周官》，故不得援河间以自重，当时又讳言王莽，故又抹煞他所推尊信服的《汉书》中的《王莽传》而不言，但对《周官》的历史必须有所交代，故姑为汉武时"出于山岩屋壁"之辞，以资搪塞。高、惠、文、景四帝皆未提倡儒学，提倡儒学的始于武帝，故即托始于武帝。因为故意把《周官》出现的年代推到汉武时代，所以林孝存（临硕）反《周官》，便反驳为"武帝知《周官》末世渎乱不验之书"。

---

① 按此所谓"马融《传》云"，乃撮引马融述《周官》之大意，实为马融所著《周官传》之序。

因战国末期出现了以官制言政治理想的不少著作，东汉时或有人将《周官》的出现上推及于战国，所以何休便"以为六国阴谋之书"。[①] 马融继续说：

> 至孝成皇帝，达才通人刘向、子歆校理秘书，始得列序，著于录、略，然亡其冬官一篇，以《考工记》足之。时众儒并出共排，以为非是，唯歆独识。其年尚幼，务在广览博观，又多锐精于《春秋》，末年乃知其周公致太平之迹，迹具在斯。奈遭天下仓卒，兵革并起，疾疫丧荒，弟子死丧，徒有里人河南缑氏杜子春尚在，永平之初，年且九十，家于南山，能通其读，颇识其说，郑众、贾逵往受业焉。众、逵洪雅博闻，又以经书记转相证明为解，逵解行于世，众解不行。兼揽二家为备，多所遗缺，然众时所解说近得其实，独以《书序》言成王既黜殷命，还归在丰，作《周官》，则此《周官》也，失之矣。……至六十为武都守，郡小少事，乃述平生之志，著《易》、《尚书》、《诗》、《礼》传皆讫，惟念前业未毕者唯《周官》，年六十有六，目瞑意倦，自力补之，谓之《周官传》也。

贾公彦已指出"歆之录在于哀帝之时，不审马融何云……著于录、略者成帝之时"。我以为马融为了抹煞《周官》与王莽的关系，便说它是武帝时出于山岩屋壁，入于秘府，所以为校理秘书的刘歆所序列。为了说明此书何以未在武帝以前出现，便把惠

---

① 林孝存、何休之言，俱见于贾公彦《序周礼废兴》。

　　　　　　　　　　　　　　《周官》成立之时代及其思想性格

帝四年三月甲子，因惠帝冠而除挟书律一事，拉下到武帝时代。《周官》之名，平帝元始四年因王莽征天下通一艺者而始见，刘歆的《七略》当成于哀帝之时，而《周官》的录入《七略》，乃在平帝元始四年到初始元年尚未改名《周礼》的这段时间所补入。马融习《汉书》，这些情形亦无不知之理，但若如此叙述，便不能隐瞒王莽与《周官》的关系，所以只好把录入《七略》的时间由平帝提早到成帝时代。贾公彦谓"录在于哀帝"之时，亦无根据。马融说刘歆末年"乃知其（《周官》）周公致太平之迹"，这是就《周官》改名《周礼》一事而推论的，刘歆并未曾明言，否则郑众之父郑兴曾受《周官》于刘歆，而郑众又受《周官》于杜子春，断乎不会根据《书序》而认为系成王所作。从有关的上下文看，杜子春可以认定是刘歆的弟子。郑众之所以有些误会，乃因他父子皆未曾习《尚书》。[1] 马氏著有《尚书传》，所以能纠正他的错误。总之，《周官》传承的许多谬说，盖由东汉士人避言王莽而起。

---

[1]《后汉书》卷三十六《郑兴列传》"少学《公羊春秋》，晚善《左氏传》。……天凤（王莽年号）中，将门人从刘歆讲正大义，歆善兴才，使撰条例、章句、训诂及校《三统历》"。"兴好古学，尤明《左氏》、《周官》……世言《左氏》多祖于兴。"其子，《郑众列传》"年十二，从父受《左氏春秋》……兼通《易》、《诗》，知名于世"。是兴父子皆未尝习《尚书》。当时竹简板重，不便翻阅，故未习者即不便校阅。

六、王莽、刘歆制作《周官》历程的探索

　　下面将王莽与刘歆作《周官》在文献中可以考查的线索稍加探索。首述王、刘两人的关系。《汉书》卷三十六《刘歆传》"召见成帝，待诏宦者署，为黄门郎"。《太平御览》卷二百二十一载《刘向集·书戒子歆》曰"今若年少，得黄门侍郎，显处也"。《汉书》卷九十九上《王莽传》"阳朔中，世父大将军凤病……且死，以托太后及帝，拜为黄门郎"。王凤死于阳朔三年（公元前二二年）八月，则莽之为郎，当在此时，时年二十四。刘歆生年及为郎之年不详，《汉书》卷三十六歆传"河平中（公元前二八至前二五年）受诏与父向领校秘书"，此实为河平三年（公元前二六年）事。以意推之，则歆系以黄门郎而参校秘书，是其为郎当在王莽之前约二、三年，得与为同列，而年亦不相上下。又歆传"向死后，歆复为中垒校尉"。向死于成帝绥和元年（公元前八年），则在此以前，歆为郎十余年之久，歆《让太常博士书》当即在此年。又传"歆由是（《让太常博士书》）忤执政大臣，为众儒所讪，惧诛，求出补吏。……历三郡守，数年以病免官，起家复为安定属国都尉。会哀帝崩，王莽持政。莽少与歆俱为黄门郎，重之，白太后，太后留歆为右曹太中大夫，迁中垒校尉、羲和、京兆尹，使治明堂、辟雍，封红休侯，典儒史卜之官，考定律历，著《三统历》。……

　　　　　　　　　　　　　《周官》成立之时代及其思想性格

及王莽篡位，歆为国师"，直至更始元年（公元二三年）刘歆自杀。按王莽第一次为大司马为成帝绥和元年（公元前八年）秋。次年三月成帝崩，哀帝即位，及秋，王莽罢。元寿二年（公元前一年）六月哀帝崩，王莽再以大司马持政，其援引刘歆，盖在此时。王莽持政后的人事部署是"王舜、王邑为腹心，甄丰、甄邯主击断，平晏领机事，刘歆典文章"。①由此而至平帝元始四年（公元四年）"莽奏起明堂、辟雍、灵台……制度甚盛"，并在征"天下通一艺，教授十一人以上"的诏中，出《周官》之名。由元寿二年再以大司马持政至此，凡四年时间。我推测，制定《周官》，莽在哀帝罢政时已先事草创，及刘歆典文章，除完成《三统历》外，并将莽所已草创者整理成今日的所谓《周官》，至次年而开始援引，又越四年为初始元年（公元八年），为适应政治的要求，乃将《周官》改名为《周礼》。

何以见得《周官》是王莽草创于前，刘歆整理于后呢？《汉书》卷九十九上《王莽传》"莽独孤贫，因折节为恭俭，受《礼经》，师事沛郡陈参，勤身博学，被服如儒生"。是他本是习《礼》的。莽于阳朔三年（公元前二二年）为黄门郎，永始元年（公元前一六年）封新都侯，"收赡名士"。绥和元年（公元前八年）莽为大司马，与师丹共以《礼》黜傅太后母丁姬，卒以撤傅太后在太皇太后旁之坐位，罢大司马就第，就第后二岁遣就国，就国三岁征还京师，岁余哀帝崩，再以大司马持政。②这中间共有五年多的韬光养晦的时间，以莽的性格，也必有所作为。《汉书》卷二五

---

① 《汉书》卷九十九上《王莽传》。
② 同上。

下，由平帝元始五年（公元五年）起，录有王莽四次议礼的言论，其中四引《礼记》，两引《周官》，对汉代郊祀五帝的兴废，言之如数家珍，则其明习于《礼》者盖非一日。而在他第三次言礼时，传谓"又颇改其祭礼"，假定他若无所制作，则如何能"颇改其祭礼"？元始四年（公元四年）秋诏议九锡之法，五年（公元五年）莽上书辞谢中有谓"圣德纯美，承天尚古，制礼以治民，作乐以移风"，又"愿诸章下议者皆寝勿上，使臣莽得尽力毕制礼作乐事，事成以传示天下，与海内平之"。他来了这套假辞让后，"甄邯等白太后，诏曰可。……方制作未定，事须公而决，故且听公制作毕成"。又张纯等九百二人"谨以六经通义，经文所见，《周官》、《礼记》宜于命者为九命之锡"。在是年（公元五年）五月庚寅正式加九锡后，莽奏请"谨以经义，正十二州名"，又"增法五十条，犯者徙之西海"。① 又《汉书》卷二十四下《食货志》"王莽居摄，变汉制"，"据周制改变币制"，又据"国师公刘歆言周有泉府之官，遂下诏据《周礼》开赊贷，张五均"之法，又据《周官》定税法，② 都是他以经义从事的制作的一端。这里最值得注意的是，王莽的政治理想与野心皆集中在制礼作乐之上，则他曾草创《周官》，是一种合理的推测。但他第二次以大司马持政之后，便没有"亲自制作"的时间，只好委之于"典文章"的刘歆，由他整理成书，也是合理的推测。我的推测，是以上面相关的材料作根据或导引的。这比之纯以捕风捉影的方式推测它成书于周初或战国时代，不更为可信吗？元始四年（公元四年）正式露面的《周官》若系出自秘

---

① 以上皆见《汉书》卷九十九上《王莽传》。
② 以上皆见《汉书》卷二十四下《食货志》。

　　　　　　　　　　　　　《周官》成立之时代及其思想性格

府，则在当时简策笨重、奇字又特多的情形下，短期内将其读通，尚非易事，何能于数月内即能援引以为制作的根据？这只有推定莽、歆共造此书，以表达他们的政治理想，一经公布，便推为王莽的莫大功德，并想按照蓝图加以实现，始能解答上述的问题。

但因王莽迫切的政治需要，《周官》并没有全部完成便把它公开了。第一是以《考工记》补冬官之缺的问题。照《吕氏春秋》及西汉人以抄书为著书之例，《周官》虽力求创制，也必旁资博取，以为成书之助。所以汪中的《周官征文》①谓"于古凡得六征"，以证明《周官》乃西周"王朝之政典……官失而师儒传之，七十子后学者系之于六艺。其传习之绪，明白可据"，一切这类的说法，皆毫无意义。按照《周官》体例，《考工记》应为《周官》冬官中的一篇，也和《周书·职方》第六十二成为夏官中的一篇相同。但冬官司空"事官"的"事"，已多列在其他五官中去凑数，所以自宋俞庭椿《周官复古编》起，倡为"司空之篇，实杂出于五官之属"②之说，更由许多人作了抽补填充的工作。实际则是写到冬官时，既感凑够六十官数的不易，加以王莽由持政而摄政之势已成，迫不及待地要拿出来，借此以竦动天下人的耳目，增加进一步夺取权力的资本，其所以不能不"成在一匮"的原因在此。马融对此只说"亡其冬官篇，以《考工记》补之"，郑玄却添上"汉兴购千金不得"。③这只是出于郑氏的一种推测。在郑氏以前，没有千金购求的丝毫痕迹。陆德明《经典释文》序更说成"或曰，河间献王开献书之路，时有李氏上《周官》五篇，失'事官'一

---

① 见汪中著《述学》内篇卷二。
② 转引自朱彝尊《经义考》卷一百二十三俞氏庭椿《周礼复古编》序。
③ 见《周礼注疏》卷三十九冬官《考工记》第六疏引郑《目录》。

篇，乃购千金不得，取《考工记》以补之"。马融、郑玄诸人，未尝说《周官》出于河间献王，更无李氏献书之说。经陆氏这一增饰，《周官》系由王莽"发得"的史实更为所掩，而且使刘歆所言"成在一匮"之真意，更无人省识。陆氏之说，一经《隋书·经籍志》采用，且去"或曰"两字，此说的影响更大。

《周官》为莽、歆未成之书，尚在下列二点可以考见。莽、歆合著此书，以常情推之，只是持其纲领，会其指归，具体节目当委之于若干博士儒生之手。居摄元年（公元六年）九月与刘歆共同因议莽母的丧服，而将《周官》改名《周礼》，且正式宣称系由莽所"发得"的博士诸儒七十八人，大概即是参加此一具体工作的人。此书未完成的证据之一，小宰明谓六官之属各为六十，以合天道。但天官之属凡六十有三，地官之属七十有七，春官之属凡七十，夏官之属六十有九，秋官之属六十有六。[①] 这是在数字上尚未能整齐划一。其有名无职的，计地官中有司禄，夏官中有军司马、舆司马、行司马、掌疆、司甲，秋官中有掌察、掌货贿、都则、都士、家士，冬官《考工记》中有段氏、韦氏、裘氏、筐人、㮚人、雕人。上面所缺的职守，大抵在其他官名下可以找到。这种情形，是从事具体制作的人，有的想出了名称，但一时想不出职守；有的想出了职守，因一时疏忽，又记录到其他官名下去了。这种情形，不能仅以脱简作解释。

次一证据是抄录材料时把原材料中的文字抄错，而未及加以校正。夏官中职方氏"正南曰荆州……其浸颍、湛"，郑注"颍出

---

① 王应麟《汉书艺文志考证》谓"地官七十八"。此据桑悦《周礼义疏》序，见《经义考》卷一百二十六，余官数皆同。

阳城，宜属豫州，在此非也"。又"河南曰豫州……其浸波、溠"，郑注"《春秋传》曰，楚子除道梁溠，营军临随，则溠宜属荆州，在此非也"。又"正东曰青州……其民二男二女"，郑注"二男二女数等，似误也"。以上三点在《周书·职方》第六十二皆不误。若谓郑因精于地理，故所指出者恰与《周书》不谋而合，但若未看到《周书》青州下"其民二男三女"，便很难指出《周官》青州下之"二男二女"是错误的。我怀疑郑氏是先与《周书》对勘后，始能如此指证。《周书》记有"厉王失道，芮伯陈诰作《芮良夫》"，又载有与春秋末期晋贤大夫叔向同时之太子晋，而《周官》竟抄《周书》中的一篇，这与郑玄相信《周官》是"周公致太平之迹"，有显明的矛盾，所以郑氏讳而不言。即使是出于暗合，《周官》是抄自《周书》，则是决无可疑的。而上述错误，乃来自未及校正的抄录时的错误，也是决无可疑的。

《汉书·艺文志·六艺略》乐家下有谓"六国之君，魏文侯最为好古，孝文时得其乐人窦公，献其书，乃《周官》大宗伯之大司乐章也"。《艺文志》出于刘歆的《七略》，所以此处可以作为刘歆之言。刘歆将《周官》补入《六艺略》时，又列有"《周官传》四篇"。马融序《周官》流传的情形，既称"唯歆独识"，是刘歆以外无传人，则除刘氏外尚有谁人作传，而为郑、贾、马诸人所未涉一字呢？歆后"徒有里人河南杜子春尚在"，杜子春之说，多为郑注所引。若杜说即是《周官传》四篇，在时间上也不能录入《七略》，故其虚列此名以掩蔽《周官》之何以突然出现的用心，可谓昭然若揭。盖刘歆将《周官》补录时，在改名《周礼》之前，其意仅在托古改制，尚未想到以此为王莽夺取政权的重大工具。准此以推，可以断《周官》大司乐章可能采录了文帝时所得魏文侯乐工窦公有关乐的材料，而加以修整，[1] 但修整时依然有显著的疏漏而未及校正。《周官》引用了《周书》的《职方》，因《周官》常用"邦"字及"曰"字，便在《周书·职方》的两个"国"字上加"邦"字，及将九个"为"字改为"曰"字，[2] 并适应莽、歆的要求（见后），在《周书·职方》一开始"职方氏掌天下之图"下添以"掌天下之地"一句。又为与其所拟议的封建制度相合，在最后"凡国公侯伯子男"下增"凡邦国千里，封公以方五百里则四公，方四百里则六侯，方三百里则七伯，方二百里则二十五子，方百里则百男"五句，再接"以周知天下"的原文作结，而未考虑到所增五句，乃说"邦国千里"内若以之封建的情形，与"以周知天下"的原文，并关连不上。这是修改得最少的。《考工记》必先秦有其书，而其中用齐国的方言，[3] 有人以为是出于先秦齐地的记录，这是可信的。但不仅开始从"国有六职"到"百工之事，皆圣人之作也"的一段，是作《周官》的人所加上去的，其文字、结构也经过了他们的调整，以适应他们的要求。最显著的"车有六等之数"，郑注"车有天地之象，人在其中焉。六等之

---

① 颜师古注引桓谭《新论》谓窦公百八十岁。《补注》引齐召南谓窦公"其年寿盖二百三四十岁，谓之百八十岁可乎"？盖以桓谭所记者为不可信。但古人常以艺世其家。若以文帝时的窦公为魏文侯时窦公之后人，因而亦称为窦公，或自加缘饰，或在传说中被人缘饰，亦非无可能。

②《周书》亦用"邦"一词，亦用"曰"字，但不如《周官》之普遍。《周书·职方》"乃辨九服之国"，"凡国公侯伯子男"，《周官·职方氏》皆作"邦国"，又"其外方五百里为侯服"、"……为甸服"、"……为男服"、"……为采服"、"……为卫服"、"……为蛮服"、"……为夷服"、"……为镇服"、"……为藩服"，"为"字在《周官·职方氏》皆改"曰"。

③《周礼注疏》卷三十九《考工记》"轮已庳，则于马终古登阤也"，郑注"齐人之言终古，犹言常也"。

　　　　　　　　　《周官》成立之时代及其思想性格

数，法《易》之三材六画"。我认为车的"六等之数"，是由全书特重"六"的数字所凑合起来的。准此以推，假定大司乐的材料本有根据，甚至真正是根据文帝时窦公所献，则所以为乐德者六、为乐语者六、为乐舞者六，祭祀的对象亦为六，[①]其皆为在修整中适应由"六"所代表的理想而加以凑合，至为显然。因为莽、歆们特别重视乐，故此篇所加的修整附益者特甚。其言"若乐六变则天神皆降"，"若乐八变则地示皆出"，"若乐九变则人鬼可得而礼矣"的一段叙述中，宫、商、角、徵、羽五声，而独缺商，只能推测这是来自修整者一时的疏忽，又为莽、歆所不及校正。由郑玄的"此乐无商者，祭尚柔，商坚刚也"，以及今人有援《韩非子·十过》篇师旷告晋平公谓卫师涓所鼓者"为亡国之音"，"此所谓清商也"的故事，而说"所以《周官》三大祭祀皆不用"，并援《礼记·乐记》载孔子与宾牟贾言乐，孔子问"声淫及商何也"，对曰"非武音也"，以作"一辈讲音乐者，乃力事排斥商声之证"，[②]皆为远于情理的曲说。五声中之商，乃五个基本音素中的一个音素，为任何乐曲中所不能缺少，所以大司乐必言六律五声。韩非所述故事的真伪不必辨，但所谓"清商"乃乐中的一个乐曲，也和此故事中所说的"清徵"、"清角"一样。每一乐曲必由五声所

---

① 《周礼注疏》卷二十二大司乐"以乐德教国子，中、和、祗、庸、孝、友，以乐语教国子兴、道、讽、诵、言、语，以乐舞教国子，舞云门、大卷、大咸、大磬、大夏、大濩、大武"，其数皆六。不仅乐德、乐语之六项目皆凑合而成，毫无理据，而郑注释六舞为"此周所存六代之乐"，贾疏亦以为出于《乐纬》及《元命苞》，于古无据。其所举祭的对象为天神、地示、四望、山川、先妣，先祖，亦显为凑成六的数字而成。

② 见钱穆氏著《两汉经学今古文平议》中的《〈周官〉著作时代考》第五"《周官》里的音乐"，页四二六至四二九。

组成，但有的以商为主，或以徵、以角为主。其组成的方法及由此方法所得之效果，今不可得而闻，但乐曲与音素中的一个单元，如何可以相混？至《乐记》孔子所问的"声淫及商"的商，及指商朝而言，意谓其中含有贪商之志，注与疏皆甚为明白。故言三大祭祀之乐而不及商，只能解释为修整时的疏漏。大宗伯"以血祭祭社稷、五祀、五岳"，而未及四窦，这也是编整时遗漏，郑玄却谓"不见四窦者，四窦五岳之匹，或省文"，乃是以曲说作补救。

《周官》成立之时代及其思想性格

七、《周官》在文字结构中所反映出的时代背景

王莽、刘歆们既将他们的官制托之于周，继且暗示此乃周公所作，又加以他们天人合一的思想，则其官名、官职自必力求与汉代保持距离，并且他们是要以此为改变现状、发挥理想的根据，则此种距离亦为他们事实上的需要。以他们的博学精思，也可以建立起此种距离。但任何人的想象力、思考力，总不能完全摆脱他们所处的时代，于是在三郑①的注释中，我曾约略加以统计，以"若今"的官、事、物为解释的共一百二十有余，以"王莽时"作解释的有四。他们的所谓"若今"的"今"，即指汉代而言。其中有的仅为汉代所有，而郑氏无法推向前代的，如秋官中的司隶，郑注"隶，给劳辱之役者。汉始置司隶，亦使将徒治道沟渠之徒，后稍尊之，使主官府及近郡"，这可以说是他们在隐瞒时代上所露出的最显明的漏洞。《汉书》卷十九上《百官公卿表》上"司隶，周官，武帝征和四年初置，成帝元延四年省，绥和二年哀帝复置，但为司隶"。因为班固相信《周官》出于周初，所以《百官表》中凡《周官》中所有的官名，班氏便以为是周代所设置，而不考虑到事实上的矛盾。作《周官》的人，更由司隶而想出罪隶、蛮

---

① 郑康成注《周官》，引有相当数量的郑兴、郑众父子之注。

隶、闽隶、夷隶、貉隶，一共凑成六个隶，这是因武帝设了司隶校尉等八校尉而联想出来的。司隶校尉开始是"持节从中都官徒千二百人，捕巫蛊，督大奸猾。后罢其兵，察三辅、三河、弘农"（《百官公卿表》）。"官徒"是官府中判处徒刑的罪人。司隶校尉的兵是由徒刑罪人所编成的，"后罢其兵"，即说明哀帝时的司隶不再率管罪人，所以作《周官》的人便另外想出一个"罪隶"。有越骑校尉、长水（长水胡）校尉、胡骑校尉等，便由此而想出"蛮隶"、"闽隶"、"夷隶"、"貉隶"等。

《周官》天官中"大府，下大夫二人"，郑注"若今司农矣"，又"司会，中大夫二人、下大夫四人"，郑注"若今尚书"。这实际是由当时的司农、尚书，以制定大府及司会的官职，而郑所说的"今尚书"乃由汉武起，职权不断扩大的尚书，非汉初的尚书。汉初不仅尚书"仅治文书而已"，且更无可以与司会职权相当的其他官职。换言之，若无汉武以后的尚书作背景，即很难想象出司会的职权。宋王应麟根据《周官》郑注，成《汉制考》一书，盖欲"以汉制证遗经"，[①] 实则应反转过来，以汉制证《周官》之所自出。盖有许多情形，只有汉代才有，不可能推到汉代以前去。天官宰夫"书其能者与其良者而以告于上"，郑注引"郑司农云，若今时举孝廉、贤良方正、茂才异等"。这里不是汉代主管选举的、非宰夫之官的问题，而是在汉文以前，乃至在汉武以前，不可能出现此种制度的问题。又如地官小司徒"及三年则大比，大比则受邦国之比要"，郑注引"郑司农云，五家为比，故以比为名，今时八月案比是也"。古代以畋猎聚民教战，决无三年大比的事迹与

---

① 宋王应麟《汉制考》自序中语。

可能，八月案比始于汉代，这当然是以汉代八月案比为背景所构想出来的。其中有关刑狱之与汉代刑狱相合者更多。我们几乎可以这样说，除了完全出于虚构夸大者外，除了以先前的典籍为背景者外，其余都是以汉代为背景所构成的。后文还要说到。

西汉自淮南王安以后，经董仲舒以迄刘歆的《三统历》，喜欢在一书之内包罗万有，概括无遗，而不顾虑到内容的重复、矛盾，我曾称此为"拼盘式的哲学"。《周官》一书，也正反映出此一特性。对于古无征、于事无取者，尚铺排附会、虚立官职，为后人所诟病，则对前人已有的成说、故事，其不论矛盾重复，而必求赅备无遗，乃必然之势。他们是根据由六、六十、三百六十的律历数字所表现的天道以立官制的。但《王制》乃文帝命博士所造，可称为汉人言制度之祖，[①] 王莽、刘歆岂有不加重视之理？《王制》中所称的三公九卿，虽与《周官》的六官在体制上本不能相容，莽、歆们却不肯置之不顾，在天官小宰"以官府之六属举邦治"中，正式举出天、地、春、夏、秋、冬六官之名及属官之数，其中并无三公的地位。但在小宰后的"宰夫之职，掌治朝之法，以正王及三公、六卿、大夫、群吏之位"，突然出现有"三公六卿"，然则此三公六卿由何而来？地官司徒下"乡老，二乡则公一人，卿一人"，郑注"王置六乡，则公有三人"，这样便硬把"三公"塞进去了。但在职务分配中并没有三公的职务，于是三公在《周官》中变为无业的"游官"，郑玄对这种情形的解释是"三公者内与王论道，中参六官之事，外与六乡之教，其要为民，是以属之乡焉"。这当然是很牵强的解释。这种游官性质的三公，与

---

① 贾谊《新书》已开始引用《王制》。

"三公"一辞出现以后的性格是完全不同的，与六官分职的系统是完全不合的。但莽、歆们运用这种方法以为便达到了包括《王制》在内的目的。

六官之长皆称为卿，如"大司徒，卿一人"者是。但"三公六卿"的"六卿"，乃指"每乡卿一人"而言，他的职责是"各掌其乡之政教禁令"。这样一来，莽、歆们便觉得古代六军之帅的六卿也概括在里面了。

六官之外再凑上了"三公六卿"，莽、歆们尚不满足，因为还遗漏了"九卿"，于是把古代王公谦称之一的"孤"，①拿它当作三公下的一种爵位，而称"孤卿大夫"者，全书凡七八见。然则此孤由何而来呢？《史记·魏豹彭越列传》赞"席卷千里，南面称孤"，是史公时尚无以孤为官名之事。后面还要说到，《周官》采用了《大戴记》之《盛德》、《朝事》两篇的材料。《朝事》篇中有"公之孤四命"及"凡大国之孤，执皮帛以继小国之君"的话，此处的"孤"，似为一种爵位，但并不明了，且亦未定为三孤。《周官》的三孤，系受此影响，而另有用意。春官典命"公之孤四命"，郑注引"郑司农云，九命上公，得置孤卿一人"。公有三，孤亦有三，孤亦是卿，故称"孤卿"，这便在六卿之外又加上了三卿。莽、歆们便以为暗合九卿之数，而把九卿的理想也概括在里面了。孤与公同样为无职的游官。

这种大拼盘式的大概括，在最高的祭祀方面也表现了出来。《周官》中九处提到祀五帝，这是它反映汉代的主要祭祀。五帝有

①《老子》四十二章"人之所恶，唯孤、寡、不谷，而王公以为称"。《正字通》"孤，寡德曰孤，王侯谦称"。《礼记·玉藻》"凡自称小国之君曰孤"，与史实不合。《左传·成公十八年》晋大夫迎周子为晋君，"周子曰，孤始愿不及此"可证。

两个系统，一是历史传说中的五帝。五帝之说不同，但同属于人的性质。《吕氏春秋》十二纪中的"其帝太皞"、"其帝炎帝"、"其帝黄帝"、"其帝少皞"、"其帝颛顼"，是属于这一系统。《国语·楚语下》观射父答昭王之问中有"使名姓之后，能知……上下之神、氏姓之出，而心率旧章者为之宗"。"上下之神"而有"氏姓之出"，由此可知古代之神多来自有功德的历史人物，所以本为属于人的五帝亦可升格为神，而兼为神的五帝。另一系统是《史记·封禅书》上由汉高祖所完成的系统。"汉高祖二年，东击项籍而还入关，问故秦时上帝祠何帝也，对曰，四帝，有白、青、黄、赤之祠。高祖曰，吾闻天有五帝，而今有四，何也？莫知其说。于是高祖曰，吾知之矣，乃待我而具五也。乃立黑帝祠，命曰北畤"。"秦杂西戎之俗"，立四畤以祠四帝，至高祖增而为五，这是凭空想象出来的五帝。虽因受《吕氏春秋》十二纪纪首的影响而时有混淆，但待高祖而是五，乃出于秦地，非由历史中人物所升格的另一系统，甚为明显。高祖"吾闻天有五帝"，乃他将另一系统的五帝应用到出于秦国的系统。所以秦既未承周代郊祀之礼，四时四帝，亦未尝有五帝之祀。五帝之祠，实始于汉而为《周官》所承受。《汉书》卷二十五下《郊祀志》"平帝元始五年，大司马王莽奏言，高皇帝受命，因雍四畤起北畤而备五帝，未供天地之祀"，言之甚明。郑玄在小宗伯"兆五帝于四郊"注谓："五帝，苍曰灵威仰，太昊食焉；赤曰赤熛怒，炎帝食焉；黄曰含枢纽，黄帝食焉；白曰白招拒，少昊食焉；黑曰汁光纪，颛顼食焉。"这是以由刘邦所完成的五帝为主，再用"食焉"两字，把《吕氏春秋》十二纪纪首的历史人物的五帝附在里面，以糅合一个系统。此乃经过纬书所附会出来的，不足以改变王莽所言，汉承秦之四帝，增一帝而祀五帝的事实。汉祀五帝以代周的郊礼，故"未供天地之祀"，这是很自然的。王莽们要便是废五帝而复天地之祀，要便是仍汉制之旧而仅祀五帝，但这与他们要概括一切的野心不合，所以在《周官》中，实际是以五帝之祀为主体，但并不放弃上帝。大宗伯"以禋祀祀昊天上帝"，又"国有大故，则旅上帝"；典瑞"四圭有邸，以祀天旅上帝"；司服"王之吉服，祀昊天上帝则服大裘而冕，祀五帝亦如之"，这即可证明昊天上帝与五帝并不相同。但在小宗伯"掌建国之神位"中，"兆五帝于四郊"，有五帝的神位，并没有昊天上帝的神位。因为他们所继承的汉代五帝之祀是实，而继承周代郊祀的昊天上帝是虚，连南郊的方位也给五帝占去了。但他们只顾包罗得多，决不考虑到由拼凑而来的矛盾。

　　此外于不知不觉之中，反映他们制作时代的，随处可见。而最大的、未为前人所说过的，是表现在夏官大司马的分职上。自汉武立大司马以冠将军之号，霍光遂以大司马录尚书事专政，此后大司马便成实质宰相，而宰相徒拥虚位。"元后父及兄弟，皆以元成世封侯居位辅政，家凡九侯五大司马"。[①] 王莽年三十八岁时擢大司马继王根秉政，一年后为哀帝所黜。哀帝崩于元寿二年（公元前一年），王莽再以大司马秉政。至元始四年（公元四年）因"太保舜等奏言"，"伊尹为阿衡，周公为太宰"，以莽功兼伊尹、周公，遂加莽为宰衡，位上公，[②] 此时，他的地位已超过了大司马。他草创《周官》时，他的野心可能仅止于仿霍光的以大司马专政，所以在《周官》中把王的地位架空，把大司马的职权加实加大。

---

① 《汉书》卷九十九上《王莽传》。
② 同上。

但等到要把《周官》加以公开时，他的地位已高出于大司马，则又需将大司马的权职削弱而重新加以安排，但重新安排则牵一发而动全身，于是大司马之职，不能不以残缺的形貌出现。

《周官》中的王是虚位，早有人指出过。在官职的分配上，天官冢宰"掌建邦之六典以佐王治"、"以八法治官府"、"以八则治都鄙"、"以八柄诏王驭群臣"、"以八统诏王驭万民"、"以九职驭万民"、"以九赋敛财贿"、"以九式均节财用"、"以九贡致邦国之用"、"以九两系邦国之民"，好像真正是总揽全局，气象堂皇。但直接指挥执行的，则由膳夫到腊人，主饮食者九；由医师到兽医，主医疗者六，由酒正到浆人，主酒浆者三；还有凌人掌冰、笾人掌四笾之实，还有醢人、醯人、幂人，都是主管饮食的；宫人、掌舍、幕人是掌宫舍帷幕的，掌次是掌宫幕等的大小丈尺。内宰以下到夏采，主后宫之事者十九。这都是现代政治机关中总务处、总务科的业务，但都属之冢宰。冢宰在政治权力中，还能发生什么作用？大府、玉府、内府、外府、司会、司书乃至司裘，则是掌管财货赋税的收入、贮藏、支配的，这不可谓不是政治中的要政。把这种要政系于冢宰之下，这一方面是受了《王制》"冢宰制国用"的影响，同时又是反映大司马专政后，大司农仍属于外朝宰相系统的现实情况。所以霍光通过盐铁大争论以打击桑弘羊后，即以曾为自己僚属的田延年为大司农以掌握财经大权，但未变更它的隶属系统。

夏官大司马主军事，"以九伐之法正邦国"，这可以说是他的正常职务。在夏官中对于军事的组织、动员、训练，及人员、马政、兵器等的储备，特为详密，这都可说是正常的。但在"掌建邦国之九法以佐王平邦国"中，除"制军诘禁，以纠邦国"一项外，其余"制畿封田以正邦国，设仪辨位以等邦国，进贤兴功以作邦国，建牧立监以维邦国"，"乃以九畿之籍施邦国之政职……"，"凡令赋，以地与民制之……"，再通过一年四次田狩的上下军民的总动员，还要三年一大比，把国家的政，都从天官、地官中抽出来，而使天官、地官都成为虚有其表。"量人掌建国之法以分国为九州，营国城郭，营后宫，量市、朝、道、巷、门、渠，造都邑亦如之"，再加上"职方氏掌天下之图以掌天下之地，辨其邦国都鄙、四夷、八蛮、七闽、九貉、五戎、六狄之人民，与其财用，九谷、六畜之数要，周知其利害……"，"土方氏掌土圭之法以致日景，以土地、相宅而建邦国都鄙……"等等，这便把全国的统治权控制权都收在大司马的手上，而把地官大司徒"掌建邦之土地之图与其人民之数，以佐王安扰邦国"等相关的职权，剥夺得干干净净了。"司士掌群臣之版以治其政令，岁登下其损益之数，辨其年岁与其贵贱，周知邦国都家县鄙之数，卿大夫士庶子之数，以诏王治。以德诏爵，以功诏禄，以能诏士，以久奠食，惟赐无常。正朝仪之位，辨其贵贱之等……掌国中之士治……"，大司马下面的两个下大夫司士，便把朝廷县鄙的大小官位及其爵赏都拿到手中去了。上士的司勋"掌六乡赏地之法以等其功……凡有功者，铭书于王之大常，祭于大烝，司勋诏之。大功，司勋藏其贰。……"，把六乡的赏赐权也从地官大司徒手中拿走了。"诸子掌国子之倅，掌其戒令与其教治，辨其等，正其位……"，连大司徒所掌教育中与政治权力有直接关系的也分割到自己手上了。

莽、歆们用心最巧的是把"虚位"，但是最高权力之所在的王，完全由大司马控制。"虎贲氏掌先后王而趋以卒伍……王在国则守王宫"，"旅贲氏掌执戈盾夹王车而趋"，这都说得过去，祭祀的服冕则应由春官大宗伯主管，但"节服氏掌祭祀、朝觐衮冕六人，维王之大常"，弁师"掌王之五冕"，"祭仆掌受命于王，以眡祭祀，而警戒祭祀有司，纠百官之戒具"，因其是王的生活活动的一部分，所以便列入大司马掌管之内。最奇特的是"太仆掌正王之服位，出入王之大命，掌诸侯之复逆"，①"小臣掌王之小命，诏相王之小法仪，掌三公及孤卿之复逆"，这便把王与臣下的关系，完全掌握在大司马手上，而将其傀儡化，活活反映出由霍光起，以大司马专政的现实。但很奇怪的是，不仅夏官大司马属下有五个是有官无职的，这在五官中为最多，而且按照《周官》的体制，作为六官中之副的职务最为繁重。小宰为冢宰之副，小司徒为大司徒之副，小宗伯为大宗伯之副，小司寇为大司寇之副，无不如此。可以说，副乃掌执行之大权。惟有作为大司马之副的小司马，则仅有"凡小祭祀、会同、飨射、师田、丧纪掌其事，如大司马之法"二十一个字，根本没有重要职掌，郑玄对此的解释是"此下字脱灭，札烂文缺，汉兴求之不得，遂无识其数者"。由"汉兴求之不得"之语推之，可见由杜子春所传下来的即是如此。杜子春、先郑们未曾对此提出解释，到郑玄才提出，即可知郑玄的解释不能成立。小司马是中大夫，次于小司马的下大夫军司马的职掌，次于军司马的舆司马及行司马的职掌，皆缺而不书，即是一连四个官位的职掌都是残缺的，这只能解释为王莽因自己地位的变更，要修改大司马的职权又无从修改，所以出现这种现象。

---

① 郑注："郑司农云，复谓奏事也，逆谓受下奏。"

八、《周官》在思想构成中所反映出的时代背景

现在想进一步探索王莽、刘歆们在《周官》中所表现的政治思想，即使托名甚高、虚说甚繁，但目的还是想解决他们所遭遇的现实政治、社会问题，因而我们可由此探索构成他们思想的时代背景。而这种背景的把握，是了解他们政治思想的基点。

中国历史上最基本的政治问题是农民问题，"天下已平，高祖乃令贾人不得衣丝乘车，重租税以困辱之（商）"，[①]这是汉代重本（农）抑末（商）政策的开端。此一政策，主要固在提倡生产，但亦含有保障农民生活的意义在里面。文、景两帝数下劝农桑之诏，励孝弟力田之策，并定田税为三十取一。[②]这不可不谓对农民农业的提倡、保护，尽到了政治上的力量，也收到了富庶的效果，但并没有解决农民的根本问题。《汉书》卷二十四上"董仲舒……又言'古者税民不过什一，其求易供；使民不过三日，其力易

---

①《史记》卷三〇《平准书》。

② 据《汉书》卷二十四上《食货志》上述"李悝为魏文侯作尽地力之教"中有谓"今一夫挟五口治田百亩，岁收亩一石半，为粟百五十石，除十一之税十五石"，是十一之税乃古之通制。又"汉兴……上（高祖）于是约法省禁，轻田租，十五而取一"。但此似行之未久，故卷二《惠帝纪》十二年四月高祖崩，五月丙寅太子即皇帝位，诏赐吏民爵中有谓"减田租，复十五税一"，至文帝而未变。又"后十三岁孝景二年令民半出田租，三十而税一也"。

足。……至秦则不然……富者田连仟佰，贫者无立锥之地，又颛
川泽之利，管山林之饶……又加月为更卒，已复为正，一岁屯戍，
一岁力役，三十倍于古，田租、口赋、盐铁之利二十倍于古。或
耕豪民之田，见税十五。故贫民常衣牛马之衣，而食犬彘之食，
重以贪暴之吏，刑戮妄加，民愁无聊，亡逃山林，转为盗贼。……
汉兴，循而未改。古井田法虽难卒行，宜稍近古，限民名田，以
澹（赡）不足，塞并兼之路，盐铁皆归于民。去奴隶，除专杀之
威。薄赋敛，省繇役，以宽民力，然后可善治也'。仲舒死后，功
费愈甚，天下虚耗，人复相食"。又"哀帝即位，师丹辅政，建言，
自古之圣王莫不设井田，然后治乃可平。孝文皇帝……务劝农桑，
帅以节俭，民始充实，未有兼并之害，故不为民田，及奴婢为限。
今累世承平，豪富吏民訾数巨万，而贫弱愈困……宜略为限"。又
王莽"下令曰，汉氏减轻田租，三十而税一，常有更赋，罢癃咸
出，而豪民侵陵，分田劫假，厥名三十，实什税五也"。师丹、王
莽之言足与董仲舒之言互证，这是西汉景帝以后政治上的严重
问题。

人民逃避虐政，在战国时代已形成政治上的严重问题。商鞅
变法的目的之一，就是在"以静生民之业"，使其不逃亡。[①]《汉书》
卷二十四上《食货志》记"晁错复说上（文帝）曰"中有"贫生
于不足，不足生于不农，不农则不地著，不地著则离乡轻家，民
如鸟兽"，此犹承商鞅之意。汉初时大城名都"民人散亡，户口可

---

① 请参阅拙著《两汉思想史》卷一《封建政治社会的崩溃及典型专制政治的成立》
一文"六、商鞅变法与秦之统一及典型专制政治出现的关系"页一一八至一二〇。
（编者注：现为页一〇八至一一〇。）

得而数，裁什二三"。①天下统一以后，因口赋、力役、污吏、天灾，及由卖爵而来的刑罚、赋役不平等等，人民流亡的情形亦未尝断绝，至武帝而益甚，所以他特有振流民诏，②在报石庆中特有"今流民愈多"之语。③武帝死后四年，即昭帝始元四年秋七月，诏中谓"比岁不登，流庸未尽还"。再过两年为元始六年，在盐铁大辩论中，御史责"民犹背恩弃义而远流亡，避匿上公之事"，文学则沉痛地指出流亡的情形是"民非利避上公之事而乐流亡也。往者军阵数起，用度不足，以訾征赋，常取给见民，田家又被其劳，故不齐出于南亩也。大抵逋流皆在大家，吏正畏惮，不敢笃责，刻急细民，细民不堪，流亡远去，中家为之色（继）出，后亡者为先亡者服事，录名（录于簿册之名）数创（伤）于恶吏……是以田地日荒，城郭空虚"。这种情形，在宣帝特重吏治情形之下，可能稍为缓和，所以《汉书》卷二十四上《食货志》谓"至昭帝时，流民稍还"。但经元帝以至成帝，因置初陵等事，糜费特甚，流民因之复炽。元帝永光二年二月大赦诏中谓"三光暗昧，元元大困，流散道路，盗贼并兴"，④成帝鸿嘉四年正月恤民诏中谓"农民失业，怨恨者众，伤害和气，水旱为灾，关东流冗（因流亡而冗食）者众，青、幽、冀部尤剧"。⑤而谷永在黑龙见东莱对中有"流散冗食，馁死于道以百万计"⑥之言，尤为痛切。此种情形愈演愈烈，于是鲍宣在上书谏哀帝中，特综述了人民逃亡的七种原因，

① 见《汉书》卷十六《高惠高后文功臣表》序。
② 见《汉书》卷六《武帝纪》。
③ 见《汉书》卷四十六《石奋传》。
④ 见《汉书》卷九《元帝纪》。
⑤ 见《汉书》卷十《成帝纪》。
⑥ 见《汉书》卷八十五《谷永传》。

《周官》成立之时代及其思想性格

他说"国家空虚，用度不足，民流亡去城郭，盗贼并起，吏为残贼，岁增于前，凡民有七亡。阴阳不和，水旱为灾，一亡也。县官重责，更赋租税，二亡也。贪吏并公，受取不已，三亡也。豪强大姓，蚕食无厌，四亡也。苛吏繇役，失农桑时，五亡也。部落鼓鸣，男女遮迣（列），六亡也。盗贼劫略，取民财物，七亡也"。① 七种逃亡的原因不消除，人民逃亡的趋向便不能停止。所以西汉末期的社会，是一种很浮动的社会。

随着人民逃亡而出现的，必然是盗贼纵横。不仅地方如此，长安首善之区亦是如此。《史记·平准书》对武帝时山东盗贼猖獗的情形，有较详的叙述。《汉书》卷六《武帝纪》天汉元年"秋，闭城门大索"。二年夏"大搜"，"冬十月诏关都尉曰，今豪杰多远交东方群盗，其谨察出入者"。征和元年"冬十一月，发三辅骑士大搜上林，闭长安城门索"。这都是表示长安受到盗贼的威胁。这种情形一直继续下去，所以《汉书》卷七十六《王尊传》王尊免京兆尹后"湖三老公乘兴等上书讼尊治京兆功效日著，往者南山盗贼阻山横行，剽劫良民，杀奉法吏，道路不通，城门至以警戒，步兵校尉使逐捕，暴师露众，旷日烦费，不能禽制……"，此乃成帝时事。至成殷的盗贼，则《汉书》卷十《成帝纪》阳朔"三年夏六月，颍川铁官徒申徒圣等百八十人杀长吏，盗库兵，自称将军，经历九郡……"，鸿嘉三年冬"广汉男子郑躬等六十余人，攻官寺，篡囚徒，盗库兵，自称山君"。四年冬"广汉郑躬等党羽浸广，犯历四县，众且万人……合三万人击之，或相捕斩除罪，旬月平"。永始三年"十一月，府民男子樊并等十三人谋反，杀陈留

① 见《汉书》卷七十二《鲍宣传》。

太守，劫略吏民，自称将军。徒李谭等五人共格杀并等，皆封为列侯"，又"十二月，山阳铁官徒苏令等二百二十八人攻杀长吏，盗库兵自称将军，经历郡国十九"。

在上述由土地兼并而来的贫富悬殊，由卖爵赎罪① 等而来的更赋、刑罚的不平等，由口赋而来的对贫民的普遍的榨压，及由吏治残酷而来的对贫民的践踏，使人民不断发生大量的逃亡，由逃亡而盗贼滋蔓。于是当时的大一统，在表面上太平无事，实则常在动荡混乱之中，势必破坏兵役、力役制度，减少财政收入。王莽、刘歆在政治上的理想，除了表明在以官制合天道之外，又强调了"均"的观念，② 想解决由贫富悬殊所引起的政治根本问题。更将管仲内政寄军令的方法加以扩大，使政治社会成为一个严密的便于彻底控制的组织体，想由此根本解决由流亡所引起的各种问题。此一组织体不仅是军事性的，政府的政令都是通过此一组织体而实现，使其能发挥最高效能。这是对自由而散漫的农业社会的大变革，甚至可以说是今日以苏联为范本的各社会主义的国家形态，在约一千九百年前已由中国提出了的蓝图。许多人对它发生憧憬的根本原因在此，许多人对它发生怀疑的根本原因也在此，王安石们试行而遭到失败的原因亦在此。工业社会的结构，当然比农业社会的结构要紧密而灵活些。中国自鸦片战争后，传统知识分子受西方工业社会的冲击，也自然对《周官》有一番憧

① 由赎罪而来的刑罚的不平等，《汉书》卷七十二《贡禹传》言之甚为切至。
②《周官》"乃立天官冢宰，使帅其属而掌邦治，以佐王均邦国"，"大宰之职，掌建邦之六典以佐王治邦国。……四曰政典，以平邦国，以正百官，以均万民"，又"以九式均节财用"，大司徒"以土均之法辨五物九等……以均齐天下之政"，小司徒"乃均土地以稽其人民"，司稼"掌均万民之食"，此外尚多。即此可以了解"均"是他们的重要理想。

憬。梁启超谓"有为（康有为）早年酷好《周礼》，尝贯穴之，著《政学通义》。后见廖平所著书，乃尽弃旧说"。① 其实康氏若非溺于今古文的谬说，以《周官》缘饰变法，他所遇的抵抗或较少。孙诒让以最大精力，于光绪二十五年著成《周礼正义》，在序中说"君民上下之间，若会四枝百脉而达于囟（脑），无或雍（拥）阂而弗邕（畅）也"，正是指这种组织体而言。又说"今泰西之强国，其为治非尝稽核于周公、成王之典法也，而其所为政教者务博议而广学，以暨（暨）通道路，严追胥，化土物卝（矿）之属，咸与此经冥符而遥契"，"私念今之大患，在于政教未修，而上下之情睽阂不能相通。……然则处今日而论治，宜莫若求其道于此经"。光绪二十六年八国联军攻陷天津，控制北京，慈禧太后挈光绪西奔，在西安诏言新政时，某侍郎以诒让尝治《周礼》，属刺取其与西政合者甄缉之，诒让乃成《周礼政要》二卷，将以进呈而未果。②《周官》中所含的政治思想基调，与西方近代政治社会的理念与结构有本质上的不同，这是当时知识分子所不曾了解的。

---

① 见梁著《清代学术概论》二十三章。
② 见《续修〈四库全书〉提要》经部"《周礼政要》二卷"条下。

八、《周官》在思想构成中所反映出的时代背景

九、《周官》成立的文献背景

1.《周官》援引文献的特性

《周官》以官制合天道，本文一开始已略述它发展的线索。《周官》的思想，在文献上当然有很多来源。但这里有两点，首先值得注意。第一，《周官》在内容上它有一定的主导线，它援引任何先行的思想，必尽可能地向此"主导线"取得折衷。换言之，尽管他的内容有文献上的来源，也必然经过一番变貌的手术。后人援引找不出另有来源的部分，当作周初的制度来讲，固然荒谬。即使援引到有来源的部分，若直接当作古代的制度来讲，也是非常危险的。三郑在注解《周官》时，凡是和《仪礼》、三传、《礼记》乃至其他典籍可以找出关连的，无不尽量援引，意欲以此方法来确定《周官》是周代礼制的地位，但稍加追实，几无一义一事是全相符合的，更不必说是同条共贯。孙诒让以二十年之力治此书，他在自序中说他所用方法是"以《尔雅》、《说文》正其诂训，以《礼经》(《仪礼》)、大小《戴记》证其制度"，其用心正与三郑相同。但在凡例中，不能不承认"此经在汉为古文之学，与今文家师说不同"，自注"大、小《戴记》及《公羊春秋》并今文之学，故与此经义多不合"。如此，则自序中所谓"以《礼经》、

　　　　　　　《周官》成立之时代及其思想性格

大小《戴记》证其制度"，势必成为牵附之谈。至于《周官》不是古文，在最后会提出讨论。

其次应注意到的，《周官》在形式上，有由三、五、六、七、八、九等数字所定下的格套。他们从任何先行文献中吸收了材料，必须安放在他们这一格套之内而加以重铸。例如太宰"以八柄诏王驭群臣"，在"柄"的用辞上，可能是受了《国语·齐语》管仲所说的"而慎用其六柄焉"的影响。但《管子·小匡》篇"六柄"作"六秉"，如后所述，《齐语》乃取《小匡》而成篇，《小匡》成篇在《国语》之前。我怀疑"六柄"当作"六秉"，《齐语》中三个"柄"字，《小匡》篇皆作"秉"，《齐语》可能亦原作"秉"，经后人易"秉"为"柄"，而《小匡》保持未易。若此说可以成立，则《周官》八柄之"柄"，恐系受《慎子》内篇"明王操二柄以驭之，二者刑德也"，及韩非《二柄》篇的影响的可能性更大。因管子的六秉或六柄是以民为对象，所以《小匡》篇是"谨用其六秉，如是而民情可得，而百姓可御"。慎子、韩非则都是以臣为对象的，所以《二柄》篇一开始便说"明王之所导制其臣者"。《周官》此处，正是以臣为对象。但《周官》用来时，一定要把二柄扩充为八柄。二柄之二，是实质的，八柄之八，是由数字的神秘观念所敷衍出来的。《周官》中有许多表面堂皇，而内容生凑，重复、空虚，多由此而来。因此，类似这样的东西，可以在其他典籍中找线索，但即使有线索，也难于两相等同起来。至于把本不是某种组织体机能的一部分，转用以作为组织体机能的一部分时，其必须有所改变，乃至在本质上发生变化，而引起不同的作用，这在长期历史经验中是一种深刻的教训。可以这样地说，在同样网罗百家的古典中，以《周官》陶铸之工最大，保存群言的本来面目最少。这一点是读《周官》的人首先要留意，万不可轻易与古代乃至先秦的东西轻相比附的。

2.《周官》与《周书》及《大戴记》

《周官》广资博取，有许多文献的片断，成为制作时的背景，后面随文附见。这里先指出王莽、刘歆们对文献的资取，为了避熟就生，所以对《周书》的资取，远在《诗》、《书》、《春秋》三传之上。他们不仅取《周书》[①]的《职方》第六十二以为夏官大司马系统下的职方氏，还资取了许多观念、名词乃至格套。

《周书》我怀疑是由晋国史官系统所传承编整，至汉初，又经一位传承者加了一点材料，例如把《吕氏春秋》十二纪纪首的材料加到里面，而为《月令》第五十三，[②]并仿《尚书》序而为《周书》序，以成为现在所看到的形式。其中有关周初的记载，与《尚书》大有出入，可能是保留了更多原始性的、带有夸大色彩的材料，而未经合理性的整理。其中道德节目，远较邹鲁之儒所传述者繁富，这是未经过由深刻体验而来的融合贯通的现象。此书不是出于邹鲁之儒所整理传承的系统，是可以断言的。我说它可能是出于晋国史官之手，只是一种推测。但除晋国的史官外，很难找出其另一来源。故朱右曾《逸周书集训校释》序谓"称引是书者荀息（原注：

---

① 《汉书·艺文志》称"周书"，而许氏《说文》称"逸周书"，已为不伦。《隋书·经籍志》始称《汲冢周书》，尤为不经。

② 此问题我在《两汉思想史》卷二《〈吕氏春秋〉及其对汉代学术与政治的影响》一文中曾加以考查，认为《周书·月令》五十三即《吕氏春秋》十二纪纪首，见《两汉思想史》卷二页一四。（编者注：现为页一四。）

引《武称》美女破舌……见《战国策》田莘为陈轸章）、狼瞫（原注：引《大匡》勇则犯上……见《左氏·文公二年传》）、魏绛（原注：引《程典》居安思危，见《左氏·襄公十一年传》），皆在孔子前"。这里应特指出的是，三个引《周书》的人都是晋国人。朱氏又说"观《太子晋》篇末云'师旷归，未及三年，告死者至'，亦似晋史之辞"。上述两端，也未尝不可以作《周书》出于晋国史官之手的证据。惟朱氏因"《春秋传》曰，辛有之二子董之晋，于是乎有董史"之言，认为"辛有当周平王时，周史辛甲之裔，世职载笔。或其子适晋，以周之典籍往，未可知也"，则未免失之于拘泥。《孟子·离娄下》"晋之《乘》、楚之《梼杌》、鲁之《春秋》，一也"，则晋分明有史官所录之史。虽不能遽以《周书》为晋之《乘》，但叔虞以武王之子、成王之弟封于唐①时，晋之史臣对周事有所传承纂录，乃情理之常。以周之典籍归之晋，在当时是一件突出的大事。辛有之子适晋的时代，未发现此种大事。

在朱氏《逸周书集训校释》中，至少有十个地方是引《周官》作解释。②这即可倒转过来，证明《周官》在这些地方，是受了

---

① 见《史记》卷三十九《晋世家》。

② 《籴匡》第五"皂畜约制"，注"丁曰《周官·校人》三乘为皂……"。《允文》第七"赋均田布……绥用士女"，注"愚谓《冢宰》'九赋'注曰……又乡大夫以岁时登其夫家之众寡"。《大匡》第十一"权内外以立均……"，注"《周礼·司市》平肆展成，莫贾。立均即莫贾也"。《程典》第十二"慎地必为之图……差其施赋"，注"大司徒以土会之法，辨五地之物生，具在《周官》"。《作雒》第四十八"立城方千七百二十丈"，注"依《考工记》国方九里，当云千七百二十八丈，今略其奇数耳"。又"封人社壝"，注"封人，地官之属"。《器服》第七十"缥里桃枝素独篁蒲席……"，注"《周礼·司几筵》所谓'次席'，后世谓之'桃笙'"。又"象琪"注"《周礼·弁师》玉璂注云，皮弁之缝，中结五采玉以为饰，此则用象骨也"。《大明武》第九"十艺云……三余子"，注"余子，卿大夫之庶子。《周礼》诸子掌国子之倅"。

《周书》的影响。其中给《周官》作者以启发最大的，我以为莫如《周书·作雒》篇"周公敬念于后曰，予畏周室不延，俾中天下。及将致政，乃作大邑成周于土中。立城方千七百二十丈，郛方七十里，南系于雒水，北因于郏山，以为天下之大凑。制郊甸方六百里，因西土（宗周）为方千里，分以百县，县有四郡，郡有四鄙……"，以迄终篇，乃地官规划之所自出。《尚书》之《召诰》、《洛诰》皆言作雒之事，盖始于召公，而成功于周公，但皆没有《周书·作雒》篇所述的规模。更值得注意的是，《周书》此处特出有县郡之名，按其统属则县大而郡小，此乃反映春秋之末，开始成为地方行政单位时，县大而郡小的情形。进入到战国后，始渐渐颠倒过来，郡大而县小。由此可以推断《周书》中各篇，许多的原始材料是出自周初，但经过晋国史官加以敷衍，而将敷衍时的材料及个人的观念也加到里面去了。

在思想上，有几个地方《周官》受到《周书》的启发。《常训》第三"夫民群居而无选，为政以始之。始之以古，终之以古，行古志今，政之至也。政维今，法维古"。若把此处的"古"解释为天道及周公的礼制，把"今"解释为他们所吸收的法家思想，在天道与周公礼制的外衣之下实行法家之政，以此来了解《周官》全书的结构，倒是非常有意义的。

其次，《周官》的作者非常重视艺能的艺（见后文），因而把《诗》、《书》、礼、乐、《易》、《春秋》的六艺，掉包为礼、乐、射、御、书、数的六艺。就今日可以看到的古典中，只可在《周书》中找到根据。《周书》中最少在八个地方出现了"艺"字，而《籴匡》第五的"余子务艺"，"余子"一词亦见于《周官》，小司徒"凡国之大事致民，大故致余子"，余子又为《周官》的国子，大司乐"养国子以道，乃教之以六艺"正从此出。《论语》中也反映出艺的重要性，如"游于艺"，"吾不试，故艺"，"何其多能也"，能即是艺，但分量不及《周书》中"艺"字意义的重。《命训》第二"娱之以乐，慎之以礼，教之以艺"，《大武》第八"五良，一取仁，二取智，三取勇，四取材，五取艺"，又"五卫，一明仁怀恕，二明智辅谋，三明武摄勇，四明材摄士，五明艺摄官"，即此亦可见其一端。

《周官》中另有一特点，是全书中对宾客的重视。所以《冢宰》以"九式均节财用"中即有"二曰宾客之式"，其"六曰币帛之式"郑注"币帛，所以赠劳宾客者"，在九式中占了两项。又"以典待邦国之治……以礼待宾客之治"，"凡邦之小治则冢宰听之，待四方宾客之小治"。小宰"以官府之六职辨邦治……二曰教职，以安邦国，以宾万民，以怀宾客……"，"以官府之六联合邦治，一曰祭祀之联，二曰宾客之联……"，"以法掌祭祀、朝觐、会同宾客之戒具"。地官大司徒"大宾客令野修道委积"，小司徒"小宾客令野修道委积"。这种对宾客的尊重招待，一直贯彻到地方的行政单位，且有时"宾"、"祭"并称；大宗伯的五礼，"以宾礼亲邦国"的宾礼，与吉、凶、军、嘉并列而为五礼之一，其重要性自不得说。《仪礼》中的聘礼、觐礼，应即为宾礼。春秋时代，列国行人聘问的得失，常关乎一个国家的治乱安危，当时非常重视，但这究系临时性的政治行为，所以在先秦典籍中，很少像《周官》这样，把宾客问题当作经常性的政治问题来处理。只有在《周书》中才可追到它的线索，《周书》中对宾客也非常重视，这是晋为盟主甚久的一种反映。如《籴匡》第五"宾祭以中盛"，"宾旅设位有赐"。《大明武》第九"十因，一树仁，二胜欲，三宾客……"。

《大匡》第十一"王乃召冢卿、三老、三吏、大夫、百执事之人，朝于大庭，问罢病之故，政事之失，刑罚之戾，哀乐之尤，宾客之盛……"。《大匡》第三十八"官□朝道舍宾"等。"惟王建国，辨方正位，体国经野，设官分职，以为民极"，这是《周官》冠于六官（若冬官不缺）之首的几句话，可见"极"是《周官》中很重要的观念。《尚书·洪范》"五，皇极，皇建其有极"，"惟皇作极"，"会其有极，归其有极"，《周官》极的观念可能由此而来，但亦可能更受了《周书》的影响。《周书·度训》第一"权轻重以极"，"□爵以明等极，极以正民，正中外以成命，正上下以顺政"，"明王是以极等以断好恶，教民次分"。《命训》第二更举六个"度至于极"，以明"正人莫如有极"，而总之以"明王昭天信人以度功，地以利之，使信人畏天，则度至于极"。其他提到极的地方还不少。极的效用，《周书》较《洪范》更有统括性、效用性，所以《周官》的极的观念，启自《周书》的可能性为更大。《周官》中均的观念也可能是受《周书》的影响为大，因为"均"也是《周书》中的重要观念。

《周官》天官"以八则治都鄙"，郑注"典、法、则，所用异，异其名也"。但先秦典籍上，很少看到把"则"作名词用，而赋以和典、法平列的意义的。惟《周书·大匡》第三十八有"顺九则"、"昭明九则"，《五权》第四十六有"教以六则"。我以为《周官》的八则，是由此启发而来。

《周官》内政寄军令的组织，是本之《管子》（见后文），但亦未尝不受《周书·大聚》第四十下面一段话的影响。

发令以国为邑，以邑为乡，以乡为闾，祸灾相恤，资丧

　　　　　　　　　　《周官》成立之时代及其思想性格

比服。五户为伍，以首为长；十夫为什，以年为长；合同立教，以威为长；合族同亲，以敬为长。饮食相约，兴弹相庸，耦耕□耘。男女有婚，坟墓相连，民乃有亲；六畜有群，室屋既完，民乃归之。

以数字表达事物及道德法制，始于《洪范》，而莫繁于《周书》。从《命训》第二的六极、六方、三述，《常训》第三的四征、六极、八政、九德、九奸，到《文酌》第四的九聚、五宝、四忍、三丰、二咎、一极、七事、三尼、三频、四教、五大、九酌，更完全成了数字系统的叙述，以后有许多篇都是如此。我以为《周官》以数字作表达的形式，系由此而来。但须说明者，《周书》上所用数字没有由天道观念而来的规律性，《周官》的数字则皆与作者的天道观念有关。《周书》罗列了许多道德节目，而不似邹鲁之儒，将道德节目赋予以上下的层次。《周官》的道德节目不及《周书》之繁，但其不分层次的罗列形式，我以为系受《周书》的影响。不过有一点特须注意的是，晋封地近北狄，政治中的军事性较强，《左传·昭公二十九年》赋一鼓铁以铸刑鼎，可能为法家的先导，而《周书》中"陈五刑，民乃敬，教之以礼民不争，被之以刑民始听"（《周祝》第六十七）这类的话，已有浓厚的法家意义。但通过全书来看，它究系承文王、周公的遗绪，持身敬慎、爱民笃至的意味，远非《周官》可比。所以王莽们所取资于《周书》的，形式的意义远过于思想的意义。

这里应附带一提的是《周官》与《大戴记》的关系。《大戴记》之《盛德》篇所给《周官》官制的影响，已经提过了。《周官》春官大宗伯中的典命，秋官大司寇中的大行人、小行人、司仪、掌客等，与《大戴记》的《朝事》第七十七，文字内容多有相同之处，然则这是《大戴记》采用了《周官》，还是《周官》采用了《大戴记》呢？这里只简单提出两点，以证明是《周官》钞《大戴记》而加以整齐补苴的。第一，《大戴记》是戴德在宣帝时整编成书的，若戴德在宣帝时采辑《周官》分散在几个官职之内的文字以成《朝事》第七十七一篇，则《周官》此时必已经流行，刘歆何缘可说是王莽"发得"？这种公开说谎，是对他们的政治目的很不利的。第二，凡两者间文字若有异同，则必以《大戴记》为长。《大戴记》之《朝事》篇"典命诸侯之五仪，诸臣之五等，以定其爵"，从上文"有典命官掌诸侯之仪"及下文无五仪之说来推论，则不应有两个"五"字。且仪由命数而定，如上公九命，"其……礼仪皆以九为节"，而命分上公、侯伯、子男三等，则仪亦分三等，根本无五仪之说。惟《周官》"典命掌诸侯之五仪、诸臣之五等之命"，后人据此以改《大戴记》之《朝事》篇上文，而《周官·典命》更多出"之命"两字。郑注《周官》于此等处皆曲为之说，如解"五等之命"谓"五等谓孤以下四命、三命、再命、不命也"。据后文"公之孤四命，其卿三命，其大夫再命其士一命"，则共为四等。至侯伯、子男，则仅有卿、大夫、士三等，怎样也凑不成五等，更凑不成五等之命。子男之士不命，不命如何可以列入"五等之命"之列？《大戴记》之《朝事》篇"凡诸侯之适子省于天子，摄君则下其君之礼，未省则以皮帛继子男"。省是朝省之省，《周官·典命》易"省"为"誓"，这就很怪异了。《周官·典瑞》"王晋大圭"，郑司农注"晋读为搢绅之搢，谓插于绅带之间"，《大戴记》之《朝事》篇则正作"搢大圭"，诸如此类。这里应特别指出的，《大戴记》之《朝事》篇乃杂钞《仪礼》及

《小戴记》中若干有关文献而成，其自身并没有严格的秩序条理，这一点，恰合《周官》作者任意驱遣节录的要求，所以特被他们所资取。《周官》中与《仪礼》等的关系，实由此转手而来。

十、《周官》组织体的形成与管仲

　　《周官》成书，虽广资博取，但多与《周官》思想性格的形成没有多大关系。《周官》思想的性格，是由形成《周官》一书中的三大支柱而见。所谓三大支柱，一是前面已经说到的组织体，二是赋役制度，三是刑法制度。由这三大支柱合而为一所表现的思想性格，乃是法家思想的性格。但王莽、刘歆们生于儒学甚行的时代，又以儒家的远祖周公为号召，其中当然有由儒家思想而来的设施，但仅处于次要的地位，甚至是一种缘饰的性格。形成三大支柱背景的，一是管仲，一是法家思想，另一是桑弘羊的财经政策。

　　《管子》[①]一书，在汉初为显学，其中有一部分我怀疑即成立于西汉之初。汉代孝弟力田的政策，可能即由《管子》书中的思想所启发。《周官》与《管子》的关系，前人论之已多。日本小柳司气太博士且有《〈管子〉与〈周礼〉》的专文，加以较详的阐述，[②]但给《周官》影响最大的是内政寄军令的思想与制度。以内政寄

---

① 《管子》，《汉书·艺文志》录入道家，而《史记·管晏列传》之《正义》引"《七略》曰，《管子》十八篇，在法家"，实际这是一部丛书的性质。
② 见昭和十七年东京森北书店印行的小柳司气太博士著《东洋思想之研究》，页二一五至二二六。

军令，分见于《国语·齐语》及《管子·小匡》篇，可能是真正出于管仲。"汉法，民二十始傅，二十三为正卒。自始傅为更卒，岁一月。正卒为卫士一岁，材官骑士一岁，戍边岁三日，五十六免"。① "常以岁八月，太守、都尉、令长、丞尉会都试材官骑士，习骑驰战阵，课殿最。水处为楼船，亦习战射行船"。② 这也可以说是一种民兵制度。但从二十岁到五十六岁，繇役的意义大于兵役的意义。材官骑士等经过选募，平时训练极有限，召集后始编入军队受训服役，到一定年限便回乡里，所以冯唐说："士卒皆家人子，起田中从军，安知尺籍伍符。"③ 这说明了未召集入伍以前及既召集入伍以后，人民是生活在两种不同条件下所出现的问题。此问题经武帝穷兵黩武对社会的大破坏，及元、成时代中央、地方政治的废弛，必然较冯唐所处的文帝时代远为严重，甚至发生了根本性的摧毁。所以发谪徒以从事征戍的规模，由武帝末期起，渐渐取代了汉初以檄或虎符发兵的主要地位。④ 王莽、刘歆们面对此种情势，便把管仲的内政寄军令作为改革军制的重要理想，并以此一理想作为实现其他理想的神经系统。

《周官》卷三小宰"以官府之八成经邦治，一曰听政役以比居"，郑注引"郑司农云，政谓军政也，役谓发兵起徒役也，比居谓伍籍也。比地为伍，因内政寄军令，以伍籍发军起役者，平而

---

① 见《汉旧仪》。
② 同上。
③《汉书》卷五十《冯唐传》注：李奇曰"尺籍所以书军令。伍符，伍伍相保之符信也"。按指军队之基本编制。
④《汉书》卷一《高帝纪》"高祖曰，吾以羽檄征天下兵"。颜师古注"檄者以木简为书，长尺二寸，用征召也。其有急事，则加以鸟羽插之，示速疾也"。《史记》卷十《文帝本纪》"文帝二年，初与郡国守相为铜虎符"，盖以代原用之檄，以示郑重。

无遗脱也"。是郑众已知其中因内政寄军令之深意,而为郑玄所承认。"因内政寄军令",我们只能追溯到管仲。

管仲的因内政寄军令,分记于《国语·齐语》及《管子·小匡》第二十。而《立政》第四则系节取《小匡》之一部分,以为"立政"的九大纲要之一,即所谓"首宪"。王莽、刘歆所取资于《管子·小匡》的多于《国语》中的《齐语》。

现《管子》一书,《大匡》第十八、《中匡》第十九、《小匡》第二十,综述了管仲相齐桓公的始末。《大匡》中纪齐乱的经过,有的与《左氏传》相同,而较《左氏传》为详;《中匡》、《小匡》纪管仲相桓公的情形,有的与《国语·齐语》相同,而较《齐语》为详。有关内政寄军令的部分则大体相同,而《国语》较有条理。此种情形,到底是此三篇的作者取《左氏》、《齐语》之文而加以敷衍,抑或齐国本流传有此种纪录,编定《管子》者特加《大匡》、《中匡》、《小匡》之名,而被左丘明节取以入内外传?[1] 我的推测,以属于后者的可能性为大。因敷衍议论较易,敷衍事实情节之委曲尽致实难。至其中在用辞上有与时代不合的,可解释为编定成书时的修饰,其相互间的异同,亦可归于传承中的出入或文字的讹误。

兹节录《国语·齐语》有关记载如下:

桓公曰,定人之居若何?管子对曰,制国以为二十一

---

[1] 汉人称《左氏传》为"内传",《国语》为"外传",皆出于左丘明。余颇信其说,具见于《原史》。

乡。……工商之乡六，士①乡十五，公帅五乡焉。国子帅五乡焉，高子帅五乡焉。……

桓公曰，吾欲从事于诸侯，其可乎？管子对曰，君若欲速得志于天下诸侯，则事可以隐，令可以寄政。桓公曰，为之若何？管子对曰，作内政而寄军令焉。……于是制国，五家为轨，轨为之长；十轨为里，里有司；四里为连，连为之长；十连为乡，乡有良人焉。以为军令，五家为轨，故五人为伍，轨长帅之；十轨为里，故五十人为小戎，里有司帅之；四里为连，故二百人为卒，连长帅之；十连为乡，故二千人为旅，乡良人帅之；五乡一帅，故万人为一军，五乡之帅帅之。……春以搜振旅，秋以狝治兵，是故卒伍整于里，军旅整于郊。内教既成，令勿使迁徙。伍之人祭祀同福，死丧同恤，祸灾共之。人与人相畴，家与家相畴，世同居，少同游。故夜战声相闻，足以不乖；昼战目相见，足以相识。……是故守则同固，战则同强。

正月之朝，乡长复（白）事，君亲问焉曰，于子之乡，有居处好学、慈孝于父母、聪慧质仁、发闻于乡里者，有则以告。有而不以告，谓之蔽明，其罪五。有司已于事而竣，桓公又问焉曰，于子之乡，有拳勇股肱之力秀出于众者，有则以告。……桓公又问焉曰，于子之乡，有不慈孝于父母、不长悌于乡里、骄躁淫暴、不用上令者，有则以告。……是故乡长退而修德进贤，桓公亲见之，遂使役官。

---

① 按此处之士，主要乃指国郊以内精壮农民。春秋时已有一部分兼有知识分子的性格。韦注引"唐尚书云，士与农共十五乡"，殊不了解士之本义及以后演变的情形。

桓公令官长期而书伐，以告且选，选其官之贤者而复用之，曰，有人居我官，有功休德……升以为上卿之赞，谓之三选。……是故匹夫有善，可得而举也；匹夫有不善，可得而诛也。……

桓公曰，伍鄙若何？管子对曰，相地而衰（差等）征，则民不移，政不旅旧（韦注：不以故人为师旅），则民不偷，山泽各致其时，则民不苟，陆（韦注：高平曰陆）阜陵墐（韦注：沟上之道）井田畴（韦注：谷地曰田，麻地曰畴）均，则民不憾，无夺民时，则百姓富。牺牲不略，则牛羊遂。桓公曰，何以定民之居？管子对曰，制鄙，三十家为邑，邑有司；十邑为卒，卒有卒帅；十卒为乡，乡有乡帅（《管子·小匡》作"良人"）；三乡为县，县有县帅；十县为属，属有大夫。五属，故立五大夫，各使治一属焉。……

正月之朝，五属大夫复事，桓公择是寡功者而谪之曰，制地、分民如一，何故独寡功？教不善则政不治，一再则宥，三则不赦。桓公又亲问焉曰（与前录"正月之朝"者略同）……

《管子·小匡》的内容，与《齐语》的内容基本上是相同的。其中有文字的异同，互有得失。前后次序及详略的异同，我以为《齐语》整理了《小匡》，并非皆出于传承中的讹夺。例如《齐语》"罢士无伍，罢女无家，夫是故民皆勉为善"，《小匡》在"罢女无家"下多"士三出妻，逐于境外，女三嫁，入于春谷"二句，这分明为左氏所删。此例颇多。兹将《小匡》乡郡的组织，分在两处叙述。一在"制国以为二十一乡……山立三衡"下，即接：

《周官》成立之时代及其思想性格

> 制五家为轨，轨有长；十轨为里，里有司；四里为连，
> 连有长；十连为乡，乡有良人，三（五）乡一帅（《齐语》
> 无此句，是）。桓公曰，五鄙奈何？管子对曰，制五家为轨，
> 轨有长；六轨为邑，邑有司；十邑为率（卒），率（卒）有
> 长；十率（卒）为乡，乡有良人；三乡为属，乡有帅（大
> 夫），五属一（五）大夫。

按《小匡》系以上为内政之组织，其乡的组织与《齐语》完全相同，而鄙的组织出入颇大，《齐语》乃采用作内政而寄军令的一段，而将五鄙的一段删去。又《小匡》在上述组织后，再叙述"定民之居"的一大段，皆平时对人民分处与教养之事，此段为《齐语》所有，而次序不同。在此大段后再述"作内政而寄军令焉"，与《齐语》完全相同。管仲的内政寄军令，不仅使人民平时组织与军事组织合一，而且是通过这种组织，以考核政治得失及人民的教育与选举，这都给《周官》以莫大影响。

《管子·立政》篇：

> 分国以为五乡，乡为之帅；分乡以为五州，州为之长；
> 分州以为十里，里为之尉；分里以为十游，游为之宗。十
> 家为什，五家为伍，什伍皆有长焉。

在上面的材料中，使用到"尉"、"游"、"什伍"等名词，这是受有秦的影响，亦即受有商鞅变法影响的后出材料，不是完全祖述《小匡》的。

《小匡》、《齐语》的组织单位是五，在当时大概是由习惯性、

实际性而来，不必与天道性的五行观念有关系。但我怀疑因此而诱导出《管子》一书中对五行观念的应用。如前所述，"六"的数字对《周官》的作者有重要的意义，所以便把以"五"为组织的单位，改变为以"六"为组织的单位，使其因此而与天道相附合。

《管子》称"鄙"而不称"遂"。《尚书·费誓》有"鲁人三郊三遂"之语，《周官》的六遂可能受此影响。但《周官》六乡六遂的构造，实由《管子》的五乡及鄙之五属而来。不过《管子》是以诸侯为背景，定全国为二十一乡，十五乡乃是形成万人一军的五个单位。《周官》则是以"王"为背景，他们又要与古代"六卿"、"六军"相依附，所以六乡六遂是全面性的组织。现把《周官》的有关材料，简录如下：

（一）以官府之八成经邦治，一曰听政役以比居，二曰听师田以简稽……（卷三天官小宰）

（二）令五家为比，使之相保；五比为闾，使之相受；四闾为族，使之相葬；五族为党，使之相救；五党为州，使之相赒；五州为乡，使之相宾。（卷十地官大司徒）

（三）乃会万民之卒伍而用之，五人为伍，五伍为两，四两为卒，五卒为旅，五旅为师，五师为军。以起军旅，以作田役，以比追胥，以令贡赋。（卷十一小司徒）

（四）五家为比，十家为联；五人为伍，十人为联；四闾为族，八闾为联。使之相保相受，刑罚、庆赏相及相共，以受邦职，以役国事，以相葬埋。（卷十二族师）

（五）以土地之图经田野，造县鄙形体之法。五家为邻，五邻为里，四里为酂，五酂为鄙，五鄙为县，五县为遂，

皆有地域沟树之，使各掌其政令刑禁。以岁时稽其人民而授之田野，简其兵器，教之稼穑。（卷十五遂人）

（六）凡制军，万有二千五百人为军，王六军、大国三军、次国二军、小国一军，军将皆命卿；二千有五百人为师，师帅皆中大夫；五百人为旅，旅帅皆下大夫；百人为卒，卒长皆上士；二十五人为两，两司马皆中士；五人为伍，伍皆有长。（卷二十八夏官司马）

《周官》的结构，以天官主政府官职组织，以地官主地方社会组织。上面的（一）可以说是组织的总纲领，（二）是乡的平时组织，（三）是乡的军事组织。（二）、（三）实际是同一个组织，仅用之于军事上，便将组织单位的名称加以改变。（五）是遂的组织，乃承（二）的乡的组织，以成为邦国由上而下的纵的组织。（六）则是在（三）的组织基础上动员为军队的组织。《齐语》中对乡的组织是两重，对鄙的组织是一重。所以《周官》乡的组织有（二）与（三）的两重，而遂则仅有（五）的一重。（四）的族师组织有点奇怪。乡的官职系统为乡大夫→州长→党正→族师→闾胥→比长，凡六级。乡的社会组织，当然把族师所管辖的包括在内，何以族师又另有（四）的组织？以意推之，小宰"以官府之六联合邦治，一曰祭祀之联事，二曰宾客之联事，三曰丧荒之联事，四曰军旅之联事，五曰田役之联事，六曰敛弛之联事，凡小事皆有联"。所谓"联"，是遇有大事时，须各官联合办理，故郑注称此为"官联"。这可以说是临时的横的组织。（四）的组织乃由"凡小事皆有联"的构想所导出，以形成社会基层的横的组织。此横的组织不能范围太大，故其单位仅限于三。

在上面所述的组织中，最值得注意的是赋予组织的任务。（二）中所赋予的任务，是袭用《齐语》及《小匡》的；（三）所赋予的任务是"以起军旅，以作田役，以比追胥，以令贡赋"；（五）所赋予的任务是"皆有地域沟树之，使各掌其政令刑禁。以岁时稽其人民而授之田野，简其兵器，教之稼穑"。这里说得不够完备，后面还要补充。总之，政治活动、社会活动都是通过组织而实现。

组织是否严密，关系于平日对社会的调查登记是否详备，《周官》对此提出了详密的要求。

安放在乡大夫上面的乡师，我以为是帮助小司徒主管地方政治的。乡师"以国比之法，以时稽其夫家之众寡，辨其老幼、贵贱、废疾、马牛之物，辨其可任者与其施舍者……"，这是一重调查登记。乡大夫"以岁时登其夫家之众寡，辨其可任者，国中自七尺以及六十，野自六尺以及六十有五皆征之，其舍者，国中贵者、贤者、能者、服公事者、老者、疾者皆舍，以岁时入其书"，这又是一重调查登记；族师"以邦比之法帅四闾之吏，以时属民而登其族之夫家众寡，辨其贵贱、老幼、废疾可任者及其六畜车辇"，闾胥"以岁时各数其闾之众寡，辨其施舍"，每乡有四重调查登记。遂人"以岁时登其夫家之众寡及其六畜车辇，辨其老幼、废疾与其施舍者，以颁职作事，以令贡赋，以令师田，以起役政"，遂师、遂大夫、酂长略同，每遂也有四重的调查登记。其他专业所作之调查登记，特别是土地赋税的无微不至的调查登记，尚不在此内。这是作成组织运用的基础。调查登记，早为政治中的重要活动，但调查登记的严密，可能始于商鞅的变法，给秦、汉以实际的影响，给《周官》作者以观念上的影响。《商君书·去强》第四"强国知十三数：境内仓口之数，壮男壮女之数，老弱之数，官士之数，以言说取食者之数，利民之数，马牛刍藁之数"，《境内》第十九"四境之内，丈夫女子皆有名于上，生者著，死者削"，这可与《周官》所要求的互相对照。

组织以训练运用而始发生作用，因为组织虽属于地官大司徒，而总其成、考其绩、施其用的则为夏官大司马，所以训练运用的工作自然属于大司马。如前所述，大司马"掌建邦国之九法以佐王平邦国"的九法内容，把天官、地官的实权都转过来了。"以九伐之法正邦国"的九伐内容，使大司马成为政治的最高监督者。《齐语》、《小匡》"春以搜振旅，秋以狝治兵"，只有春、秋二季，《周官》则扩充为四季，而且由王到百官都要参与其事的。"中春教振旅，司马以旗致民，平列陈，如战之陈。……以教坐作进退疾徐疏数之节，遂以搜田……"，"中夏教茇（郑注：读如莱沛之沛）舍，如振旅之陈，群吏撰（郑注：撰读曰算）车徒，读书契，辨号名之用……百官各象其事，以辨军之夜事，其他皆如振旅，遂以苗田，如搜之法……"，"中秋教治兵，如振旅之陈……遂以狝田，如搜田之法……"，"中冬教大阅，前期，群吏戒众庶，修战法……诛后继者……不用命者斩之……遂以狩田……"。教战之事特详于"中冬"，可以说，一年中经常有四次训练。这都是属于大司马系统，但主管组织的是大司徒，所以作为小司徒副手的乡师"凡四时之田，前期出田法于州里，简其鼓铎旗物兵器，修其卒伍。及期，以司徒之大旗，致众庶而陈之，以旗物辨乡邑而治其政令刑禁，巡其前后之屯而戮其犯命者，断其争禽之讼"。

三年大比是政治上的重大考核工作，而这种考核工作正是在组织上进行的。地官大司徒下面的小司徒"颁比法于六乡之大夫"，"及三年则大比，大比则受邦国之比要"，郑注"大比谓使天下更简阅民数及其财物也"。所谓"比要",乃"五家为比"的名簿。又"及大比,六乡四郊之吏,平教治,正政事,考夫屋,及其众寡六畜兵器,以待政令"。小司徒是大比的领导者,而乡大夫则是实行大比的中坚、负责人,乡大夫以下的州长、党正等则处于赞助地位,因为大比是以乡为单位的。乡大夫"三年则大比,考其德行道艺,而兴贤者、能者,乡老及乡大夫帅其吏与其众寡,以礼礼宾(敬)之。厥明(郑注:其宾之明日),乡老及乡大夫群吏献贤能之书于王,王再拜受之,登于天府(郑注:掌祖庙之宝藏者),内史贰之。退而以乡射之礼五物询众庶,一曰和,二曰容,三曰主皮,四曰和容,五曰兴舞。此谓使民兴贤,出使长之;使民兴能,入使治之"。这分明是由《齐语》、《小匡》的"正月之朝,乡长复事,君亲问焉"一段中"是故匹夫有善,可得而举也;匹夫有不善,可得而诛也"的思想发展出来的,也反映出西汉的乡举里选而加以理想化,所以郑玄引"郑司农云,兴贤者谓若今举孝廉,兴能者谓若今举茂才"。但《齐语》、《小匡》是兼匹夫之善不善以为诛赏,而乡大夫仅就兴贤、兴能而言,这是因为《周官》把诛的一方面,分属到大司寇的职权中去了。大司寇"以五刑纠万民",《齐语》、《小匡》中"匹夫有不善,可得而诛也",在这里得到发展。

十一、读法——以吏为师

王莽们师管仲以内政寄军令之意，发展出较《齐语》、《小匡》远为严密的一套组织，把他们所构想的政治、社会，成为军事体制的政治社会，以达到对人民的完全控制。但王莽的思想，与《齐语》、《小匡》中所表现的思想却有很大的距离。此一距离，乃来自王莽吸收了后来法家"以吏为师"的思想，通过组织性的读法以求贯彻，这是《齐语》、《小匡》中所完全没有的。在这种地方，突出了王莽作《周官》的基本性格。

天官大宰"正月之吉，始和，布治于邦国都鄙，乃县治象之法于象魏，使万民观治象，挟日（郑注：从甲至甲，谓之挟日，凡十日）而敛之"，郑注："郑司农云，象魏，阙也（按鲁雉门有两观，谓之阙，又名象魏）。故鲁灾（按《左传·鲁哀公三年》），季桓子御公立于象魏之外，命藏象魏（命收藏象魏所悬之政令），曰旧章不可忘"。由此可知，《周官》此处的叙述是有历史根据的。但由这一点发展下去的系统的组织的活动，则只能表示王莽、刘歆们达到彻底控制人民所构想出来的方法。

地官大司徒"正月之吉，始和，布教于邦国都鄙，乃县教象之法于象魏，使万民观教象，挟日而敛之。乃施教法于邦国邦鄙，使之各以教其所治民"。

大司徒次一级的是小司徒，"正岁则帅其属而观教法之象，徇以木铎曰，不用法者国有常刑……"，乡师"凡四时之征令有常者，以木铎徇于市朝"。乡的政治首长是乡大夫，乡大夫"正月之吉，受教法于司徒，退而颁之于其乡吏，使各以教其所治，以考其德行，察其道艺"，"正岁令群吏考法于司徒，以退，各宪之于其所治之国"。次一级的是州长，"正月之吉，各属其州之民而读法，以考其德行道艺而劝之，以纠其过恶而戒之"。再次一级的党正，"四时之孟月吉日，则属民而读邦法以纠戒之，春秋祭禜亦如之"，"正岁属民读法而书其德行道艺"。又次一级的族师，"月吉（郑注：每月朔日也）则属民而读邦法，书其孝弟睦姻有学者，春秋祭酺亦如之"。次族师一级的闾胥，"凡春秋之祭祀、役政、丧纪之数，聚众庶，既比则读法，书其敬敏任恤者"。愈是下级的，读法的次数愈多。最基层组织的五家为比的比长，没有读法的规定，但他要负上五家连坐及严格控制人民移动的责任。

以上是六乡的情形，但六遂却没有这一套。这还是由于乡遂异治，抑或是《周官》自身的构造不够周密，很难断定。

上面有两点值得注意的是：第一，大司徒"县教象之法于象魏"的时间是"正月之吉"，乡大夫"受教法于司徒，退而颁之于其乡吏"的时间也是"正月之吉"，州长"属其民而读法"又是"正月之吉"。党正"属其民而读邦法"是"四时之孟月吉日"，则"正月之吉"必然包括在里面；族师是"月吉则属民而读邦法"，"正月之吉"也必然包括在里面。郑注"正月之吉，周正月朔日也"。大司徒在正月朔日县教象于象魏，乡大夫在同一天便颁发了下去，州、党、族三级又都在同一天集合民众来读，这一天的时间是怎么样够分配使用呢？州长集合读法之民，实即是州所属各党、党所属各族、族所属各闾、闾所属各比之民，此外更无所谓民。各比之民，在同一天要到州长、党正、族师去读法，难说他们是分身有术吗？同时，闾没有规定正月之吉读法，比根本没有规定读法，然则在州、党、族读法的人民另有来源吗？这都是顺着政治、思想上要把人民控制得紧紧的要求，于是悬空构画，而未暇从事实作精密整理所漏出的笑柄。

第二，乡教育的责任，《周官》是交给师氏、保氏，这在后面还要谈到。但从乡大夫受法、颁法起，通过州长、党正、族师、闾胥，都把"考其德行，察其道艺"的这种教育性质的事情，与大司徒所颁之法紧紧地连在一起，亦即是把人民的品格、能力，与政府的法令紧紧地连在一起，便自然会以政府的法，作为衡断人民品格、能力的唯一标准，而使道艺德行不能不因之变质，这是法家"以吏为师"的巧妙运用。

十二、《周官》中的土田制度与生产观念

　　土田是人民最基本的生产资具，对人民生活有决定性的意义。下面约略讨论《周官》的土田制度。

　　商鞅变法，土地由自流性的私有，变而为法制上的私有，兼并现象势必因之而起，不过一直到汉文帝时代，此问题还不太严重。但文帝即位后，命博士们所作的《王制》，依然略取孟子井田之意以作为理想的田制。[①] 我研究的结论，古代实有井田制，[②] 但将其加以理想化以作为保障农民基本生活的最好制度，则始于孟子，并给西汉知识分子以很大的影响。所以除由博士们采入《王制》外，文景时代韩婴的《韩诗传》亦特将其提出。[③] 如前所述，西汉末期土地兼并的现象更为严重，《周官》中的田制当然要受到井田思想的影响。兹将有关资料录后：

　　（一）凡造都鄙，制其地域而封沟之，以其室数制之。

---

① 《礼记·王制》一开始"王者之制爵禄"一段及"制农田百亩"一段，实本于《孟子》。

② 见拙著《两汉思想史》卷一《西周政治社会的结构性格问题》，"五、土田制度与农民"，页四一至五〇。（编者注：现为页四〇至四八。）

③ 现行的《韩诗外传》，我同意杨树达的说法，认为系《汉志》的《内外传》，经后人误为一书，故我别称为《韩诗传》，见拙著《两汉思想史》卷三《〈韩诗外传〉的研究》，有关井田思想，见卷四"疆场有瓜"条。

不易之地家百晦，一易之地家二百晦，再易之地家三百晦。（卷十地官大司徒）

（二）乃分地职、奠地守、制地贡而颁职事焉，以为地法而待政令。（同上大司徒）

（三）乃均土地以稽其人民而周知其数，上地家七人，可任也者三人；中地家六人，可任也者二家五人；下地家五人，可任也者家二人。（卷十一小司徒）

（四）乃经土地而井牧其田野，九夫为井，四井为邑，四邑为丘，四丘为甸，四甸为县，四县为都，以任地事而令贡赋，凡税敛之事。（同上小司徒）

（五）以廛里任（用）国中之地，以场圃任园地，以宅田、士田、贾田任近郊之地，以官田、牛田、赏田、牧田任远郊之地，以公邑之田任甸地，以家邑之田任稍地，以小都之田任县地，以大都之田任畺地。（卷十三载师）

（六）辨其野之土，上地、中地、下地以颁田里，上地夫一廛，田百晦，莱五十晦，余夫亦如之；中地夫一廛，田百晦，莱百晦，余夫亦如之；下地夫一廛，田百晦，莱二百晦，余夫亦如之。（卷十五遂人）

（七）凡治野，夫间有遂，遂上有径；十夫有沟，沟上有畛；百夫有洫，洫上有途；千夫有浍，浍上有道；万夫有川，川上有路，以达于畿。（同上遂人）

（八）匠人为沟洫。耜广五寸，二耜为耦，一耦之伐，广尺、深尺，谓之畎。田首倍之，广二尺、深二尺，谓之遂。九夫为井，井间广四尺、深四尺，谓之沟。方十里为成，成间广八尺、深八尺，谓之洫。方百里为同，同间广二寻、

深二仞，谓之浍。专达于川，各载其名。（卷四十二考工记
匠人）

上面的田制，连同《考工记》匠人的沟洫，可概括称为井田制，
其受孟子影响固不待论，但授田之法，不仅与孟子所说的有出
入，并且自身根本不是统一的。注释家对这种不统一的情形，多
以乡与遂不同制为解释。由（一）到（五）可说是属于乡的田
制，（六）、（七）是遂的田制，（八）所反映之田制系统，又与
以上皆不相符。与孟子的出入，可以解释为孟子略而《周官》
详。且土有饶瘠之不同，而孟子概分以百亩，似不若《周官》按
地味之不同，以定分田之多少，较有弹性。但（一）的"不易之
地"、"一易之地"、"再易之地"，应同于（三）的"上地"、"中
地"、"下地"。（一）的三种不同地味，既由分配土地的数量加
以平衡，则每家所能养的人数即不应有如（三）的差异。（六）
的所谓"莱"，郑注以"休不耕者"为释。"上地"配田百亩，与
（一）相同，但较（一）多"夫一廛"、"莱五十亩"，郑注以为
"皆所以饶远人也"，因遂较乡为远。但（六）的"中地"、"下
地"所配的土地，又与（一）的"一易"、"再易"所配的土地完
全相同，没有"上地"所得的优遇。而（六）的"余夫亦如之"，
即是一家的长男分配到多少，长男以下的弟弟也可同样分配到多
少，这较之孟子的"余夫二十五亩"远为优厚。但（一）、（三）
的乡井田制中都没有提到余夫，而每夫授田之数是把他所养的家
口计算在内。余夫尚未成家立户，也授同样的土地，大概在情理
与事实上都做不到。（五）是对井田以外有特别用途的土地的处

理，① 所以贾疏谓"自外余地，有此廛里以至牧田九等也"。这想得很周密，但不仅机械不能实行，且其中"官田"、"贾田"、② "赏田"即系反映《周官》成立时代之现实，而未及顾虑到与井田制的矛盾。井田制但有公田而无官田，但成帝已私购官田。

（四）、（七）、（八）是叙述井田制下所形成的区划及水利交通的组成系统。（四）是属于乡的，它的组成单位是：井→邑→丘→甸→县→都，其组成单位共六个，单位与单位之间是以"四"累进的。（七）是属于遂的，它是以交通水利为组成单位，情形是：遂（夫）→沟（十夫）→洫→浍→川→畿，其组成单位也是六个，而单位与单位之间，除川与畿中间还应隔着乡，没有直接的组成关系外，其他都是以"十"累进的。（八）没有说明是属于乡或属于遂的，除畎与遂系由耜所得的宽与深而来的区分，不关系于土地区分外，余都是由土地区分而来的交通水利所组成的。其系统如下：

土地区分：井→成→同
水利系统：沟→洫→浍→川

上面值得注意的是：由土地区分而来的单位是三个，由水利系统而来的若加上畎与遂是六个。单位与单位之间，土地区分是以十进的，水利则是以倍进的。（七）与（八）所用的名词、顺序，除

---

① 此处郑司农（郑众）与郑康成的解释不同，应以康成为正，然其自身亦有矛盾。
② 郑注"贾田，在市贾人其家所受田也，官田，庶人在官者其家所受田也"。盖康成之意，不以为应有贾田、官田，所以加上"其家"两字加以弥补。但若"其家"皆以"夫"的资格受田，即不应另有名称。可知郑此处所注者非其本义。

（七）没有畎、（八）没有畿外，由遂到川，完全相同，而内容不同，例如（七）是说"夫间有遂，遂上有径；十夫有沟，沟上有畛"，（八）则"田首倍之，广二尺、深二尺，谓之遂。九夫为井，井间广四尺、深四尺，谓之沟"。

概观上面所述异同参差的情形，似乎可作这样的推测：（八）所述的是古代井田制度的遗规，由（一）到（七）则是作《周官》者的构想。在他们构想的时候，一定要比孟子的说法更为详细，且要按他们的乡遂制度加以区分，而又不能完全不照顾到当时的土地现况，这是一个错综复杂的问题，所以他们的构想并未达到完全统一的阶段，便这样地拿出来了。但在土地的基本问题上，是所有权公有，使用权私有，而使用者是以"夫"为单位，亦即是以"一夫之家"为单位，这是可以断定的。但奇怪的是，对井田中公田、私田的分别并不明了，于是《周官》中的井田成为只有私田而无"八家同养公田"的公田，恰与王莽所试行的王田相合。他们之所以未划分公田，是因为他们另有赋税制度的关系。

但有一点不容忽视的是，《周官》的作者对农业生产及工业生产是非常重视的。冢宰"以九职任万民，一曰三农，生九谷；二曰园圃，毓草木；三曰虞衡，作山泽之材；四曰薮牧，养蕃鸟兽；五曰百工，饬化八材；六曰商贾，阜通货贿；七曰嫔妇，化治丝枲；八曰臣妾，娶敛疏材；九曰闲民，无常职，转移执事"，各方面的生产都照顾到了。地官大司徒因主管人民的组织与赋贡，所以对农业生产问题有更多的注意，如：

（一）以天下土地之图，周知九州之地域广轮之数，辨其山林、川泽、丘陵、坟衍、原隰之名物。（卷十大司徒）

　　　　　　　　《周官》成立之时代及其思想性格

（二）以土会之法（郑注：以土计贡税之法）辨五地之物生，一曰山林，其动物宜毛物，其植物宜早（皂）物（郑注：郑司农云柞栗之属)，其民毛而方；二曰川泽，其动物宜鳞物，其植物宜膏物（郑注：膏当为藁，字误也，莲芡之属有藁韬），其民黑而津；三曰丘陵，其动物宜羽物，其植物宜覈（音核）物，其民专而长；四曰坟衍，其动物宜介物，其植物宜荚物，其民皙而瘠；五曰原隰，其动物宜赢物，其植物宜丛物，其民丰肉而痺。（同上大司徒）

（三）以土宜之法，辨十有二土之名物，以相民宅，而知其利害，以阜人民，以蕃鸟兽，以毓草木，以任土事。辨十有二壤之物而知其种，以教稼穑树艺。（同上大司徒）

（四）颁职事十有二于邦国都鄙，使以登万民，一曰稼穑，二曰树艺，三曰作材，四曰阜蕃，五曰饬材，六曰通材，七曰化材，八曰敛材，九曰生材，十曰学艺，十有一曰世事，十有二曰服事。（同上大司徒）

（五）草人掌土化之法，以物地，相其宜而为之种。凡粪种，骍刚用牛，赤缇用羊，坟壤用麋，渴泽用鹿，咸潟用貆，勃壤用狐，埴垆用豕，强檗用蕡，轻嫚用犬。（卷十六草人）

（六）稻人掌稼下地，以潴畜水，以防止水，以沟荡水，以遂均水，以列舍水，以浍写水。以涉扬其芟作田。凡稼泽，夏以水殄草而芟夷之。泽草所生，种之芒种。（同上稻人）

因为作者总要把每一种事物，凑成他们所认为有意义的数字，于是把一小部分有经验根据的，再加上许多没有经验根据的，例如（二）之数五，（三）、（四）之数皆十二，（五）、（六）未标明数字而实际都是六。再加以执笔来写的人，不一定是内行，对专门技术性的问题随意傅会，例如（五）的粪种，我怀疑是从成帝时《氾胜之书》"骨汁、粪汁溲种"这一项① 而一面加以简化，同时又加以扩充（扩充为九），所以郑康成只好说"若氾胜之术也"，而郑司农"用牛，以牛骨汁渍其种也"，实即援《氾胜之书》以为说。但在原文上，如何能看出这种意思？即使是如此，项安世、江永即已疑其无效。② 但是我们可以由此以推想他们是重视人民的职业、重视农业，及生产上的技术问题。不过从他们的结构看，他们只是悬空地表示重视而已，不像对赋役问题的层层落实，愈抓愈紧。《吕氏春秋》有《上农》、《任地》、《辨土》、《审时》四篇。从《周官》用的"任地"、"辨土"等用词看，他们可能受了《吕氏春秋》这几篇的一些影响，但内容远不及《吕氏春秋》上述四篇的切实。因为一是由结合经验而来，一是以自己所定的格套为主而来。

《考工记》有齐地的方言，它是齐国所传承纪录下的古代工匠制作法式，是可以相信的。但经过了作《周官》者的修饰，而开始一段则是修饰者所写的叙论，前面已经说过。这段叙论，因没有受到前五篇表达格套的限制，所以文字流畅，内容质实。叙论中说："国有六职，百工与居一焉，或坐而论道，或作而行之……坐而论道，谓之王公；作而行之，谓之士大夫，审曲面势，以饬五材，以辨民器，谓之百工；通四方之珍异以资之，谓之商旅；

---

① 《氾胜之书》，南北宋之际已亡，后有几种辑逸本，我根据的是中华书局出版的万国鼎著《氾胜之书辑释》，见页四九。
② 见万著页五四至五五所转引。

饬力以长地财，谓之农人；治丝麻以成之，谓之妇功。"这里是把由王公以至妇功都说成是职业分工的关系，这便含有统治者与被统治者实居于平等地位的意义。叙论更以"知者创物，巧者述之，守之世，谓之工。百工之事，皆圣人之作也。烁金以为刃，凝土以为器，作车以行陆，作舟以行水，此皆圣人之所作也"数句作收束。"百工之事，皆圣人之作也"，可能是从《易·系辞下》"作结绳而为罔罟，以佃以渔，盖取诸离"的一段话来的，但用意的重点不同。《系辞下》的重点是把器物的起源追溯到包牺、神农的这些圣人能"制器者尚其象"，而《考工记》这段叙论的重点是在提高制器的价值与制器工匠的价值，提高到"圣人"的地位，这与近代"劳动神圣"、"劳工神圣"的观念在精神上是可以相通的。我以为这是《周官》中最精采最有意义的一部分，可惜没有受到后来研究《周官》的人的适当重视。这种地方，也可反映出中国文化在历史发展中的弱点。

十三、《周官》中的赋役制度

赋税制度构成《周官》全书的重心，甚至可以说《周官》整个构想是为了达到笼尽天下的货物，是为了大量增加税收的目的而展开的。在他们的构想中，商贾在社会上没有演重要的角式，这与自春秋之末以迄战国及西汉文、景、元、成时代所反映出的商贾活跃的情形，成显明的对照。所以我认为这是承受了桑弘羊财经政策的重大影响。兹将有关材料录下：

（一）以九赋敛财贿，一曰邦中（郑注：在城郭者）之赋，二曰四郊（郑注：去国百里）之赋，三曰邦甸（郑注：二百里）之赋，四曰家削（削亦作稍或鄁。郑注：三百里）之赋，五曰邦县（郑注：四百里）之赋，六曰邦都（郑注：五百里）之赋（郑注：此平民也。按此指由一至六而言），七曰关市之赋，八曰山泽之赋（郑注：关市、山泽，谓占会百物），九曰币余之赋（郑司农注：百工之余。郑注：谓占卖国中之斥币，皆末作当增赋者，若今贾人倍算矣）。（卷二天官大宰）

（二）以九式（郑注：式谓财之节度）均节财用，一曰祭祀之式，二曰宾客之式，三曰丧荒之式，四曰羞服之式，

　　　　　　　　　　　　《周官》成立之时代及其思想性格

五曰工事（郑注：作器物者）之式，六曰币帛之式（郑注：币帛所以赠劳宾客者），七曰刍秣之式，八曰匪颁之式（郑注：郑司农云，匪，分也。颁读为班布之班），九曰好用（郑注：燕好所赐予）之式。（同上天官大宰）

（三）以九贡致邦国之用，一曰祀贡（郑注：郑司农云，牺牲、包茅之属），二曰嫔贡（郑注：丝帛），三曰器贡（郑注：银铁石磬丹漆），四曰币贡（郑注：玉马皮帛），五曰材贡（郑注：櫄干栝柏筱簜），六曰货贡（郑注：金玉龟贝），七曰服贡（郑注：缔纻），八曰斿贡（郑注：燕好珠玑琅玕），九曰物贡（郑注：杂物鱼盐橘柚）。（同上天官大宰）

（四）小宰之职……执邦之九贡、九赋、九式之贰以均财、节邦用。（卷三小宰）

（五）以官府之六职辨邦治……四曰政职，以服邦国，以正万民，以聚百物（郑注：聚百物者，司马主九畿，职方制其贡，各以其所有）。（同上小宰）

（六）大府掌九贡、九赋、九功（郑注：谓九职）之贰，以受其货贿之入，颁其货于受藏之府，颁其贿于受用之府。（卷六大府）

（七）凡颁财，以式法授之，关市之赋以待王之膳服（郑注：膳服即羞服。又，羞，饮食之物也），邦中之赋以待宾客，四郊之赋以待稍秣（郑注：即刍秣），家削之赋以待匪颁，邦甸之赋以待工事，邦县之赋以待币帛，邦都之赋以待祭祀，山泽之赋以待丧纪（郑注：丧纪即丧荒），币余之赋以待赐予（郑注：赐予即好用也）。凡邦国之贡（郑注：此九贡之财所给也）以待吊用，凡万民之贡（郑注：

此九职之财）以充府库，凡式贡之余财（郑注：谓先给九
式及吊用，足府库而有余财）以共（供）玩好之用。凡邦
之赋用取具焉，岁终则以货贿之入出会之。（同上大府）

（八）玉府掌王之金玉、玩好、兵器，凡良（郑注：善
也）货贿之藏……（同上玉府）

（九）内府掌受九贡、九赋、九功之货贿，良兵、良器，
以待邦之大用（郑注：朝觐之颁赐）。凡四方之币献之金玉、
齿革、兵器，凡良货贿入焉。（同上内府）

（十）外府掌邦布（郑注："布，泉也。"按即钱）之入
出，以共百物而待邦之用，凡有法者……（同上外府）

（十一）司会掌邦之六典、八法、八则之贰，以逆（郑
注：逆受而钩考之）邦国都鄙之治，以九贡之法，致邦国
之财用，以九赋之法，令田野之财用，以九功之法，令民
职之财用，以九式之法，均节邦之财用。掌国之官府郊野
县都之百物财用……（同上司会）

（十二）司书掌邦之六典、八法、八则、九职、九正
（郑注：九正谓九赋、九贡正税也）、九事（郑注：九事谓
九式。变言之者，重其职，明本而掌之，非徒相副贰也），
邦中之版、土地之图，以周知入出百物，以叙（郑注：犹
比次也）其财、受其币（郑注：郑司农云，谓受财物之簿
书也。玄谓亦受录其余币而为之簿书），使入于职币（贾疏：
余币不入于本府而入于职币之意，若入本府即是久藏，将
恐朽烂蠹败，故入职币，使人占卖之，本在生利也）。凡上
之用财用，必考于司会。（卷七司书）

（十三）三岁则大计群吏之治，以知民之财、器械之数，

以知田野夫家六畜之数，以知山林川泽之数，以逆群吏之征令。凡税敛掌事者受法（郑注：法犹数也）焉，及事成（郑注：成犹毕也）则入要贰焉，凡邦治考焉。（同上司书）

（十四）职内掌邦之赋入，辨其财用之物而执其总（郑注：总谓簿书之种别与大凡）以贰官府都鄙之财入之数，以逆邦国之赋用。（同上职内）

（十五）职岁掌邦之赋出，以贰官府都鄙之财出赐之数，以待会计而考之。凡官府都鄙群吏之出财用，受式法于职岁。凡上之赐予，以叙（郑注：叙受赐者之尊卑）与职币授之。及会，以式法赞逆会（郑注：助司会钩考群吏之计）。（同上职内）

（十六）职币掌式法以敛官府都鄙与凡用邦财者之币。振（郑注：振犹拚也、检也。贾疏：以财与之谓之拚，知其足剩谓之检）掌事者（郑注：以王命有所作为）之余财，皆辨其物而奠（定）其录（郑注：杜子春云，定其录籍），以书楬之（郑注：郑司农云楬之若今时为书以著其币），以诏上之小用赐予。岁终则会其出。凡邦之会事，以贰法赞之。（同上职币）

（十七）甸师掌帅其属而耕耨王藉，以时入之，以共盉盛。祭祀共萧茅，共野果蓏之荐。（卷四甸师）

（十八）兽人……冬献狼，夏献麋，春、秋献兽物。凡祭祀、丧纪、宾客，共其死兽、生兽。凡兽入于腊人，皮毛筋角入于玉府。凡田兽者掌其政令。（同上兽人）

（十九）歔（渔）人掌以时歔为梁。春献王鲔，辨鱼物为鱼鱻（鲜）薨（槁）以共王膳羞。凡祭祀、宾客、丧纪，

共其鱼之鱻薧。凡貉者掌其政令，凡貉征入于玉府。（同上貉人）

（二十）鳖人掌取互物（郑注：郑司农云，互物谓有甲萌胡龟鳖之属）以时籍（郑注：郑司农云，籍谓以权刺泥中搏取之）鱼鳖龟蜃凡狸物。春献鳖蜃，秋献龟鱼……掌凡邦之籍事。（同上鳖人）

以上二十项，皆属于天官大宰下职权之事，首先值得注意的是（一）的"以九赋敛财贿"郑玄对"赋"字的解释。郑注："郑司农云，邦中之赋二十而税一，各有差也。……玄谓赋，口率出泉（钱）也。今之筭泉，民或谓之赋，此其旧名与？"贾疏"此赋谓口率出钱"。孙诒让《周礼正义》首引"《说文》贝部云，赋，敛也。……此九赋则皆任地以国用之法也"，继引"黄以周云，九赋者敛田地之租也"，而以"黄申先郑（郑司农众）说是也"。①这里的问题是出在郑玄何以不用先郑之说？乃因《周官》的土田制度是井田制度。井田制度中，公田的收入即是后来所谓"田地之租"。若将九赋解释为"田地之租"，则恰如杜预注鲁宣公十五年之"初税亩"，是"既取其公田，又取其私田十之一，则为什而取二"。郑氏既坚信《周官》出于周公，亦必坚信鲁宣公十五年以前，必无税亩之事，于是只好不用当时"赋"之通行义，而谓为"口率出泉"。孙诒让们不采用郑氏之说，便不能不承认《周官》中的田制纯属架空之论。而郑氏的所谓"口率出泉"，汉时有两种。一为《汉书·高帝纪》"四年初为算赋"，如淳曰"《汉仪注》，民年十五

---

① 见孙著《周礼正义》卷三。

以上至五十六出赋钱，人百二十为一算，为治库兵车马"。另一武帝为征伐四夷，使"民产子三岁，则出口钱"，后来元帝听贡禹的话，把口钱改成由七岁开始，算赋改成由二十岁开始。① 据《汉旧仪》下"年七岁以至十四岁，出口钱人二十三"。到了出算赋的年龄，便出算赋而不出口钱。这种人头税，是汉代最大的虐政，郑氏援此以解消井田制度与九赋间的矛盾，但因此而引起更严重的矛盾。他在"邦都五百里"下，加一句"此平民也"，是说明由"一曰邦中之赋"到"六曰邦都之赋"皆指平民所出之算赋、口赋。"平民"，郑氏此处是指商贾以外之民而言。"七曰关市之赋"、"八曰山泽之赋"，断不能解释为"口率出泉"，于是郑氏只转一个弯解释为"若今贾人倍算矣"，这是依然贯彻他的赋是"口率出泉"的主张。但对"九曰币余之赋"的赋，郑氏便无法自圆其说了，尤其是正如《汉书补注》在《禹贡传》引王鸣盛的说法，"若古之制，孟子言布缕粟米力役之征尽之，安有口赋？……口钱实始于汉耳"。顾栋高《春秋大事表·田赋车旅表》十四后的《丘甲田赋论》中谓"余谓《周礼》出于王莽时……信《周礼》不如信《左传》，信《左传》尤不若信《诗》、《书》"。他所考证的是车马甲仗"皆出自上"的问题。但也可转到在汉以前，发现不出有如汉代的算赋、口钱。所以九赋之"赋"，要便是与井田制相矛盾，要便是遇着它在时代上的矛盾，说明了作者的构想并未完全成熟。

（七）的"凡颁财以式法授之"一项，乃（二）的以"九式均节财用"一项的应用。但不仅与九式的先后次序不同，名词亦不统一。（二）称"羞服"，（七）称"膳服"；（二）称"刍秣"，（七）

---

① 见《汉官仪》卷上，参阅《汉书》卷七十二《贡禹传》。

称"稍秣";（二）称"好用"，（七）称"赐予"。这也反映出在分工撰述时尚未得到最后的整理统一。而（六）的"九功"，（十二）的"九事"、"九正"，在大宰、小宰中并未出现。这也是反映出，在原来撰述计划中有此三项，但在撰述时一下子无法为这三项想出具体内容，只好加以割爱；而撰述（六）、（十二）的人依然按原计划把三个名词保留了下来。郑注仅为弥缝此种罅漏，把"九功"称为"九职"，把"九赋"、"九贡"称为"九正"，以表示其为"正税"，把"九式"变称为"九事"是没有道理的。（一）的九赋之外，另有（三）的九贡。据郑注，九贡所贡的都是实物，几乎可说无所不包，"凡邦国之贡，以待吊用；凡万民之贡，以充府库"。这说明了贡有两种来源，两种用途。（七）主要是说明九赋的用途。其中"邦都之赋以待祭祀，山泽之赋以待丧纪"，再加上九贡中由"祀贡"到"物贡"，这一方面的需要可以说是太完备、太充足了。但由（十七）到（二十）又有专官、专职作直接的供应，这是很奇特的。据（一）、（二）、（三）可知财经政策是直接掌握在天官大宰手上，而（四）的小宰"执邦之九赋、九贡"，当为大宰之副贰。（六）、（七）的大府是"下大夫二人"，郑注谓"若今司农"，有如今日之所谓财政部，乃政策的执行者。（十一）的司会是"中大夫二人"，地位在大府之上，郑注谓"若今之尚书"，此指由昭帝时代起，由大将军、大司马录尚书事专政，一直演变而为东汉的"政归台阁"之尚书而言。但（十一）所定司会的财经职掌，并非限于稽查考核范围，郑玄以"逆受而钩考之"释"以逆邦国都鄙之治"的"逆"字，但此"逆"字并非指九贡、九赋，对九贡九赋则用"致"字"令"字。这样一来，大府与司会在财经上的职权便无由划分清楚。

按照官职前后的次序看，则（八）的玉府、（九）的内府、（十）的外府，应为大府的属官。玉府是上士，内府、外府都是中士。玉府掌王起居及赏赐所用的物品，及"凡良货贿之藏"，则大府由九赋、九贡所收货贿，其善（良）者须藏之于玉府。内府"掌受九贡、九赋、九功之货贿"，似乎是大府的库房，但"良兵良器"及"凡良货贿入焉"，则又似乎只收藏好（良）的。而收藏的用途有二：一是"凡适四方使者共其所受之物而奉之"，二是"凡王及冢宰之好赐予则共之"。玉府、内府所收藏的良货贿，远超过了他们职掌的需要。且良与不良，因挑选的标准不同而多少亦不同，因而两府所藏的数量可大为升缩。良的都被这两府挑选去了，然则大府便只有收藏坏的了。且两府都要收藏良者，其间界线又如何划分？这都是不可理解的。外府是主管钱币的，这可解释为是大府的机能的一部分。

（十二）、（十三）的司书，（十四）的职内，（十五）的职岁，（十六）的职币，都是上士，都可以看作是司会的属官。司会及这些属官的地位与职掌，皆在大府及其属官之上，甚至可以说是与大府的职权处于重叠的关系。

总结上面的分析，可以了解一是因为他们非常重视财政收入，所以不顾人民实际生活情形，搜罗得无微不至，无孔不入，连"占买国之斥币"（郑注：币余）的这种事情，也由天官大宰属下的官员去作。二是《周官》中的王，虽应王莽以大司马专政的要求，成为"虚君本位"，但对财贿则有无穷的爱好，以致这种爱好破坏了他们构想中的财政制度。三是大府系统职权与司会系统职权的叠床架屋，反映出由昭帝时代起，直属内朝大司马、大将军的尚书——即此处的司会系统，其职权实远驾直属外朝丞相的司农——

即此处的大府系统之上。此种矛盾现象，不仅应由此书的编述尚未完整的事实加以理解，而应由霍光以来不信任外朝的这一事实来理解。郑玄对这种矛盾是感觉到了的，所以极力从注释中加以弥补，但这是徒劳无功的。综上三点，只有由武帝进一步摧抑相权，并为满足个人侈泰之心，尽搜括的能事等背景，始能加以解释。

以下将天官以外有关资料简录如下：

（一）甲：以土均之法，辨五物（郑注：五地之物）九等，制天下之地征（郑注：征税也），以作民职，以令地贡，以敛财赋（郑注：财谓泉谷，赋谓九赋及军赋），以均齐天下之政。乙：乃分地职、奠地守（郑注：谓衡麓虞侯之属）、制地贡（郑注：谓九职所税也），而颁职事焉，以为地法而待政令。（卷十地官大司徒）

（二）小司徒之职，掌建邦之教法，以稽国中及四郊都鄙之夫家九比之数（郑注：九比者，冢宰职出九赋者之人数也）……乃颁比法于六乡之大夫，使各登其乡之众寡，六畜车辇，辨其物（郑注：家中之财），以岁时入其数，以施政教，行征令。（卷十一小司徒）

（三）乃均土地以稽其人民而周知其数，上地家七人，可任（郑注：谓丁强任力役之事者）也者家三人；中地家六人，可任也者二家五人；下地家五人，可任也者家二人。凡起徒役，毋过家一人，以其余为羡（郑注：郑司农云，羡，饶也），惟田（郑注：谓猎也）与追胥（郑注：追寇贼也）竭作（郑注：尽行）。（同上小司徒）

（四）乃经土地而井牧其田野，九夫为井……以任地事而令贡赋，凡税敛之事。（同上小司徒）

（五）乡师之职……以国比之法，以时稽其夫家众寡，辨其老幼、贵贱、废疾、牛马之物，辨其可任者与其施舍者（郑注：谓应复免不给繇役）。……大役，则帅民徒而至。……大祭祀，羞牛牲，共茅蒩（郑注：《士虞礼》所谓苴）。大军旅会同，正治其徒役与其輂辇，戮其犯命者。大丧用役，则帅其民而至，遂治之（郑注：治谓监督其事）。……凡四时之田……及期以司徒之大旗致众庶，而陈之以旗物……正岁稽其乡器，比（比长）共吉凶二服，闾共祭器，族共祭器，党共射器，州共宾器，乡共吉凶礼乐之器……（卷十一乡师）

（六）乡大夫之职……以岁时登其夫家之众寡，辨其可任者，国中自七尺以及六十，野自六尺及六十有五皆征之（郑注：郑司农云，征之者，给公上事也）；其舍者，国中贵者（郑注：若今宗室及关内侯皆复也）、贤者、能者、服公事者（郑注：谓若今吏有复除也）、老者（郑注：谓若今八十、九十复羡卒也）、疾者（郑注：谓若今癃不可事者复之）皆舍，以岁时入其书。（卷十二乡大夫）

（七）族师……以邦比之法，帅四闾之吏，以时属民，而校登其族之夫家众寡，辨其贵贱、老幼、废疾可任者，及其六畜车辇。（卷十二族师）

（八）五家为比……以役国事。……（同上族师）

（九）闾胥各掌其闾之征令，以岁时各数其闾之众寡，辨其施舍。……（同上闾胥）

（十）甲：牧人……供祭祀之牲牷。乙：牛人……凡祭祀，共其享牛……凡宾客之事，共其牢礼（郑注：飧饔也）积膳之牛，飨食宾射，共其膳羞之牛，军事共其犒牛，丧事共其奠牛，凡会同军旅行役，共其兵车之牛，与其牵彷（郑注：在辕外挽牛也）以载公任器，凡祭祀共其牛牲之互（郑注：若今屠家县肉格）与其盆簝以待事。（卷十三牧人、牛人）

（十一）凡任地（郑注：郑司农云，任地谓任土地以起税赋也），国宅无征（郑注：无税也），园廛二十而一，近郊十一，远郊二十而三，甸稍县都皆无过十二，唯其漆林之征，二十而五（郑注：周税轻近而重远，近者多役也）。（同上载师）

（十二）凡宅不毛者（郑注：郑司农云，谓不树桑麻也）有里布（郑注：罚以一里二十五家之泉），凡田不耕者出屋粟（郑注：罚以三家之税粟），凡民无职事者出夫家之征（郑注：夫税者百亩之税。家税者出士从车辇，给繇役）。（同上载师）

（十三）闾师掌国中及四郊之人民六畜之数，以任其力，以待其政令，以时征其赋。（同上闾师）

（十四）凡任民，任农以耕事，贡九谷；任圃以树事，贡草木（郑注：谓葵韭果蓏之属）；任工以饬材事，贡器物；任商以市事，贡货贿；任牧以畜事，贡鸟兽；任嫔以女事，贡布帛；任衡以山事，贡其物；任虞以泽事，贡其物。（同上闾师）

（十五）均人（郑注：主平土地之力政者）掌均地政，

均地守，均地职，均人民牛马车辇之力政。凡均力政，以岁上下，丰年则公（郑注：事也）旬（郑注：均也）用三日焉，中年则公旬用二日焉，无年则公旬用一日焉。（卷十四均人）

（十六）廛人掌敛市𬘬（音次）布（郑注：布，泉也。郑司农云，𬘬布列肆之税布）、緫布（郑注：谓守斗斛铨衡者之税也）、质布（郑注：质人之所罚，犯质剂者之泉也）、罚布（郑注：犯市令者之泉也）、廛布（郑注：货贿诸物邸舍之税）而入于泉府。凡屠者，敛其皮角筋骨入于玉府（郑注：以当税给，作器事也）。凡珍异之有滞者，敛而入于膳府。（卷十五廛人）

（十七）甲：遂人掌邦之野。乙：以岁时登其夫家之众寡及其六畜车辇，辨其老幼、废疾与其施舍者，以颁职作事，以令贡赋，以令师田，以起政役。……凡国祭祀共野牲，令野职。（同上遂人）

（十八）里宰掌比其邑之众寡与其六畜兵器……以岁时合耦于锄……而征敛其财赋。（同上里宰）

（十九）甲：旅师掌聚野之锄粟、屋粟、闲粟。乙：委人掌敛野之赋敛薪刍，凡疏材（郑注：草木有实者也）、木材，凡畜聚之物（郑注：瓜瓠葵芋御冬之具也）。以稍聚待宾客，以甸聚待羁旅。凡其余聚以待颁赐。（卷十六旅师、委人）

（二十）甲：林衡掌巡林麓之禁令而平其守，以时计林麓而赏罚之。乙：川衡掌巡川泽之禁令而平其守……犯禁者执而诛罚之……祭祀、宾客共川奠。丙：泽虞掌国泽之政令为之厉禁，使其地之人守其财物，以时入之于玉府，颁其余于万民。凡祭祀、宾客共泽物之奠，丧纪共其苇蒲之事。……丁：迹人掌邦田（郑注：若今苑也）之地政为之厉禁而守之。……戊、卝人掌金玉锡石之地而为之厉禁以守之。……（同上林衡、川衡、泽虞、迹人、卝人）

（二一）甲：角人掌以时征齿角凡骨物于山泽之农，以当邦赋之政令，以度量受之，以共财用。乙：羽人掌以时征羽翮之政于山泽之农，以当邦赋之政令。……丙：掌葛掌以时征絺绤之材于山农，凡葛征徵草贡之材于泽农，以当邦赋之政令，以权度受之。丁：掌染草掌以春秋敛染草之物，以权量受之。……戊：掌炭掌灰物、炭物之征令，以时入之，以权量受之。……己：掌荼掌以时聚荼，以共丧事，征野疏材之物以待邦事，凡畜聚之物。庚：掌蜃掌敛互物（郑注：蚌蛤之属）、蜃物，以共闉圹之蜃，祭祀共蜃器之蜃，共白盛（郑注：犹成也）之蜃。（同上角人、羽人、掌葛、掌染草、掌炭、掌荼、掌蜃）

（二二）大司马……凡令赋（郑注：赋给军用者也）以地与民制之，上地食者参之二（郑注：郑司农云，上地谓肥美田也。食者参之二，假令一家有三顷，岁种二顷，休其一顷。下地食者参之一，田薄恶者所休多），其民可用者家三人；中地食者半，其民可用者二家五人；下地食者参之一，其民可用者家二人。（卷二十九大司马）

（二三）掌畜掌养鸟而阜蕃教扰之，祭祀共卵鸟，岁时贡鸟物，共膳献之鸟。（卷三十掌畜）

（二四）职方氏掌天下之图，以掌天下之地，辨其邦国

都鄙、四夷、八蛮、七闽、九貉、五戎、六狄之人民，与其财用、九谷、六畜之数要，周知其利害。（卷三十三职方氏）

（二五）怀方氏掌来远方之民，致方贡、致远物而送递之，达之以节。（同上怀方氏）

（二六）都司马……以国法掌其政（郑注：谓赋税也）学。（同上都司马）

（二七）小司寇……及大比，登民数，自生齿以上，登于天府，内史、司会、冢宰贰之，以制国用。（卷三十五小司寇）

（二八）甲：穴氏掌攻蛰兽……以时献其珍异皮革。乙：翨氏掌攻猛鸟……以时献其羽翮。（卷三十七穴氏、翨氏）

上面所录二十八条材料可分为三大部分：由（一）到（二一）是地官大司徒系统的，由（二二）到（二五）是属于夏官大司马系统的，（二七）、（二八）是属于秋官大司寇系统的。

属于地官大司徒系统的，又可分为三部分：由（一）到（四）是属于朝廷的大司徒小司徒总持原则、总持业务的，由（五）到（十六）是属六乡的地方政治系统的，由（十七）到（二一）是属六遂的地方政治系统的。

《周官》的财赋，既直接由天官冢宰所主持，则司徒"掌邦教"，应无与于此一方面的业务。但通观地官全文，他们所负财经方面的责任，其分量实远过于邦教方面的责任，其原因有三：一为大司徒"掌建邦之土地之图"，因而主管土地制度，财赋主要出于土田，并且从（四）看，他们的土田制度同时即是税敛制度，由此而有（一）的甲、乙两项责任。二为大司徒掌"其人民之数"，因而主管人民的组织，与财赋相俟的徒役乃与"人民之数"不可分，由此而负有（四）及（六）的"起徒役"的责任。三为乡遂的地方政治直属于大司徒的系统，财赋、徒役的责任皆须乡遂执行，所以乡遂的内政寄军令的组织，同时即是执行征财赋、起徒役的组织，这从（四）及（八）可以看得很清楚。通过前面所录的（二）、（三）、（五）、（六）、（七）、（九）、（十三）、（十七）、（十八）各条的相关材料，在乡遂的组织系统中，对于人民的年龄、职业、健康状况，及人民手上的一切财物，不厌其烦地每年层层调查登记，三年大比时，又有一次总结性的调查登记，这样便把人民及其生活所资的，完全掌握在以内政寄军令的组织手上，成为征赋、起役的主要手段。这在今天一般先进的自由民主国家，大概也不能做到他们所构想的完密。

在乡遂这一调查登记、征赋起役的完密组织系统中，又有本在组织系统之外的（十一）、（十二）的"载师"，这是相当奇特的。郑玄的解释是："载之言事也，事民而税之……闾师、县师、遗人、均人官之长"（卷九）。乡大夫以下，已有层层节制，何以又要此"官之长"？我以为这是由过分重视财赋收入，便不惜分外添设官职。尤其是（十一）所定的近郊、远郊、甸稍县都三级税率，近轻而远重，郑注以"近者多役"作解释，这是不能成立的。由（六）的役龄及身长之不同，分明是近者役轻而远者役重。尤其是此处之税，若属于天官九赋系统，则税率应由天官或小宰乃至大府定下来；若不属于九赋系统，则是九赋之外又有地方税，而成为二重税制，这更是人民吃不消的。

天官冢宰除"九赋"之外，又有"以九贡致邦国之用"，而此处（十四）的闾师又有"任民"、"责贡"之事，即是任使人民做什么职业，便责以贡何种实物，共计有八种。按闾师的地位是中士，这种低微的官职，何以有这样大的权力？且大司徒的"以作民职"即是闾师的"任民"，大司徒的"颁职事十有二于邦国都鄙，使以登万民，一曰稼穑，二曰树艺……"，内容与闾师的八种"任民"重点不同。大司徒的重点在"颁职"，而闾师的重点在"责贡"，但内容上大抵相同。若闾师系奉行大司徒的政令，何以使用不同的名言，而于十二职中又仅取其八？且此处之贡，与天官冢宰所定之九贡到底是一是二？若是一，则何以九贡而此处仅有其八，且内容在大同中又有小异，九贡中无九谷之贡，因农民所纳者为赋而非贡。仅从这一点看，也可推知闾师的任民责贡，并不是承冢宰九贡的系统而来，也可由此断定其构想的不合理。

（三）是小司徒由土地的上、中、下三等所能养活的每家人数，以判定其所能应役的人数的。"凡起徒众，毋过家一人"，这是决定其应征标准的，这应当是通乡与遂而言。（六）是以身长及年龄定征役标准的，起役的年龄未有明白说明。《汉旧仪》"年五十六，老衰，乃得免为庶民"，而此处国中六十、野六十五，皆在被征之列，可解释为《旧汉仪》所言者为兵役，而此处所言者概括了一般的力役。总之，力役负担较汉为重。最奇怪的是，（十五）的均人又提出以年岁丰凶的上、中、下定应役多少的标准。自《王制》提出"用民之力，岁无过三日"的标准后，已成为儒家的共同信念与要求，但此处提"丰年则公旬用三日焉"，以旬为计算单位来定标准，郑玄觉得这未免太重了，于是释旬为均，并辗转为此释求证。但"均"为《周官》所常用之词，何以独此处用通常作"十日"解的"旬"字？恐怕郑氏的解释，只能表示自己的良心，而不一定是作者的本意。

（二二）的大司马"凡令赋，以地与民制之"，郑玄为了避免与天官及地官在"令赋"职权上的冲突，所以释此处的赋为"给军用者也"。这本是"赋"字从"贝武"会意的本义，而《说文》六下"赋，敛也"，乃后起之义，许慎因误信《周官》为古文，便不惜以后起之义为本义。但由（二二）的"其民可用者家三人……"等辞句看，则此处之赋，是指役而不是指"给军用者也"的赋。此处按土地上、中、下所能养的各家人数以定应征的人数，与（六）的小司徒所定者相同。地官大司徒所起的徒役，常由夏官大司马加以运用，这是可以理解的。但何以地官系统小司徒所主管的事，又由夏官大司马来主管？且大司徒规定有"不易之地"，所谓"不易"是指可以年年耕种，不必休养地力之地，此应相当于此处之所谓"上地"。"上地参之二"，郑玄引郑司农的解释是"假令一家有三顷，岁种二顷，休其一顷。下地食者参之一，田薄恶者所休多"。由此推知此处的"中地食者半"（一半耕种，一半休耕）实等于大司徒所规定的"一易之地"，"下地"等于大司徒的"再易之地"。而此处的所谓"上地参之二"（三分之二耕种，三分之一休耕），在大司徒的土地分配制度中毫无着落。这已经很奇怪。并且大司徒的"不易之地家百亩，一易之地家二百亩，再易之地家三百亩"，则是每家一年所耕种的都是百亩，这在数字上是很平均的，但大司马下的土地制度，假定每家都是百亩，则分到上地的每年可耕六十三亩多一点，分到中地的每年可耕五十亩，分到下地的每年可耕三十三亩多一点。若按郑司农的解释，易顷为亩，每家都分到三百亩，则分到上地的每年可耕二百亩，分到中地的每年可耕百五十亩，分到下地的每年可耕百亩。把作为《周官》理想的"均"的观念，完全推翻了。这正是成于众手，程度参差，而又未得到统一整理的显证之一。

前面已经说到天官冢宰的九贡，只要生产得出来的东西都贡献到了，再加上他们系统下面的专官的直接供奉。地官大司徒系统下由（十四）闾师的八种"任民"以责八种贡赋，更搜罗得非常完备了。但（十）甲的牧人、乙的牛人，还要作直接的供奉，这是属于乡的。属于遂的（十九）甲的旅师"掌聚野之锄粟、屋粟、闲粟"，乙的委人"掌敛野之赋、敛薪刍，凡疏材、木材，凡畜聚之物……"，这很明显地是在九贡以外的搜括。（二十）的林衡、川衡、虞泽、迹人、卝人，可以说把山林川泽的出产都"为之厉禁而守之"，有的供祭祀、宾客，更多的是"以时入之于玉府"，这大概是反映汉代"少府掌山泽陂池之税，名曰禁钱，以给私养，别自为藏"[①]的情形。但汉司农与少府的财赋系统，在原则上划分得很清楚，而《周官》的玉府，既从大府（相当于司农）把好的东西挑选去了，却又垄断山林川泽的生产，再加上（二一）中丁的掌染草、戊的掌炭、己的掌荼、庚的掌蜃，可以说把一切可以用得上的东西都囊括无余了。这较之当时所行的制度，更为贪得无厌。在这种情形之下，则所谓"山泽之农"、"山农"，仅能成为林衡、川衡这批官吏们的佣奴，其穷困可以想见。但（二一）中甲的角人、乙的羽人、丙的掌葛，依然向山泽之农、山农征用各种产物，这种无穷的剥削，不是"竭泽而渔"四字可以形容得了。而且大司马系统下（二三）的掌畜，要为"祭祀共卵鸟"，要

---

① 见《汉官仪》。

"岁时共鸟物，共膳献之鸟"。秋官大司寇系统下的（二八）"掌攻蛰兽"的穴氏要"以时献其珍异皮革"，"掌攻猛鸟"的翨氏要"以时献其羽翮"。这种想入非非的搜括，大概只有在近代最极权的国家才会出现。

《周官》成立之时代及其思想性格

十四、《周官》中的商业与商税

　　以上的赋税，实际都是以农民为对象的。（十六）的廛人则是以商人为对象。《周官》的作者非常重视制作器物的工匠之事，但一切器物皆由政府设官直接制作，所以社会上无自由活动之手工业者。虽司市有"在工者十有二"之语，与"在民"、"在商"、"在贾"并称，只是连类而及之泛语，因之，工不成为征税的对象。按战国中期以后，即出现有大量的手工业者，《周官》中无自由手工业者的现象，乃受桑弘羊以铁官垄断民间农用器具的影响，[①]这里我们先可以通过有关资料，考查他们构想中的商业情态。

　　　　甲：司市掌市之治教政刑量度政令，以次（郑注：若今市亭）叙（郑注：肆行列也）分地而经市，以陈（郑注：犹列也）肆辨物（郑注：物异肆）而平市，以政令禁物靡而均市（郑注：易售而无用，禁之则市均），以商贾阜货而行布（泉），以量度成贾而征（召）使（买），以质剂（郑注：谓两书一札而别之也）结信而止讼，以贾民禁伪而除诈，以刑罚禁虣而去盗，以泉府同货而敛赊（郑注：谓民

---

① 见《盐铁论》之《国疾》第二十八、《水旱》第三十六等篇。

货不售则为敛而买之，民无货则赊贳而予之）。（卷十四
司市）

由"以次叙分地而经市"起，是司市的九种职权。"以贾民禁伪而
除诈"的郑注是"贾民，胥师、贾师之属。必以贾民为之者，知
物之情伪与实诈"。按《史记·平准书》"除故盐铁家富者为吏，
吏道益杂不选而多贾人矣"，当为此处构想的背景。《平准书》桑
弘羊"乃请置大农部丞数十人，分部主郡国，各往往县置均输盐
铁官，令远方各以其物，贵（异）时商贾所转贩者为赋而相灌输。
置平准于京师，都受天下委输。……尽笼天下之货物，贵即卖之，
贱则买之"。贾疏释质人（见后）"此质人若今市平准"，实则《周
官》对商与市的整个构想，皆由桑弘羊的平准政策的精神而来，
特经《盐铁论》的大辩论后，王莽、刘歆们隐平准令的外形，而
采其极力缩小商人活动范围的实质。"以泉府同货而敛赊"，即《平
准书》"贵即卖之，贱则买之"的变形。

　　乙：大市日昃（炅）而市，百族（郑注：郑司农云，百
族，百姓也）为主；朝市朝时而市，商贾为主；夕市夕时
而市，贩夫贩妇为主。（同上司市）

市的时间、性质，划分得很机械，但也反映出市场活动的概略
情形。

　　丙：凡市入（按即入市）则胥执鞭度（郑注：度谓殳
也）守门，市之群吏平肆（郑注：平卖物者之行列使之正

也）、展成（郑注：展之言整也，成平也，会平成市物者
也）、奠（郑注：奠读为定）贾，上旌于思次（郑注：思次
若今市亭也）以令市，市师（郑注：司市也）涖焉而听大
治、大讼，胥师、贾师涖于介次（市亭之小者）而听小治、
小讼。

丁：凡万民之期（犹聚）于市者，辞布者（郑注：郑司
农云，辞布，辞讼泉物者也）、量度者、刑戮者，各于其地
之叙。……凡通货贿，以玺节出入之……市刑，小刑宪罚
（郑注：郑司农云，播其肆也），中刑徇罚（郑注：举以示
其地之众），大刑扑罚。其附于刑者（犯罪而合五刑中的条
款者）归于士。……（同上司市）

从上面的材料看，在他们的构想中，非常重视市场的秩序，而达
到秩序的手段是威吓。其他有关材料：

（一）质人掌成（平）市之货贿、人民（郑注：奴婢
也）、牛马、兵器、珍异，凡卖儥者质剂（郑注：为之券藏
之也）焉，大市以质，小市以剂。掌稽市之书契，同其度
量，壹其淳（郑注：淳如淳尸盟之淳）制，巡而考之，犯
禁者举而罚之。（卷十五质人）

（二）廛人。（已见前录十六）

（三）胥师各掌其次之政令而平其货贿，宪刑禁焉，察
其诈伪、饰行、儥慝者而诛罚之。……（卷十五胥师）

（四）贾师各掌其次之货贿之治，辨其物而均平之，展
其成而奠其贾，然后令市。……（同上贾师）

（五）司虣掌宪市之禁令，禁其斗嚣者与其虣乱者、出入相陵犯者，以属游饮食于市者，若不可禁，则搏而戮之。（同上司虣）

（六）司稽掌巡市而察其犯禁者与其不物者（郑注：不物，衣服视占不与众同，及所操物不如品式）而搏之，掌执市之盗贼以徇，且刑之。（同上司稽）

（七）胥各掌其所治之政，执鞭度而巡其前，掌其坐作出入之禁令，袭其不正者。凡有罪者挞戮而罚之。（同上胥）

（八）肆长各掌其肆之政令，陈其货贿。名相近者相远也（郑注：郑司农云，谓若珠玉之属，俱名为珠，俱名为玉，而贾或百万、或数万。恐农夫愚民见欺，故别异令相远，使贾人不得杂乱以欺人），实相近者相尔也，而平正之。敛其緫布（郑注：杜子春云緫当为儳。按《说文》八上，儳布乃儳互不齐之布），掌其戒禁。（同上肆长）

（九）泉府掌以市之征布，敛市之不售，货之滞于民用者，以其贾买之。物楬而书之，以待不时而买者（郑注：谓急求者也），买者各从其抵（郑注：抵实柢字，柢，本也。本谓所属吏主有司是也）。都鄙从其主，国人、郊人从其有司（郑注：郑司农云，为封符信）然后予之。凡赊者，祭祀无过旬日，丧纪无过三月。凡民之贷者，与其有司辨而授之，以国服为之息（郑注：以其于国服事之税为息也。……王莽时民贷以治产业者，但计赢所得受息，勿过岁什一）。凡国之财用取具焉，岁终则会其出入而纳其余。（同上泉府）

　《周官》成立之时代及其思想性格

（十）司门掌受管键以启闭国门，几出入不物者。正（郑注：正读为征，征税也）其货贿，凡财物犯禁者举之……（同上司门）

（十一）司关掌国货之节（郑注：谓商本所发司市之玺节也）以联门市（郑注：自外来者则按其节而书其货之多少，通之国门，国门通之司市；自内出者司市为之玺节，通之国门，国门通之关门，参相联以检猾商），司货贿之出入者，掌其治禁与其征廛（郑注：征廛者，货贿之税，与所止邸舍也。……其出布如市之廛）。凡货不出于关者，举（没收）其货，罚其人。凡所达货贿者则以节传出之。……（同上司关）

（十二）掌节掌守邦节而辨其用……门关用符节（郑注：如今宫中诸官诏符也），货贿用玺节（郑注：今之印章也），道路用旌节（郑注：今使者所拥节是也），皆有期以反节。……无节者有几则不达（郑注：圜土内之）。（同上掌节）

从上面（十）、（十一）的材料看，这是以国中的一个市场为蓝本所构想出来的，而这个国中市场可能即是当时长安市场的影子。为了运用、控制一个市场，直接管理的官吏，由司市起，竟有十二种之多，而（十二）的掌节则只有一部分关系。由十二种官吏的职掌所反映出的商业活动的各种情态与弊端看，这只有在商业高度发展情形之下才有其可能。（五）的司虣，已具备近代都市一般警察的功能，（六）的司稽、（七）的胥，则是以一般警察而兼经济警察。（十）的司门，尤其是（十一）的司关，已具有近代"关务监督"的意义。若不是以高度发展的商业为背景，便不能有这许多由防伪防诈而来的烦碎构想。但不仅没有随商业发展而必然产生的富商大贾的痕迹，并且由春秋末期已明显出现的由市场价格所发生的物资供求调节作用①的观念，在《周官》所描述的市场中亦隐而不见，此无他，王莽、刘歆们欲袭桑弘羊的故智，虽未至由政府机能完全代替商人机能，但将商人的机能抑至最小限度，将政府控制的机能扩大至最大限度，不知不觉地把货物交易之地视为莠民麇集之场，事事为之制，处处为之防，此观于司市（丙）项所述开市的排场，及由司市到（一）的质人、（三）的胥师、（五）的司虣、（六）的司稽、（七）的胥、（十）的司门、（十一）的司关，都手握有当下行使刑罚之权，所以他们的控制是与刑罚结合在一起而不可分的。这与今日押解监狱囚犯在外面工作场工作时的气氛，实没有什么大分别。而其目的只是为了搜括财赋，集中财富。一样货物，由运入市场，须缴三次税。通关时，（十一）的司关征货贿税与止宿的邸舍税。入国门时，由（十）的司门征货贿税。进入市场时，由（二）的廛人敛市绖布、緫布、质布、罚布、廛布，据郑注，绖布是"列肆之税布"，即抽今日货摊上所摆货物的税钱，緫布是"无肆、立持者之税"，一说是"守斗斛铨衡者之税"，质布是"质人之所罚，犯质剂者之泉"，罚布是"犯市令者之泉"，廛布是"货贿诸物邸舍之税"。这已经够了

---

① 《史记》卷一百二十九《货殖列传》述计然之言谓"论其有余不足，则知贵贱。贵上极则反贱（某物价贵至极时则其物将涌至而供给有余，故反而贱），贱下极则反贵（某物价贱至极时则其物将退出市场而供应不足，故反而贵）"。白圭之言，亦有此意。于是史公总结之以"故物贱之征贵，贵之征贱，各劝其业，乐其事，若水之趋下，日夜无休时，不召而自来，不求而民出之"，其言价格供求之互相调节之关系，至为明显。

吧。但"凡屠者，敛其皮角筋骨，入于玉府"，再加上"凡珍异之有滞者，敛而入于膳府"，郑注引郑司农谓"货物沉滞于廛中不决，民待其直以给丧疾而不可售，贾贱者也"。实则先郑（郑司农）、后郑（郑玄）每于《周官》太不合理处，即为曲说以为解救。"滞"当与《史记·平准书》"或蹛财役贫"之"蹛"字通，或作贮。珍异有滞者，即是发现有人贮藏珍异，即加以没收之意。但（八）的肆长还要"敛其缌布"，这可谓集搜括的大成了。孟子曾说"昔者文王之治岐也，耕者九一……关市讥而不征，泽梁无禁"（《梁惠王下》），这代表了儒家的理想。又说"有布缕之征，粟米之征，力役之征。君子用其一，缓其二。用其二，而民有殍，用其三，而父子离"（《尽心下》），这是儒家对现实的悲悯之心。总观《周官》作者对农民、商人重复而无孔不入的赋税构想，与儒家精神真是相隔天壤了。

《史记》卷七十五《孟尝君列传》"孟尝君得出即驰去，更封传，变名姓以出关"。我怀疑在战国时代，才有这种凭封传过关的情形。《孟子·滕文公下》"戴盈之曰，什一，去关市之征，今兹未能"，是关市有征税的。但一九五七年十二月在安徽寿春所发现的"鄂君启节"，则凭节所允许通过的水陆地点可以不纳税。[①] 当然鄂君启可能是种特别身份。但一直到战国末期，也决不曾出现像《周官》上的关、门、市关连紧密，三重抽税的。

由前面所录的材料，对商人的控制限制，可谓无微不至。根据（五）、（六）、（七），连市民的衣服视占（瞻）、坐作（起）出

---

① 见郭沫若《文史论丛》中之《关于鄂君启节的研究》。此事曾引起大陆许多学人的注意，发表了不少文章。

入皆在规制控制之列。根据（九），人民若买泉府从市场购的廉价品，还要由统治他们的官吏出"封符"为他们作证明才可以买到手，若向泉府贷款，也要和统治他们的官吏加以辨别是否可行，才可以借得到。根据（十一），不出于关的货物即加以没收。根据（十二），"无节者有几则不达"，郑注"圜土内（纳）之"，即是送进监狱里。《史记·商君列传》"公子虔之徒告商君欲反，发吏捕商君。商君亡，至关下，欲舍客舍，客舍人不知其是商君也，曰，商君之法，舍人无验者（《考证》：印信传引之类）坐之。商君喟然叹曰，嗟呼，为法之敝，一至此哉"。可知无验不得住客舍，乃始于商鞅，然亦未至纳于圜土。由此可知《周官》作者们所构想的，是较商鞅变法后的秦国法家之治更没有自由的社会。

总结地说，在《周官》的构想中没有自由的手工业者，没有自由的商人及商业活动。他们所反映出的市场，正是桑弘羊政策的改头换面的进一步的发展。

十五、《周官》中的刑罚制度

在《周官》作者构想中，人民只成为纳税、服役、从军的机器，这是违反人类要求生存与自由不可分的本能的。于是正如《史记·平准书》所述，汉武的财经政策乃建立于严刑峻罚的基础之上。《周官》作者支持他们的内政寄军令的组织，与通过组织以搜括财富的，也正是他们所构想的秋官大司寇的刑罚。

不过我们要注意到，《周官》作者虽受法家影响，但西汉自陆贾以降，凡是能卓然自立的儒生都是反秦、反法的，尤其是反对汉代所继承的秦代刑法制度及"治狱之吏"。[1] 所以王莽、刘歆们尚刑之治，必考虑到这种积累将及两百年的共同要求，将刑法的本质尽可能地加以润色掩饰。

首先从主管刑罚的秋官大司寇的官制结构看，大行人这一系列的官职，加上司仪等，在业务性质上，应当列到"典邦礼"的春官大宗伯下面去的。不列在大宗伯下面而列在大司寇下面，可能是因为大司寇"凡朝觐会同前王"的关系，便把掌朝觐会同之礼的大行人、小行人等列入。"小司寇掌外朝之政，以致万民而询

---

① 《汉书》卷五十一《路温舒传》载路之尚德缓刑疏"臣闻秦有十失，其一尚存，治狱之吏是也"。路，宣帝时人。

焉。……其位王南乡……群吏东面"的关系，便把司仪列入。更可能是因大宗伯下面加入了大司乐，内容已经很丰富，而大司寇系统下面的官职，若仅按性质排列，在分量上无法与前面的四官取得形式上的均衡，所以只好不考虑官职的性质问题，而将中大夫二人的大行人，下大夫四人的小行人，上士八人、中士十六人的司仪等移植到大司寇下面以凑数。不论如何，这一部分只好置之于讨论之外。

大司寇一篇实受《尚书·吕刑》影响，而又故意加以掩饰。如：

> 大司寇之职，掌建邦之三典，以佐王刑邦国、诘四方，一曰刑新国用轻典，二曰刑平国用中典，三曰刑乱国用重典。（卷三十四大司寇）

上面的话，分明是由《吕刑》"轻重诸罚有权，刑罚世轻世重"出来的。但《荀子·正论》篇对此的解释，恰恰与《周官》相反。《正论》篇说"故治则刑重，乱则刑轻。犯治之罪故重，犯乱之罪故轻也。《书》曰，刑罚世轻世重，此之谓也"。荀子强调以礼救乱，所以主张与《周官》恰恰相反。实则，《吕刑》判刑的要求是"士制百姓于刑之中"，而他的所谓"世轻世重"，乃权衡于"五刑之疑有赦，五罚之疑有赦"，及"上刑适轻，下服，下刑适重，上服"之间，不可能是轻重异典。"刑乱国用重典"一语，被后世残暴之君、残酷之吏，所广泛应用，流毒无穷。实则刑法必求统一，应仅有一典，而应用者仅在条文自身所具有的伸缩性

《周官》成立之时代及其思想性格

上^①以论轻重，岂有因轻重而有三套法典之理？

> 司刑掌五刑之法，以丽万民之罪，墨罪五百，劓罪
> 五百，宫罪五百，刖罪五百，杀罪五百。（卷三十六司刑）

据《尚书·吕刑》，五刑始于蚩尤，^②其来久远，至《吕刑》而加
以总结、整理，并出之以"非佞折狱，惟良折狱，罔非在中……
哀敬折狱"的态度。司刑所掌的五刑，分明出于《吕刑》的"墨
罚之属千，劓罚之属千，剕罚之属五百，宫罚之属三百，大辟之
罚其属二百，五刑之属三千"。对于这种数字的异同，江声《尚书
集注音疏》谓"墨、劓倍于其初（按江声相信《周官》出于周公，
所以把《周官》所定的称为"其初"），宫与大辟皆减焉，轻于《周
礼》也。此穆王祥刑之意也"。这是说《周官》所定的刑较《吕
刑》为重，其原因有二：一是大司寇中反映了汉代的刑法事实，
所以先郑、后郑，援汉事以为解释的，在此篇为特多。最显著的
小宰"掌建邦之宫刑以治王宫之政令，凡宫之纠禁"，此乃以"张
汤《越宫律》二十七篇"为背景；"朝士掌建邦外朝之法"，则系
以赵禹"《朝律》六篇"^③为背景；而篇中对复仇的规定，亦显然以

---

①《汉书》卷七十八《萧望之传》"二百五十以上"，颜师古注"二百五十以上者，
　当时律令坐罪之次，若今律条言一尺以上，一匹以上"。据此，可知"二百五十"
　为判刑之最下限，"二百五十以上"则表示其伸缩性。此在今日，更为条文必具
　备之条件。
②《吕刑》"王曰，若古有训，蚩尤惟始作乱。……制以刑，惟作五虐之刑曰法"。
　是五虐之刑乃蚩尤所作，其起源久远。《吕刑》针对蚩尤"五虐之刑"的"虐"，
　而称为"祥刑"（告尔祥刑），以见五刑精神的转换。
③ 张汤《越宫律》、赵禹《朝律》事，见《晋书·刑法志》及《太平御览》卷六百三十八
　引张斐《律传》。

汉代对复仇多所原宥为背景。《汉书》卷二十三《刑法志》"律令凡三百五十九章，大辟四百九条，千八百八十二事，死罪决事比万三千四百七十二事"。是王莽们写秋官大司寇时的"杀罪"已远超过《吕刑》"大辟之罚其属二百"之数，而他是赞成汉代刑法的。另一是他们喜欢玩弄"数字整齐"的方式，"五刑"的内容，便一起用"五"的数字叙述，他们觉得这样才有意义。

秋官大司寇有关刑法思想的特性，大较有四：一是应用范围之广；二是程序之苛且繁；三是以组织推行刑罚，以刑罚推动组织；四在贯彻得周而且细，也和赋役制度样，到了无孔不入之境地。由此四特性，而暴露出《周官》的政治思想是法家刑治思想的扩大，这与王莽的性格是很符合的。[①] 所谓应用范围广泛的事例是：

（一）冢宰……以八柄诏王驭群臣……六曰夺（郑注：没入家财），以驭其贫；七曰废，以驭其罪；八曰诛，以驭其过。（卷二冢宰）

（二）三岁则大计群吏之治而诛赏之。（同上冢宰）

（三）宰夫……掌治法以考百官府群都县鄙之治，乘（犹计也）其财用之出入。凡失财（郑注：泉谷也）用（郑注：货贿也）物辟名（郑注：诈为书以空作见文书，与实不相应也）者，以官刑诏冢宰而诛之。（卷三宰夫）

（四）大司徒……因此五物者民之常而施十有二教焉……七曰以刑教中而民不虣……（卷十大司徒）

（五）以乡八刑纠（郑注：纠犹割察也）万民，一曰不

---

① 由《汉书·王莽传》看，他的性格是很残酷的。

孝之刑，二曰不睦之刑，三曰不姻（郑注：姻，亲于外亲）之刑，四曰不弟（郑注：不弟，不敬师长）之刑，五曰不任（郑注：任，信于朋友）之刑，六曰不恤（郑注：恤，振忧贫者）之刑，七曰造言（郑注：讹言惑众）之刑，八曰乱民（郑注：乱民改作，执左道以乱众也）之刑。（同上大司徒）

（六）司救掌万民之衺恶（郑注：谓侮慢长老、语言无忌，而未丽于罪也）过失而诛让之，以礼防禁而救之。凡民之有衺恶者，三让而罚（郑注：罚谓挞击之也），三罚而士加明刑（郑注：加明刑者，去其冠饰，而书其衺恶之状，著之背也），耻诸嘉石，役诸司空；其有过失者，三让而罚，三罚而归于圜土。……（卷十四司救）

（七）调人掌司万民之难（郑注：相与为仇雠）而谐和之。凡过而杀伤人者，以民成之（郑注：郑司农云，谓立证佐成其罪也）。（同上调人）

（八）祭之日，执书以次位常，辨事者考焉，不信者诛之。（卷二十六大史）

（九）大司寇……以五刑纠万民，一曰野刑，上功纠力（郑注：功，农功；力，勤力）；二曰军刑，上命（郑注：命，将命也）纠守（郑注：守，不失部伍）；三曰乡刑，上德（郑注：德，六德也）纠孝；四曰官刑，尚能纠职（郑注：职，职事修理）；五曰国刑，上愿（郑注：愿，悫慎也）纠暴（郑注：暴当为"恭"，字之误也）。（卷三十四大司寇）

（十）以圜土（郑注：狱城也）聚教罢民。凡害人者置之圜土而施职事焉，以明刑（郑注：明刑，书其罪恶于大方版，著其背）耻之（贾疏：耻诸嘉石）。其能改过，反于中国（郑注：舍之还于故乡里也），不齿三年。其不能改而出圜土者杀。（同上大司寇）

（十一）以嘉石平罢民。凡万民之有罪过而未丽于法，而害于州里者，桎梏而坐诸嘉石，役诸司空。重罪旬有三日坐，期役；其次九日坐，九月役，其次七日坐，七月役；其次五日坐，五月役；其下罪三日坐，三月役。使州里任（保）之，则宥而舍之。（同上大司寇）

（十二）士师……掌士之八成（郑注：行事有八篇，若今时决事比），一曰邦汋（郑注：盗取国家密事，若今时刺探尚书事），二曰邦贼，曰三邦谍，四曰犯邦令，五曰挢（诈）邦令，六曰为邦盗，七曰为邦朋，八曰为邦诬。（卷三十五士师）

（一）、（二）、（三）、（八）是说明《周官》作者是以诛赏来控制人臣，而诛重于赏，所以对臣、对民都特用一个"驭"字。朱骏声《说文通训定声》"御"字下"尊者所勒御，如御牛马然也"，这正得法家思想的神髓。（九）的"以五刑纠万民"的五刑，是由墨到杀的五刑以外的五刑。由此五刑所纠的，都是职业上及生活上的正常要求。这种正常要求，有的是各具系统，如"二曰军刑"中的"将令部伍"，"四曰官刑"中的"上能纠职"（以能力修理职事）；有的是各人自己的本分，如"一曰野刑"中的"农功勤力"；有的是家庭教育问题、社会风俗问题，如"三曰乡刑"中的"六德"、"孝弟"，"五曰国刑"中的悫慎恭敬。这都不是大司寇所应管的，有的仅应由教育机构而不应由行政机构来干预的，但王莽们却认为这是大司寇所掌的刑的范围以内的事。这与（四）、（五）、（六）、（七）合在一起看，他们把刑伸入到人民生活中的每个角落中去了。西汉儒生总的努力方向是要以"教化之官"代替乃至减少"执法之吏",[①] 而《周官》的作者则实际要以"执法之吏",代替"教化之官"。现代极权主义下的背着或挂着罪名示众，以及群众公审的大虐政，早见于《周官》中的（六）、（十），即其一例。他们以刑罚来支持财经政策，前面已经说到了。（十二）把邦朋、邦诬与邦贼、邦谍等作同一的看待，由此而演为朋党之祸、言论之刑，其毒害何可胜数。（十）、（十一）两项的"嘉石"之制，可以说是现代极权国家集中营的古典形态，是王莽们的大杰作。《管子·小匡》有"罢士无伍，罢女无家"，注谓"罢谓乏于德义者"。（十一）之所谓"罢民",郑玄以"民不愍（勉）作劳，有似于罢者"为释，则"罢民"当指游惰之民。（十）的"凡害人者"及（十一）的"凡万民之有过而未丽于法，而害于州里者"，皆应指罢民中之行为而言。郑玄以"害人谓为邪恶已有过失，丽于法者"释（十）的"害人者"，实则若丽于法，则应以法处理。我认为（十）的"害人者"，也和（十一）的有过而"害于州里者"，同是"未丽于法"的。把三项连在一起看，对罢民的处理，都要经过"坐诸嘉石"这一关。"坐诸嘉石"分为三项，一是"置之圜土",二是背着写上罪恶的大方版（板），"桎梏而坐诸嘉石"以示众。三是坐诸嘉石已毕，"役之司空"。据（十一），"坐诸嘉石"示众的期限分"旬有三日"、"九日"、"七日"、"五日"、"三日"五等。坐嘉石的日数，即是服劳役的月数。（九）则在上述三项之前，还

---

① 此两语取自《汉书》卷五十六《董仲舒传》董的对策，但有代表性。

要先加上三让三罚，罚即是"挞击"，从圜土中逃出的便杀掉。很奇怪的是，作《周官》的人并不以为这种挞击、坐牢、示众、劳役是正式的刑罚，因为这些罪名为他们的律条所未有，而是可以随意加上去的。这和近代极权国家在政治斗争中的蹂躏人民的方式，以及集中营的残暴情形，不知有何分别。逃出的便杀掉，大概只有纳粹是如此。

人民诉讼程序的合理规定，也是对人民生存的一种保障。《周官》作者在诉讼程序上定出非常苛繁的程序，实际是借此为敛财之资，使人民宁含冤抱屈而不敢轻言昭雪。如：

（一）以两造（郑注：使讼者两至）禁民讼（郑注：讼谓以财货相告者），入束矢（郑注：束矢其百个与）于朝，然后听之。（卷三十四大司寇）

（二）以两剂（郑注：剂，今券书也）禁民狱（郑注：狱谓相告以罪名者），入钧（郑注：三十斤曰钧）金三日，乃致于朝，然后听之。（同上大司寇）

（三）以肺石（郑注：赤石也）达穷民，凡远近、茕独、老幼之欲有复于上，而其长弗达者，立于肺石三日，士听其辞，以告于上而罪其长。（同上大司寇）

郑玄释（一）的讼为"以财货相告者"，这是他感到一般人民告状要先"入束矢于朝"为不合理，所以对"讼"作这种特别解释，以资补救。实则"讼，争也，从言，公声"，[①]以财货相告者固然是

---

① 见《说文》三上言部。

讼，非以财货相告者也是讼。从上下文看，（二）才是"以财货相告"。同时，即使（一）也是"以财货相告"，有的是富人，出得起"矢百个"，但更多的是穷人，很难出矢百个。如此，则富人能打官司，穷人便不能打官司了。并且审讯时固然要"两造"，但投诉时，多数仅是原告的一造，两造同时投诉的，事实上是少而又少。现在以"两造"及"入束矢"为接受投诉的先决条件，这等于是拒绝了投诉。不是投诉的则大量关进狱城（圜室），投诉的又加以拒绝，不能不说是怪事。

郑玄对（二）的"狱"字的解释也难成立。狱是"相告以罪名"，讼还不是"相告以罪名"？所以此处的"狱"字乃与"讼"字相互为文，而两剂之讼倒是"以财货相告"。这一控诉的程序是"使狱者各赍券书。既两券书，使入钧金，又三日，乃治之，重罪也"。"两剂"的情形，和上面所说的"两造"的情形一样，这是诉讼时的条件，不应是投诉时的必需条件。再加上"入钧金""乃致于朝"，此处的"金"，即使指的是铜，三十斤铜也不是一般人所能负担的。所以郑玄加上"重罪也"三字，以弥补这种过分不合理的情形。但这三十斤金并不是判决的罚金，而是作为授受投诉的先决条件，也与近代的保证金性质不同，保证金可以发还，而这是对朝廷的奉献。狱还未判决，何以能预断其为重罪？即使是重罪，也不能断定投诉的人能奉献三十斤金。这只能表示《周官》的作者，以渔利为唯一归趋，所以特写出这类想入非非的方法。

（三）的"穷民"中包括有"老幼"。要老幼者在肺石上站三天，才使"士听其辞"，老者、幼者纵然没有站死，也磨折得半死不活了。这真是一种虐政。

周公的"敬明乃罚"、"义刑"、"义杀"，①《吕刑》的"祥刑"、"慎刑"的精神，由儒家所传承，《周官》的作者不能加以抹煞，因而不能不加以缘饰。但与他们的基本用心相反，所以一经他们缘饰，便成为空洞乃至否定了法律的平等精神。小司寇"以五声听狱讼，求民情，一曰辞听（郑注：观其出言，不直则烦），二曰色听（郑注：观其颜色，不直则赧然），三曰气听（郑注：观其气息，不直则喘），四曰耳听（郑注：观其听聆，不直则惑），五曰目听（郑注：观其眸子视，不直则眊然）"（卷三上）。上面所说，有时或者可作某程度的补助手段，但仅凭这种直觉直感以"求民情"，未免太儿戏了。又"以三刺断庶民狱讼之中，一曰讯群臣，二曰讯群吏，三曰讯万民"。这仿佛很谨慎了，但事实上做得到吗？讯问与案无关的群臣、群吏、万民，对案情的了解又有什么帮助呢？还有"议亲"、"议故"、"议贤"、"议能"、"议功"、"议贵"、"议勤"、"议宾"的"八议"，以示用刑中的宽大。"八议"中"议亲"、"议故"、"议贵"可合而为一，"议贤"、"议能"可合而为一，"议功"、"议勤"可合而为一，郑注谓"议宾"之"宾"，"谓所不臣者，三恪二代之后与"，这实在是为了凑数加上来的。所以"八议"实质上只有三议，先郑正提出三个"若今时……"。《周官》作者以"八议"表示对刑法的宽大，实则所反映的是汉代专制与封建下用刑的情形。

所谓以组织推行刑罚，以刑罚推动组织，这是最具备现代极权国家的性格的。兹简录有关材料如下：

----

① 见《尚书·康诰》。

（一）乡师……以国比之法……（已见前），掌其戒令纠禁，听其狱讼。（卷十一乡师）

（二）比长各掌其比之治，五家相受相和亲，有辠奇衺则相及，徙于国中及郊，则从而授之，若徙于他，则为之旌节而行之，若无授无节，则唯圜土内之（郑注：圜土者，狱城也。狱必圜者，规主仁。以仁心求其情，古之治狱闵于出之）。（卷十二比长）

（三）遂人……五家为邻……（已见前），使各掌其政令刑禁。……若起野役，则令各帅其所治之民而至，以遂之大旗致之，其不用命者诛之。（卷十五遂人）

（四）遂师各掌其遂之政令禁戒……（已见前），作役时则听其治讼。……军旅田猎平野民，掌其禁令，比叙其事而赏罚。（同上遂师）

（五）遂大夫各掌其遂之政令……（已见前），掌其政令戒禁，听其治讼。……凡为邑者，以四达戒其功事而诛赏废兴之。（同上遂大夫）

（六）县正各掌其县之政治征比……（已见前），掌其治讼，趋其稼事而赏罚之。若将用野民……则帅而至，治其政令，既役则稽功会事而诛赏。（同上县正）

（七）鄙师……以时数其众庶而察其媺（美）恶而诛赏……（同上鄙师）

（八）酂长……凡岁时之戒令皆听之（郑注：听之，受而行之也）……（同上酂长）

上面的材料，所以不避重复。重录在此，意在说明大司徒所主管的以内政寄军令的地方组织，各级既皆严行人口、物资的登记，除了军事上的要求、赋役上的要求外，还有刑禁刑罚上的要求。人民是完全在有组织的刑罚控制之下，每级组织的负责者都有诛赏大权。照（二）的规定，人民完全失去了居住迁徙的自由。郑玄在《周官》注中所流露出的政治思想，依然是儒家以人民为政治主体的思想，[1]但他被王莽、刘歆们所愚，深信《周官》为周公致太平之书。在（二）下他所作的注解，乃超出训诂之外，暗示动辄将人民纳入于圜土，必须出以悲悯之情。这里实露出了他对这种情形的良心上的谴疚。

再回到秋官大司寇系统下加以考查，而先将有关资料简录如下：

（一）小司寇……孟冬祀司民（郑注：星名），献民数于王，王拜而受之……（卷三十五小司寇）

（二）正岁帅其属而观刑象，令以木铎曰，不用法者，国有常刑。会群士（郑注：群士，遂士以下），乃宣（郑注：宣，遍也）布于四方，宪（郑注：宪，表也，谓县之也）刑禁。……（同上小司寇）

（三）士师之职，掌国之五禁之法以左右刑罚……皆以木铎徇之于朝，书而县于门闾。……正岁帅其属而宪禁令于国及郊野。（同上士师）

（四）掌乡合州党族闾比之联，与其人民之什伍……以

---

① 郑康成的政治思想，可略见于乡大夫"此谓使民兴贤"一段下之注谓"言是乃所谓使民自举贤者……使民自举能者……言为政以顺民为本也"。

《周官》成立之时代及其思想性格

施刑罚废赏。（同上士师）

（五）乡士掌国中，各掌其乡之民数而纠戒之，听其狱讼，察其辞。……狱讼成，士师受中，① 协日刑杀，肆之三日。（同上乡士）

（六）遂士掌四郊，各掌其遂之民数而纠其戒令，听其狱讼，察其辞。……狱讼成，士师受中，协日就郊而刑杀，各于其遂，肆之三日。（同上遂士）

（七）县士掌野，各掌其县之民数，纠其戒令，而听狱讼，察其辞。……狱讼成，士师受中，协日刑杀，各就其县，肆之三日。（同上县士）

（八）方士掌都家（郑注：都，王子弟及公卿之采地。家，大夫之采地），听其狱讼之辞。……狱讼成，士师受中，书其刑杀之成与其听狱讼者。（同上方士）

（九）讶士掌四方之狱讼，谕罪刑于邦国。（同上讶士）

（十）司民掌登万民之数，自生齿以上皆书于版，辨其国中与其都鄙及其郊野，异其男女，岁登（郑注：上也）下（郑注：犹去也）其死生（郑注：每岁更著生去死）。及三年大比，以万民之数诏司寇……（同上司民）

（十一）布宪掌宪邦之刑禁。正月之吉，执旌节以宣布于四方，而宪（郑注：县之也）邦之刑禁，以诘四方邦国及其都鄙，达于四海。（卷三十六布宪）

---

① 郑注引郑司农云"士师受中，若今二千石受其狱也，中者刑罚之中也"。按此"中"字应作簿书解，即爰书也。

从大司寇、小司寇，一直到由（三）到（六），可以说是配合行政系统的刑法系统，而（八）、（九）则是正常刑法系统的补充。这中间最值得注意的有三点：第一点是既有与行政系统并行的刑法系统，何以行政系统又有刑罚的责任与权力。第二点是（二）、（三）与（十一）的正月布刑于天下的问题，这可以解释为使人民对刑罚能得到了解，以收预防的效果。但由此我们可以推想到，大司徒系统下的不厌其烦的"读法"的内容，刑法必然占有重要的地位，于是"读法"更成为人民精神上的经常压力。郑玄在布宪下注释谓："司寇正月布刑于天下，正岁又县其书于象魏。布宪于司寇布刑，则以旌节出宣令之，于司寇县书，则亦县之于门闾及都鄙邦国。刑者王政所重，故屡丁宁焉。"又对"以诘四方邦国"的"诘"，不作"责问"的通义性的解释，而作毫无根据的"诘，谨也，使四方谨行之"的特殊解释。这都表示郑氏内心的难安，故为此迂曲弥补之辞。第三点的情形，更为严重。对人民物资的调查登记，是由大司徒系统下的官吏负责的，但大司寇系统下的（一）、（五）、（六）、（七）、（十）又对万民之数作详细的调查，并由司民专主其事，这在业务上无此必要，因为并非人人都有狱讼。如有必要，也可从相当的行政系统调阅，为什么要有这一重复呢？这只有从（三）的士师的职掌得到说明。士师是大司寇系统下执法的实体，他的职掌通过"五禁"、"五戒"、"八成"及"荒辩之法"、"移民通财"、"傅别约剂"、祭祀、宾客、大丧、大师等，而伸入到政治的每个角落。（四）则说明士师掌握人民的整个组织，通过组织使人民"相安相受"，"以比追胥之事（郑注：追谓追寇也，胥读如宿偦之偦，谓司搏盗贼也），以施刑罚庆赏"。所以刑罚是通过组织实行，刑罚即控制了组织。组织必须直接掌握人民，

　　　　　　　《周官》成立之时代及其思想性格

所以大司寇系统下，必须详细地作人民的调查登记。通观《周官》一书，人民组织系在三种系统下作重叠式的控制，一是大司徒的系统，二是大司马的系统，三是大司寇的系统。大司徒系统的控制是为了赋役，大司马系统的控制是为了动员作战，大司寇系统的控制是为了通过刑罚以发挥前两重控制的实效，以形成组织的动力。人民在三重控制之下的生活，正是封建法西斯专政下的生活。

赋役是无孔不入，刑罚也是无孔不入。有司约"掌邦国及万民之约剂……"，郑注"此六约者，诸侯以下，至于民皆有焉"。有司盟"盟万民之犯命者"，这是为了填满刑罚的隙缝，誓的内容具见于条狼氏，是非常奇特严酷的。有职金"入其金锡于为兵器之府，入其玉石丹青于守藏之府。……掌受士之金罚、货罚，入于司兵"，有司厉"掌盗贼之任器货贿……入于司兵。其奴，男子入于罪隶，女子入于舂槁"，这两项是补大司徒系统赋税搜括之所不及。有禁杀戮"凡伤人见血而不以告者、攘（郑注：攘犹却也）狱者、遇讼者，以告而诛之"，有禁暴氏"掌禁庶民之乱暴力正（郑注：以力强得正也）者、挢诬犯禁者、作言语而不信者，以告而诛之"，有野庐氏"掌达国道路……若有宾客……有相翔者（郑注：观伺者也）诛之。……禁野之横行径逾者"，有雍氏"禁山之为苑，泽之沉者（郑注：郑司农云，谓毒鱼及水虫之属）"，有萍氏"几酒（郑注：苛察沽买过多及非时者）、谨酒（郑注：使民节用酒），禁民川游者"，有司寤氏"御（郑注：谓遏止之）晨行者，禁宵行者、夜游者"，有衔枚氏"禁嚣呼叹鸣于国中者，行歌哭于国中之道者"。此外更有冥（音觅）氏"为阱擭以攻猛兽"，庶氏"掌除毒蛊"，穴氏"掌攻蛰兽"，翨氏"掌攻猛鸟"，柞氏"掌攻草木及林麓"，薙氏"掌杀草"，硩蔟氏"掌覆夭鸟之巢"，翦氏"掌除蠹物"，庭氏"掌射国中之夭鸟"。这些繁琐奇特的官职都设在大司寇系统之下，大概是表明他们的刑治，已达到鸟兽虫鱼草木之上。"无孔不入"四字，真可当之无愧。而这类繁琐奇特官职的出现，实反映出他们所构画的国有制的影子。他们以赋役尚不够满足统治的野心，必将一切国有化，统治才算彻底。

十六、《周官》中的教化（教育）思想

1. 万民的教化

现在对《周官》中的教化思想，应加以考查。在教化中常含有社会政策的意义。

《周官》中的教化思想可分为两个层级：一是对贵族子弟的教化，这是教化的重点。一是对六乡的"万民"的教化。很奇特的是，《周官》作者称六遂之民为"氓"，郑注对"氓"的注释是"变民言氓，异外内也。氓犹懵懵无知貌也"（卷十五遂人"凡治野，以下剂致氓"下注）。六遂之民除读法、纳税服役外，更无教化设施。兹先将对六乡之"万民"的教化有关材料录下：

（一）以八统诏王驭万民，一曰亲亲，二曰敬故，三曰进贤，四曰使能，五曰保庸，六曰尊贵，七曰达吏（郑注：达吏，察举勤劳之小吏也），八曰礼宾。（卷二大宰）

（二）乃立地官司徒，使帅其属而掌邦教，以佐王安扰邦国。（卷九地官司徒）

（三）因此五物者（按指"以土会之法，辨五地之物生"）民之常而施十有二教焉，一曰以祀礼教敬，则民不苟，二曰以阳礼（郑注：谓乡射饮酒之礼）教让，则民不争，三曰以阴礼（郑注：谓男女之礼）教亲，则民不怨，四曰以乐礼教和，则民不乖，五曰以仪（郑注：谓君南面臣北面，父坐子伏之属）辨等，则民不越，六曰以俗（郑注：谓土地所生习也）教安，则民不偷（郑注：偷谓朝不谋夕），七曰以刑教中，则民不虣，八曰以誓教恤（郑注：恤谓灾危相忧），则民不怠，九曰以度（郑注：谓宫室、车服之制）教节，则民知足，十曰以世事（郑注：谓士农工商之事）教能，则民不失职，十有一曰以贤制爵，则民慎德，十有二曰以庸（功）制禄，则民兴功。（卷十大司徒）

（四）以保息（郑注：谓安之使蕃息）六养万民，一曰慈幼，二曰养老，三曰振穷，四曰恤贫，五曰宽疾，六曰安富。（同上大司徒）

（五）以本俗六安万民，一曰媺（美）宫室，二曰族（郑注：犹类也）坟墓，三曰联（郑注：犹合也）兄弟，四曰联师儒，五曰联朋友，六曰同衣服。（同上大司徒）

（六）令五家为比，使之相保；五比为闾，使之相受；四闾为族，使之相葬；五族为党，使之相救；五党为州，使之相赒；五州为乡，使之相宾。（同上大司徒）

（七）以乡三物教万民而宾兴之，一曰六德，知仁圣义忠和；二曰六行，孝友睦（郑注：亲于九族）姻任（郑注：信于朋友）恤；三曰六艺，礼乐射御书数。（同上大司徒）

（八）以五礼防万民之伪而教之中，以六乐防万民之情而教之和。（同上大司徒）

（九）乡大夫三年则大比，考其德行道艺而兴贤者、能

《周官》成立之时代及其思想性格

者，乡老及乡大夫帅其吏与其众寡（庶）以礼礼宾之。厥明（郑注：其宾之明日），乡老及乡大夫群吏献贤能之书于王，王再拜受之，登于天府，内史贰之。退而以乡射之礼五物询众庶，一曰和，二曰容，三曰主皮，四曰和容，五曰兴舞。此谓使民兴贤，出使长之；使民兴能，入使治之。（卷十二乡大夫）

（十）国索鬼神而祭祀，则以礼属民而饮酒于序，以正齿位。……（同上党正）

由上引材料，可以得出如下的若干结论：

第一，王莽、刘歆们生当董仲舒思想在儒家思想中取得支配地位的时代，而王莽又想托儒家思想根源之一的周公以夺取权位，则他对儒家的政治思想是以教化为主，并经董仲舒所特别提倡的教化问题，在《周官》中不能不提到。但我们应首先注意的，试把《周官》中的教化项目与赋税及刑罚项目加以比较，则《周官》作者的重点是在赋役刑罚而不在教化，立刻可以得到很清楚的印象。

第二，表现在《周官》中的教化思想，由政治设施所发生的对人民的教化作用，有如（一）、（三）、（四）、（五）、（九）、（十）所规定的内容，其分量远超过由统治者的生活行为所直接对人民加以教化的分量。统治者的生活行为对人民可以发生教化作用，这是儒家所肯定、所重视的，即是由孔子起所提倡的"身教"，是要求统治者对人民的要求先在自己生活和自己家族中实现，这便直接指向到统治者自身的人格问题。没有真诚人格在后面的政治设施，尤其是所谓礼乐这一类的设施，常流于点缀性乃至流于形式主义的虚伪。所以从周初以迄西汉，主要的政治思想必然包含有统治者的人格问题在里面。但通过一部《周官》，却没有接触到即使在现代还有重大意义的统治者的人格问题，于是点缀性、形式化的政治设施，对人民教化所能发生的效力便微乎其微。《周官》作者的精神集中在财赋、形罚之上，这便说明与教化有关的政治设施，有的只是为统治者自身着想，如（一）的"保庸"、"尊贵"、"达吏""礼宾"，（五）的"媺宫室"，对人民有何关系？有的则一开始便是为了凑数凑上去的，有如（三）中的"阳礼"、"阴礼"、"乐礼"的名目，可能是《周官》所特有，本无意义可言，逼得郑玄不能不曲为之解。

第三，因为《周官》作者的真正用心不在教化，许多只是为了妆点门面，随意敷演凑数而来，所以即使深信不疑的郑玄，在注释中虽尽可能为它回护，但有时依然也回护不了。在（九）的"退而以乡射之礼五物询众庶"下注谓"庶民无射礼，因田猎分禽，则有主皮。主皮者，张皮射之，无侯也。主皮、和容、兴舞，则六艺之射与礼、乐与（欤）？当射之时，民必观焉，因询之也"。郑注是说明两点：第一点是说明此处不应有"乡射之礼"，第二点是说明乡射之礼亦不应主皮。然后再转一个大圈子来回护，而毕竟与本文不相应，可知这完全是随意胡诌的。又（十）属于党正的"则以礼属民而饮酒于序"，郑注谓"党正饮酒礼亡。此事（正齿位之事）属于乡饮酒之义，微失少矣"。假定郑玄真正认为原有党正之礼，至其作注时而亡失，何以又认为将"正齿位"之事"属于乡饮酒"而"微失少"？这也是要为它回护而毕竟回护不了的。

第四，（七）及（八）倒是直接对"万民"的教化。乡三物的"六德"、"六行"、"六艺"，比孟子所说的"教以人伦"、"皆所以明人伦也"的规模阔大而完备，但缺少了孟子所说的"设为庠序学校以教之"的教化机构。①（五）有"联师儒"的话，但儒的地位如何，在本书并无下落，而师则是专司贵族子弟的教化的。礼可以教人之行为能得其中，乐可以教人之性情能得其和，这是有根据而且也是合理的，但这都是就礼乐的精神以及可见于日常生活中者以为言。其在（八）中要以吉凶军宾嘉的五礼来"防万民之伪"，则孔子未为鲁大夫以前也难见五礼之全，万民能见到的机会更少，即使见到了，对于与自己生活悬隔的文饰仪节，可能吓得目瞪口呆，如何可以发生防伪的作用？至于"云门、咸池、大韶、大夏、大濩、大武"的六代之乐，连士大夫也难得一遇，万民更何由而得一闻的机会？我之所以作此分析，无非想指出《周官》作者所讲的多是一场大话、空话。

第五，（六）的地方行政组织系统中的规定，从好的方面说，可认为寓教化于组织之中。但孟子是把"出入相友，守望相助，疾病相扶持，则百姓亲睦"的教化上的效果，与井田制度结合在一起的，②也即是与生产关系结合在一起的。《周官》也行的是井田制度，把教化上的效果不与井田结合在一起，而与行政组织连结在一起，两相比较，是何者较有实际意义？何况《周官》的地方组织，本是以内政寄政令的组织。

第六，（九）的"三年则大比，考其德行道艺而兴贤者、能者"，这正如郑司农"若今举孝廉"、"若今举茂才"的注释，可以推测这是西汉选举贤良文学、孝廉方正的反映。但《王制》把

① 见《孟子·滕文公上》"滕文公问为国"章。
② 同上。

由乡所选论的"秀士"升至司徒曰"选士","司徒论选士之秀者而升之学曰俊士",升于学以后"曰造士";"大乐正论造士之秀者以告于王而升诸司马曰进士",司马"论进士之贤者以告于王而定其论,论定然后官之,任官然后爵之"。《王制》所说的也是一种构想。试将两种构想加以比较,则《周官》的构想远不及《王制》所构想的周密而含有实现的可能性。所以《王制》的构想影响到由汉武起的博士弟子员的制度,尤其是影响到唐代起的科举制度,而《周官》所构想的既没有推选的历程,又没有特别给以教育的机会,更没有如何选用的明文,似乎把"乡老及乡大夫群吏献贤能之书(名册)于王",连大司徒、小司徒也不经过,"王再拜而受之,登于天府"以后,就算了事。至于如何把名册上的贤能"出使长之"、"入使治之",更无一字作实际的规定。于是(九)的兴贤、兴能,也只落得一场疏阔的大话、废话,遂则仅在遂大夫下有"三年大比则率其吏"、"兴氓"的无头无尾的一句话。

第七,应特别注意到在"掌邦教"的大司徒系统下,没有反映出学校制度的存在,乡的空洞的教化规定没有贯彻到遂,而乡的教化也不似《王制》样,可以与贵族的学校教育相通。[①]于是司徒"掌邦教",对乡、遂而言都无实际意义。其有实际意义而一直贯彻下去的,则是前面已经指出过的各层组织的"读法"系统,所以我认为王莽们真正要求的还是"以吏为师"。

人臣乃至人民对其他统治者的谏争,自周初以来,在事实上、在理论上都认为是政治中的大事。汉从文帝起,提倡"直言极谏",

---

① 据《王制》,由乡所推荐的秀士,经司徒的选拔而可"升之学",升之学以后的造士,与"王太子、王子、群后之太子、卿大夫元士之适子"同就学于乐正。《周官》则无此痕迹。

但没有谏大夫。《周官》大司徒系统下设有司谏一职，但谏的对象不是王及其他统治者，而是"掌纠万民之德而劝之朋友，正其行而强之道艺，巡问而观察之……"这也难怪，他们构想的官制是与天道相合的官制，官制中的官自然是与天合德的人物，安能容许下对上的谏争观念呢？

2. 贵族的教化

现在再考查他们对贵族子弟教育的构想。先将有关材料录下：

（一）大（冢）宰……以九两系邦国之民……三曰师（郑注：谓诸侯师氏），以贤得民；四曰儒（郑注：儒，诸侯保氏），以道得民……（卷二大（冢）宰）

（二）师氏掌以媺诏王，以三德教国子，一曰至德以为道本，二曰敏德以为行本，三曰孝德以知逆恶。教三行，一曰孝行以亲父母，二曰友行以尊贤良，三曰顺行以事师长。……掌国中失（郑注：中，中礼者也。失，失礼者也）之事以教国子弟，凡国之贵游子弟（郑注：王公之子弟）学焉。……使其属帅四夷之隶，各以其兵服守王之门外且跸，朝在野外，则守内列。（卷十四师氏）

（三）保氏掌谏王恶，而养国子以道，乃教之六艺：一曰五礼，二曰六乐，三曰五射，四曰五驭，五曰六书，六曰九数。乃教之六仪，一曰祭祀之容，二曰宾客之容，三曰朝廷之容，四曰丧纪之容，五曰军旅之容，六曰车马之容。……使其属守王闱。（同上保氏）

（四）大司乐掌成均之法，以治建国之学政而合国之子弟焉（郑注：国之子弟，公卿大夫之子弟。当学者谓之国子），凡有道者、有德者使教焉。死则以为乐祖，祭于瞽宗。以乐德教国子，中、和、祗、庸、孝、友，以乐语教国子兴、道（郑注：道读日导，导者言古以剀今也）、讽（郑注：倍文日讽）、诵（郑注：以声节之日诵）、言（郑注：发端日言）、语（郑注：答述日语），以乐舞教国子，舞云门、大卷、大咸、大磬、大夏、大濩、大武。……（卷二十二大司乐）

（五）乐师掌国学之政，以教国子小舞。……教乐仪，行以肆夏，趋以采荠（郑注：肆夏、采荠皆乐名）。车亦如之。环拜以钟鼓为节。……（卷二十三乐师）

（六）大胥掌学士之版，以待致诸子。春入学，舍采合舞；秋颁学合声……（同上大胥）

（七）小胥掌学士之征令而比（郑注：比犹校也）之，觵（郑注：谓罚爵）其不敬者，巡舞列而挞其怠慢者……（同上小胥）

（八）大师……教六诗，日风、日赋、日比、日兴、日雅、日颂。以六德为之本，以六律为之音。……（同上大师）

上面的材料属于三个系统：（一）是天官冢宰（大宰）对师儒性格的陈述，而师儒是对教化直接负责的，这算是一个总纲。此后（二）、（三）是属地官大司徒的系统，（四）至（八）是属于春官大宗伯的系统。

首先应指出，（一）所提出的师儒的性格，是《周官》作者所特别赋予的性格，在历史上没有根据。[①]（一）中对师儒的职能，实含有显著的矛盾。因为师儒并称，师是大司徒系统下的中大夫的官职，则儒亦应是官职。但此后除了大司徒中有"联师儒"一语外，并无儒的官职，又无儒在教化中的作用，则所谓"儒以道得民"者毫无着落。其次，师儒都是"得民"，后文不仅儒无着落，而（二）的师氏亦仅与贵族的国子及王发生关系，并未与民发生关系，则其所谓"得民"者究指的是什么？郑玄注意到上述矛盾，并在注中加以回护地说"师、诸侯师氏，有德行以教民者。儒、诸侯保氏，有六艺以教民者"。他把儒解释为（三）所说的保氏，使儒在官职中有了着落，但着落得太牵强了。师、保的名称，周初已经流行。师保连称已见于春秋时代，而"儒"字则由孔子时代才开始流行。"儒"字的地位，在古代远不及"保"字地位的显赫。大司徒系统下分明有师氏、保氏的官职，官职的名称是不可随便通假的。若儒即是保氏，则在冢宰系统下既称为"儒"，在司徒系统下即不应称为"保"。郑氏何以把师、保、儒都解释为诸

[①]《尔雅·释诂》"师，众也"，乃师之本义。《广雅·释诂四》"师，官也"乃引申义。《说文》六下"二千五百人为师"，乃受《周官》影响，误以引申特定之义为本义。此皆无"以贤得民"的特定意义。《左传·襄公十四年》，卫定姜谓"先君有冢卿，以为师保"，又同年晋师旷谓晋侯"有君而为之贰，使师保之"，此处的"师"、"保"皆动词。《诗·周南·葛覃》"言告师氏"，《书·顾命》"乃召太保奭……师氏、虎臣、百尹、御车"，《周官》中"师氏"的名词可能由此而来。《毛传》释《葛覃》的师氏为"女师也"，是负贵族中女子教导之责的。准此，亦可释《顾命》的师氏为"男师也"，负贵族中男子教导之责的，与民不发生直接关系，也推不出"以贤得民"的特定意义。所以《周官》师氏的性质，是莽、歆们所赋予的新的性格。儒则不仅金文、籀文无此字，《论语》有"子谓子夏曰，女为君子儒，无为小人儒"，在以前的典籍中皆未出现"儒"字。所以"儒"字的出现当在春秋之末，始流行于社会之间，但并非官职之称。

侯之官呢？诸侯即暗示系六乡系统的官。这并非因师氏、保氏的官，系列在乡大夫系统之后，而是为了对"得民"的"民"字找着落。只有师氏、保氏系属于乡大夫系统，在乡主管教化，才是以"万民"为对象而可称为"得民"。但（二）的师氏、（三）的保氏，不仅明白规定他们教化的是"国子"而不是"万民"，并且都有"守王之门"、"守王闱"的任务，这便证明他们是直属于大司徒的朝廷命官，而决不是诸侯之官。《周官》成于众人之手，又并非以历史实践的材料为根据，这种"招前不顾后"的情形是常见的现象。

第二要指出的是，（二）的师氏是中大夫，（三）的保氏是下大夫，师的地位比保为高，但周初保的地位却在师的地位之上。[①]其次，师、保本是为教化人君及太子而设的，即是与王有密切关系。（二）的师氏"以媺诏王"、"守王之门"及（三）的保氏"掌谏王恶"、"守王闱"，只能说保存了一点古代师、保与王有密切关系的痕迹，但他们在王面前的分量已减轻了很多。又其次，由周初一直到贾谊《新书》的《保傅》篇，师、保没有负"国子"教化责任的迹象。《礼记·文王世子》"入则有保，出则有师，是以教喻而德成也。师也者，教之以事而喻诸德者也。保也者，慎其身以辅翼之而归诸道者也。记曰，虞夏商周有师、保，有疑丞"。这里所说的师、保，也是以王的世子为对象的。《周官》师氏、保氏负国子教化的责任，是新出现的构想，且与（四）、（五）等项有重复、有混淆的。

---

① 《书·召诰》"惟大保先周公相宅"，此"大保"指召公奭。《顾命》"乃同召大保奭，芮伯、彤伯、毕公、师氏、虎臣、百尹、御事"中的"师氏"，伪《孔传》释为"大夫官"，则其地位不能与太保相比。

第三要指出的，从（二）到（八）都受有《礼记·文王世子》的影响，尤以（四）、（五）、（六）、（七）为最明显。郑玄对《文王世子》"小乐正学干，大胥赞之；籥师学戈，籥师丞赞之"一段，及"大乐正学舞干戚、语说，命乞言，旨大乐正授数，大司成论说在东序"一段，皆引《周官》此处的材料以作解说的根据。《周官》没有大司成的名称，他解为"司徒之属师氏也"，这即说明郑氏已注意到《周官》与《文王世子》的关系。并且除前面引过的师、保、小乐正、大胥等名称外，学士、瞽宗、大乐正、大合乐、诸子、成均等名称，皆为两方所共有。而（四）的"以乐语教国子兴、道、讽、诵、言、语"的"乐语"，我怀疑即是由《文王世子》中的"合语"、"语说"、"论说"、"以待又语"等名词附会出来的；（二）、（三）的"守王之门"、"守王闱"等，是从《文王世子》中的"守于公宫"、"守大庙"等观念附会出来的。但我已经指明过，王莽们是存心创制而不要因袭，所以凡经他们所援据到的材料，必加以改编、改变，以形成他们心目中所要求的系统。《文王世子》可能是受贾谊《新书》的影响而缀辑以成的。孔颖达将全编分为五节，其中所含材料有迟有早，至为显然。例如中间引"记曰"，西汉人引大、小《戴记》率称为"记曰"，此"记曰"虽一时找不出它的根据，但其属于大、小《戴记》一类的性质则无可疑。王莽们将此编加以改编并改变的结果，在形式上，此编杂乱而《周官》较有条理，但在内容上，《文王世子》中的材料较为近古，而其中的议论则间有切义，《周官》中的材料则愈改而与古愈远，且义多肤阔。

第四要指出的是，从（二）到（八）都是以国子为对象的教化工作，并且假使揭穿它的数字排列所布的烟幕而分析其实质，则（二）、（三）与从（五）到（八）的内容也没有真正的差异。例如（二）"三德"、"三行"与（四）的"有道"、"有德"者及"乐德"的"中"、"和"、"祗"、"庸"、"孝"、"友"，有什么分别？（三）的"五礼"、"六乐"、"六仪"，又为什么不可以概括从（四）到（八）的内容？但《周官》的作者为什么把（二）、（三）置于地官大司徒系统之下，而将（四）到（八）分置于春官大宗伯的系统呢？我以为是因为《尚书·舜典》已有舜命契作司徒"敬敷五典"的说法，所以《周官》的作者有"乃立地官司徒，使帅其属而掌邦教"，以承《舜典》之绪，于是特把师氏、保氏的官职安置于大司徒系统之下，以与"掌邦教"相应。但对"大司徒之职"作进一步的规定时，则是"掌建邦之土地之图与其人民之数，以佐王安扰邦国"。于是实际掌管的重点乃在土地的规划、人民物业的登记，及以内政寄令的组织，而归结于通过组织以起役、征赋，致使大司徒系统下的教化设施成为点缀性质，不仅教化万民没有专官、没有学校，即教化国子的虽有专官，也没有学校。

我国古代教育大概是由音乐发端，而大乐正这类的官，大概是附带负教化贵族子弟之责，这一大传统，王莽们不能抹煞。春官宗伯是"掌邦礼"的，礼与乐不可分，且乐的兴起远在礼之前，所以在春官宗伯下的大司乐，便不能不接上古代以乐官主教化的大传统。《周官》作者要概括两个传统，便把同一性质的教化责任分置于两个不同的系统，而不能不忍受由重复而来的混乱，由混乱而来的空洞化。

第五，我应就他们所提出的教化内容，作若干具体的考查。

甲、乡大夫对万民的教化，举出了六德、六行、六艺。此处的六艺则安排在（三）的保氏主管。教万民的"知仁圣义忠和"

的六德，在教国子时则成为（二）的"至德"、"敏德"、"孝德"的三德，教万民的"孝友睦姻任恤"的六行，在教国子时则成为"孝行"、"友行"、"顺行"的三行，这种降升损益之数，有什么道理可讲吗？我觉得没有什么道理可讲，只是一用"六"的数字来凑数，一用"三"的数字来凑数。两相比较，此处的三德、三行，较乡大夫的六德、六行更为空洞肤泛，无实际意义。（二）的三德中的"至德"，郑玄引孔子"中庸之为德，其至矣乎"为解，是郑氏认为"至德"即是中庸。但中庸的三达德是知、仁、勇，[①] 恐怕与此处的"至德"不相应。

乙、以"礼乐射御书数"为六艺，乃《周官》出现以前所未有。古代之所谓艺是艺能，《论语》的"游于艺"、"吾不试，故艺"及"吾少也贱故多能"，艺与能是相通的。把礼、乐、射、御、书、数称为艺，固无不可。但战国末期出现"六艺"一词以后，皆指《诗》、《书》、礼、乐、《易》、《春秋》而言，更无例外。王莽们暗示《周官》出于周公，则《书》中的一部分、《易》的十翼及《春秋》皆为周公时所未有，他们不能使用；而"六艺"一词，有显赫的地位，他们又不愿放弃，于是改以礼、乐、射、御、书、数为六艺，这是他们旧瓶装新酒式的创造。"书"即是写字，先秦政府与民间的教育工作必然从学写字开始，但在教育历程中，没有给与以特别重要地位，到汉始特为重视，并见之于律令，作严格的要求，[②] 将《书》提高到与礼乐同等的地位，此正西汉特别重视

---

① 《中庸》"哀公问政"章"知、仁、勇三者，天下之达德也"。

② 《汉书·艺文志》小学类"汉兴，萧何草律，亦著其法曰，太史试学童，能讽书九千字以上，乃得为史。又以六体试之，课最者以为尚书、御史、史书、令史。吏民上书字或不正，辄举劾"。

《书》的反映。郑玄以《九章算术》释此处的九数，是不错的。刘徽《九章算术》注序谓"周公制礼而有九数（按即指此处之九数），九数之流则《九章》是矣。……苍（张苍）等因旧文之遗缺，各称删补"，这是以《九章算术》乃由此处之九数流演而出（其颠倒自明），又经张苍们的删补。但正如《四库提要》所述，"书内有长安、上林之名。上林苑在武帝时，苍在汉初，何缘预载？知述是书者在西汉中叶以后矣"。由此亦可断言，九数之列入必出于莽、歆之手。射、御与礼乐有关连，但先秦典籍决无将射、御与礼乐平列之事。当孔子说"吾何执？执射乎，执御乎？吾执御矣"，[①] 乃是一种谦辞。孔子未尝轻视射、御，但在教人时，只是"以《诗》《书》礼乐教"。[②] 把射、御、书、数与礼乐并列，这也是王莽、刘歆们的创意，不是儒家的传统。但这并不是说他们这样做便没有意义，这样做是提高技能在教化中，亦即是在文化中的地位，可以说是非常有意义的，不过从思想史的立场来说，不应当把此事推到他们的时代以前去。

礼可以概括仪，仪不能概括礼。（三）的六艺中既有礼乐，而又另立"六仪"，正是毫无意义的繁复。而所谓"六仪"即是六容，可断定是出自贾谊《新书·容经》的。《新书·容经》"有朝廷之容"、"祭祀之容"、"军旅之容"、"丧纪之容"，与此处的名称完全相同，而次序略有不同。《容经》有"坐车之容"、"立车之容"，此处将两者合称为"车马之容"，另加一"宾客之容"以成"六仪"之"六"的数字。《新书·容经》对于各容皆有具体描述，另还有

---

① 《论语·子罕》。
② 《史记·孔子世家》。

日常起居之容，此处则完全空洞化。

综上甲、乙两项所述，师氏、保氏的内容必以王莽、刘歆们为上限，且系敷衍成文，有形式而无真正意义。《周官》作者在总叙春官宗伯的职守时是"使帅其属而掌邦礼，以佐王和邦国"（卷十七）。礼是在人与人与事的关系上建立合礼的秩序，由这种秩序而达到互相谐和，这是由春秋时代起，经过战国以迄西汉初年，礼在发展中所特别显出的人文的意义。在规定"大宗伯之职"时，是"掌建邦之天神、人鬼、地示之礼，以佐王建保邦国"（卷十八）时，则把礼的重点转回到礼本是起于祭神的宗教意义之上。这是王莽承武帝"尤好鬼神之祀"①之后，再加以谶纬之说大行，养成他"好怪"、②"密（祟）鬼神淫祀"③的性格的反映。他们在"邦国之鬼神示"中，有"以疈辜祭四方百物"，这便说明了王莽末年何以会"至诸小鬼神，凡千七百所"。站在此一立场，礼没有由孔子以降所强调的教化的意义。《书·舜典》"修五礼"，《皋陶谟》的"天秩有礼，自我五礼有庸哉"，皆指公、侯、伯、子、男五等爵的五礼而言。我曾推测，《书》的《尧典》、《舜典》、《皋陶谟》等，乃由西周史官根据传说所整理而成，④则史官整理时用上了西周时五等爵之礼的观念，不足为怪。马融以"吉凶宾军嘉"

①《史记·封禅书》。
②《汉书》卷九十九下《王莽传》"其好怪如此"。
③《汉书》卷二十五下《郊祀志》"莽遂密（祟）鬼神淫祀。至其末年，自天地六宗以下至诸小鬼神，凡千七百所"。
④ 我在《阴阳五行及其有关文献的研究》一文的"五、我对今文《尚书》在文献上的一般看法"中谈到此一问题。此文附录到《中国人性论史·先秦篇》，可参阅页五二五至五二六。（编者注：现整编《全集》，该文已收入《中国思想史论集续篇》，见页一六。）陈直《史记新证·五帝本纪》"其民析……鸟兽孳微"下引胡厚宣《释殷代求年于四方和四方风的祭祀》一文，证明《尧典》成书时代，可能为西周作品"。

释《舜典》的五礼，这是因他坚信《周官》出于周公所误。郑玄释《皋陶谟》中的五礼时，则认为是"天子也、诸侯也、卿大夫也、士也、庶民也"，因为在《皋陶谟》所说的礼的内容上，不能说成是吉、凶、宾、军、嘉的五礼。以吉、凶、宾、军、嘉五个名称概括礼的内容，这是出于王莽、刘歆们对传统中极为繁复的礼，作了归纳性的整理后所提出来的。五礼的系列，为《周官》出现以前所未有。姚姬传谓"任宏以《司马法》百五十篇入兵权谋，班固出之以入《礼经》"，① 按即指《汉书·艺文志·六艺略》礼家中的"军礼《司马法》百五十篇"而言。此盖班氏深信《周官》五礼之说，所以特别将《司马法》从《兵书略》的兵权谋中抽出，列入礼家以实五礼中的军礼。但《周官》中军礼的内容有五，"大师之礼，用众也；大均（郑注：均其地政、地守、地职之赋）之礼，恤众也；大田之礼，简众也；大役之礼，任众也；大封之礼（郑注：正封疆沟涂之固）合众也"（卷十八），此五礼既非《司马法》所能该，而《汉书·艺文志》中，除《司马法》外更无军礼。《仪礼》分为冠礼、昏礼、相见礼、乡饮酒礼、乡射礼、燕礼、大射礼、聘礼、公食大夫礼、觐礼、丧服、士丧礼、既夕礼、士虞礼、特牲馈食礼、少牢馈食礼、有司等十七种，而刘向对《礼记》四十九篇所作的分类为制度、通论、明堂阴阳、丧服、世子法、祭祀、子法、乐记、吉事九种，② 此时五礼的分类尚未出现。五礼分类的出现，或可视为对礼的条理是一种进步，但不可因此而引起时代上的错误，更应了解《周官》作者因特别重视形

---

① 见《惜抱轩文集》卷五《读〈司马法〉〈六韬〉》。
② 见《全汉文》卷三十八引《礼记正义》郑《目录》。《目录》本于刘向的《别录》。

《周官》成立之时代及其思想性格

式上的要求而来的夸张傅会，误以为所录系古代的事实，有如凶礼中的所谓袷礼，军礼中的大均、大封之礼，嘉礼中的脤膰之礼、贺庆之礼等类。并且祭祀、丧葬、昏、冠、饮食诸礼的意义，《礼记》中作了各方面的发挥，较此处所敷衍的有亲切与肤泛之不同。五礼中既有宾礼，又于嘉礼中说"以飨燕之礼亲四方之宾客"，这是显然的重复。《周官》中的礼官没有负教化上的责任，而《礼记》的《王制》及《文王世子》，负教化责任的都是乐官，① 这大概是很古老的传统。但有几点应加以澄清。

第一，郑玄引董仲舒"成均五帝之学"，又引《文王世子》"于成均以及取爵于上尊"，以释（四）的"大司乐掌成均之法"，是认为"周人立此学之宫"，以成均为周学。我觉得是很难成立的。因为董氏的说法既在其他典籍上找不到根据，由此而进一步以成均为周学更与许多相关的材料不合，并且应用在此处，又与上下文矛盾。《国语·周语下》伶州鸠答周景王的问律谓"律所以立均出度也。古之神瞽考中声而量之以制，度律均钟，百官轨仪，纪之以三，平之以六，成于十二，天之道也"，韦注"均者均钟木，长七尺，有弦系之以均钟者，度钟大小清浊也，汉大予乐官有之"。由此可知所谓"成均之法"，乃使十二律大小清浊合于均钟的法度，亦即是主管调和音律的法度。《文王世子》的"于成均……"也应作此解释。所以郑司农（众）对此成均之法的解释是"均，调也。

---

①《文王世子》中由乐官负教化责任，前面已说到。《王制》"乐正崇四术，立四教，顺先王《诗》《书》礼乐以造士"，很显然是以乐官负教化之责。《礼记·明堂位》"米廪，有虞氏之庠也。序，夏后氏之序也。瞽宗，殷学也。頖宫，周学也"，无目之瞽为乐官，据此，以乐官主教化似为殷制。但《书·舜典》已有"夔，命汝典乐，教胄子"之文，则以乐为教，当系西周以前的共同传统。

乐师主调其音，大司乐主受此成事已调之乐"，虽对"均"字的解释不切，但大意是与上下文相合的。若如郑玄之说，成均之法是五帝之学的"遗礼可法者"，又谓"周人立此学（成均）之宫"，则下句"以治建国之学政"的"学政"又作何解释？且（五）"乐师掌国学之学政"，则（四）的"学政"即是"国学之政"，《周官》在此处提出了"国学"的名称以作教学之地，何缘又立有成均之宫？既有五帝的成均之宫。则教者死后，又何以又祭于殷学的"瞽宗"？是郑注分明与作《周官》者的原意不合。

据上引《国语·周语》的伶州鸠的话，定均律之法的是"古之神瞽"，若有"乐祖"亦必为古之神瞽。（四）在"以治建国之学政而合国之子弟焉"，接着说"凡有道有德者使教焉"。依据（二）的所谓"道"与"德"既直接与音乐无关，而"有道有德者"亦非必是瞽者，何以"死则以为乐祖，祭于瞽宗"？从来论乐的功用都以一"和"字概括，此处的乐德何以能推出"中、和、祇、庸、孝、友"六个德目？"乐语"一词为他典所未见，而又将其分为"兴、道、讽、诵、言、语"的六种乐语，在实际音乐教育中，是真能成立吗？凡此，说明了《周官》作者的凑合成文，并无事实经验的根据。至（八）的"教六诗，曰风、曰赋、曰比、曰兴、曰雅、曰颂"，这分明是抄《毛诗》大序"故《诗》有六义焉，一曰风、二曰赋、三曰比、四曰兴、五曰雅、六曰颂"，而将"六义"改为"六诗"。"六义"是指《诗》有六种内容（义可以作内容解），所以"六义"是可以说得通的。风、雅、颂是三种诗体，赋、比、兴是三种作诗的方法，须附丽于风、雅、颂而始为诗，不能独立指之为诗，所以"六诗"是不通的。乃郑玄在《毛诗笺》谓"大师上文未有'诗'字，不得径云六义，故言六诗，各自为

文，其实一也"。孔颖达承认《毛诗》大序的"《诗》有六义"与
《周官》大师的"教六诗"，"其实一也"，但他为《周官》此处作
开脱说，"大师上文未有'诗'字，不得径云六义，故言六诗"。
意谓大序开始有一"诗"字，所以可称"六义"；此处大师"教"
字上未有"诗"字，只好说"教六诗"，试问可不可以说"教诗六
义"呢？这种曲折回护，完全没有意义。并且《周官》作者是以
"六诗"与下文的"六德"、"六律"相配，以成就数字整齐而对称
的形式的，内容上通不过，不是他们的重点。

　　综上所述，《周官》中的教化思想，是空洞、混乱并无真实内
容，完全没有反映出先秦及西汉私人讲学之盛、师道之隆，及由
景帝起，郡国已开始兴学，① 至武帝置博士弟子员而开始有大学之
实的情形。因为他们真正所要求的是"以吏为师"，教化之业仅系
点缀性质。

---

① 《汉书》卷八十九《循吏传》中《文翁传》"景帝末为蜀郡守……又修起学官（馆）
　　于成都市中。……至武帝时，乃令天下郡国皆立学校官（馆），自文翁为之始云"。

十七、杂考

1.《周官》非古文

以上随文考辨了不少问题，但仍然只是全书应当考辨的一部分，其余的暂时放下。这里我再考辨若干影响较大的问题。首先应辨明，《周官》决不是古文的问题。

班固取刘歆的《七略》以为《汉书·艺文志》，《六艺略》中凡系古文者皆特为标出，且录于一家之首，未标古文者皆为今文。流传之《易》与《诗》皆无古文本，故于《易》序中仅谓"刘向以中古文《易经》校施、孟、梁丘经，或脱去'无咎'、'悔亡'。惟费氏经与古文同"。"与古文同"乃字句之同，并非字体之同。《后汉书·儒林传》谓费氏学"本以古字，号古文《易》"，乃出于误解《汉志》文字所傅会。《书》首列"《尚书》古文经四十六卷"，《礼》首列"《礼》古经五十六卷"，《春秋》首列"《春秋》古经十二篇"，《论语》首列"《论语》古二十一篇"，《孝经》首列"《孝经》古孔氏一篇"，其为义例甚为明确。以刘歆的首倡《周官》，以班固的尊信刘氏，若《周官》为古文，则必仿"《礼》古经五十六卷"之例，称为"古《周官》经六卷"，或"《周官》古经六卷"。当刘歆补录《周官》入《六艺略》时，仅称"《周官》

经六卷”，其为今文，更无可怀疑之余地。所以他的《让太常博士书》是为古文争地位，而未尝及《周官》。以《周官》为古文，殆始于许慎。他在所著的《说文解字》叙中有“其称《易》孟氏、《书》孔氏、《诗》毛氏、《礼》《周官》、《春秋》左氏、《论语》、《孝经》，皆古文也”的话。自后论及经今古文学的，率以《周官》是属于古文学派。孙诒让《周礼正义》“略例十二凡”中谓“此经在汉为古文之学，与今文家师说不同”，原注“大、小《戴记》及《公羊春秋》并今文之学，故与此经义多不合”。皮锡瑞《经学通论》第三册“三《礼》”，“论《周礼》为古说，《戴礼》有古有今，当分别观之，不可合并为一”条中谓《王制》为今文大宗，《周礼》为古文大宗”。以《周官》为古文学，似成定论。这是一个最大的错觉。在许慎以前，传《周官》诸儒，如杜子春、贾逵、卫宏、先郑父子，皆无《周官》为古文之说。马融亦仅泛说“既出于山岩屋壁”，未尝明指为古文。且“山岩”之与“屋壁”，其间相去甚远，《周官》不能既出于山岩，又出于屋壁，则究出于山岩，抑出于屋壁，马融有指明的责任。当指明而未指明，则其为在掩饰中不能不采用含糊之语，甚为明白。何能由此而推断其为古文？许氏著《说文解字》，特留意字的原形、原义，所以特别重视古文。他以《周官》为古文，大概有两个原因。第一个原因，是由马氏“出于山岩屋壁”的话所作的推论。第二个原因，是由《周官》“多存古字”。[①] 实则是多用奇字、僻字，甚至是他们自己造出的字，使许氏误断其为古文。他所著的《五经异义》中更有“古周礼说”。实则在许氏《说文解字》叙中，已自相矛盾而彼不之觉。

---

① 孙诒让《周礼正义》“略例十二凡”中语。

序谓"至孔子书六经，左丘明述《春秋传》，皆以古文"。古文乃对汉代通行之隶书而言。隶书未出现及未流通以前，先秦篇简皆可谓之古文，此可以《史记》中之所谓"古文"多指先秦旧简而言，足资证明。故此处许氏之言，已近于迂滞。又"及亡新居摄，使大司空甄丰等校文书之部……颇改定古文。时有六书，一曰古文，孔子壁中书也"。"鲁恭王坏孔子宅而得《礼记》、《尚书》、《春秋》、《论语》、《孝经》"，"诸生……称秦之隶书为仓颉时书……乃猥曰马头人为长，人持十为斗……若此者甚众，皆不合孔氏古文，谬于史籀"。由上文可知，许氏所谓"古文"，实指出自孔壁之书，他所举孔壁之书，《周官》并不在其列，则许氏失掉了断定《周官》为古文的根据。孟氏《易》传自田何，师承有绪，东汉排斥古文学最力的范升也习孟氏《易》。[1]许氏《五经异义》有"京《易》今说"，京《易》出于孟氏，又有《易》孟氏、《春秋》公羊。[2]按《异义》凡未注明为古文者，皆为今文。是《说文》叙列孟氏《易》为古文，显系错误。《周官》古文之说，出自许氏。许氏之说，在其《说文》叙中已没有根据，则由许氏摹衍之说，皆可谓以讹传讹。

我推测王莽、刘歆们制作《周官》时，也可能想出之以古文的形式，以资轰动耳目，但在事实上、时间上遇有困难，于是特用些奇字僻字乃至自造些怪字，作掩饰之用。且又暗示系王莽所作，更不能用古文。孙诒让在其《正义》"略例十二凡"中已列有奇字、怪字凡四十余，其未经列出而被许氏误认为古文者，我在

---

① 见《后汉书》卷三十六《范升列传》。
② 见清王谟《汉魏遗书钞·五经异义》卷下。

附注中已指出了"叝"字。孙氏所举四十余字中有的通用已久，如《诗》多用"于"，但亦用"於"，《论语》"于"、"於"并用。此在使用时，实不足以论古今。"致""考"、"颂""班"，都是如此。《周官》以"歔"为"渔"，在金文、契文中并找不到作"渔"解的"歔"字。《周官》以"蟲"为"鲜"，金文中有"蟲"字，然经传中皆用"鲜"字，仅《周官》用"蟲"字。《周官》以"扑"为"兆"，《说文》因以"扑"为正字，而谓"兆，古文兆省"。《周官》用"彝"为"筮"，《说文》因只出"籓"字，而谓"彝"古文"巫"字。《说文》的"籓"字分明出自《周官》的"籓"字，但契文、金文中只有"筮"字，何尝有"籓"字；仅有"巫"字，何尝有"彝"字？《周官》用"匰"为"枢"，《说文》因谓"匰，籊枢"，但契文、金文中何尝有"匰"字，经传亦未见有"匰"字。诸如此类，乃王莽们故弄玄虚以欺人，而许氏竟为其所欺，由此而与马融"出于山岩屋壁"之言相傅合，遂认定《周官》为古文而不疑。

孙诒让以《周官》为古文之学，借以解答《周官》的内容何以与大、小《戴记》及《公羊春秋》不同。但正如前引《四库全书总目提要》所指出，又何尝与古文《左氏春秋》相同？皮锡瑞以《王制》为今文大宗，以《周礼》为古文大宗之说，盖出于廖平的《古今学考》。廖氏谓"《王制》为今学之祖"，[①] 这是违反许多经学史无可置疑的资料的妄说。许慎《五经异义》以大、小《戴记》为今文说。但前面已提过，《周官》与大、小《戴记》有极明显的关系，而王莽常将《王制》与《周官》并举，郑玄数引《王

---

① 见廖平《古今学考》卷下。

制》以释《周官》，则《王制》与《周官》决非如廖、王两氏列于今古文对垒的两派。

《周官》之非古文学派，更由《周官》郑注中所不断引的"故书"可得到证明。据胡承珙《仪礼古今文疏义》谓郑玄注《仪礼》时"或经从今，则注云古文某为某；或经从古，则注云今文某为某"。即是同一书而有来自古文、今文的异字时，郑必将其注出。郑注《周官》，则未出现古今文的异字，而仅有"故书"的异字，郑注中出现"故书"异字者数十处之多，然则"故书'是什么呢？

大宰"以九贡致邦国之用……二曰嫔贡"，郑注"嫔，故书作宾"，这是"故书"一词首见于注中的。贾疏"言故书者，郑注《周礼》时有数本，刘向未校之前，或在山岩石室，有古文，考校，后为今文，古、今不同。郑据今文注，故云故书作宾"。是贾疏以"故书"为古文，而郑玄据以作注的是今文。阮元《周礼注疏》校勘记序谓"其云故书者，谓初献于秘府所藏之本也，其民间传写不同者则为今书"，这是较贾疏更进一步的说法。但"故书"之非古文，就《周官》郑注即可证明。"小宗伯之职，掌建国之神位"，郑注"故书位作立……古文《春秋经》，公即位为'公即立'"。若故书为古文，岂有称"古文《春秋经》"而不称古文《周官》为古文，却改称"故书"之理？且刘向校《周官》，尤为贾氏全无根据的臆说。若刘向曾校《周官》，则必为刘歆所承受。刘歆《让太常博士书》乃为古文争地位，书中所列古文中有逸《礼》三十九篇，若《周官》为古文，且为其父所校，书中岂有不提出《周官》之理？至阮元以故书为"初献于秘府所藏之本"，则此"初献于秘府"者，不论二郑皆无由得见，即得而见之，此秘府本若为古文，即应称之为古文，何得改称"故书"？若如孙诒让以为"《周礼》则自刘歆以来，只有古文之学，无所谓今文"，①是"故书"是古文，郑所据以作注之本亦是古文，仅在传写中有文字的出入。果尔，则郑注应只云"嫔亦作宾"、"嫔或作宾"，或再加一句"字之误也"，这是郑氏注书的通例，不应特标"故书"之名。又地官司徒下载师"以廛里任国中之地……以宅田、土田、贾田任近郊之地……以家邑之田任稍地……"，郑注"故书廛或作坛，郊或为蒿，稍或作削。郑司农云，坛读为廛。……杜子春云，蒿读为郊"。此外还有少数用"或"字的例。由"故书"下所用的"或"字，可知"故书"有的并非如此，而只是有的"故书"是如此。是流传下来的"故书"可断言并非一本。假定不同的"故书"上面有一共同的祖本，而此祖本即是古文，则应当"故书"上的文字与古文原本较为接近。但文字的异同，多来自"故书"中的错字，对这种错字，杜子春有校正，先郑有校正，郑玄自己也有校正，以杜子春校正者为多。在这几十条校正中，从来没有援引古文作根据的。但其中有的先郑用"故书"，而郑玄不用的。例如司市"凡万民之期于市者、辟布者……"，郑注"故书辟为辞。郑司农云辞布，辞讼泉物者也。玄谓辟布，市之群吏考实诸泉入及有遗忘"。这种例子还不少。杜子春与先郑及郑玄之间，也有这种情形。假定《周官》是古文，则古文当为定本，三人间不应有此出入。可以说在有关"故书"的材料中，怎样也推不出"故书"是古文或出自古文的痕迹。所以孙诒让只好从徐养原"故书、今书，犹言新本、旧本耳"②之说，从今古文中摆脱出来，这是对的。

---

① 孙著《周礼正义》卷三"二曰嫔贡"下。
② 同上。

但孙诒让却以此证《周官》"自刘歆以来，止有古文之学"，则是荒谬的。若如孙氏之说，则杜子春可以说是刘歆的嫡传弟子，他所传的应即是古文本，而"故书"则应系他所承受于刘歆以前的古文本。如果是这样，则是《周官》在刘歆以前便已经流行，这便与马融所说的"五家之儒，莫得见焉……唯刘歆独识"的话不合。若以为"故书"是刘歆所传于杜子春以外的别本，则第一，对错字很多的别本——"故书"有什么参考价值，值得由杜子春一直传承到郑玄？第二，两汉不论今文、古文，因流传关系，必出现许多钞本、别本，但除《周官》外，还特有"故书"之名以作文字校正的吗？我的看法，王莽、刘歆把自己所制作的《周官》加以公开后，同时由参加他们共同制作的集团钞了若干本，以资流传。这便是刘歆传给杜子春以外的别本。但此种别本，也应算是祖本之一。杜子春把自己所得到的别本，特称为"故书"，随他钞自刘歆之本一并流传下来，此外还有他人得到流传下来的，也同样被称为"故书"。他们写的字体，都是用的当时流行的隶书，亦即是用"今文"写的，但决不属于今文学派。今文之所以能成为学派，除了他们的典籍是用今文所写之外，还要加上一个重要条件，即是由汉初经师所传授下来，流传有绪。《周官》没有这种条件。东汉今古文之争最烈，但反对《周官》的，没有一个人把它拿到今古文之争中去处理，因为他根本不属于今古文的任何学派。

2. 五岳、三皇、三《易》的问题

其次，要谈到五岳的问题。《周官》春官大宗伯"以血祭祭社稷、五祀、五岳"。《尚书·尧典》只有东西南北四岳而无五岳。《诗·大雅》"崧高维岳",《毛传》"山大而高曰崧。岳,四岳也。东岳岱、南岳衡、西岳华、北岳恒。尧之时,姜代为四伯,掌四岳之祀"。是毛公传《诗》时,五岳之名尚未出现。由四岳而增多为五岳,大约始于秦统一天下之后,故《王制》述巡狩时,本《尧典》而只列四岳,但在述祭祀时则称"五岳视三公"。所以"五岳"一词的流行,乃西汉时代之事。

内史"掌三皇五帝之书",郑注"楚灵王所谓三坟五典"。郑所引见于《左传·昭公十二年》,但对三皇五帝为何人,并无说明。贾疏"按《孝经纬》云三皇无文,五帝画象。又《世本》云,苍颉造文字。苍颉,黄帝之史,则文字起于黄帝。今此云五帝之书为可,而云三皇之书者……以有文字之后,仰录三皇时事,故云掌三皇之书也"。按"三皇无文",先秦亦无纪录三皇时事之书的痕迹。且"三皇"之名,始见于《史记·秦始皇本纪》"丞相绾、御史大夫劫、廷尉斯等皆曰……臣等谨与博士议曰,古有天皇,有地皇,有泰皇"。后由纬书加以张皇附会,以天皇、地皇、人皇为三皇。[①] 王莽诞妄,深信此说,故即以地皇为年号。所以《白虎通义·号》篇以伏羲、神农、黄帝为三皇,显系班固们想纠正纬书中神怪之说,与王莽们心目中之三皇无关。郑氏既不能举三皇之名,却以三坟五典为附会,全未考虑历史事实。

但王莽、刘歆们在文献上最大的诬诳,莫如造出三《易》之说。

---

① 《太平御览》第七十八皇王部三引"《春秋纬》曰天皇、地皇、人皇,兄弟九人"。更引有《遁甲开山图》略同。

大卜掌三兆之法，一曰玉兆，二曰瓦兆，三曰原兆。其经兆之体，皆百有二十，其颂皆千有二百。（卷三十四大卜）

现时发现的甲骨不少，贞辞很多，其中并没有预设之体，更没有预定之颂，很容易证明上述数字是出于捏造。又：

掌三《易》之法，一曰《连山》，二曰《归藏》，三曰《周易》。其经卦皆八，其别皆六十有四。（同上大卜）

簭（筮）人掌三《易》以辨九簭之名，一曰《连山》，二曰《归藏》，三曰《周易》。九簭之名，一曰巫更，二曰巫咸，三曰巫式，四曰巫目，五曰巫易，六曰巫比，七曰巫祠，八曰巫参，九曰巫环，以辨吉凶。（同上簭人）

郑注引"杜子春云，《连山》宓戏，《归藏》黄帝"。郑于此无说。惟《周易正义》孔颖达引"郑玄《易赞》及《易论》云，夏曰《连山》，殷曰《归藏》，周曰《周易》"。郑玄又释云"《连山》者，象山之出云，连连不绝；《归藏》者，万物莫不归藏于其中；《周易》者，言易道周普，无所不备"。孔颖达以为"郑玄虽有此释，更无所据之文"。孔又引《世谱》等书，"神农一曰连山氏、一曰列山氏，黄帝一曰归藏氏。既连山、归藏并是代号，则《周易》称周，取岐阳地名，《毛诗》云'周原朊朊'是也"。盖孔氏不信郑说，而以《连山》属之神农，与杜子春不同；以《归藏》属之黄帝，则与杜子春同。《连山》、《归藏》为大卜所掌，而《连山》、《归藏》属于何人、何代又不可知，这已很奇怪。最奇怪的是，《连山》、《归藏》不仅在先秦古典中追寻不到踪影，在西汉纬书中占最多数的《易纬》中也找不到踪影，在大、小《戴记》及西汉人著作中都找不到踪影。我根据下述两点而断定这是王莽们随意捏造的。在《周官》出现以前，只称为"易"，而没有称为"周易"的。其中偶有加上"周"字，乃三《易》之说流行以后，后人偶然加上去的。把"易"称为"周易"，乃捏造三《易》之说的副产品。

我所要指出的有两点：第一是我在《原史》[①]一文中，曾列举资料，证明春秋时代卜与筮尚属于两个系统，卜人主卜而史主筮。进入到战国，卜筮在政治中的分量减轻，二者乃不复分。以大（太）卜掌《易》筮，决非战国以前的制度。且由《春秋左氏传》加以考查，有"卜人"的名称，没有"太卜"的名称。《史记·龟策列传》只称"周室之卜官"。太卜乃秦官。[②]汉因秦旧，仅有虚名，至武帝时而始著。所以《周官》大卜的官名及龟筮兼掌的职掌，乃反映秦汉时代的太卜。秦汉时代的太卜，独能掌先秦及秦汉举所不知的"三《易》"，其为诬诳更何待论。

第二是因许多人误信《周官》为周公或周初之书，因而误信三《易》之说，便在文献中追寻《连山》、《归藏》的踪迹，追到《左传·襄公九年》夏"穆姜薨于东宫，始往而筮之，遇艮之八"，杜注"《周礼》大卜掌三《易》，然则杂用《连山》、《归藏》、《周易》。二《易》皆以七、八为占，故言遇艮之八"。《周官》"大卜掌三《易》之法"下贾疏"夏殷《易》以七、八不变为占，《周易》以九、六变者为占。按襄公九年《左传》云遇艮之八，注云，爻

---

① 此文收入拙著《两汉思想史》卷三。
② 《史记·李斯列传》赵高指鹿为马，"二世惊，自以为惑，乃召太卜令卦之"，《龟策列传》"至高祖时，因秦太卜官……多所遗失……至今上即位……数年之间，太卜大集"。

在初六、九三、六四、六五、上九，惟二爻不变。《连山》、《归藏》之占，以不变者为正。但《周易》占九六而云遇艮之八，是据夏殷不变为占之事"。又《国语·晋语》有"得贞屯悔豫皆八也"。"遇艮之八"的说法，皆缘附以为曾用《连山》、《归藏》之证。而其立论的基点则为认《连山》、《归藏》"以不变为正"。若《连山》、《归藏》"以不变为正"，则"其经卦皆八"，何以"其别皆六十有四"？经卦八而重之为六十有四，即由变而来，若《周易》变而《连山》、《归藏》不变，则其筮法、筮名应各不相同，何以"九筮之名"又为三《易》所共？九筮的名称，一看便可断言其毫无根据，而系经手的作者胡凑出来的。孙诒让《周礼正义》引"《易乾凿度》云，阳以七，阴以八为象。阳变七之九，阴变八之六。郑注云，象者爻之不变动者。九、六，爻之变动者。《连山》、《归藏》占象，本其质性也。《周易》占变者，本其流动也"。前面所引，以《连山》、《归藏》不变为正，盖本诸此处所引《易乾凿度》的郑注。贾疏以七、八为不变，因七、八为象，而郑说象是不变的。但郑原以注《乾凿度》，而《乾凿度》分明说"阳变七之九，阴变八之六"，郑何缘得言"象者爻之不变动者"？《乾凿度》所说的，分明是就《周易》而言，郑何缘得拉扯到《连山》、《归藏》上去？《易》象辞为断一卦之象，爻辞为断一爻之象。《乾凿度》的作者，大概觉得每卦由一到六再加上九，中间只缺少了七和八，便把七和八的数字配到象上去，这便由一到九的数字都齐全了。变七之九、变八之六，便使象把阳爻、阴爻都勾连上了。所以象的七、八，不能脱离爻的九、六，否则不能表示象乃断一卦之象。汉人这种数字游戏，本来没有多大意义。经郑氏把象的七、八拉到《连山》、《归藏》上去，使《周易》有由九、六所象征之爻，而无七、八所象征的彖；使《连山》、《归藏》有由七、八所象征的彖，而无由九、六所象征的爻，这是怎样也说不通的。所以由郑所辈演的各种说法，都是近于胡闹的。孔颖达《周易正义》"第六论夫子十翼"云"其彖、象等十翼之辞，以为孔子所作，先儒更无异论"。是彖至孔子而始有（按实则乃孔门后学所作），郑氏怎么能把由孔子而始有的彖，扯到夏殷的二《易》身上去？

尤其是一直到春秋时代，尚没有把九、六用到卦爻上去。惠栋《易例》二"九六义"云"古文《易》上下本无初九、初六及用九、用六之文。故《左传·昭公二十九年》蔡墨述《周易》，于乾初九则曰乾之姤（按乾初九变而为初六，即是《姤卦》。'乾之姤'等于说乾变而为《姤卦》的一爻。乾变而为姤卦的一爻，即指的是乾的初九。余类推），于用九，则曰其坤。说者谓初九初六，皆汉人所加。然夫子十翼，于坤《传》曰六二之动，大有《传》曰初九，《文言》曰乾元用九……则初九初六、用九用六之名，夫子时已有，当不始于汉也"。按《左传》、《国语》及战国中期以前，引《易》者皆未以九、六标示爻的阴阳，及由初、二、三、四、五、上等字标示爻的顺位。《左传》及《国语》有三处用八，我们对之只有缺疑，更无一处用九用六。了解这一历史事实，则与九、六相俟而成立的七、八之说，在战国中期以前根本不能成立，何能由此以证明《连山》、《归藏》在历史中的踪影？这种无踪无影的东西，分明出于王莽、刘歆们的捏造，后人竟为所欺而不觉，特加以辨证。